“全球传播与中国话语”青年论丛

丛书主编 / 郭 可 李 智

超越资本主义的激进想象

——美国另类媒体对“反”全球化运动的构建研究

Radical Imagination beyond Capitalism:
How American Alternative Media Built the Anti-globalization Movement

赵 伟◎著

CUCP 中国传媒大学出版社
·北京·

本书受教育部人文社会科学研究规划基金项目“新媒体环境下美国另类媒体对反全球化运动的建构及其影响研究”（项目批准号：20YJA860021）、武汉纺织大学学术著作出版基金资助

序 言

2019年是新中国成立70周年。70年来，随着中国社会从“站起来”“富起来”到“强起来”，中国的全球传播事业也从“被动式”宣传逐渐走向“主动式”全方位发展。在融媒体时代，中国的全球传播事业更是形成了前所未有的发展格局。

中国在全球传播中的“被动话语格局”形成的原因是：近代西方社会一直在引领着世界发展，因此也掌控着包括全球传播在内的各个领域的主导权。改革开放以来，中国在全球传播领域一直面临着来自西方的巨大压力。这从过去40年来出现的“中国威胁论”“中国崩溃论”“中国发展论”等话语框架中可见一斑，这些成见已经根深蒂固，今天尚存在，将来还会继续存在。中美贸易战中双方的话语博弈可以说就是全球传播话语博弈的典型案例。

一个不容回避的事实是：目前中国要在全球传播中改变来自西方社会的成见，难度非常大。中国的硬实力在70年中虽然得到极大的提升，但在国际传播话语权等软实力方面，还有很长的路要走。

中美贸易战的话语博弈折射出中国和美国截然不同的话语框架和国家理念。为了让双方进行有效的交流，一个迫在眉睫的任务是要在全球传播中确立中国独立的话语体系，然后让这个独立的话语体系获得包括西方社会在内的国际社会的认可，至少让国际社会以理性的眼光而不是带着偏见看待中国。只有当国际社会确立了理性的中国观，中国才能与包括西方国家在内的国际社会开展真正的平等对话。

这种具有独立性的中国话语体系，在中国目前的社会语境下被称为中国特色的话语体系。现在看来，如何让这种独立的中国话语体系被国际社会认可，是中国学界需要不断反思并长期探索的学术命题。

此外，现实政治体系和文化基因也决定了中国的全球传播话语体系需要有独立性，这样才能不断解释并解决中国在全球传播中出现的现实问题，才能促进中国的全球传播实践不断发展。

不过，强调中国在全球传播中话语体系的独立性，不是要停止向包括西方国家在内的国际学术界学习。相反，为了更好地建立并完善话语体系，中国需要以更加开放的心态加大学习步伐，形成向国际社会学习的流程和合作机制。这样才能创新吸收先进的知识体系的精髓，才能为解决现实问题提供指导，给中国的全球传播实践以启迪。

中国学术界也只有在不断学习的过程中，解决中国全球传播的实践问题，才能建立并完善独立的中国话语体系，才能与包括西方社会在内的国际社会开展平等对话，最终达成不同程度的共识，消除可能因为误解而引发的傲慢与偏见。

不过，目前这只是一个良好的学术愿望。要实现这个愿望，建立起中国国际话语体系，并破解目前中国全球传播的现实困境，将是一个漫长且艰苦的过程，需要中国学术界作出不懈的努力。在这一过程中，我们不仅要以中国现实问题和中国与世界的互动关系为导向，还要结合中国国际传播的现实案例和应用场景，开展具有全球价值和世界意义的跨学科、跨国界的合作，这样才能打造基于中国全球传播实践的原创话语体系，才能提出具有中国价值和世界意义的原创理论框架，并逐步形成中国的国际话语体系。

中国传媒大学和上海外国语大学通过磋商，决定借助各自学科优势，共同探索全球传播中的中国话语模式这个命题，并联合出版这套青年论丛，以期为学术发展尽绵薄之力。

虽然青年论丛出版平台由两家发起，但这个平台是开放的，我们欢迎海内外其他大学和学术机构的青年学者们积极加入，共同学习和探索，逐步实现我们的学术愿望。

我们希望本套青年论丛中的著作以原创为起点，在论证基础上，尽量系统地解答每个话题所涉及的现实问题，尽可能合理地梳理其知识体系。虽然随着学术平台的不断扩大，我们的出版体例和知识体系架构会不断调整和变化，但学术指向将是明确的和一贯的。

本丛书的学术指向也是社会科学重大招标项目"多语种涉华国际案例数据库建设研究"（项目批准号 :14ZDB162）认同的学术框架和其推动的阶段性成果。

当然，我们也认识到这是一个艰巨的学术任务，不一定能完全达到我们预期的目标。千里之行，始于足下，如果我们的努力对实现上述学术愿望有哪怕一点裨益，这样的努力就是值得的。

是为序！

高晓虹　郭　可

2019 年 12 月 15 日

目录
CONTENTS

第一章
绪　论

第一节　研究缘起

一、现实语境：历史远没有终结！

自 2008 年金融危机以来，世界发展出现了一种“新病态”的形式，全球化与全球治理遭遇巨变。中东局势一直以来不容乐观，“阿拉伯之春”、ISIS 兴起，伊拉克、埃及、叙利亚政局动荡。欧洲一系列主要国家政治经济生态恶化：英国的“苏格兰公投”；意大利、法国、德国等国右翼保守势力抬头；希腊、西班牙等国政府深陷债务危机；美国的贫富差距继续拉大，类似“占领华尔街”的大小社会运动不断。2016 年更是“黑天鹅事件”频出：英国成功脱欧；美国新当选的总统特朗普打败政治老手希拉里，以“美国第一”的口号成功入主白宫，一上台即做出了一系列具有“反全球化”运动特征的动作：宣布“TPP”死亡，下令在美墨边境修筑“墨西哥人买单”的高墙，颁布“禁穆令”，对进口中国商品征收两位数的关税，严惩海外设厂的行为……以上提到的地域政治冲突加剧以及美欧各国的保护主义、民粹主义的抬头，本质上都是“逆全球化”的表现[1]，这一切与经济全球化高歌猛进时期的乐观主张——“世界是平的”——大相径庭。

与此相对的是，包括中国在内的发展中国家成为“全球化”的坚定支持者，中国不仅倡导改革，主张各国合作共赢，鼓励多边贸易协定谈判及自由贸易，还积极参与并成功举办二十国集团（G20）、亚太经合组织、金砖国家等国家峰会论坛，推进区域经济合作，成立了“亚洲贸易投资银行”，提出了创建“一带一路”“打造人类命运共同体”的中国式全球治理愿景。一方面是各种反全球化现象席卷西方发达国家，“美式全球化”“美国式金融资本主义”[2] 遭遇发展陷阱和巨大困难；另一方面是以中国、印度为代表的发展中国家的经济高速发展，积极融入世界经济体系并开始建构自己的话语权。以美国为主导的经济全球化模式走到了十字路口，该如何看待当今以美国为主的逆全球化现象的产生及其影响？是“美式全球化”到了终结的时候，世界新秩序将要被重写，还是反全球化运动积极分子一直以来的奋斗目标——“另一个世界是可

[1] 有学者提出：“逆全球化”的提法比“反全球化”或者“去全球化”的提法要温和一些，但本质基本上是一样的，就是对全球化不满，认为全球化是错误的。（见：王辉耀，苗绿．全球化 VS 逆全球化：政府与企业的挑战与机遇 [M]. 北京：东方出版社，2017.）

[2] 斯蒂格利茨．让全球化造福全球 [M]. 北京：中国人民大学出版社，2017.

能的”？

回望历史，可以发现，全球化与“反”全球化现象一直相伴相生，人们对它并不陌生：早在20世纪90年代中后期，国际上就兴起过一股反全球化的思潮，其发展的分水岭是1999年年底在美国反全球化运动中的“西雅图之战”。它是以美国劳工联合会（简称劳联）、产业工会联合会（简称产联）、环保组织、人权组织等各类大型NGO（非政府组织）为主，以加拿大、欧洲部分积极分子及其他异议者为辅的大规模街头行动。该事件使得“全球化不再是政治文化精英辩论的主题，而是扩散到街头巷尾，流入普通美国人客厅的话题”[1]。

根据反全球化思想家及其追随者的说法，反全球化积极分子反对的真正对象并不是全球化本身，而是“全球化之恶”，即新自由主义全球化带来的种种社会问题及弊端。比如“自由贸易建制派”在跨国贸易政策制定时不透明、不民主的过程，跨国大资本以发展经济的名义对本地经济的伤害、对生态环境的破坏、工人权益无法保障以及压垮第三世界的债务等。而“反全球化运动”（anti-globalization movement）则是主流媒体及其附庸对积极分子“污名化”的称呼。因此，有积极分子更乐于称呼自己的运动为“反公司全球化运动”（anti-corporate globalization movement）或者是“全球社会正义运动”（the global social justice movement）等其他名称；他们想要促进的是另一种模式的全球化——“全球团结，建立一个以人为中心的全球性社会”[2]。

有中国学者[3]认为，20世纪90年代以来，反全球化现象产生的国际背景是20世纪80年代之后，跨国公司全球化的发展导致发达国家与发展中国家产业结构变化，失业率上升，财富分配不均；其反对势力主要来自社会底层的工人和民间非政府组织。而最近兴起的逆全球化现象则起源于2008年金融危机，欧美国家制造业失业问题严重，资本金融化，全球国际国内人口贫富差距拉大，同时，经济全球化意味着国家权利对跨国公司的部分让渡，也引起当事国家政府不满。突出的例子为美国，2017年以来，以时任总统特朗普为首的右翼势力为代表的建制派把美国制造业空心化，金融资本投资泡沫化引发的各种社会秩序失衡问题都归咎于以往支持新自由主义贸易政策的前任执政者们：比如克林顿的“无摩擦资本主义”政策，奥巴马推行的开放美国国内市场等一系列新自由贸易主义政策。随着特朗普“肆无忌惮地退群、毁约和推行贸易保护主义、民粹主义、保守主义的逆全球化政策，反全球化主体由曾经的弱势群体变为富国里右翼势力中的民粹主义、保守主义、孤立主义和贸易保护主义者。运动主体的变化，

[1] PEARLSTEIN S. Trade theory collides with angry reality [N/OL]. (1999-12-03) [2015-08-19]. http:// web.lexis-nexis.com.

[2] ANDERSON T. The anti-globalization movement changes its tune [N/OL]. Pacific News Service, (2002-02-14) [2015-08-19].http://www.AlterNet.org/story/12423/the_anti-globalization_movement_changes_its_tune

[3] 王辉耀，苗绿．全球化 VS 逆全球化：政府与企业的挑战与机遇 [M]. 北京：东方出版社，2017: 35.

标志着反全球化性质的变化”[1]。清华大学国际传播学者郭镇之提出的观点可谓言简意赅：“与反全球化不同，逆全球化是一种制度安排，是建制性的、政策性合法行为。与打破国家壁垒和放松政府管制的全球化理念相反，逆全球化的制度安排更强调民族边界和国家利益，不惜在全球化共同市场设置贸易壁垒。”[2]

由此看来，全球化和反全球化现象的发生与发展实际上就是一场社会“争议”政治的发生与发展史，根据西德尼·塔罗（Sidney Tarrow）的观点，“争议政治”的产生是挑战者与权威当局之间相互作用的结果，“当要求提出者的一些行为建立在社会网络和集体结构的基础之上，并利用达成共识的、以行为为定向的文化框架时，挑战者和权威当局之间就会产生持久的对抗，由此，争议政治就转变为社会运动”[3]。争议政治和社会运动的区别在于持续性：前者是间歇性、偶然性的，而持续性的抗议事件与集体行动，包括其挑战者成员之间持续性的认同则构成了社会运动。

1999 年底，反全球化积极分子在西雅图第 5 次世界贸易组织部长会议上发动大规模抗议，震惊世界，在当时的《纽约时报》专栏作家托马斯·弗里德曼（Thomas Friedman）看来，反全球化运动是“由一群不怀好意却信息灵通的工会保护主义者和无政府主义者，一群不为非洲利益服务的人所带领的运动”；“那些反全球化积极分子及其群体则是给穷人帮倒忙的，使穷人更穷的联盟”[4]。与之针锋相对的是，运动中有别于主流媒体的“另类媒体”积极分子则认为反全球化“是一场自下而上的全球化”，“是一场反对新自由主义霸权，为了美好的世界而奋斗”的全球正义运动。[5]也因此，在支持全球化的人看来，国际货币基金组织（IMF）、世界银行（WB）、世界经济论坛（WEF）、G20以及联合国气候大会等各类国际峰会的创建都是为了推进全球民主，增加全民福祉，加强全球沟通，而在当时的全球化批评者们看来，IMF、WB 等机构则是公司资本主义的女仆，是那些大富豪及其代理人关起门来决策的霸权主义“符号”象征。

简单来看，如果 20 世纪 90 年代开始的“反全球化”思潮是从底层发起的反全球化“贱民”[6]话语，那么到了 21 世纪的当今，它已然成功俘获包括特朗普在内的大批社会政治文化精英，逆袭成了“反全球化”的“主流”话语。不过 15 年的时间，

[1] 唐任伍 .“反全球化”运动的理论和实践 [M]. 北京 : 经济管理出版社 , 2020: 21.

[2] 郭镇之 . 逆全球化背景下的跨文化传播 : 困境与对策 . [J] 对外传播 . 2020(8): 4– 6.

[3] SINDEY T. The new transnational contention: organization, coalition, mechanism, prepared for presentation at the panel on social movements and transnational social movements[M]// 刘颖 . 新社会运动理论视角下的反全球化运动 . 上海 : 复旦大学出版社 : 2013:4–5.

[4] FRIEDMAN T. Foreign affairs: protesting for whom? [N]. New York Time: 2001–04–24.

[5] DOUGHERTY C. Anti–globalization activists change the debate [EB/OL]. (2002–02–27). http://www.AlterNet.org/story/12517/anti–globalization_activists_change_the_debate.

[6] ROSENBEG P. Historic switcheroo: anti–globalists used to be left wingers; [EB/OL]. (2016–11–12). https://www.AlterNet.org/2016/12/battle–seattle–donald–trump–remember–when–anti–globalists–were–left–wing–radicals/.

反全球化思潮从“自下而上”到“自上而下”完全反转，这些话语转变如何得以发生，又如何跨越不同话语空间进行传播？既然一方面，“新闻业是生产和传播有关普遍公共利益的重要时事信息的活动和实践”，是“现代性的意义生产实践”“世界上最重要的文本系统”“公众建构常识经验和感知真实世界的一股主要力量”“扮演着意义、符号与讯息的生产者或信使”的角色[1]；另一方面，历史远没有终结，而且“历史虽然不是文本，但它只能以文本的形式接近我们”[2]。那么，本书的主张则如同迈克尔·舒德森（Michael Schudson）提出的观点一样，“把新闻理解成为一个文本系统，当作一个典型的社会学思维信赖的，经验性的可观察的事物，就可以发现人类行为的目的和缘起”[3]。

二、历史语境：作为新闻文本系统的主流媒体偏向

被誉为美国当代媒体与政治研究学者群中“最为明智”的迈克尔·舒德森[4]认为，新闻界在民主社会里，按照其不同组合及侧重，通常负有六项主要功能：第一，“提供全面公正的信息”，帮助公民做出正确的政治选择；第二，发表“调查报告”，调查政府层面的权力，以便公民了解权力运作的内幕；第三，“分析评论”，新闻媒体应该提供分析性评论，阐释公民需要理解的社会的复杂性；第四，“社会同情”，新闻媒体应该通过报道他人的生存状态，提供一种共通的同情感，维系和塑造人类命运共同体；第五，新闻业是可以为公民提供对话的“公共论坛”，促进社会不同组织和群体之间的思想交流与传播；第六，“社会动员”，新闻媒体可以为特定的政治方案以及政治观念鼓吹，以动员公民支持某个政治观念、立法草案或者政策方针。

可以看出，在美国享有“第四权力”（The fourth estate）的新闻界，在决定“谁”和广大公众交流的层面有着非常重要的影响力，但现实情况是，当代的美国新闻界并不能完全履行这些“理想的”新闻目标。主要原因是在商业语境下，美国的媒体结构分化较为严重，其次是美国的主流媒体遭遇到严重信任危机。美国媒介批评家罗伯特·麦克切斯尼（Robert McChesney）就曾断言：西方国家主要商业新闻将“不可能允许一个有效的、真实的、动员型的富有新闻业的出现”[5]。

从美国历史来看，自 20 世纪 40 年代以来，美国新闻界开始标榜“专业、客观”

[1] 舒德森．新闻社会学 [M]. 徐桂权，译．北京：华夏出版社，2010: 15–17.

[2] 泰勒，安德鲁·威利斯．媒介研究：文本、机构与受众 [M]. 黄靖，黄佩，译．北京：北京大学出版社，2003.

[3] 舒德森．新闻社会学 [M]. 徐桂权，译．北京：华夏出版社，2010: 13.

[4] 舒德森．为什么民主需要不可爱的新闻界 [M]. 贺文发，译．北京：华夏出版社．2010: 23.

[5] MCCHESNEY R. The problem of journalism: a political economic contribution to an explanation of the crisis in contemporary US journalism [J]. Journalism studies, 2003, 4 (3): 299–329.

的新闻业，主张“中立、超然”的报道，但从20世纪50年代到六七十年代中期以后，主流媒体其“专业化、独立”的美誉很快就消失了[1]，随着媒介全球化、资本化的趋势日益加深，媒介公共领域日益“封建化”起来，主流媒体新闻信誉颓势每况愈下，主要表现有两个：第一，主流媒体在商业势力的侵蚀下越来越商业化，其报道同质化、戏剧化、娱乐化现象严重[2]；第二，主流媒体往往倾向于为代表了社会主导话语的大商业资本势力站台，从而忽视、污名化那些敢于挑战社会主流话语权力的议题及其相关人物。[3]主流媒体被指在某种程度上“不但微妙且有效地消除市民的公民能力，还建立话语定式，扼杀公民的参与能力”[4]。现实是：越来越琐屑化、碎片化，去政治化的主流媒体新闻导致了更多的媒体失信，人们要么转向更加独立的“另类媒体”（alternative media），要么转向抱团的“党派媒体”（partisan media），从而导致更多的党派信仰、党派消费，同时，受众对政治经济等严肃议题的偏见和冷漠越发极化。

美国乔治城大学的政治与公共关系副教授乔纳森·拉德博士（Jonathan Ladd）研究了美国主流媒体信誉危机后发现，在美国社会中，公众、积极分子、政治家都对主流媒体持批评态度，政治家害怕任何形式的所谓自由媒体，而那些大众则越来越偏向软新闻。[5]另外，经济上的竞争加深了媒介使用者的分化：“保守的右派通常偏好收音机谈话节目，而自由派则偏向在线媒体。”而且，美国历史上“政党领袖和媒体的争议关系一直贯彻始终”，当权者对媒体的抨击则更加剧了这一趋势，一旦新闻媒体试图表达自己是独立的或是依附于某政治对手之时，两党的政治人物对媒体的批评便会变得猛烈起来。比如2009年到2010年，保守派就利用媒体批评对新当选的奥巴马及其民主党派占多数席位的国会议员进行攻击，意图重返权力中心；而民主党领袖奥巴马“也从不放过”批评或讽刺保守媒体及其体制性新闻的机会。2016年底，特朗普上台后即对有自由主义倾向的美国主流媒体口诛笔伐，这种不能作为“民主利器，反而成为某种霸权”[6]的主流媒体，成了“另类”媒体产生的主要社会语境和历史缘由之一。

在全球化开始起飞的时代，特别是20世纪70年代至今，主流媒体被批判学派诟病的主要原因就是其对新自由主义话语的偏袒。“新自由主义作为当代资本主义的范式，

---

[1] LADD M J. Why Americans hate the media and how it matters [M]. Princeton and Oxford: Princeton University Press, 2012: 203.

[2] 班尼特 . 美国媒体的权力去西化媒介研究 [M]. 卡伦，朴明珍，编 . 卢家银等，译 . 北京：清华大学出版社，2011: 265–277.

[3] HARCUP T. The unspoken–said [J]. The journalism of alternative media, 2003, 4(3): 356–376.

[4] 吉特林 . 新左派运动的媒介镜像 [M]. 张锐，译 . 北京：华夏出版社，2007: 194.

[5] LADD M J. Why Americans hate the media and how it matters [M]. Princeton and Oxford: Princeton University Press, 2012: 106–203.

[6] BAGDIKIAN B. The media monopoly [M]. Boston: Beacon Press, 2000.

其基本原则不外乎自由市场、私有化、自由贸易和企业创建”[1]；2010年，美国纽约城市大学杰出教授、经济学家大卫·哈维（David Harvey）在《资本之谜》一书中还把新自由主义解释为“一种结合了1970年以来各种危机的阶级工程”，是资本对劳工统治的一种阶级斗争，在“大量关于个人自由、解放、个体责任、自由市场和自由贸易，私有化为美德的修辞的包装下，新自由主义把那些严苛的，以修复和巩固资本主义阶级权力政策合法化了”[2]。哈维认为，从所有走新自由主义这条道路的国家的财富和权力极端集中的情况来看，这种“阶级工程”一直是相当成功的。的确，从现实来看，自英国原首相玛格丽特·撒切尔夫人（Margaret Thatcher）和美国的罗纳德·里根（Ronald Reagan）总统把新自由主义当作资本主义发展及其政治生活的完美理念以来，欧美等发达国家都在这种意识形态下发展，其中，欧盟、IMF、WTO等国际组织都是其实践产物。即使自2008年金融危机以来，世界多个经济体系都面临巨大压力，但自由市场和资本私有化的体制并未有任何可以被替代的可能。

和哈维立场相似的诸多学者认为，“大众媒体至少应该为新自由主义教条的推广和贯彻执行负有责任”，一方面，“大众媒体是被新自由主义市场逻辑‘圈地’最为严重的社会机构之一”[3]；另一方面，主流化了的大众媒体把全球的金融新闻整合起来“对社会施加了一种强大的符号暴力，把新自由主义规范化，去政治化”[4]。可以说，由于专注于获取大众的注意力经济或者追求“新闻和时事”在大众传播中的影响力，大众媒体对新闻中的“经济内容”关注变成了一种执迷，把一切都商业化了，包括股票市场、收入、利润和证券投资管理等[5]。哈维进一步指出，大众媒体让公众成为被媒体“殖民”的对象，这种殖民意味着“让公众忘却资本主义在内容层面上的越界，意味着收编、稀释并包含人们对资本主义本身的不满和批评，把公众回忆过去激进事件的可能性消解了，从而限制了公众的激进想象，让大众患上了健忘症”，同时塑造了一种以新自由主义意识形态为主的集体记忆。[6]

当代资本主义范式以“自由化市场”为原则，以私有化、自由贸易、国家干预最小化等关键词为基本特征，不断向前发展，似乎对批评具有了一种天然的免疫力，瑞典学者李纳斯·安德森（Linus Andersson）认为：虽然世界经济体系不断遭受经济危机的破坏（比如2008年席卷世界的金融危机），现在世界上几个重要的经济体系的形势

[1] HARVEY D. A brief history of neoliberalism [M]. Oxford: University Press, 2005.

[2] HARVEY D. The enigma of capital: and the crises of capitalism [M]. London: Profile, 2010: 10.

[3] GRANTHAM B, MILLER T. The end of neoliberalism [J]. Popular communication, 2010, 8(3): 174–177, 43.

[4] CHAKRAVARTTY P, SCHILLER D. Neoliberal newspeak and digital capitalism in crisis [J]. International journal of communication, 2010(4): 670–692.

[5] GRANTHAM B, MILLER T. The end of neoliberalism [J]. Popular communication, 2010, 8(3): 174–177.

[6] HARVEY D. The enigma of capital: and the crises of capitalism [M]. London: Profile, 2010: 219.

依然严峻，但资本主义似乎岿然不动。这种缺乏官方话语挑战的新自由主义更像一种“战略性话语，一种有影响力的修辞”[1]。而解决这种问题的路径之一就是转向“另类媒体”。而另类媒体，作为主流媒体的反对者和新自由主义话语霸权的挑战者，“有着另类的世界观，另类的话语表达模式”，其“另类的话语表达包括了挑战主流话语霸权的实验性形式，重新编码的语言，以及草根和社会运动所提出的政治要求和观点”“是社会变革和文化研究的桥梁”[2]。

三、技术语境：作为挑战话语霸权和社会运动策略之一的“另类”媒体

一般来看，在美国新闻界媒体机构中，处于媒体光谱一端的是作为主流媒体（mainstream media）或“机构”媒体（institutional media）的大众媒体，而另一端的则是与之相对的非主流媒体（non-mainstream media），其中，美国的主流媒体“一般是经济实力最强的公立或私有的公司，其目的是尽可能地获取最广大的受众并呈现其民族 / 国家核心的价值体系和世界观，非主流媒体则仅仅是人们所在的一定社会中，受众可以获取新闻的组织而已，它与主流媒体存在多种程度上的差别”[3]。

宏观来看，美国媒介光谱中，除了主要的大型公司媒体之外，填补媒介裂缝的利基（niche）媒体、策略媒体、社区媒体以及反对主流媒体的“另类媒体”都属于非主流媒体的范畴。当然，因时空变迁和传播技术的革新，主流媒体与非主流媒体的界限有时候也并非那么严格分明；同时，另类媒体或者独立媒体也并非总是处于整个媒体结构空间的边缘。“在不到两个世纪前，激进媒体、工人阶级媒体等另类媒体在欧洲大陆，在其新殖民地，就成了主流的媒体。”[4]可以说，另类媒体一般都是非主流媒体，但非主流媒体不一定是另类媒体。根据政治批判学派学者的看法，另类媒体是“一种外在于建制的，由不同规范、目标和理想所激发的组织、生产和使用媒体的方法，这些方法是不同于那些我们在日常媒介使用中所碰到的商业和公共组织使用的方法。换句话说：另类媒体就是一种可以挑战资本主义媒体产业的空间，这种空间组织并生产那些旨在创建批判性内容，挑战霸权的方式”[5]。

---

[1] ANDERSSON L. There is no alternative: the critical potential of alternative media for challenging neoliberal discourse [J]. Triple c, 2012, 10(2):762–764, 753.

[2] ANDERSSON L. There is no alternative: the critical potential of alternative media for challenging neoliberal discourse [J]. Triple c, 2012, 10(2):762–764.

[3] TSFATI Y, PERI Y. Mainstream media skepticism and exposure to sectorial and extranational news media: the case of Israel [J]. Mass Communication & Society, 2016, 9(2): 165–187.

[4] ROBIE D. How “alternative” media can again be mainstream [J]. Pacific journalism review, 2012, 18(2): 199–202.

[5] FUCHS C, et al. Capitalist crisis, communication and culture: introduction to the special issue [J]. Triple c, 2010, 2(8): 193–204.

在西方社会，作为一种非常规的、“非建制性”[1]的集体行动，社会运动非常常见，“其本质是一场围绕权力分配而展开的政治斗争”[2]。在已然成为“社会运动社会”的当代西方，新社会运动一般被认为是资本主义社会内部的修补手段，传统的旧社会运动为求社会变革，通常以暴力夺取国家政权为目标，而新社会运动与之相比，常常具有鲜明的非政治（反政治）色彩，更倾向于使用非暴力的公民不顺从、戏谑、扰乱等手段来表达其诉求、怨愤。[3]当代社会里，已然制度化了的新社会运动为了争夺自己的话语权，极力获取大众媒体的注意力就成了其扩大社会能见度，俘获公众舆论，从而把运动诉求传递到社会主流阶层，以求改变政治决策者议程，达成社会变革目标的主要途径。

然而，媒体与社会运动“不对称”[4]的关系决定了新社会运动对媒体的依赖。首先，媒体的报道常常在很大程度上影响着受众对这些社会运动的认知，但并不是每种社会运动都能成功左右媒体的报道。从运动的角度来说，它对媒体的需求表现在三个方面：“动员”“确认”“扩大冲突范围”，媒体和社会运动相比，后者对前者的需求更甚，在高度媒介化的社会当中，“一场没有被报道的社会运动似乎从来就不曾发生过”[5]。因为媒体的广泛报道能够让运动获得更多的支持者，显示出更强的政治重要性并扩大影响力。这迫使社会运动为适应媒体环境而不得不经常调整运动的框架。美国知名社会学家吉特林早就发现：20 世纪 60 年代的新左派运动，因为其新奇性、戏剧性、冲突性等新闻价值，成了大众新闻媒体追逐的题材之一，媒体通过从“学生争取民主组织”运动的组织者、参与者中挑出那些比较招摇的人作为整个运动的领袖来报道，从而影响社会运动框架建构。这些并不是真正领袖的人，在媒体聚光灯的强力照射下，上升为运动明星，对外代言了运动，改变了运动形象；对内则重构了运动的组织结构。因此，为了改变对大众媒体权力的依赖，很多社会运动都把建立自己的媒体作为运动对抗主流媒体的主要策略之一。[6]

20 世纪 90 年代末，在反全球化运动风起云涌之时，以互联网等新传播技术为主要特征的“新媒体”同时开始崛起，因此，反全球化运动成员，作为当时的“反议题”主要生产者，纷纷开始建立专属于自己的运动媒体，“把那些被主流媒体排除在外的人涵盖进来”“要么在新闻报道里把他们作为主要行动者进行特写，要么生产与他们

---

[1] DOWNING J. Social movement theories and alternative media: an evaluation and critique [J]. Communication, culture& critique, 2008, (1): 40–50.

[2] 冯仕政 . 西方社会运动理论研究 [M]. 北京 : 中国人民大学出版社 , 2013: 193.

[3] 冯仕政 . 西方社会运动理论研究 [M]. 北京 : 中国人民大学出版社 , 2013: 279.

[4] GAMSON W A, WOLFSFELD G. Movements and media as interacting systems [J]. Annuals of the academy of political and social science, 1993, 5(28): 114–125.

[5] 梅罗维茨 . 消失的地域 : 电子媒介对社会行为的影响 [M]. 肖志军 , 译 . 北京 : 清华大学出版社 , 2002: 84.

[6] RUCHT D. The quadruple “a” : media strategies of protest movements since the 1960s [M]//WAN V DE DONK, et al. Cyberprotest: new media, citizens and social movements. London, New York: Routledge, 2004: 25–46.

的日常生活相关的内容”[1]，这些运动专属的媒体就是新兴的另类媒体之一。

1984年，美国学者约翰 ·唐宁（John Downing）[2]研究发现：另类媒体和社会运动的发展周期有相同之处：社会运动处于低潮时，另类媒体会减少，反之，社会运动处于高潮时，另类媒体会崛起，给予社会运动更多的信息补贴。这个发现佐证了另类媒体与社会运动之间的密切关系，至少，社会运动议题所催生的印刷、广播内容构成了另类媒体的一部分。2001年，唐宁等人[3]把权力和霸权的理论概念放置到另类媒体的结构研究当中，论证了社会运动会催生各种不同形式另类媒体的论点。这种发现扩展了另类媒体的功能，另类媒体不再只单纯地作为社会运动的“声音”，而是能够完成并促进各种形式的抵抗、动员，变革霸权社会话语结构的言说空间，在这种抵抗霸权的过程中，另类媒体的形式也变得多样化起来。[4]

在进一步研究另类媒体的过程中，英国学者克里斯·阿顿（Chris Atton）提出，另类媒体或者激进媒体应该不仅仅限于政治的、抵抗角色的媒体，那些具有新型文化形式的电子杂志、博客以及混杂形式的在线传播也可以算作另类媒体。这种研究路径强调了另类媒体作为网络社会中传播实践的“工具性反思”，使另类媒体在其生产、创造和分配中得以发现当代社会的问题，从而反对处于社会顶层的等级秩序，比如，在20世纪60年代的反战运动中，另类媒体首先宣布了公众对越南战争的反对立场，而这些情绪则被主流媒体所吸收，最终民间的反战情绪成为之后的主流意见。[5]可以看出，另类媒体的议程设置在某种程度上能溢出（spill over）到主流媒体，从而影响公众舆论。[6]这种另类媒体生产的内容影响到主流媒体在某些主题上的议程设置的现象，在历史上和当代社会里，一直都可以观察到。[7]比如，在“反全球化”运动期间，为配合西雅图抗议的内部沟通和对外传播，积极分子利用网络创建了一个全球性的另类媒体——“独立媒体中心”（Independent Media Center，简称“IMC”）[8]。IMC在建立初期对运动的进展和议题的建构，成为美国当时诸多主流媒体报道的议题和消息源之一。

总之，当代批判学派把另类媒体定义为“社会运动的一种媒体策略，也是一种符

[1] ATTON C. Alternative media. [M]. Thousand Oaks: Sage, 2002: 4–11.

[2] DOWNING J. Radical media: the political experience of alternative communication [M]. Boston: South End Press, 1984.

[3] DOWNING J, FORD H, GIG T V, STEIN L. Radical media: rebellious communication and social movements [M]. Thousand oaks: Sage, 2001.

[4] ATKINSON J. Alternative media and politics of resistance: a communicative perspective [M]. Bern: Peter Lang, 2010.

[5] HALLIN D. The uncensored war [M]. New York: Oxford University Press, 1986.

[6] MATHES R, PFETSCH B. The role of the alternative press in the agenda-building process: spillover effects and media opinion leadership [J]. European journal of communication, 1991, 6(1): 33–62.

[7] SAYRE B, BODE L, SHAH D, WILCOX D, SHAH C. Agenda setting in a digital age: tracking attention to California roposition 8 in social media, online news and conventional news [J]. Policy & internet, 2010, 2(2): 7–32.

[8] KIDD D. Become the media: the global IMC network [M]//A OPAL, D. POMPPER. Representing resistance: media, civil disobedience and the global justice movement. Westport: Praeger, 2003: 224–240.

号反抗的手段”，本书同意这种观点。而且，由于符号和再现问题在理解当代社会政治权力的过程中越来越重要，那么，对作为资本主义新自由主义话语还未能收编的另类媒体，其批判的内容、批判的形式及其组织过程一定会生产出“一种超越资本主义”主流话语的另类世界观，催生出一种超越那些“狭隘的精英话语”的“激进想象”[1]。

第二节　研究意义

一、新媒体研究可以弥补传统社会运动研究的不足

发展另类媒体是唯一可以对付媒体全球化趋势及其影响的机会了。

——阿凡索·达伽荣（Alfonso Dagron）

从以往社会运动的研究文献来看，社会学家们聚焦较多的是“社会运动的结果，其改变政策的能力，社会运动的结构、文化与价值，以及与之相关的媒体报道”[2]。其中，“与社会运动相关的媒体报道”作为与政治传播、媒介研究、语言学等学科领域交叉的地带之一，实际上是社会运动研究当中一个比较边缘性的话题。[3] 有研究媒体和社会运动的学者发现：“传统的社会运动研究要么是对媒体层面闭口不谈，要么就是把媒体当作运动追求自身预定目标的简单工具，而非一个相对应的政治代理人（political agents）。”[4]

以上批评并不是毫无根据的。美国康奈尔大学政府系西德尼·塔罗[5]是社会运动研究的领军人物，他在21世纪到来前出版的《社会运动论》一书中，收集了当时西欧和北美最出色的各个领域的社会学家的最新研究成果，比如西雅图华盛顿大学的社会学和政治科学教授保罗·伯斯坦（Paul Burstein，其研究的强项是公民权利运动对均等就

[1] ANDERSSON L. There is no alternative: the critical potential of alternative media for challenging neoliberal discourse [J]. Triple C, 2012, 10(2):762–764.

[2] ROHLINGER D, KAIL B, TAYLOR M, CONN S. Outside the mainstream: social movement organization media coverage in mainstream and partisan news outlets[EB/OL]. (2015–03–09)[2015–07–25]. http://dx.doi.org/10.1108/S0163-786X(2012)0000033006.

[3] GERBAUDO P, TRERE E. In search of the “we” of social media activism: introduction to the special issue on social media and protest identities [J]. Information, communication & society, 2015, 18(8): 865–871.

[4] TRERE E. Social movements as information ecologies: exploring the coevolution of multiple internet technologies for activism [J]. International journal of communication, 2012(6): 2359–2377.

[5] 塔罗，等 . 社会运动论 [M]. 张等文，张兆政，译 . 吉林：吉林人民出版社，2011: 378–379.

业机会的国会活动和司法活动的影响）；佛罗伦萨大学政治科学教授唐娜泰拉·黛拉·波尔塔（Donatella Della Porta，她以研究西欧各国比如意大利、法国、西班牙、德国等地的社会运动、政治暴力、恐怖主义、腐败、公共秩序和警察治理而出名）；日内瓦大学政治科学系的研究员马克·朱格尼（Marco Giugni，他当时研究的重点是种族关系、公民身份和移民动员的跨国比较项目）；德国柏林社会科学研究中心社会运动与公共领域研究部的高级研究员路德·库普曼斯（Rudder Koopmans，他是多部社会运动著作的作者和合著者，以研究联邦德国基础民主而出名）；斯坦福大学的社会学教授道格·麦克亚当（Doug Macadam，他以对黑人暴动的发展和政治过程理论研究而出名，1990 年获得了 C. 赖特 ·米尔斯奖）；纽约城市大学城市研究院的教授戴维·S. 迈耶（David S. Meyer，他写了很多关于社会抗议政治的论文，以反核运动和美国政治体系研究而出名，与塔罗等著名社会学家合编过《社会运动社会》等几部论著）；哥伦比亚大学社会学、历史学和政治科学教授查尔斯·蒂利（Charles Tilly，他从 1954 年以来就一直重点关注欧洲的抗争政治）；等等。以上学者都是社会运动研究领域中的佼佼者，无一例外都产出了“最具颠覆性的、超越了社会运动在国家政策和政治影响研究领域”[1] 的最新成果，但他们聚焦的要么是“国际和平运动的非国家领域”（迈耶）；要么是“社会运动对生命过程影响的非制度领域”（麦克亚当）；再就是“变化着的抗议性政策话语的文化领域”（黛拉·波尔塔）。也就是说，这些研究探讨的是女权运动、和平运动、生态运动和极右势力运动的政治后果；比较的是这些社会运动的政治、制度、文化及其有意的、无意的、长期的或短期的结果，聚焦的是当代各种社会运动的过程、组织、目的、认同的建构，缺乏对媒体与社会运动之间互动的长期关注。

当代著名的社会运动与媒体研究领域专家，美国南伊利诺伊大学全球媒体研究中心的约翰·唐宁也曾埋怨“当今三位顶级的社会运动研究者”对媒体研究的忽视，他对 2004 年出版的《布莱克维尔社会运动导读》（*The Blackwell companion to social movements*）中收录的三位学者进行了批评：第一位是路德·库普曼斯[2]，在研究社会运动如何运作的文章里，路德仅仅把媒体当作社会运动的扩散渠道和节点；第二位是汉斯皮特·克里西（Hanspeter Kriesi）[3]，在对政治环境和政治机遇的概念框架研究中，他仅仅提到媒体的结构以及它们运作的方式影响了运动运作的机遇和抑制性因素，没

[1] 塔罗，等 . 社会运动论 [M]. 张等文，张兆政，译 . 吉林：吉林人民出版社，2011: 378–379..

[2] KOOPMANS R. Protest in time and space: the evolution of waves of contention [M]//D SNOW S A SOULE, H KRIESI. The blackwell companion to social movements. Malden: Blackwell Publishing, 2004: 19–46.

[3] KRIESI H. Political context and opportunity [M]//D SNOW S A SOULE, H. KRIESI. The Blackwell companion to social movements. Malden: Blackwell Publishing, 2004: 69–90.

有深入；第三位是大卫·斯诺（David Snow）[1]，在斯诺“政治机会语境和结构”的研究中，媒体不是一个重要的文化机构（cultural agent），不是他集中研究的神话、意识形态、叙事和框架的终身勾连者（articulators）、开发者（developers）。因此，在斯诺对社会运动建构以及社会运动被建构的过程中，媒体不过是影响社会运动框架化的长长列表当中的一个不起眼的因素而已。另外，在斯诺和克里西的专辑中，还有威廉姆·甘姆森（William Gamson）[2] 的一篇论文，但甘姆森的框架概念并非用来分析社会运动所需的媒体策略，更不用提对社会运动专属的媒体分析了。因此，唐宁感叹，“对社会运动专属媒体的框架分析，从内部和外部来讲，在这些社会学研究中难得一见”[3]。

拉美著名的活动家，玻利维亚诗人、作家、电影制片人、记者、摄影师、发展传播学专家阿凡索·达伽荣[4]，作为一位来自第三世界的另类媒体学者，他提倡研究需要有自身的立场，认为学术研究需要一个更丰厚的眼光，以更紧密、更全球化地与实际需求和实践相连。在他看来，最好的媒介研究应该聚焦“如何挑战世界，而非仅仅解释它”[5]。他曾说过一些振聋发聩的话语：

> 我们生活的主流政治话语是一个虚伪透顶的话语，我们为何不提出一套替代的话语呢？美国给塔利班提供武器来消除苏联支持的阿富汗政权，一旦俄国人出局了，塔利班就被重新定义为是压迫人性的，残忍的了。1973 年美国把智利的独裁者皮诺切特扶持起来镇压智利的民主运动，而 20 年后，皮诺切特发现他不再和以前一样是美国需要的强人了，他孤立无援，试图在国际羞辱中幸存下来，却被监禁，被定义成一个精神上有缺陷而不能忍受审判的人。
>
> 美国作为世界上最大温室气体的排放者，却反对和阻止《京都议定书》的贯彻，巴勒斯坦被禁止购买武器，而以色列不但从美国购买它想要的武器，而且还可以拥有核武器，美国在日本、意大利、德国、西班牙，世界上一长条名单上其他的国家，包括古巴、关塔那摩都拥有军事基地。那古巴，或者法国，或者俄国，不管是哪一个，在美国领土上来个军事基地如何呢？美国学校的青少年杀死他们的同学，但政府

---

[1] SNOW D A. Framing processes, ideology and discursive fields [M]//D SNOW, S A SOULE, H KRIESI. The blackwell companion to social movements. Malden: Blackwell Publishing, 2004: 380–412.

[2] GAMSON W. Bystanders, public opinion and the media [M]//D SNOW, S A SOULE, H KRIESI. The blackwell companion to social movements. Malden: Blackwell Publishing, 2004: 242–261.

[3] DOWNING J. Social movement theories and alternative media: an evaluation and critique [J]. Communication, culture& critique, 2008, 1: 40–50.

[4] 其父曾是玻利维亚驻西班牙、乌拉圭大使，是国家党革命运动领袖，运动失败后被迫流亡法国巴黎、墨西哥等地，后来被玻利维亚政府监禁。

[5] DAGRON G A. The long and wading road of alternative media [M]// D H DOWNING, D MCQUAIL, P SCHLESINGER, et.al. The sage handbook of media studies. Thousand Oaks: Sage, 2004: 41–65.

却反对采取任何严肃认真的行动去控制手枪的使用，在国际上、国内都是如此。美国是地雷的最大制造和发售者，有些地雷被设计成玩具的形状，吸引小孩子，而且它拒绝加入国际地雷禁令的组织。

发展另类媒体是唯一可以对付媒体全球化趋势及其影响的机会了。美国国务卿和国家安全顾问基辛格 1999 年说过，所谓的全球化真的只是美国霸权角色的另外一个名称罢了。[1]

……

在此，另类媒体的意义在积极分子心目中可见一斑，这难免激起理想主义者的好奇心和一种“另类的政治想象”[2]，那么问题来了，另类媒体其存在价值和传播意义在哪儿？它们能够胜任“促进公共参与、反对霸权，为无声者发言”的职责，成为弱者“争取社会公平正义，变革社会”的利器吗？循着这种逻辑，本书发现，我国大陆研究另类媒体的学者当中，罗慧关注了新自由主义全球化主流媒体“不断圈地”背景下兴起的“反商业化的另类媒体”，讨论了“作为公地的传播如何可能”的问题。罗慧的创新之处在于她厘清了西方“另类媒体”兴起的历史与媒介背景；从理论意义上论述了另类媒体生存的空间（在于“国家和社会之间的社会控制”）；划分了另类媒体实践的三种形式（基于反信息霸权的内容民主、基于参与传播的空间民主以及基于社会运动的行动民主）[3]。但西方另类媒体如何从内容、行动等实践意义等方面就同一社会运动在议题上与主流媒体展开“论争”，代表论争过程的系统文本内容如何，有何种主题和框架，有哪些新闻主体？我们未能看到，这需要进一步的研究。另外，罗慧的研究成果是 10 年前产生的，10 年过去，她曾经追问的西方另类媒体现在发展状态如何，其论文中曾当作“社会运动行动民主”样本的西雅图独立媒体中心为何关停？以上问题都需要有新的答案。

一直致力于研究另类媒体及其新闻实践的英国学者克里斯·阿顿（Chris Atton），是当代最负盛名的另类媒体专家，他在 2013 年也曾质疑：“人们普遍趋向于把另类新闻业看作一场革命，如果不是革命的话，也至少是一股强有力的挑战新闻主流价值观的民主力量。30 多年以来，这种几乎不加区分的颂扬态度在另类媒体研究中一直在持续”[4]，这种不加质疑的趋势更需要有新的探索与发现。

---

[1] DAGRON G A. The long and wading road of alternative media [M]// D H DOWNING, D MCQUAIL, P SCHLESINGER, et.al. The Sage handbook of media studies. Thousand Oaks: Sage, 2004: 43–44

[2] LEE J. How alternative and alternative for what? reconceptualizing alternative media in the global age [J]. International communication association, 2007, 23(5): 1–27.

[3] 罗慧 . 传播公地的重建 : 西方另类媒体与传播民主化 [M]. 北京 : 社会科学文献出版社 , 2012.

[4] ATTON C. Separate, supplementary or seamless? alternative news and professional journalism [M]//C PETERS, M BROERSMA. Rethinking journalism: trust and participation in a transformed news landscape. London, New York: Rutledge, 2013: 131–143.

二、反全球化运动是研究当代媒体与社会运动关系的“绝佳”个案

在日益媒介化的社会里，互联网以及其他新媒体在社会变革中的作用越来越明显，而且，在作为学科交叉地带的社会运动与媒体报道研究领域中，“媒体与社会运动之间微妙的互动（interaction）”一直是颇多学者关注的话题之一。[1] 但就针对该议题的研究成果来讲，久为学者诟病的研究缺陷和研究偏向也不少：最常见的批评是根植于不同学科领域内的“碎片化”“一种自言自语”和“缺乏对话”。[2]

意大利欧洲大学学院政治与社会科学系的爱丽丝·马东尼（Alice Mattoni）和墨西哥克雷塔罗（Querétaro）自主大学政治社科系的副教授埃米利亚诺·崔瑞（Emiliano Treré）非常关注传播和媒介研究中出现的偏向和趋势，他们指出，“长期以来，传统的社会运动研究只是对传播和媒介给予了外在的关注：那些源于资源动员理论、政治过程论和新社会运动理论的研究经常会激起媒体的回忆，但从未系统地讨论过媒体在动员中的功能”。马东尼和崔瑞把现有相关文献研究中的不足概括为两种偏向：“技术狂热型”（technological-fascination）和“单一媒介型”（one-medium）。[3]

“单一媒介型”指的是坚持把一种媒介或媒介平台置于其他媒介或平台之上进行分析，也包括对其内容形态的分析，其中，有的学者只是聚焦于主流媒体如何报道边缘化社会运动及其边缘化后果，“这对于主流话语中精英权力的维持本身就是一种有力的制度性（institutions）支持”；有些学者则主要聚焦于社会运动行动者（social movement actors）专属的媒体，这些小规模的民间媒体经常被称为根茎性媒体（rheizomatic media）[4]、公民媒体、地下媒体（underground media）、自治媒体（autonomous media）、独立媒体（independent media）、草根媒体（grassroots media）、激进媒体（radical media）、社区媒体（community media）、策略性媒体（strategic media）、反信息媒体（counter information media）以及第三部门媒体（the third sector media）、参与性媒体（participation

[1] MATTONI A, TRERÉ E. Media practices, mediation processes, and mediatization in the study of social movements [J]. Communication Theory, 2014, 24: 252–271.
GERBAUDO P, TRERÉ E. In search of the “we” of social media activism: introduction to the special issue on social media and protest identities [J]. Information, communication & society, 2015, 18(8): 865–871.

[2] ROGGEBAND C, KLANDERMANS B. Introduction [M]//C ROGGEBAND, B. KLANDERMANS. Handbook of social movements across disciplines. New York: Springer, 2007: 1–13.

[3] GERBAUDO P, TRERÉ E. In search of the “we” of social media activism: introduction to the special issue on social media and protest identities [J]. Information, communication & society, 2015, 18(8): 865–871; TRERÉ E. Social movements as information ecologies: exploring the coevolution of multiple internet technologies for activism [J]. International journal of communication, 2012(6): 2359–2377.

[4] BAILEY O, CAMMAERTS B, CARPTENTIER N. Understanding alternative media [M]. McGraw-Hill: Open University Press, 2008.

media）[1]、积极分子新媒体（activist new media）[2] 等，不一而足。

马东尼和崔瑞发现，这种"单一媒介型"研究文献的碎片性表现在以下几个方面：首先，在研究中，那些讨论社会运动相关议题的学者通常是"互不理睬"的，就算有将主流媒体和另类媒体放在同一时段或者在同一运动行动者之下进行的对比研究，也少之又少[3]。其次，在那些聚焦某种特定媒介技术的研究当中，比如：针对收音机、电视、或出版社等单一媒介形态的研究非常多，而关于社会运动与几种媒介形态之间的互动研究却非常少。另外，"单一媒介型"研究偏向也适用于那些在社会运动研究中专门讨论某种特定的（数字的）技术平台的类似文献。比如，对网站、邮件列表；对其他"电子公告平台"以及在线群体的研究；对"博客"与社交网络平台比如"脸书""推特"的研究。马东尼和崔瑞认为，这些"'单一媒介型研究'通常只是专注于多种在线技术对社会运动的展现中的一种，因而也就不可避免地有忽视其他重要方面的风险"。比如，"这种研究可能忽视掉了运动内部不同平台的功能及其演变的历史；也有可能忽视掉多种技术、行动者以及其实践之间的联系"[4]。

在当下关注社会运动的研究中，"技术狂热型"指的是那些倾向于把最新的技术平台当作偶像来崇拜的研究。马东尼和崔瑞认为，虽然社会运动研究的各个学科根植于历史学家的研究，但这些研究媒体和社会运动的文献呈现出了历时性的碎片化，原因在于对媒体/运动关系发展的历史性视角的匮乏[5]。人们醉心于研究最新的技术支持，比如互联网的应用、网络平台等议题，从而忽视了原先的技术支持所带来的关联性以及其在运动中发挥作用的持续性。这种技术狂热型研究也导致学者，一方面"简化了社会运动实践动员过程中技术运用的复杂性"；另一方面，又"夸大了媒体所发挥的力量"。比如，在萨帕塔运动（Zapatista movement）研究中，就有学者坚称：虽然互联网一开始吸引了所有学者的注意力，但实际上，在叛乱中，

---

[1] COYER K, DOWMUT T, FOUNTAIN A. The alternative media handbook [M]. London, New York: Rutledge, 2007: 3; 卜卫，张琪．消除家庭暴力与媒介倡导：研究、见证与实践 [M]. 北京：中国社会科学出版社，2011: 236; 罗慧．传播公地的重建：西方另类媒体与传播民主化 [M]. 北京：社会科学文献出版社，2012: 4.

[2] LIEVROUW L. Alternative and activist new media [M]. Cambridge: Polity, 2011.

[3] DOWNING J. Social movement theories and alternative media: an evaluation and critique [J]. Communication, culture& critique, 2008, 1: 40–50.

[4] MATTONI A, TRERÉ E. Media practices, mediation processes, and mediatization in the study of social movements [J]. Communication theory, 2014, 24: 252–271.

[5] MONTERDE A, POSTILL J. Mobile ensembles: the uses of mobile phones for social protest by Spain's indignados [M]//G GOGGIN, L HJORYH. The Routledge companion to mobile media. London, New York: Routledge, 2013.PADOVANI C. Activists' communication in a post-disaster zone: cross-media strategies for protest mobilization in L'Aquila, Italy [M]//B CAMMAERTS, A MATTONI, P MCCURDY. Mediation and protest movements. Bristol: Intellect, 2013: 179–204.

SCALMER S. Mediated nonviolence as a global force: an historical perspective [M]//B CAMMAERS A MATTONI P, MCCURDY. Mediation and protest movements. Bristol: Intellect, 2013: 115–132.

被人们忽视的一些当地的媒体，比如收音机和墨西哥报纸（La Jornada）就起到了非常大的作用。[1]

在阐释此类研究偏向时，马东尼和崔瑞还认为“全球正义运动”（反全球化运动的另外一种称呼）是另外一个极好的例子，因为，人们一般都把它当作一种另类媒体和积极分子媒体的项目[2]，在这个案例中，“积极分子对数字媒体的实践有和运动相关的一面，但这一面却变成了萨帕塔运动自身的同义词”。马东尼和崔瑞发现，这种以偏概全的倾向很普遍：因为这些学者“在定义整个全球正义运动的过程中，通过运动的一个方面（可以充当一个有效的修辞诡计），来指出运动中人们不可否认的创新，而该创新能带来对媒体的挪用”。这种研究偏向“遮蔽了其他相关的跨国冲突运动中的相关特征”。实际情况是，在运动内部就并存着特定的运动政治文化和认同，这些政治文化和认同对于发展不同于“技术狂热型”的研究路径有着重要作用。[3]

美国学者班纳特等人（Bennett et al，2004）认为：作为网络时代新媒体与社会运动关系逐渐成为研究热点之一的起始点，“反全球化”运动是观察另类媒体与当代社会运动互动关系研究的绝佳个案。[4] 基于此，本书聚焦另类媒体对反全球化运动的话语构建研究可以弥补崔瑞和马东尼等人所指出的遗憾：首先，作为另类媒体研究的参照物，本书将重点比较主流媒体和另类媒体这两个不同话语空间的媒介文本及其话语构建逻辑，注重不同话语空间的消息源流向和语言治理，这种面向有着“对话”和“比较”的视野；其次，本书还重点考察与反全球化运动相关的另类媒体的多种组织形态及其传播过程，并把与社会运动相关的另类媒体分为四种范畴的另类媒体，关注其不同发展轨迹。因此，本书的另类媒体研究不但跨越了广播、报纸、网站等单一的媒介形态，还注重“运动内部不同平台之间的功能及其演变的历史”，强调另类文本生产者与社会运动积极分子之间的实践与角色互换，关注社会运动内部不同类型积极分子的不同言说、立场和态度，避免了“单一媒介型”和“技术狂热型”的研究陷阱。

---

[1] BOB C. The marketing of rebellion: insurgents, media, and international activism [M]. Cambridge: Cambridge University Press, 2005.

PITMAN T. Latin American cyberprotest: before and after the Zapatistas [M]//C TAYLOR, T PITMAN. Latin American cyberculture and cyberliterature. Liverpool: Liverpool University Press, 2007: 86–111.

[2] LIEVROUW L. Alternative and activist new media [M]. Cambridge: Polity, 2011.

[3] KAVADA A. Internet cultures and protest movements: the cultural links between strategy, organizing and online communication [M]//B CAMMAERTS, A MATTONI, P MCCURDY. Mediation and protest movements. Bristol: Intellect, 2013: 75–94.

[4] BENNETT W L, et al. Managing the public sphere: journalistic construction of the great globalization debate [J]. Journal of communication, 2004, 54(3): 437–455.

三、另类媒体建构“另类”话语体系的可能性

一直以来，媒介研究中，新闻业被认为是“当代社会中最重要的公共知识的形式”，而大众传媒则是“首要的公共领域机构”，因而把“媒介内容当作社会权力渗透指标”[1]的研究层出不穷。在当代另类媒体的研究中，有几种相对的争议和质疑一直存在：一是，另类媒体作为主流媒体的挑战者，因为政治经济因素的限制，其政治传播能力和影响力有限，“没有几个决策者和普通市民”[2]会接收到另类媒体的议程。二是，另类媒体自身的反商业气质注定了它的困境和缺陷，如果只作为少数反抗群体内部的沟通工具，那它无疑只是“对已经皈依宗教的人继续传教”[3]，从而沦为了“贱民”反议题的“贫民窟”[4]；而如果要继续影响舆论，求得广大受众，就有可能向主流媒体妥协，被收编、整合的命运则难以避免[5]。

与以上悲观论相对的声音也有两种：一种声音是对另类媒体新闻业的“自然报道”（native report）、“主动见证”（active witness）、“本地主义”（localism）、“公民新闻”等特征的赞赏，认为另类媒体的存在不但挑战了主流媒体新闻业，还促进了另类媒体新闻业与主流媒体新闻业的融合。[6]另一种声音则有关另类媒体报道对主流媒体议题影响力的支持，认为另类媒体报道在一定程度上“保证了民主辩论、媒体和政治议程设置以及当代公共领域的建构”[7]。在当代媒介技术进步的时代语境下，当主流媒体越来越多地利用另类媒体报道特征的“混杂性”报道时，后一种观点尤其有说服力。

从以上争议和质疑来看，作为主流媒体权力挑战者和“社会运动天然盟友”的另

---

[1] HACKETT R A, ZHAO YUEZHI. Sustaining democracy? journalism and the politics of objectivity [M]. Toronto: Garamond, 1998. 翁秀琪 . 新闻与社会真实建构——大众媒体的官方消息源与社会运动的三角关系 [M]. 台湾 : 三民书局 , 1997: 66.

[2] BENNETT W L, PICKARD V, IOZZI D, SCHROEDER C, LAGOS T, CASWELL C. Managing the public sphere: journalistic construction of the great globalization debate [J]. Journal of communication, 2004, 54(3): 437–455.

[3] HAMILTON J F. Alternative media: conceptual difficulties, critical possibilities [J]. Journal of communication inquiry, 2000, 24(4): 357–378.

[4] FRASER N. Rethinking the public sphere: a contribution to the critique of actually existing democracy [J]. Social text, 1990, 25(26): 56–80.

[5] ATTON C. Separate, supplementary or seamless? alternative news and professional journalism [M]//C PETERS, M BROERSMA. Rethinking journalism: trust and participation in a transformed news landscape. London, New York: Rutledge, 2013: 131–143.

[6] FORDE S. Challenging the news: the journalism of alternative and community media [M]. London: Palgrave Macmillan, 2011.KENIX L J. Alternative and mainstream media: the converging spectrum [M]. London, New York: Bloomsbury Academic, 2011.

[7] JAKOB N G E. No alternatives? the relationship between perceived media dependency, use of alternative information sources, and general trust in mass media [J]. International journal of communication, 2010, 4: 589–606.

类媒体[1]，可以成为一个观察社会运动和主流媒体就某一“反”议题的意义进行争夺和协商的第三空间，人们从中可以发现该议题在不同话语空间的建构及其传播的过程，所以，从逻辑上来讲，比较主流媒体和另类媒体对“反全球化运动”的媒介呈现和话语表达，研究另类媒体如何创建一套完全不同于主流媒体的“话语体系”，则可以发现主流媒体和另类媒体、社会运动三者之间在同一“反”议题构建过程中相互角力的动态关系。

第三节 研究问题、对象、方法

一、研究问题：另类媒体如何构建反全球化运动的话语体系？

本研究源于一种学术好奇心，在当今“全球化和逆全球化”现象频发的国际现实语境下，在主流媒体通常会“偏袒”新自由主义话语的媒介环境下，为了抵抗主流媒体“谎言”而建立起来的，有着“另类的世界观、另类的话语表达模式”[2]的另类媒体，如何建构出一套不同于主流媒体的话语体系来“挑战”新自由主义话语“秩序”，如何发挥其传播功能和社会意义，使传播公地的重建成为可能？

依照该逻辑，本书针对另类媒体的“另类”之处，围绕另类媒体如何“构建”反全球化运动这一实践问题，设计了两种研究路径来探索美国另类媒体的社会功能和传播意义这一终极目标。路径一将结合量化的内容分析和质性的批判话语分析，对比主流媒体和另类媒体在媒介呈现和话语建构层面的异同，挖掘另类媒体在反全球化运动报道中，有哪些话语主体、说了什么、怎么说的问题；路径二是走向田野，去实地考察美国当代另类媒体的数字化生存，近距离观察它们如何进行“另类”传播。

首先：路径一的内容分析问题是一个基本的描述性问题，即与主流媒体相比，另类媒体消息源情况如何，报道议题分布如何？其消息来源、话语引用有何特征？具体的研究方法则基于澳大利亚学者托马斯·麦克法兰和伊恩·海伊（Thomas McFarlane & Iain Hay，2003）和美国知名学者班纳特（Bennett，1990；Bnennett et al，2004；Bennett & Segerberg，2012）英国学者阿顿等前辈的研究理论和方法综合比较而提出，对抽样的文本进行内容分析。具体研究问题如下：

[1] COYER K, DOWMUT T, FOUNTAIN A. The alternative media handbook [M]. London, New York: Rutledge, 2007: 10.

[2] ANDERSSON L. There is no alternative: the critical potential of alternative media for challenging neoliberal discourse [J]. Triple c, 2012, 10(2):762–764.

Q1：对反全球化运动，从媒体“近用权”（access）来看，相较于主流媒体《纽约时报》（*New York Time*，简称*NYT*），另类媒体“另类网”（AlterNet）的消息源及其话语引用秩序有何差异？

Q2：对反全球化运动，从“确认度”（recognition）来看，相较于主流媒体*NYT*，另类媒体AlterNet对运动中的话语主体——支持/批判全球化者——的态度、立场有何差异？

Q3：对反全球化运动，从“回应度”（responsiveness）来看，主流媒体*NYT*与另类媒体AlterNet之前在观点与议题方面是否存在回应，是谁对谁在回应？其主题偏向和新闻文本叙述结构的通用框架有何差异？

Q4：反全球化运动以1999年底爆发的“西雅图之战”（1999年11月27日—12月2日）为分水岭，掀起了运动的高潮，而2001年9月11日的恐怖袭击，象征WTO、IMF等“公司全球化”权力的世贸双子大厦的倒塌，迫使以“反”自由贸易体制及其势力的“反全球化”运动转入以“反战”为主的和平运动，那么，以“9·11事件”“伊拉克战争”、2008年金融危机、2011年占领华尔街运动等重大国际事件为界，不同的运动周期内，另类媒体AlterNet与主流媒体*NYT*的议题呈现分布如何？有无变化？背后原因是什么？

另外，在质性的批判话语分析的路径中，本书也提出了几个描述性的基本问题：

Q5: 与主流媒体*NYT*相比，在另类媒体AlterNet的话语阵营中，意见领袖有哪些？他们的态度和立场为何？其报道的修辞策略有哪些？话语意识形态图式结构如何？

Q6: 不同形态的另类媒体之间[“现在就要民主”（Democracy now！，简称“DN!”）、《反击》（*Counterpunch*）、IMC]如何从特定语义、形式结构上或媒介实践层面上保证其相同的意识形态图式？

二、研究对象：AlterNet、DN！、*Counterpunch*以及IMC

当代媒体光谱里，另类媒体多种多样，有发展也有衰亡。在当今美国的另类媒体名单中，和左派长长的另类媒体名单相比，美国政治右派的另类媒体名单明显要少，有电视节目1个、脱口秀节目1个、网站11个、博客5个、播客1个，其中比较知名的有信息战（Infowars）、刀锋（Blaze）、德拉吉报道（Drudge Report）、阿勒克斯·琼斯（Alex Jones），这些网站一般都因为其“意识形态”极端保守，所以位列右派另类媒体之中，由于与本书要研究的反全球化运动相关性不大，因此省略不谈。在不断地搜索、阅读网络另类媒体时，研究者也逐渐获得了如何判断该媒体是否为另类媒体的方法，一般来讲，判断该网站是否专业，除了看网站的自我陈述之外，还要看它生产的内容是否情绪化、是否专业化；出版周期是否常态化；是否回应了主流媒体对同类话题的说法；这些内容是否为原创；是否是引用的其他主流或非主流媒体内容。另外，还要注意网站的“生命周期”，因为有的网站已消失，有的没有及时更新，有的另类媒体则被收编，“融合”为主流媒体的一部分，比如表 1.1 里提到的《赫芬顿邮报》（*Huffington Post*）。

在比较左、右派另类媒体的过程中（见表 1.1），细心的读者可以发现，左派另类媒体与社会运动关系密切，而其名单中所列的第一类——“另类新闻服务型”媒体中的 AlterNet 就自称是目前美国最大的另类媒体，它对反全球化运动的报道至今仍然可循，独立媒体中心 IMC 虽然也和它同属一个类别，但两者服务的目的和运行情况具有不同的时代背景。独立媒体 IMC 是在反全球化运动发展阶段建立起来的，为运动加速的“自治型”（激进）另类媒体，曾随着运动扩展到世界各地，但 2010 年后，反全球化运动势头开始消失，北美多地的独立媒体中心则名存实亡，加之独立媒体引以骄傲的赛博技术和“公民新闻”的传统早已时过境迁，赛博技术落后了，公民新闻、用户生产内容（UGC）等当时较为新鲜的新闻生产方法也早已大众化，运动中的年轻人转而使用新的社交媒体，其作为网络空间另类媒体引领者的历史虽毋庸置疑，但它的现状却令人扼腕，其总部西雅图（1999 年）主页还停留在 2013 年的状态没有更新。

而早两年在独立媒体成立之前成立的 AlterNet（1997 年）却并没有依附某单个的社会运动，而是致力于发展其新闻服务的独立媒体角色，立志成为进步性媒体和独立媒体中最大的内容提供者。由于它相对职业化的新闻生产和管理，且紧跟美国时政发展潮流的风格，现在依然以发出和主流媒体“不一样的”声音而办得风生水起，它的网站里不仅有新闻评论等各种栏目，还有实时更新的声像节目。其执行主任东·黑兹（Don Hazen）自身不仅是一位资深媒体人，也是美国著名另类杂志《母亲琼斯》（*Mother Johns*）的发行人，发表了多部著作，是一位长期活跃的媒介行动主义者。追踪 AltNet.org 中有关反全球化运动的报道，笔者发现有不少出自他的手笔。“这份另类媒体虽然已经很主流化了，但依然可以为读者带来很好的故事！”（网友评论，2015 年）

在表 1.1 的左派另类媒体名单中，有几个是具有“亲属”关系的媒体，比如 DN！的电台、电视网络实际是来自同一个举办者，即美国知名的媒介积极分子艾米·古德曼（Amy Goodman）和唐·冈萨雷斯（Juan Gonzalez）。早在 2000 年，艾米就率先成立了一个“前所未有的”多媒体实验室，包含了非营利的社区广播、卫星和有线电视、互联网，为观众“把来自街头的声音带到电波里，把从华盛顿到布拉格、魁北克到巴西阿雷格里港的在地报道带到电波里！”。而且，在此之前，DN！团队曾在 1999 年底奔赴西雅图，做了一个为期 8 天的西雅图之战特别报道，记录了在街上和法庭上诉讼的行动，记录了“反公司全球化”运动在世界舞台上的表现。

表 1.1　美国政治左派的另类媒体名单

另类新闻服务型 Alternative news services （10 个）	另类网　项目审查（Project Censored） 美国新闻项目（American News Project）未加工的故事（Raw Story） 共同的梦（Common Dreams）真正的新闻（The Real News） 《赫芬顿邮报》　《挖掘真理》（*Truthdig*） 独立媒体中心　《真相大白》（*Truthout*）
另类博客 Alternative blogs （8 个）	阿崔（Atrios，博主真名是邓肯·鲍恩·布莱克 /Duncanny Bowen Black） 骗子与说谎者（Crooks and Liars）　泥房子（Mudflats） 科斯日报（Daily Kos）　思考进步（Think Progress） 碳架湖（Firedoglake，2015 年 8 月 1 日已关闭） 喧闹声（Hullabaloo） 三 W（Who What Why）
另类电视网络 Alternative TV network （3 个）	言论自由电视（Free Speech TV） 链接电视（Link TV） 微软国家广播公司（MSNBC）
另类电视节目 Alternative TV Program （5 个）	“现在就要民主” INN 世界报道（INN World Report） 自由新闻电视（Liberty News TV） 与詹妮弗·格雷霍德打仗的房间（The War Room with Jennifer Granholn） 年轻蠢货（The Young Turks）
另类电台节目 Alternative TV Program （8 个）	空中美国电台（Air America Radio）联络（Making Contact） 另类广播（Alternative Radio）　太平洋电台（Pacific Radio） 反公关（CounterSpin）　进步电台（Progressive Radio） “现在就要民主” 言论自由电台新闻（Free Speech Radio News）

在确定与反全球化运动有关的积极分子新闻网站时，本书有几个不成文的标准：第一，成立的时间早于或与运动发展时间同步。第二，有与反全球化运动相关的新闻报道或新闻故事供追踪。第三，其新闻与评论的发行、生产有近似于主流新闻生产的专业化流程。第四，符合独立媒体的精神。以此为标准，我们发现，与反全球化运动相关的另类媒体与 2016 年桑德拉所提到的“社群 & 公民”“批判”媒体和“自治 & 激进”类的另类媒体的气质相符，比如 DN！，它是典型的“社群 & 公民”媒体，但同时又具有强烈的批判精神和自治的管理形式，所以 DN！可以说是兼具桑德拉所说的三类另类媒体属性，而 AlterNet 则比较符合桑德拉所定义的批判媒体，IMC 符合自治媒体的属性，*Counterpunch* 则兼具“DIY”和社群 / 公民媒体的气质。

其中，“自治”型媒体 IMC 在“西雅图之战”前夕成立，为运动的发展提供了传播行动主义的典范，它本身也是另类媒体运动的一部分，因此，独立媒体被很多学者直接称为“独立媒体运动”[1]。本书把 IMC 看作反全球化运动媒介策略的产物，对它的研究会聚焦在积极分子的媒介实践层面，以观察另类媒体与反全球化运动之间的互动关系，判断是它依附于运动，还是它建构了运动。

其他另类媒体比如 AlterNet、DN！、*Counterpunch* 并非某一特定社会运动的媒介策略产物，却持续关注并“挑战”新自由主义资本主义体系，挑战主流新闻“霸权”。它们不拘泥于某一次的社会运动，专注为各类抵抗积极分子提供批判色彩的话语。而且，为了批判新自由资本主义市场所谓“内容为王”的媒介策略，它们改造并“挪用了”主流媒体的生产方式、方法，进行了“反话语”的专业生产。比如 AlterNet，它就拥有较为专业的编辑队伍，因此，在新媒体技术发展的语境下，类似另类媒体，比如艾米·古德曼创建的新闻生产队伍（DN！）的规模也日渐壮大起来。

这里，本研究决定选取 AlterNet 作为研究反全球化运动议题报道的另类媒体代表，把 *NYT* 对反全球化运动议题的报道作为其参照，以凸显 AlterNet 对全球化运动议题的构建特点。选取它作为另类媒体研究代表的原因主要有三个：第一，从组织特点来看，它虽然是“独立媒体”，但并不依附于某一特定的社会运动，而是致力于挑战主流新闻“谎言”而存在的非主流新闻媒体，与有些极右或极左的、“激进的”的运动媒体不同的是，它具有相对温和的立场，不会拘泥于积极分子“行动”，而是聚焦于发挥出“提供信息”“传播”“行动”[2] 等较为全面的媒体功能；第二，从其媒介操作来看，AlterNet 模仿主流媒体的新闻实践形式，建立了较为职业化的编辑、记者、实习生等新闻制作队伍，有着和主流媒体较为接近的新闻生产流程，报道较为全面且面向社会变革，与主流媒体报道具有可比性；第三，它成立的时间为 1998 年，符合报道 1999 年底“西雅图之战”（因为“西雅图之战”把反全球化议题带入了主流媒体议程）[3] 的时间条件，有利于采集到有着一定时间周期的反全球化运动报道文本，保证了样本的合理性。从众多主流媒体中选取 *NYT* 作为研究对象同样是基于其新闻来源的稳定性和报道相对权威等客观原因。[4]

---

[1] WOLFSON T. From the Zapatistas to indymedia: dialectics and orthodoxy in contemporary social movements [J]. Communication, culture & critique, 2012, 5: 149–170..

WOLFSON T. Cyber left: indymedia and the making of twenty–first century struggle [D]. University of Pennsylvania, 2009.

[2] MILIONI D L. Probing the online counterpublic sphere: the case of Indymedia Athens [J]. Media, culture and society, 2009, 31: 409–431.

[3] THOMAS FRIEDMAN. A theory of everything [N/OL]. (2003–06–01)[2015–08–19]. http://web.lexis–nexis.com.

[4] 吉特林 . 新左派运动的媒介镜像 [M]. 张锐 , 译 . 北京 : 华夏出版社 , 2007: 227.

三、研究方法：量化与质性的路径

（一）内容分析

1. 研究对象选取

这里，本研究决定选取美国最大的另类媒体 AlterNet[1] 作为研究反全球化运动议题报道的另类媒体语料库，把 *NYT* 对反全球化运动议题的报道作为其参照，从历史的层面来凸显 AlterNet 对全球化运动议题的构建特点。

2. 判断抽样

本书以“anti-globalization movement”（反全球化运动，简称 AGM）为关键词，限定时间为 1999 年 11 月至 2014 年 12 月 31 日，在 AlterNet 网站档案中搜索到约 2,067 个页面，再以“相关性”（relevancy）为条件对所获结果进行排名，进行数据清洗，排除了日期不符合的少数报道，最终获取相关性排名最前的 100 篇报道；考虑到新闻报道常规，与全球化议题相关的层面除了思想的交锋之外，还有常见的“抗议”——行动冲突的一面，因此，再以“anti-wto seattle protest”（西雅图抗议）为关键词以同样方法取得排名前 100 篇报道，剔除时间和议题相关不高的文章，获得 49 篇，再剔除与以 AGM 为关键词的 100 篇中重合的 3 篇，最终获得可分析样本共计 146 篇（约 23 万字）。作为了解另类媒体对反全球化议题报道特征和议题类别为目的分析样本，本书认为 146 篇文本足以图绘（map）这一研究目标。

另外，本书在主流媒体 *NYT* 的档案库（Lexis/Lexus）中以“反全球化运动”为关键词搜索，以“相关性”为条件，所获的最终报道文章共计 23 篇；再以“西雅图抗议”为关键词再一次在 Lexis/Lexus 中搜索，同理获得相关报道 27 篇，剔除与 AGM 关键词搜索结果中重合的 2 篇，这样 *NYT* 的总体样本为 48 篇，再剔除同时段刊登在社论版中 2 篇短小的读者来信，因此来自 *NYT* 可供分析的全样本共计 46 篇（超 6 万字）。与另类媒体搜索结果文章相加，最终获得两类媒体可操作化的样本量为 192 篇（N=N1+N2=46+146=192）。

3. 类目建构及其编码

（1）报道的时间和运动周期划分

考虑到反全球化运动时间周期的模糊性和不确定性，本书研究的时间从 1999 年年底西雅图抗议开始至 2014 年 12 月底结束，时间跨度长达 15 年，其间有学者[2] 把反全球化运动划定为“形成期”（1994 年至 1999 年）、“发展期”（1999 年 11 月底至

[1] KENIX L J. Alternative and mainstream media: the converging spectrum [M]. London, New York: Bloomsbury Academic, 2011: 167.

[2] 刘颖 . 新社会运动理论视角下的反全球化运动 [M]. 上海 : 复旦大学出版社 , 2013: 93–117.

2001年7月上旬）、“高峰期”（2001年7月至2001年9月）、衰落阶段（2001年“9·11”事件后至2002年1月）、第二亚周期（2002年2月至2005年年底）、第三亚周期（2006年至今）/循环期。本书考虑到主流媒体和另类媒体报道中，2001年“9·11”事件、2003年伊拉克战争、2008年金融危机以及2011年的占领华尔街运动等影响反全球化运动的几件重大政治、经济事件都在此期间发生，成了影响运动议题构成和媒体态度立场不可忽视的语境，因此，本研究把这15年的研究时间划分为四个阶段：

① 1999年11月底至2001年9月底（发展期）；② 2001年10月初至2003年12月底（高峰期）；③ 2004年1月初至2009年12月底（衰落期）；④ 2010年1月至2014年年底（平息期）。

（2）报道的篇幅、视角的类别

①为获得主流媒体和另类媒体在文本结构上的差异全景，本研究设计了报道字数的类别：A. 短（0—400字）；B. 中（401—800字）；C. 长（800字以上）。②报道视角类：A. 第一人称；B. 第三人称；C. 其他；D. 无法判断。

（3）报道的主题类别

本研究将反全球化运动报道分为以下几个类目[1]：

①“积极分子”议题，即“全球化论争”——全球化批评者所提出的有关全球化问题所带来的社会、经济和政治后果，包括财富、财产的平均分配，发展中的民主参与、环境正义、公司和贸易体制的透明与责任、减债、健康、人权和妇女权益、艾滋病、药品公司、住房问题、转基因食品、国际援助等议题。

这里，本书把“积极分子议题”类更名为“全球化论争”，一方面，为了不混淆 *NYT* 和 AlterNet（主要针对积极分子受众）报道中的同类议题：中文语境下，积极分子议题容易被看成与积极分子密切相关的议题，比如积极分子的各种“行动主义”（积极分子本身赞同或反对的意向/行为）。另一方面，为凸显班纳特等前人研究中对全球化与反全球化“定义”的论争。班纳特等人认为，积极分子和支持自由贸易派别的主体之间关于债务、项目结构、国际信贷与援助、环境争议、军事或贸易协定、难民、全球健康等问题的争议构成了全球化“辩论”[2]，而全球化“辩论”即为全球化批评者与全球化支持者/自由贸易体制派之间的论争，这种思想冲突实际是反/另一个全球化运动的根源。[3] 因此，为凸显其辩论中“论争”所具有的冲突和张力，本书把班纳特等

[1] 这里参考了班纳特等人2004年对积极分子反对全球化议题的总结。BENNETT W L. et al.Managing the public sphere: journalistic construction of the great globalization debate [J]. Journal of communication, 2004, 54(3): 437-455.

[2] DOUGHERTY C. Anti-globalization activists change the debate. [EB/OL].(2002-02-27). http://www.AlterNet.org/story/12517/anti-globalization_activists_change_the_debate.

[3] HOLLAND J. Setting the trade debate [EB/OL]. (2005-12-11).http://www.AlterNet.org/story/29416/setting_the_trade_debate.

人命名的积极分子议题改成“全球化论争”，以方便统计 *NYT* 和 AlterNet 中相关议题的分类。

②“既定秩序”：包括抗议活动 / 主流媒体 / 政府部门或警察的反应 / 暴力议题——国际峰会会议安保措施、示威、路障、游行、抗议、逮捕、拘留、警棍、高压水枪、受伤、催泪弹以及对暴力和财产损失的预期。这里除了照搬班纳特等人编码的“抗议活动 / 暴力”议题之外，还在基础上增加了一项议题——主流媒体对另类媒体的“规制”或另类媒体对主流媒体在“知识上的暴动”。因为从葛兰西霸权意识形态的价值观论断来看，主流媒体维持的是社会既定结构及主流社会的权力，而另类媒体挑战之，这种意识形态上的冲突也属于对社会既定秩序的挑战，因此，涉及意识层面上“冲突”的主流媒体 / 另类媒体议题，特别是另类网中刊登的涉及对主流媒体新闻生产、议题设置等方面的挑战、揭露和批判的议题都被归入“既定秩序”类。[1]

③商业 / 经济发展——贸易协定，成本、工厂、工人、薪酬、自由贸易法、投资、发展以及地缘政治联盟。这个议题也沿用班纳特等人的分类法，把关于美国国内和美洲洲际间的政治议题的报道，比如克林顿 / 布什 / 奥巴马政府旨在推进北美自由贸易协定（NAFTA/FTAA/TPP）进程的议题，罗马尼亚本地居民与加拿大采矿公司（Gabrielle Resources）之间的冲突，以及美国国内工人要求最低工资等与商业和经济发展相关的议题都包含起来。

在具体编码时，编码员应该充分衡量报道的主题，对于涵盖了几个主题的报道要辨识其主要框架，媒体的意识形态因素也应该考虑在内。在 *NYT* 报道中，涉及国内城市建设、移民论争[2]、北美地区自由贸易发展协定[3]、慈善基金的流向和工人薪酬问题[4]的报道一般都属于“商业 / 经济发展”类目。比如 *NYT* 2007 年 1 月 3 日商业与财经版面报道了罗马尼亚一个当地普通居民在反全球化运动力量 [一些环保主义者、媒体记者以及名流比如当时的英国查尔斯王子、金融大鳄乔治·索罗斯（Gorge Soros）等人] 的支持下，与加拿大跨国公司 Gabriel Resource 之间冲突的故事。[5] 这篇报道与“商业与经济发展”和“全球化论争”都有关系，但考虑到它全篇都只是以较为“中立”的姿态报道，

[1] SOLOMON N. Nearing global summit, WTO on high media ground [EB/OL]. (2000-04-25). http://www.AlterNet.org/story/823/solomon%3A_nearing_global_summit%2C_wto_on_high_media; SOLOMON N. Media wallowing in grief after WTO summit [EB/OL]. (2000-04-25). https://www.AlterNet.org/story/708/solomon%3A_media_wallowing_in_grief_after_wto_summit.

[2] KRUGMAN P. Reckonings: my beautiful mansionette [N/OL]. (2001-03-23)[2015-08-19]. http://web.lexis-nexis.com.

[3] SANGER D. Biggest obstacle to selling trade pact: sovereignty [N/OL]. (2001-04-23)[2015-08-19]. http://web.lexis-nexis.com.

[4] GREENHOUSE S. Fighting back against wretched wages [N/OL]. (2013-07-28)[2015-08-19]. http://web.lexis-nexis.com.

[5] SMITH C. Fighting over gold in the land of dracula [N/OL]. (2007-01-03)[2015-08-19]. http: // web.lexis-nexis.com.

以小居民与大公司如何对抗的冲突为故事看点，而非就“贫困、环境、结构调整”等全球化论争议题本身深入展开讨论，也不以“积极分子”为主角来凸显其反对或赞成的“行动主义”作为报道焦点，因此被归入“商业与经济”类议题中。

④“行动主义”：“积极分子”各种目的明显地反对或赞同行为、意向，比如无政府主义者的集会、积极分子宣讲、积极分子个人事迹报道、筹集基金、媒介使用、小丑表演等议题都属于行动主义的范畴。所谓“行动主义”，根据韦伯斯特在线字典的解释，就是“一种强调直接、有力的行动的信念或者实践，它特别针对某个有争议的话题的一方而展开，要么支持要么反对”。在西方学术界，“通常意义上来讲，行动主义可以描述为那些涉及致力于带来变革的种种行动，不管这种变革是政治的、经济的、社会的、环境的或者是其他的”。行动主义通常包含在各种社会运动中，比如20世纪60年代民权运动中的集会、游行、DC串联、公民不顺从；女性运动中反堕胎、反家暴、反文化运动中的涂鸦行动，环境运动中的表演、仪式；互联网时代的数字黑客、文化恶搞[1]、占领公屋、占领街道等行为，都是行动主义的范畴。在反全球化运动议题报道中，青年反对血汗工厂、反对战争，反对兵役的和平运动、利用媒介对社区居民进行教育等主题就属于“行动主义”类目。[2]

⑤风格/文化/社会网络——对时尚、派对、名流、庆祝、晚会、联络、社交的提及。这类议题依然以班纳特等人的分类为主，把电影、休闲、艺术、杂志（书评）、体育等相关主题的报道纳入进来。

需要注意的是，在对议题归类有存疑时，依旧需要仔细斟酌报道的内容主旨。一般来讲，*NYT*中的报道可以按照其刊登的版面判断其议题归宿，比如文化与休闲版、书评版、艺术版的文章一般都可以归入“文化/风格”版[3]，但有的类似版面文章却因其主要内容和主旨而归入其他议题。比如2006年11月1日*NYT*在其饮食/文化版刊登了一篇关于各国厨师、小农、艺术家在意大利都灵举办的美食大赛（Terra Madre），该报道涉及参与人员、会议规模和一些特色节目，似乎应该属于会议后勤组织类议题，而慢食运动本身从内容上来说，也包含了文化风格议题的框架，但实际上，该文不仅列举了到场的各类积极分子及文化名流，还强调了作为新闻主体的积极分子支持慢食运动、反对自由贸

[1] NEWITZ A. I'm a terrorist now [EB/OL]. (2001-10-28). http://www.AlterNet.org/story/11818/i%27m_a_terrorist_now.

[2] KHIMM S. Not down with the lockdown: youth speak out against superJail [EB/OL]. (2001-07-30). http://www.AlterNet.org/story/11256/not_down_with_the_lockdown%3A_youth_speak_out_against_superjail; SMITH P. Student drug reform movement gathers steam [EB/OL]. (2000-12-18) [2015-9-15). https://www.AlterNet.org/story/10233/student_drug_reform_movement_gathers_steam.

[3] HUSCHAMP H. A happy, scary new day for design [N/OL]. (2000-10-12)[2015-08-19]. http://web.lexis-nexis.com; ROTHSEIN E. Those who were inspired to hate the modern world [N/OL]. (2004-07-10)[2015-08-19]. http://web.lexis-nexis.com.

易体制中“公司化”所有产业的历史渊源——环保积极分子有意才促成了该会议的举办，是一个具有赞成反全球化运动、反对自由贸易体制派的行动主义议题。其中的积极分子，比如印度女作家 Vandana Shiva 的讲话，旨在反对总部在美国圣路易斯的孟山都公司对印度和其他第三世界国家的小农阶层的压制和剥削，其他各地比如以色列和巴勒斯坦的阿拉伯语犹太厨师一起做饭则是一种为了呼吁和平，反对战争和冲突的行为艺术的展演（此类例子还有不少）。总之，因为该报道中的新闻主体是积极分子，其报道主旨在于传递积极分子赞成和平、环保、健康食品并反对战争和公司资本主义“统治”的态度。因此这篇文章议题最后被归入积极分子的“行动主义”类别中。[1]

（4）话语引述主体（消息源）

在 *NYT* 与 AlterNet 对全球化议题的报道中，从稿件来源来看，主流媒体报道多来自本报记者或特约评论员，而另类媒体则大多来自充当记者的各类积极分子或反对全球化负面后果的“异议”人士，对编码员来讲，此类消息源的判断比较简单清晰，但这种分类对具体辨别“谁在说话”“怎么说话”非常有意义。本书把消息源引述主体分为9个类别：①跨国机构 / 贸易协定 / 组织或其代理人；②政府部门（官员 / 警察等）；③企业 / 公司或其代理人；④劳联 / 工会；⑤主流媒体（人）；⑥积极分子个人（组织）；⑦第三方学者、专家等；⑧匿名 / 普通民众；⑨其他。

（5）积极分子 / 团体的类型

①主流 NGO 个人 / 团体（比如：塞拉俱乐部 / 绿色和平 / 乐施会 / 等大型知名 NGO）；②学生 / 青年积极分子 / 团体（比如 USAS）；③负责人 / 领袖型积极分子；④激进的积极分子 / 团体（激进左派、无政府主义者、民粹甚至有暴力倾向的积极分子等）；⑤另类媒体（人）；⑥第三世界积极分子 / 团体；⑦当地积极分子 / 团体；⑧匿名 / 草根型积极分子 / 团体；⑨女权积极分子；⑩宗教积极分子 / 团体；⑪ 不适用。

（6）新闻主体

对支持与反对全球化派别的分类方法，除了事先通读文本之外，还参考了澳大利亚学者 2003 年研究该国主流报纸对“西雅图之战”报道中的类目建构方法。[2] 总之，以文章篇目为分析单位，编码员在阅读每篇文章之后，记录下被引述的次数，并判断该文章对被引述的话语主体的选择：①“自由贸易建制派”/ 保卫全球化者个人或机构代表）包括自由贸易体制政策主导者的美国政府高层、作为自由贸易体制支持者的文

---

[1] SEVERSON K. Gathering to celebrate food made the old, slow way [N/OL]. (2006-11-01)[2015-08-19]. http://web.lexis-nexis.com.

[2] MCFARLANE T, HAY I. The battle for Seattle: protest and popular geopolitics in the Australian newspaper [J]. Political geography, 2003(22): 211-233. 该文章在 220 页的表格中详细列举了支持 WTO 方 / 批评抗议方 (WTO-supportive/protest- critical) 与批评 WTO 方 / 支持抗议方 (WTO-critical/protest-supportive) 的组成成分。

化精英、政府威权部门 / 官员，比如警察总督等）；②“全球化批判者 / 积极分子”，比如对自由贸易体制持批判态度的学者、NGO 组织领袖、名流、黑衣队、WSF 参会者、抗议者、学生骨干、第三世界积极分子等）；③第三方（持中立立场的学者、市长、专家、路人、居民、旁观者等）；④其他；⑤没有提及。

（7）对话语主体的态度倾向

“话语引述情况构成了新闻的诠释框架，它在微观上反映了社群的话语权问题”[1]。反全球化运动作为不同思想、各种辩论以及积极分子多种抗议行动组成的话语集散地，处于运动中心旋涡主体的“自由贸易批评者 / 积极分子”与“自由贸易体制派”等，在主流媒体、另类媒体对反全球化运动相关议题报道中其话语被引述的情况如何？媒介呈现情况如何？

一般来讲，本书认为，支持积极分子话语的报道对反全球化运动抱有支持 / 同情的立场，反对反全球化积极分子话语的态度投射的是对运动的反对 / 负面的立场。因此，本研究对 AlterNet 和 *NYT* 报道中包含或潜在的对“积极分子话语主体的态度” / “自由体制派的态度”设置了以下选项：①正面 / 满意；②中性 / 没有明显的意见偏向；③负面 / 不满；④无法判断；⑤不适用。如同类目“（4）话语引述主体”以文章篇目为分析单位，编码员在阅读每篇文章之后，记录下被引述人的次数，并判断该文章对被引述的话语主体的态度倾向。

另外，由于主流媒体和另类媒体有不同的意识形态面向，因此本书假设两类媒体在新闻生产、文本修辞风格上的差异导致其文本的结构框架、通用框架、功能框架方面的差异，为考察 *NYT* 和 AlterNet 对反全球化运动的报道中，这些框架到底有无异同，本书还依照前人的研究成果设置了三大“框架”类目如下：

（8）文本结构框架

①主题式框架。“主题式”框架将新闻议题视为一个命题，进行系统和全面的概括和报道，经常会有统计数据等作为论据出现，力图揭示议题的实质面。

②片段式框架。“片段式”框架常以讲述个人或事件故事的方式报道新闻议题，主要涉及的是某个新闻事件 / 抗议事件发生的过程、地点以及在场的新闻主体等情景式讲述，缺乏深入事件背后语境的讲述和归纳性分析、总结等。这里本书主要参考了 2015 年欧洲学者，比利时安特卫普大学（University of Antwerp）政治系路德·沃特斯（Ruud Wouters）[2] 对前人研究的综合方法。

[1]　夏倩芳，景义新 . 社会转型与工人群体的媒介表达——《工人日报》1979—2008 年工人议题报道之分析 [J]. 新闻与传播评论 , 2008(1):174-182.

[2]　WOUTERS R. Reporting demonstrations: on episodic and thematic coverage of protest events in belgian television News [J]. Political communication, 2015, 32: 475-496.

（9）通用框架类别

①冲突框架。编码员在判断“冲突”框架[1]时，可以根据以下几点：A. 该报道是否含有持有不同利益、目标的两个党派，NGO、个人、集体或国家的新闻主体出现？ B. 该报道是否提出两方或多于两方的议题 / 事件 / 问题 / 想法 / 争论？ C. 该报道中是否有一个党派、NGO、个人、集体或者国家政府的新闻主体与其他一方主体在议题 / 事件 / 问题 / 想法上有争议 / 冲突？满足其中一个条件即可归入。

②人情味框架。编码员在判断报道是否包含了“人情味”框架时[2]，可以根据以下几点来判断：A. 它是否通过涉事方的传闻逸事来谈论议题？ B. 它是否采用了能唤起移情、同情、担心、怜悯和愤怒感觉的形容词或个人化描述？ C. 它是否突出了个体或团体被特定议程或政策影响的过程？ D. 它是否涉及新闻主体的私人或个人生活？满足其中一个条件即可归入。

（10）功能框架类别[3]

①“诊断”框架

A.“诊断”框架的判定。功能框架一般指报道内容旨在进行问题诊断、原因阐释、道德诉求、策略预设（提出解决办法），所以编码员在判断“诊断”框架时可以对照检查以下几个问题：a. 报道是否解读或分析了个人 / 组织 / 机构、公司 / 企业、某个层面的政府部门或社会组织应对这些问题 / 现象产生的原因 / 背景？ b. 报道是否把问题归因于个人 / 组织 / 机构、公司 / 企业、某个层面的政府部门或社会？满足其中一个条件即可归入。

B.“诊断”框架—“批判 / 揭露”框架。在一篇报道中，特别是另类媒体报道中，在就某个议题进行评论式报道时，报道者通常会进行问题诊断和责任归因，与主流媒体追求“客观、平衡”的报道不同，另类媒体报道会带有明显的立场和强烈的批判意识，以“挑战”主流媒体所“遮蔽”或“回避”的议题 / 事实，所以变量“批判 / 揭露”框架产生了。编码员在判断该报道是否采用“批判 / 揭露”框架时可依据以下两个问题进行判断。在报道采用“诊断”框架的情况下：a. 报道是否对某现象 / 问题进行了强烈的批判？ b. 报道对某现象 / 问题进行细致或细节性的披露时，该问题是否属于主流社会机构 / 大众媒体现有体制既定秩序阶层 / 主流社团、组织遮盖或回避的问题？或者该问题是否属于公众不知情的问题？满足此两个条件（回答为“是”）即可判断该报道采用了“批判 / 揭露”框架。

②“预后”框架

编码员在判断该报道是否有采用“预后”框架时，可以参照两个问题：A. 报道是

---

[1] 周翔 . 传播内容分析研究与应用 [M]. 重庆 : 重庆大学出版社 , 2014: 195.

[2] 周翔 . 传播内容分析研究与应用 [M]. 重庆 : 重庆大学出版社 , 2014: 377.

[3] 冯仕政 . 西方社会运动理论研究 [M]. 北京 : 中国人民大学出版社 , 2013: 216–242.

否针对某现象 / 问题提出了一个预后性的解决（微观 / 宏观的）方案 / 办法 / 计划？ B. 报道是否针对某现象 / 问题进行了统一认识或动员？满足这两个条件即可归入。

4. 信度测试

在编码之前，研究者对两位英文熟练的编码员进行了谈话，解释了编码的计划图式；之后，内容编码由两位编码员独立完成。本次研究抽取了 20 篇（10%）[1] 的样本作为信度测试。考虑到不同媒体之间的差异，研究者又随机抽取了 *NYT*5 篇；AlterNet15 篇，用科恩（Cohen）Kappa 做编码员间信度测试，其中报道主题、新闻主体、媒体报道对自由贸易派的态度、媒体报道对积极分子的态度、文本结构框架、冲突框架、人情味框架等变量方面的可信度分别在 0.89—0.92；之后的揭露 / 批判框架、预后框架的可信度为 0.90，所以，总的来看，多数变量的编码员信度都显示出了实质性的可接受水平。

（二）质性的路径：意识形态图式、意识形态方阵与田野观察

研究另类媒体对全球化运动的报道，涉及议题、消息源、话语主体和文本结构框架方面与主流媒体的异同时，有利于分辨另类媒体在新闻生产方面的总体特征，但另类媒体话语在具体的媒介表征方面还不够细致、明确。作为“挑战”主流媒体而“存在”的另类媒体，其话语如何为其反主流媒体的意识形态服务，还需要从批判话语分析的方法来进行细致的文本解读。本书将采用从荷兰话语研究者图恩·梵·迪克（Teun van Dijk）的话语分析策略——“意识形态方阵”“意识形态图式”[2] 来分析另类媒体如何把“全球化批评者 / 积极分子”当作“我们”/“内群体”来积极呈现并建构身份认同的过程。与之相对的是，为凸显主流媒体对“保卫全球化者 / 自由贸易体制派”和“全球化批评者 / 积极分子”的形象刻画，本书还将主流媒体中涉及积极分子的议题报道，特别是 *NYT* 评论员文章和“观点”类评论性报道抽取出来，与另类媒体报道进行对比研究，进行语境和修辞分析，诠释文本内镶嵌的深层次意识及其态度立场。

研究对象除了 AlterNet 中相关反全球化运动议题报道之外，还包括了其同行 DN! 和 *Counterpunch* 等另类媒体同时段、同议题的少数样本。这种质化的路径中，研究问题也属于描述性的问题（研究问题中的 Q5 和 Q6，见 p.20）。另外，为了获取第一手观察资料，走出书斋很有必要，所以笔者申请到国家留学基金的资助，在美国中西部一个大学城生活了 6 个月（2016 年 7 月 6 日至 2017 年 1 月 23 日），实地考察该地的另类媒体、另类媒体生产者、使用者以及研究另类媒体的学者，并且对少数媒体生产者和使用者进行了半开放式的访谈（具体内容见附录四）。

---

[1] 周翔 . 传播内容分析研究与应用 [M]. 中国人民大学出版社 , 2014: 219–220.

[2] 迪克 . 话语研究多学科导论 [M]. 周翔 , 译 . 重庆 : 重庆大学出版社 , 2015: 322–365.

第二章
过去：另类媒体与反全球化运动研究综述

媒体和社会运动的关系到底如何？学界相关的研究怎样？这两个问题将是本书文献综述聚焦的问题，本章第一节总结了大众媒体与社会运动互动关系的三种结论，采纳迪特尔·鲁赫特（Dieter Rucht）提出的论断："维持运动自身控制的媒体，对社会运动保证自主并灵活运转，才是最重要的。"[1] 因此第二节我们讨论作为社会运动专属媒体的"另类媒体"研究情况，总结不同类型另类媒体的理论与实践。第三节则讨论作为21世纪前后最大的跨国运动——反全球化运动概念的内涵、外延。第四节则讨论当代数字另类媒体与反全球化运动的关系，综述不同媒体对反全球化运动的媒介呈现和话语构建的情况。

第一节　舞步的隐喻：　大众媒体与社会运动的互动关系

一般来讲，人们研究社会运动，是因为他们相信社会运动对人们生活世界的政治、社会及其语境有着重要的影响。由于社会运动是民主社会的"代理人"，是提出、提高和平衡公民利益，反对精英和威权的"关键空间"；对于市场和国家不便于讨论的社会、政治议题，社会运动的功能之一便是作为这些政治和社会议题公开倡导的"场域"。也因此，作为一种政治力量、一种话语空间，一种身份认同的构建者、一种体制外的社会组织，"社会运动"成为"社会科学家为之着迷"的议题[2]；由于社会运动是公共事件，没有公众支持的社会运动及其任何行动都是无力的，而相对其他方式而言，媒体则"对运动的报道及其方式都会对运动的公共认知、大众支持度和发展产生重要影响"[3]；由于媒体"可以帮助社会运动设置政治议程、告知公众信息，因而社会运动的参与模式、组织结构、抗议形式甚至抗议者的可视度，都与媒体有着密切关系"[4]。

但媒体与社会运动一样，也是一个充斥着各种意识形态和话语争斗的"场域"，在此，一些代表着各种社会机构的象征符号都会呈现并设定关于自身连续性的话语框架，以影响人们大脑与之相对应的"图像"，进而游说"民意"，因而媒体本身也就成为一种"政治力量"，一种拟态"环境"。以至于很多人甚至认为，一场没有媒体关注或者报道的运动，仿佛没有发生过一般。[5] 不过，随着新技术的发展，媒体的种类和功能

---

[1] RUCHT D. The quadruple "a" : media strategies of protest movements since the 1960s [M]//WAN V DE DONK, et al. Cyberprotest: new media, citizens and social movements. London, New York: Routledge, 2004: 25-46.

[2] SCHUESSLER J. Academics enthralled by occupy [N]. New York Times, 2012-05-01.

[3] 赵鼎新 . 社会与政治运动讲义 (第二版)[M]. 北京 : 社会科学文献出版社 , 2012: 45.

[4] MATTONI A, TRERE E. Media practices, mediation processes, and mediatization in the study of social movements [J]. Communication theory, 2014(24): 252-271, 253.

[5] 梅罗维茨 . 消失的地域 : 电子媒介对社会行为的影响 [M]. 肖志军 , 译 . 北京 : 清华大学出版社 , 2002: 84.

更加多元化起来，加上外部政治经济环境的影响，它们对社会运动的报道和关注的态度多变起来，这样，媒体与社会运动的关系在学术界也并非一成不变，因此，在诸多社会运动和政治传播学的研究者当中，关于媒体和社会运动的互动关系的争论从来就没有定论，“有人暗示运动的特征和行动会影响媒体的生产，有的则暗示媒体的特征和行动会影响运动”[1]。

一、三种观点：依附论、怀疑论以及交互论

实际上，大多数学者认为，由于社会运动的非体制性，社会运动和媒体的关系与政治家和媒体的互动关系相比，其“非对称性”的关系是天然固有的。[2]通常来讲，新闻媒体偏好依赖那些能够提供“官方”消息的资源，政治精英当仁不让地被媒体看作他们报道的起点，而大多数“社会运动则不得不为获取公众注意力而拼命努力争取被报道，顾不上媒体对运动本身的报道框架或议题本身的阐释是否有问题：与那些合法的政党及其运动相比，社会运动和媒体之间的关系由于其非体制性经常处于不利的位置，难以获得积极的报道”[3]。总的来看，在社会运动与媒体互动关系中，研究者的立场可以初步归纳为三种：

第一种是吉特林（Giltlin）与甘姆森（Gamson）等人所持有的“依附论”，包括吉特林提出的“媒体霸权论”和甘姆森等人提出的“结构性非对称论”。在这种观点中，传统媒体对社会运动“十分关键”，也就是说，主流媒体新闻框架和社会主流意识形态影响下的媒体日常会决定社会运动的报道，进而影响其媒介镜像及其公众认知度，在这种观点里，媒体与社会运动的关系中，前者处于支配者的角色，后者依附在媒体“权力”上。

第二种是美国学者蒂利（Tilly）、罗林格（Rohlinger）、阿门塔（Amenta）以及苏比拉（Sobieraj）等人的“怀疑论”。蒂利认为，影响社会运动与媒体关系的因素中，要注意语境的分别，媒体报道并不能决定社会运动的所有发展和变革，运动的组织特点，运动周边的地理或者政治生态因素，甚至记者和运动积极分子们的关系，都有可能改变社会运动的报道及其形象。在质疑的论调中，年轻的美国学者苏比拉就明确表

[1] GAMSON W A, WOLFSFELD G. Movements and media as interacting systems [J]. Annuals of the academy of political and social science, 1993, 5(28): 114–125.

[2] BENNETT L. Toward a theory of press-state relations [J]. Journal of communication, 1990, 2(40):103–125; GANS H. Deciding what's news [M]. New York: Vintage Books, 1980; GAMSON W A, et al. Media images and the social construction of reality [J]. Annual review of sociology, 1992, 18: 373–393; GAMSON W A, MODIGLIANI A. Media discourse and public opinion on nuclear power: a constructionist approach [J]. American journal of sociology, 1989, 95(1): 1–37.

[3] SMITH J, et al. From protest to agenda building: description bias in media coverage of protest events in Washington, D.C [J]. Social forces, 2001, 79(4): 1397–1423.

示："以媒体为中心的政治行动主义是不可取的。"[1] 苏比拉认为：社会运动的组织如果过于强调吸引媒体的聚光灯，反而会使他们的群体更难以得到其想要的报道，更坏的是，那种沉迷于想要得到媒体注意力的想法实际上有可能削弱志愿者协会本身的活力。还有，太过于以媒体为中心的组织经常会反过来忽视其成员，错过参与其他相关事件的机会。这样一来，就会导致运动的组织者视角反而变得狭隘，没有机会做出消息灵通的决策。

罗林格斯、阿门塔等人也提出，除媒体之外的其他因素，比如"运动的组织特点""政治精英"和"事件本身"也会对运动报道有很大的影响[2]；一些因素，比如"政治注意力周期""立法者的任期"（legislator in session）、"反向动员"（counter-mobilization）等，莫不如此。[3] 另外，在社会运动与媒体关系中，社会运动占上风的一些政治性时刻也不是没有。而且，这些时刻是充满着可能性的，因为，如果有适当的政治语境，加上恰当的媒介策略，积极分子就可以有效地影响社会运动的议程和信息。[4]

最后，还有一种持"客观中立"态度的社会学家，他们一方面肯定媒体对社会运动的成功十分关键，另一方面又积极肯定社会运动对媒体也存在一定的影响。在这种研究里，那些社会运动的组织者和参与者并非一群被动无知的乌合之众，其中，特别是一些媒介积极分子、传播行动主义者，他们当中有人熟悉媒体的新闻生产规律，有人深感社会结构的不平衡，同时又深谙一些传播技巧，因此会采用灵活的媒介策略来争取被报道的主动权。另外，此类研究者虽然承认媒体对社会运动的"关键"作用，但他们并不认为媒体就一定是两者关系的主导者，相反，他们更注意发掘社会运动的媒体策略以及社会运动的其他结构特点对媒体报道的影响，力证社会运动与媒体的动态关系中"交互"而非"共生"（symbiotic）的一面。柏林著名的社会学家迪特尔·鲁赫特（Dieter Rucht）[5] 就是持有这类观点的学者。他提出社会运动可以建立自己的另类媒体，这种观点对社会运动扭转与媒体长期以来的弱势地位具有高度建设性，不仅暗

---

[1] SOBIERAJ S. Soundbitten: the perils of media-centered political activism [M]. New York: New York University Press, 2011.

[2] AMENTA, et al. All the movements fit to print: who, what, when, where, and why SMO families appeared in the New York Times in the twentieth century [J]. American sociological review, 2009, 74: 636–656; ROHLINGER D A. Friends and foes: media, politics, and tactics in the abortion war [J]. Social problems, 2006, 53(4): 537–561.

[3] VLIEGENTHART R, WALGRAVE S. The interdependency of mass media and social movements [M]//SEMETKO H, SCAMMEL M. The sage handbook of political communication. London: Sage Publications, 2012: 387–398.

[4] ROHLINGER D, KAIL B, TAYLOR M, CONN S. Outside the mainstream: social movement organization media coverage in mainstream and partisan news outlets [M]//media, movements, and political change, 2012, 33: 51–80.

[5] RUCHT D. The quadruple "a": media strategies of protest movements since the 1960s [M]//WAN V DE DONK, et al. Cyberprotest. New Media, Citizens and Social Movements. London, New York: Routledge, 2004: 25–46; KUTZ FLAMENBAUM R, STAGGENBORG S, DUNCAN B. Media framing of the Pittsburgh G–20 protests [J]. Media, movements, and political change, 2012, 33: 109–135.

示了主流媒体、另类媒体与社会运动的三角关系，还搭建了另类媒体与社会运动这两个非体制性行动体天然的纽带，揭示了另类媒体存在的价值和意义。

二、社会运动的四种媒介策略

在2004年的文章[1]《“四a”原则：自20世纪60年代以来的抗议运动中的媒体策略》中，鲁赫特采用了一种纵向的视角，观察了自20世纪60年代到21世纪初这几十年以来社会运动对大众媒体的反应（response），归纳了社会运动因抱怨媒体没有给予其充分报道通常会采取的四种行动——“弃用”（abstention）、“攻击”（attack）“适应”（adaptation）、“替代/另类”（alternatives）。对这些策略，鲁赫特总结道，“一般来讲，在争夺媒体注意力的各种抗议群体中，那些能够适应媒体体系原则的群体，更有可能比那些不理睬媒体规则的群体得到更多的媒体注意力”[2]，肯定了抗议群体主动适应大众媒体生产惯例的意义。

以上四种策略中，“弃用”是因为运动群体与建制性媒体之间的负面经历导致运动群体对媒体排斥而采用的策略。在这种情况下，积极分子会放弃可以影响主流媒体的措施。在他对德国那些支持堕胎和反对堕胎运动积极分子的采访中，鲁赫特发现，一些群体的代表对媒体深恶痛绝，拒绝和建制性媒体有任何交集；而“攻击”是指对大众媒体的各种批评甚至暴力的行动。那些因为被某些媒体所忽视或污名化的积极分子，或给编辑写投诉信，或策划一系列的反对不公正对待的签名，或联系一些不够著名的建制性媒体作为那些大媒体的竞争对手。比如，在美国的AIDS运动中，ACT UP[3]就批评美国大众媒体把AIDS描述成一种男同性恋。“适应”是第三种回应，意味着其对大众媒体的规程、标准的利用，以期待正面的影响报道。那些更有“建制”性的社会运动团体会采用这种策略。比如，他们会雇用一个职业记者甚至创办一个公共关系单位，来和那些建制性的媒体博弈，比如绿色和平组织（Green Peace），在和媒体打交道的专业性方面，此类环保运动组织就非常成功。第四种，寻求替代品，即社会运动创造为己所用的、独立于主流媒体的媒体，以补偿那些建制性媒体对自己运动的漠视、偏见。比如20世纪90年代早期美国的杂志——《我们时代的谎言》（*Lies of Our Times*）。（见表2.1）

---

[1] RUCHT D. The quadruple “a” : media strategies of protest movements since the 1960s [M]//WAN V DE DONK, et al. Cyberprotest: new media, citizens and social movements. London, New York: Routledge, 2004: 25–46.

[2] RUCHT D. The quadruple “a” : media strategies of protest movements since the 1960s [M]//WAN V DE DONK, et al. Cyberprotest: new media, citizens and social movements. London, New York: Routledge, 2004: 25–46.

[3] 艾滋病解放权力联合会 (AIDS Coalition to Unleash Power, ACT UP) 是一个国际性的直接行动倡导组织，该群体致力于为受到艾滋病影响的人们工作，致力于为作为传染病的艾滋病带来立法、医疗研究和治疗等政策，以终结这种病症给人们健康和生命带来的损害。见 https://en.wikipedia.org/wiki/ACT_UP.

具体来看，鲁赫特的视角具有结构性的一面，在考虑社会转型、社会运动和媒体内部的差异，以及时间变化而带来的结构性、技术性变革等具体因素时，鲁赫特分析了自 20 世纪 60 年代到 21 世纪初四十几年内发生的进步性的社会运动所采用的媒介策略，最终提出了“另类媒体”（alternative media）存在的价值和社会意义，因为“维持运动自身控制的媒体，对于社会运动保证自主并灵活运转，才是最重要的”[1]。

表 2.1　自 20 世纪 60 年代以来进步运动对媒体的态度（改编自 Rucht，2004）

运动类型 / 阶段	进攻	适应	替代 / 创建另类的媒体
新左派（20 世纪 60 年代）	对建制性流媒体的强烈批评；偶尔对此类媒体采取直接行动	没有采纳大众媒体的生产惯例，但认识到了媒体对奇观性行动的关注度	自身杂志（知识分子）的重要性，没有日报
新社会运动（应该是 20 世纪 70–80 年代）	通常来讲比较温和	逐渐采用了部分的专业媒体策略	本地运动媒体的重要性（周报、月报、自由电台等）；一些国家创建了全国性质的日报
反新自由主义运动（20 世纪 90 年代—21 世纪初）	通常比较温和，但被一些积极群体所强烈批评，因为这些群体强烈感受到媒体对其的污名化	专业媒体策略；上演奇观型行动	源源不断的另类新闻报道；互联网愈来愈重要；国际新闻服务社的创建；独立媒体（Indymedia）

第一阶段，20 世纪 60 年代，西欧各国以及美国新左派自创的期刊有两种限制，不像日报那样，这些媒体不报道日常的新闻，而是知识分子和政治辩论的喉舌。另外，（可能意大利除外），它们的受众非常有限，对于广大外部民众来讲，看起来几乎不存在，影响也非常有限。实际上，新左派群体之间的沟通严重依赖于实际接触，运动控制的媒体（movement-controlled media）发挥不了多大作用[2]；而许多新左派的积极分子也暗示了这个事实，阅读和消化信息是集体行动的一部分。还有一个重要的因素是，已有的建制性媒体对新左派没有任何同情，大多时候，这些建制性媒体都被看作受运动对手掌控的工具。因此，从 20 世纪 60 年代的新左派和学生运动时期的发展过程来看，在建立“运动控制的媒体”，“对建制媒体新闻界（established press）进行批评”，“创

[1]　RUCHT D. The quadruple “a” : media strategies of protest movements since the 1960s [M]//WAN V DE DONK, et al. Cyberprotest: new media, citizens and social movements. London, New York: Routledge, 2004: 25–46.

[2]　RUCHT D. The quadruple “a” : media strategies of protest movements since the 1960s [M]//WAN V DE DONK, et al. Cyberprotest: new media, citizens and social movements. London, New York: Routledge, 2004: 25–46.

建对立性的公共学院”，建立“反对性公众(counter-publics)”等一系列传播行动主义中，“攻击”变成了优先于一切的策略。[1]

第二阶段，和新左派相比，20世纪七八十年代的新社会运动（NSMs）不计其数，社会色彩更多样化、更务实。NSMs围绕人权、女性、和平、反核、生态和第三世界等一系列的议题发展起来，其中每个议题都变成了特定运动的焦点，并且围绕这个焦点有了其自身的组织结构和传播方式。大多数的NSMs都建立了自己的期刊，有的期刊到现在还存在，比如女权运动发起的杂志，在德国有《勇气》（*Courage*）、《艾玛》（*Emma*）；在美国有《女士》（*Ms*）。随着NSMs的发展，其创建的内部新闻社，比如同性恋女性主义者在美国创建的“女性国家组织”（National Organization of Women/NOW），1986年环保主义运动建立的“塞拉俱乐部”（Sierra Club）等，开始变得非常知名，这些组织本身也都变成了重要的传播手段。多数运动都有一个共同的意识形态背景，而且其组织多有重叠，因此发展出了更多的涵盖型的结构，比如，教育中心、会议地址以及一些并不聚焦某种特定运动的印刷媒介，这些群体提出的议题与普常经历更接近，不需要多少理论，这些特点也影响了运动的传播结构。

第三阶段，20世纪90年代至21世纪初，随着跨国运动的兴起，社会运动更多地从本地层面迁移到国家层面，这意味着更多的人能够观察甚至参与到社会运动活动中，他们对媒体工作的熟练和专业化也会更进一步。因此，和新左派运动相比，类似跨国运动更擅长于采取“适应”策略，他们通常非常清楚大众媒体所起的关键作用，对此也发展了极其专业的“公关”方法。和以前大多数的新社会运动不同，此时段运动组织者会专门设计一些吸引大众媒体正面报道（大大小小的）集体行动。有时甚至会采取一些没有大众媒体在场就不上演行动的特殊策略，比如阿塔克[2][3]。

跨国运动所派生的新闻通讯社、报纸和杂志，不如它们在过去新左派运动中曾经起到的作用那么大，而在跨国运动中，电子通信，特别是互联网的应用，以快速增长的方式发挥了关键性的作用，在当代的新左派运动中尤其如此。鲁赫特认为，互联网发挥的功能有几个特征：第一，在找寻关于过程、群体和机构、事件等信息时，它更快捷、便宜并且方便。第二，互联网主要使用电邮来传播，为个人和群体交流信息以及合作或结

---

[1] RUCHT D. The quadruple “a”: media strategies of protest movements since the 1960s [M]//WAN V DE DONK, et al. Cyberprotest: new media, citizens and social movements. London, New York: Routledge, 2004: 34–37.

[2] 阿塔克是一个国际性的运动组织，原先全名为“公民托宾税支援行动组织”(Action for a Tobin Tax to Assist the Citizen, 简称ATTAC)，创建于1998年6月3日，刚开始它是作为单个议题，即所谓的货币调控政策所引入的一个诉求而建立的社会运动团体，后来阿塔克投身于一系列和全球化有关的大范围议题中，主要监视世界贸易贸组织、经济合作与发展组织、国际货币基金组织等国际组织做出的决策。可参考 https://en.wikipedia.org/wiki/Association_for_the_Taxation_of_Financial_Transactions_and_for_Citizens’_Action.

[3] RUCHT D. The quadruple “a”: media strategies of protest movements since the 1960s [M]//WAN V DE DONK, et al. Cyberprotest: new media, citizens and social movements. London, New York: Routledge, 2004: 25–46.

盟，发挥了工具性的作用。第三，它被用来作为集会、设置路障等传统行动动员的工具。第四，互联网变成了一个“虚拟”行动的场地，技术本身就是这个场地的武器和靶子。比如，抗议群体会破坏他们对手的电子设备或者电子服务，或者生产一些假冒敌对者的网站，并在这些网站里充斥一些颠覆性的消息。互联网在跨国传播和动员中的优势是最为明显的。比如萨帕塔运动就利用互联网建立了一个遍及全球的支持群体的网络。而且，这种国际注意力使得运动收获了一种保护，使其免于墨西哥政府的军事压制。

三、社会运动与媒体互动框架中的六个要素

意大利罗马大学的两位学者马东尼和崔瑞[1]，在回顾社会运动与媒体研究等领域内的文献之后，认为过去的相关研究不但碎片化、缺乏体系，而且存在一定的偏向。两位作者主张把社会运动理解为一个“过程”，认为在社会运动过程中，积极分子会按照不同的时间段来实施不同的行为，也就是说，积极分子在不同时刻、不同目的的情况下有着不同的媒介使用情境和媒介策略，为此马东尼和崔瑞建构了自己的概念框架。

在阐释这个概念框架时，马东尼和崔瑞首先介绍了 6 个主要的概念，社会运动中的“时间性”（temporality）、“行动者”（actors）、“行动”（actions）、与媒体相关的“媒介实践”（media practices）、“中介化过程”（mediation processes）、“媒介化”（mediatization）。其中，有 3 个概念和社会运动相关，3 个和媒体相关。马东尼和崔瑞认为，这一概念框架“能够抓住代表社会运动主体性的积极分子和媒体之间多维度的互动特征，有助于人们理解社会运动和媒体之间的相互作用”。（见图 2.1）

（一）时间性

“时间性”是和社会运动相关的第一个概念，关于社会运动的时间问题，作者把它分为三类：“短期”“中期”“长期”。在动员中，这种“短期”内发生的间歇性事件（punctuated events）可能会成为影响社会运动的关键性转换时刻；第二类，“中期的”社会运动会以“周期、波、潮”的形式出现，这段时间内积极分子可能会有激烈的抗议，也可能不会组织冲突性的集体行为，在没有积极抗议的潜伏期内，社会和政治性的行动者会参与日常实践性的抗议，主要以积极分子之间的持续性互动以及关于冲突性活动议题的交流为主；第三类，“长期”指的是“冲突的文化时代”，在这种时期，集体行动的某些模板对于那些抗议者来说是可用的，那些抗议者可在特定的“争斗性剧码”中选择他们斗争的表演方式。

[1] MATTONI, A, TRERÉ E.(2014). Media practices, mediation processes,and mediatization in the study of social movements[J]. Communication theory, 24, 252–271.

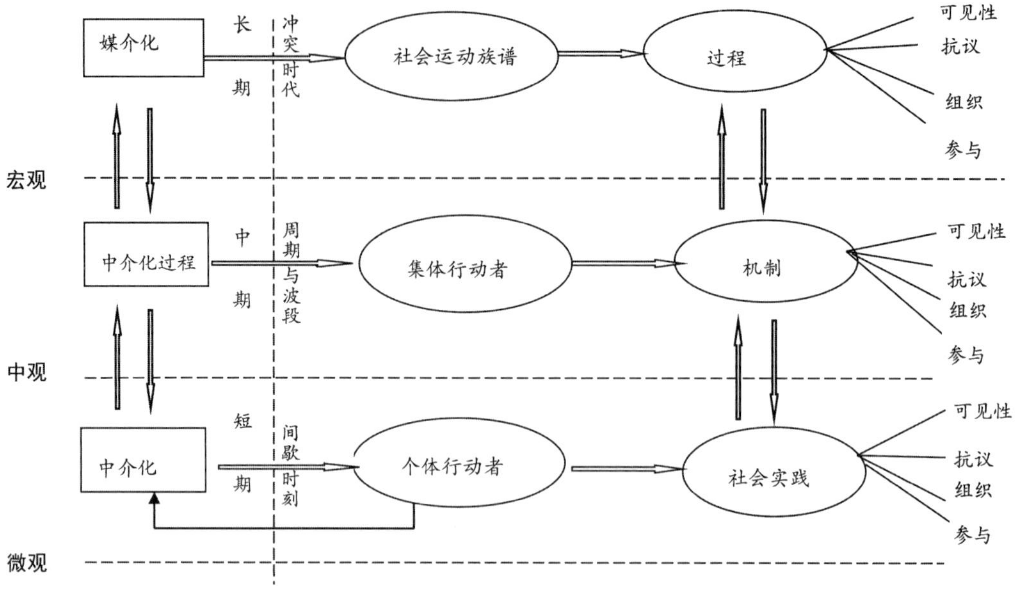

图 2.1 马东尼与崔瑞的“社会运动与媒体研究的概念框架”

（二）行动者

第二个概念——“行动者”，则被从微观、中观和宏观三个层面将其分为“个体行动者”“集体行动者”“社会运动族谱”。马东尼和崔瑞认为，首先，“个体行动者”的研究已然重新获得学者的青睐，因为信息和传播技术的兴起，集体行动者在动员性组织中不如过去那么重要了，比如 2011 年发生的“占领华尔街运动”，该运动虽然基于群体性抗议网络发生，但这种抗议网络却严重依赖于那些和社会运动组织并没有联系的个人参与。其次，中观层面的集体行动者虽然是由一些个体的行动者组成的，但也可被区分为“社会运动网络”和“社会运动联盟”。前者以松散的组织惯例、非正式的传播渠道、去中心化的决策过程为特点，而后者则依赖于结构更严密的组织惯例、正式的传播渠道和中心化的决策过程。最后，“社会运动族谱”是从历时性的角度来看的，根据社会运动在不同时间内的组成成分、目标和打击对象的不同，把集体性的行动者可区分为不同数量的“社会运动族谱”，这种基于不同传播文化的社会运动网络兴起于 21 世纪早期的“欧洲社会论坛”[1]。

[1] MATTONI A, TRERE E. Media practices, mediation processes, and mediatization in the study of social Movements [J]. Communication theory, 2014, 24: 252–271.

（三）行动

再来看社会运动中的第三个概念——“行动”。在分析时，马东尼和崔瑞借用了澳大利亚皇家理工大学高级研究院校长约翰·珀斯提尔（John Postill）等人的“社会实践”[1]理论。他们把社会实践和媒介实践的概念联系起来，认为从微观的层面来看社会运动过程的话，社会实践并不是单个的互动，在社会运动中的“社会实践是一系列的身体表演、精神框架、对物体的使用、一些自我反省以及维持积极分子之间互动的动机与情绪”[2]。从中观的层面来看，“机制”可以看作一系列更复杂的社会实践，如果把这种机制结合到“过程”中，有可能发展出一个长期影响宏观层面的抗争性集体行动。之后，通过梳理以往研究文献中的成果，马东尼和崔瑞把这三个层面的社会实践导入“参与、组织、抗议和象征性活动”这四种类别的社会实践中。

（四）媒介实践

“媒介实践”是作者把媒体分解为三个相关概念中的第一个概念。这里，为了发现媒介在不同情境和语境下如何发生作用，理解媒介实践如何安排、组合，并与其他社会实践互动，马东尼和崔瑞聚焦的是“积极分子”的媒介实践，也就是积极分子从事的日常的、具有创意性的社会实践。这些媒介实践包括两个方面：第一，如何和“媒介客体”，比如手机、手提电脑、纸质读物等媒介进行互动，这些积极分子通过利用这些媒介实体生产和使用信息，从而成为媒介生产者或媒介消费者；第二，如何和“媒介主体”进行互动，比如和记者、公关经理以及作为媒介从业者的积极分子们互动。这里很明显，“媒介客体”概念强调的是媒介作为技术支持和围绕人们日常生活的媒介设备。而媒介主体概念的重点在于强调和媒介互动的个体存在，这些个体不仅是媒介信息的受众，而且是媒介生产者，因为他们在一个相互关联的、系统的基础上来生产媒介信息，比如那些基于自愿原则的媒介职业人士。基于“媒介实践”路径的局限性——“它在研究日常生活中的媒介组织、媒介生产时是有效的，但在研究政治过程和全球媒体事件时，这种方法就没多大用处了”[3]。因此，马东尼和崔瑞又介绍了其他两个概念——“中介化过程”和“媒介化”，来整合描述和媒体与运动相关的更广阔的过程。

---

[1] BRAUCHLER B, POSTILL J. Theorizing media and practice [M]. New York: Berghahn, 2010: 4; RECKWITZ A. Toward a theory of social practices: a development in culturist theorizing [J]. European journal of social theory, 2002(5): 243–263.

[2] MATTONI A, TRERE E. Media practices, mediation processes, and mediatization in the study of social movements [J]. Communication theory, 2014(24): 252–271.

[3] POSTILL J. Introduction: theorizing media and practice [M]//BRAUCHLER B, POSTILL J. Theorizing media and practice. Oxford, New York: Berghahn, 2010.

（五）中介化

“中介化”是“对社会里的话语、意义和阐释流”的媒介支持。在解释这个概念时，马东尼和崔瑞特别推崇拉美学者马丁尼·巴贝罗（Jesús Martín-Barbero）[1]1987年提出的“从媒介到中介化”的思想，因为该思想呼吁人们从以媒介为中心的功能主义分析转移到对媒体挪用（media appropriations）的日常实践研究中来。其中，社会运动的行动者是通过对媒介的挪用来实施对霸权的反抗和适应的。而所谓的“中介化过程”，马东尼和崔瑞则主张把中介化看作一个循环的、安放的过程，“这个过程交织了包括各种社会运动在内的许多其他社会活动”[2]。他们认为，“通过中介化支持的传播是一种手段——积极分子使用媒介来传播信息，并达成某些事情——积极分子使用媒介的同时也构成了媒介产品、流通、阐释和重新流通的流”。这样来看，“媒介是一个基于社会的文化与政治、经济的基础性结构，这个基础性结构和政治的主体成分交织在一起”。另外，中介化的过程是“循环的”，它们组成了社会实践，这些社会实践不会使媒介技术的简单使用或媒介信息的生产等事情枯竭，相反，中介化意味着对媒介技术的重构和对媒介意义的重新中介化。通过重构，积极分子挪用并改造新的媒介技术，以为己用。通过重新中介化，社会运动行动者从已有的文化作品和媒介产品中创造出新的意义。最后，通过这种抽象的推理，马东尼和崔瑞得出他们采用这个概念的目的[3]：“中介化过程能帮助我们理解积极分子媒体实践的广度——该媒体实践作为一个混合而成的整体——使得社会运动行动者得以参与到媒介技术、意义的重构和重新中介化当中；对于主流媒体和另类媒体、数字媒体以及类同的技术，社会运动者则根据其挪用和颠覆的模式来行动。”

（六）媒介化

在解释“媒介化”概念时，马东尼和崔瑞首先比较了“中介化”和“媒介化”的异同，这点对于研究传媒和社会运动关系的学者来说，是非常实用的。首先，根据结构主义的传统，“中介化”描述的是传播的具体行为，这种具体行为是一种在特定社会语境中的某种媒介作为传播手段的行为；“媒介化”则指“一个更长期的过程，在这个过程中，作为媒体影响不断增强的后果之一，社会和文化机构及其互动的模式发生了改

[1] MARTíN-BARBERO J. A Latin American perspective on communication/cultural mediation [J]. Global media and communication, 2006, 2(3): 279-297.

[2] MATTONI A, TRERE E. Media practices, mediation processes, and mediatization in the study of social movements [J]. communication theory, 2014, 24: 252-271, 260.

[3] MATTONI A, TRERE E. media practices, mediation processes, and mediatization in the study of social movements [J]. Communication theory, 2014, 24: 252-271, 261.

变”[1]。根据社会结构主义的传统，“媒介化”指的是“传播对社会文化现实建构的过程，同时探究在这个过程中多种媒介的功能”[2]。因此，“当中介化还在考虑媒介对社会机构有无改变的情形时，媒介化则只聚焦社会和文化机构被媒介影响所修正的过程”。

最近，这两种传统有所融合，对媒介化的概念，人们达成了一个基本的理解：“媒介化是用来批判性地分析，作为一面的媒介和传播的改变，作为另一面的文化和社会的改变——这两面之间的相互关联的。”[3]马东尼和崔瑞认为，由于“媒介化”可以看作一个长期的过程，是一种可以拿过来“描述和理解多个中介化过程的，其总的后果是如何随着不同种类的媒介的兴起而改变”的概念，其能力在于抓住“媒介变革和社会与文化变革之间长期的、相关的过程”，因此，我们也可以认为，为了抓住社会运动中特定的“话语、媒介和组织结构”的联合兴起，通过一个长时间的视角来观察媒体和社会运动过程如何互动的时候，“媒介化”以及其他5个因素都是非常实用的概念。

第二节　另类媒体的研究现状

拉美著名反全球化积极分子之一，学者阿凡索·达伽荣曾经抱怨说：“我们生活的主流政治话语是一个虚伪透顶的话语，我们如何不提出一个替代性的话语呢？”[4]愤怒的达伽荣认为，要发出替代性的话语，“发展另类媒体是唯一可以对付媒体全球化趋势及其影响的机会了”。前一章节里，在分析媒体与社会运动的互动关系时，德国社会学家鲁赫特也提出，运动只有“维持自身控制的媒体，保证社会运动的自主并灵活运转，才是最重要的。[5]这两位学者的倡导正好解释了在反全球化运动时期另类媒体高速发展的主要原因，而要理解另类媒体如何构建反全球化运动，理解另类媒体的定义、特征以及前人的研究就成了必要的前提；理解现实中的另类媒体如何构建社区公民身份，服务于本地社区，则需要以马东尼和崔瑞（Mattoni & Treré，2014）提出的框架作为理论路径，走近现实中的另类媒体，观察它们的中介化及媒介化过程。

---

[1]　HJARVARD S. The mediatization of society: a theory of the media as agents of social and cultural change [J]. Nordicom Review, 2008, 29(2): 105–134, 114.

[2]　HEPP A. Cultures of mediatization [M]. Cambridge: Polity, 2013; HEPP A, HJARVARD S, LUNDBY K. Mediatization: Empirical perspectives [J]. Communications, 2010, 35: 223–228.

[3]　COULDRY N, HEPP A. Conceptualizing mediatization: contexts, traditions, arguments [J]. Communication theory, 2013, 23: 191–202, 197.

[4]　DAGRON G A. The long and wading road of alternative media [M]// D H DOWNING, D MCQUAIL, P SCHLESINGER, et.al. The Sage handbook of media studies. Thousand Oaks: Sage, 2004: 41–65.

[5]　RUCHT D. The quadruple “a” : media strategies of protest movements since the 1960s [M]//WAN V DE DONK, et al. Cyberprotest: new media, citizens and social movements. New York: Routledge, 2004: 25–46.

一、常见定义及研究视角

另类媒体虽然拒绝一种精致的定义，但在另类媒体历史研究中，学者们对其定义的探究可谓前仆后继，这些定义的生成总可以让人窥视当时的历史语境和另类媒体的不同实践、不同形态。

（一）“多元自由主义”视角

比较常见的是深受西方自由市场理论影响的英国皇家出版委员会 1977 年提出的定义[1]，该委员会提出，另类媒体的定义应该包含以下几种观点：①另类媒体处理的是少数群体的意见；②它对广泛持有的意见表达一种质疑的态度；③它包含一般性新闻机构的出版物中得不到常规报道的一些观点和主题。这种多元自由主义视角下的另类媒体主要针对那些持不同政见的社会团体和个人，包括“少数群体、女性主义者、乌托邦和提倡共产主义的人士、社会主义者和共产党员”[2]。

对于一些因为无法近用主流媒体而需自己创建另类媒体来发声的群体，观点的自由市场论首要考虑的是保证观点的多样性。这类媒体是一种需要与主流媒介并存，作为替补与激进对抗的工具媒体而存在的，没有主流媒介权力的存在，另类媒体便无处可寻。这里的定义可以说把另类媒体等同于边缘化的、异议人士的小众媒体。

（二）具有改良主义倾向的“替补论”

1989 年联合国教科文组织所编写的《世界交流报告》中，另类媒体被定义为“主流媒体之外的选择”“作为主流传播传统的补充而建立的传播结构和传统。它之所以出现，是因为主流媒体未能完全满足某些群体的传播需要”[3]。这种定义可以说与观点的自由市场说中另类媒体的功能是相似的，因此中文语境中很多学者，抱有类似西方自由主义学者的立场，更愿意称其为“替代性媒体”。

（三）具有行动主义气质的“抵抗”论

与一团和气的替补论相对的，是另外一种强调与主流媒体有“对抗”色彩的观点，持有这种概念的研究者认为“与主流媒体对抗的媒体就是另类媒体”。需要强调的是，这里的“对抗”，不仅指内容取向的不同，还指整个媒体的目的、运作、产制过程、组织等各方面均与主流媒体所奠基的价值观相左。这种对抗色彩其实源于一种社会运动研究的视角。

---

[1] ROYAL COMMISSION ON THEPRESS. Periodicals and the alternative press [M]. London: HMSO, 1977.

[2] LEE J. How alternative and alternative for what? reconceptualizing alternative media in the global age [J]. International communication association, 2007, 23(5): 1–27, 4.

[3] 卜卫，张琪 . 消除家庭暴力与媒介倡导：研究、见证与实践 [M]. 北京：中国社会科学出版社，2011: 252.

（四）兼具传播行动主义和文化研究气质的“综合”论

近来，相对于前文所述的几种广泛传播的主流与边缘、敌对或者替补的二元论，第三种有代表性的概念是由英国爱丁堡龙比亚大学（School of Creative Industries of Napier University）的克里斯·阿顿（Chirs Atton）2004年在他一本名为《另类互联网》的著作中提出来的，他重视传播主体在传播行动中的能动性，主张：“另类媒体意味着一系列致力于反对或者试图发展不同于主流媒体运营方式的媒介项目、干预措施以及网络。”[1] 这种定义涵盖了与另类媒体项目站同一立场的一系列行动空间，比如开放源和反知识产权运动等。阿顿认为，另类媒体必须考虑所有独立生产的文化形式并应该切实展现以下特征[2]：①激进的内容，不管是政治上的还是文化上的；②强烈的审美形式；③充分利用可得的、尖端的技术来进行“创新性的/扩散的”的生产；④另类的分配手段与反知识产权的气质；⑤把社会角色和关系转型为集体组织并且是去职业化的；⑥传播过程的转型——横向联系。

很明显，现实中能够展现所有特征并切合这种定义的另类媒体确实很少见，但这个简单的归类确实能准确地抓住另类媒体的双重角色——“提供文化或政治上不同于主流媒体的内容”；“提供更民主、更有参与性的另类生产模式的样板；更平等而非等级式的组织方式”[3]。阿顿在解释这些功能时，认为它们都是根源于反霸权的亚文化方式。所以在包含约翰·唐宁等人激进的社会运动行动范畴之外，他把属于日常大众文化中的技术使用和创新行为也包含进来了，阿顿的定义更具有英国文化批判论的传统。

2011年，阿顿重新阐述了自己的这个观点，他认为：“另类媒体的定义并不仅限于政治性或者抵抗性的媒体，对于一些艺术、素养型的媒介，比如录像、音乐、创意性书写以及杂志、电子传播，它的定义也是适用的；其社会关系，加上一些占主导地位的媒介生产实践，比如文本、音乐形式甚至发布过程——都是可以被改造的。这些媒介实践中的专业形式、优秀能力、精通程度等，也是可以被重评估的。”[4]

所以，这种兼具抵抗与日常的传播，从某种程度上来看，使另类媒体在定义上更具有包容性，它既包含了传统的“另类媒体不追求利益最大化，不出卖受众给市场和

[1] ATTON C. An alternative internet: radical media, politics and creativity [M]. Edinburgh: Edinburgh University Press, 2004: IX.

[2] ATTON C. Alternative media [M]. Thousand Oaks: Sage Publications, 2002: 27.

[3] ATTON C. Alternative media [M]. Thousand Oaks: Sage Publications, 2002: 19.

[4] ATTON C. Alternative media [M]//J DOWNING. Encyclopedia of social movement. Thousand Oaks: Sage Publication, 2011: 3.

商业，把自己看作组织媒介和社会活动一系列方法、项目的一部分”[1]这种激进看法，也回应了部分学者提出的另类媒体日常实践的传播意义。

二、另类媒体的“另类”之处

（一）自由的精神

研究激进另类媒体的唐宁发现，另类媒体的尴尬之一就在于其难以归类，因为另类媒体几乎就是自相矛盾的同义词。首先，从某种程度上来讲，每样东西都是另类于其他存在的，因而研究另类媒体定义，需要讲究另类媒体的情境和后果，比如，即使那些利基性商业杂志、公司海报日益增多，但它们并不能算作激进型另类媒体。其次，激进型另类媒体有时候可能有赖于观察者和行动主义者的先锋性视角，因为激进媒体可以代表负面的激进，同时也可以被赋予建构型力量。那些宗教极端分子、种族分子或法西斯激进媒体，与有着良好目的的奋斗者使用的激进媒体并不能同日而语，那些怀有种族偏见、宗教迷信或者一些极右的社区媒体，都不能算作唐宁定义中的激进型另类媒体。

另外，虽然激进型另类媒体可以有多种形态，印刷的、网络的、广播电台的，但它们有着共同的特征，就是要打破某些人的统治。[2]这个观点后来被玻利维亚的阿凡索·达伽荣进行了升华，阿凡索认为另类媒体不是依附于技术的，它们并不会因为其先进或者落后的媒介技术而另类，它们之所以另类是因为其敢于挑战权威的“自由的精神”，因为这种自由精神生发了拒绝被归类的多面的经验。[3]

（二）发展困境

2001 年版的研究中，唐宁回顾了他在 1984 年对激进媒体下的定义，谈到了另类媒体分类的尴尬及其发展的困境：虽然他反对简化式的两分法，因为这样会抹杀其多元的特征，但在一些情形下，尤其是那些在体制性审查与压迫的情形下，比如苏联和拉美军政府国家里那些被迫转入地下运作的激进媒体。这些媒体所具有的定义特征就只能是简单、非此即彼的。因此，他还是把激进另类媒体分成了“革命型”与“自我管

---

[1] ALBERT M. What makes alternative media alternative? toward a federation of alternative media activists and supporters —FAMAS [EB/OL]. (2007-09-20). http://www.zmag.org/ZMag/articles/albertoct97.

[2] ALBERT M. What makes alternative media alternative? toward a federation of alternative media activists and supporters —FAMAS [EB/OL]. (2007-09-20). http://www.zmag.org/ZMag/articles/albertoct97.

[3] DAGRON G A. The long and wading road of alternative media [M]// D H DOWNING, D MCQUAIL, P SCHLESINGER, et.al. The Sage handbook of media studies. Thousand Oaks: Sage, 2004: 41-65, 46.

理型”两种。[1] 相比那些用传播技术，比如广播、电视或者互联网来批判大众文化的传播行动[2]，他更偏爱那些主动的、街头的各种行动，比如街头表演、唱歌、壁画、涂鸦。他认为前者是静态的、个人化的，至少是驯化的媒介受众在改造媒体内容的一种模式，而后者，犹如斯科特[3]笔下“弱者的武器”等底层政治一样鲜活。

由于强调注意另类媒体细致的“情境”和“后果”，唐宁的另类媒体定义除了“对抗”色彩浓厚之外，他还刻画了另类媒体尴尬生存的悲情。在1984年那种两极世界的冷战思维情境下，大多印刷或广播电台式的另类媒体中，多数媒介行动主义者都是在没有报酬、自愿或自我剥削的状态下工作，苦苦维持的，因而很多情况下，这些另类媒体的“局促不安”一直存在：“它们发现自己身处异化了的媒介环境之下，犹如脾气暴躁的左派漫画躲藏在右派保守分子的报纸里。”另外，激进媒体行动主义者也经常会受到来自西方政府的压制，比如被判刑、投入监狱、折磨，受到法西斯般的攻击、警察的监视、敌对分子的恐吓等。一般来讲，这些另类媒体“不但规模小，没有资金支持，有时候甚至处于卑微到无人知晓的境地，但有时候其反抗目标近乎荒诞地高，会在公众内部引发出离的愤怒和恐惧；有时候它们非常短命，而有时候有些另类媒体则会持续数十年；有时候它们令人迷醉，有时候却行话连篇，晦涩难懂”[4]。

（三）与社会运动的模糊关系

德国柏林著名的社会学家迪特尔·鲁赫特在分析了积极分子为改变社会运动与大众媒体之间不对称互动关系所采取的几种媒介策略之后指出：“维持运动自身控制的媒体，保证社会运动自主并灵活运转，才是最重要的。”[5] 然而，作为社会运动媒介策略之一的另类媒体，由于其自身矛盾和局限，一直面临着重大挑战和局限。加拿大西蒙·弗雷泽大学教授罗伯特·哈克特在《媒介重构：公共传播的民主化运动》[6]一书中曾指出：一方面，社会运动作为激活民主的一把钥匙，把人民的声音和社会问题纳入公共领域，增强公众的自治权和民主决策的范围；另一方面，新闻媒介、因特网为组

---

[1] DOWNING J, FORD H, GIG T V, STEIN L. Radical media: rebellious communication and social movements [M]. Thousand Oaks: Sage, 2001:ix–xi.

[2] 在一些社会运动研究中，日常生活对媒体和新传播技术的使用以及一些不同寻常的行动剧目、作为社会网络的运动、永久的跨国运动都被并列作为新社会运动行动库的构成元素之一。见 LIEVROUW L. Alternative and activist new media [M]. Cambridge: Polity, 2011: 49.

[3] SCOTT J C. Weapons of the weak: everyday forms of peasant resistance [M]. New Haven: Yale University Press, 1985.

[4] SCOTT J C. Weapons of the weak: everyday forms of peasant resistance [M]. New Haven: Yale University Press, 1985.

[5] RUCHT D. The quadruple “a” . media strategies of protest movements since the 1960s [M]//WAN V DE DONK, et al. Cyberprotest: new media, citizens and social movements. New York: Routledge, 2004: 25–46.

[6] 哈克特，K. 凯偌尔．媒介重构：公共传播的民主化运动 [M]. 李异平，李波，译．广州：暨南大学出版社，2011: 11.

织和动员公众散布批判性观点大开方便之门的同时，西方公共传播机构不断整合，比如媒介合并、集中和商品化，以切合全球资本逻辑和运转，又给社会运动的发展制造了新的问题和障碍。哈克特认为，另类媒体面临的局限和挑战的关键是它们与各种社会运动之间的模糊关系，也就是“另类媒体到底是运动的渠道还是监督者”的身份问题。因为理想的另类媒体应该是，在资金、组织和调控方面独立运作；在政治导向和内容方面，推动从属阶层之间的对话，成为社区和运动的参与者。

而现实中，第一，在传播内容方面，另类媒体会陷入两难境地：到底是作为社团言论的渠道，还是制作“高质量”的内容来吸引更多的受众？如果选择前者，另类媒体随时都有陷入公共领域封建化的危险，容易沦为党派路线主义之争的“无形的专制”当中。第二，在资金运作方面，虽然反对受众商品化，但另类媒体组织和经营所需费用难以维持，面临着发展的瓶颈。很多另类媒体的发展本身就意味着，要么依赖媒介积极分子或志愿者，要么沦为少数精英的附庸。第三，在组织方面，另类媒体崇尚横向的联系，反对自上而下的威权式结构，这种自主传播的、去中心化的组织形式，赋予了另类媒体“自由的精神”，使得其组织体系更为开放、灵活，“在一定程度上实现了传媒的公民控制，这种公民控制代表了更多社会上的边缘人群和弱势群体，又彰显出一种更彻底的社会控制”[1]；然而，这种传播实践却会因其非正式、不清晰、松散的管理，难以达成公民的普遍参与，无法以任何连续性的形式建立可以挑战霸权的力量和机构，从而造成汉密尔顿所说的“那些另类媒体越追求服务于社会运动，它们就越会失去其另类立场”的尴尬局面，无法权衡内容反霸权和行动参与这一政治有效性问题。[2] 第四，以另类媒体进行传播行动主义的有限性：另类媒体，作为社会运动或非政府组织用来对抗主流媒体的偏见、弥补主流媒体不足而建立起来的媒体，它的命运便与主流的社会价值、权力集团有了对抗的意味，它要么满足于沦为运动或边缘团体内部交流的工具，要么努力扩大影响，以改变政治决策者或者公众的意见，促成社会变革。而前者则有如对“已经皈依宗教的人进行布道”[3]，为保其政治纯洁而绕过主流媒体，创建各种激进的独立媒体，不免牺牲了接触到大量受众的机会；后者要扩大影响，达成其政治目标，则难免要妥协、主动适应主流媒体以追求大量受众，同时弱化了另类媒体创建的理由和立场。

因此，另类媒体另类的特性决定了其受众范围、对抗主流媒体（对社会运动报道）霸权话语能力的有限性。

---

[1] 罗慧 . 传播公地的重建：西方另类媒体与传播民主化 [M]. 北京：社会科学文献出版社，2012: 16.

[2] HAMILTON J F. Alternative media: conceptual difficulties, critical possibilities [J]. Journal of communication inquiry, 2000, 24(4): 357–378, 361–363.

[3] COYER K, DOWMUT T, FOUNTAIN A. The alternative media handbook [M]. New York: Rutledge, 2007: 142.

三、四类另类媒体的理论基础及意识形态

加拿大湖首大学（Lakehead University）媒介研究跨学科中心的副教授桑德拉·杰珀森（Sandra Jeppesn）与他人合作建立了“媒体行动研究群”（Media Action Research Group），对另类媒体进行田野研究，面对另类媒体的众多形式和不确定的定义，她在2016年《民主传播》期刊上发表了自己对“另类媒体权力”的理解，桑德拉按照各类另类媒体所含的理论基础、内容、组织结构（过程）、与社会运动的行动和互动，所含的意识形态、核心价值观以及谁有权力（Who Claims Power）进行分类：第一是自助型，第二是社群和公民型，第三是批判型，第四是自治和激进型。

（一）自助型

“自助”型另类媒体理论来自伯明翰学派的亚文化研究，其中迪克·赫布迪克（Dick Hebdige）的《亚文化：风格的含义》[1]是该领域思想的代表之作。迪克提出，年轻人在战后的亚文化，比如摩登少年（mods）、阿飞（teds）和朋克（punks）就是通过粉丝杂志（fanzines）、地下音乐、朋克时尚、另类媒介来挑战社会文化规范的，其中，朋克的生活方式实践为那些苦闷失望的工人阶级、中产阶级的年轻人提供了反霸权的身份认同，代表了工人、年轻人对消费资本主义的反对。2002年阿顿也以杂志另类新闻媒体为主要研究对象，他认为：“大众媒体是社会构建的，而‘另类媒体’对这种社会建构的回应不仅是简单的批评，它们还基于自己另外的一套价值和框架来收集新闻并近用之。”[2]阿顿还列举了一些由积极分子举办的、草根的英国另类新闻界，比如“绿色无政府主义”（Green Anarchist）、“有病新闻”（SchNews）、“不做就死！”（Do or Die!）、“啼哭”（Squall）等。这些新闻的组织形式是“松散的内部结构”，基于一种“反威权”的精神特质，参与者分享技巧并集体决策。桑德拉认为：“自助型媒体通常与日常生活政治密切相关，因为参与者选择的生活方式以及媒体生产的方式都是挑战社会压迫性规范的。”[3]

（二）社群和公民型

社群和公民型另类媒体的概念来自发展传播理论（Communication and Development），也就是现在的社会改革传播（Communication for Social Change，简称CFSC），其关键读本是来自科勒门谢·罗德瑞戈（Clemencia Roderiguez）的《媒介的缝隙：

[1] HEBDIGE D. Subculture: the meaning of style [M]. London: Zed Books, 1979.

[2] ATTON C. Alternative media [M]. thousand oaks: Sage Publications, 2002: 10–83.

[3] JEPPESEN S. Understanding alternative media power: mapping content & practice to theory, ideology and political action [J]. Democratic communication, 2016, 27: 54–77.

公民媒体的国际研究》。发展传播的主导范式主张，媒体是发展中国家现代化的指标和助推器，对这种主张的挑战来自依附理论中的全球北方（中心国家）和全球南方（边缘国家）的关系说。在媒体关系中，依附理论暗示这种中心与边缘的关系在媒体发展中也会重复并加强。由于全球北方国家会在全球南方国家贯彻新的传播技术，而当地的社群媒体和公民媒体则拒绝发展传播的现代化模式，因此，这里的社群和公民型媒体镶嵌在反殖民和后殖民理论中。科勒门谢发现，公民媒体不仅是“信息的”，还是“对话的”；因为“社群内的传播者使用媒体技术来激发不同的传播过程——他们通过干预来重新占领公共领域，激发社群内公民与本地政府官员及其机构的互动，或者激发社群内公民表演式的传播活动”[1]。

作为社群实践公民权的空间，社群和公民型媒体不仅是一个另类的新闻渠道，还是一个社会—政治行动、社群对话和互动的中心。和自助型媒体的理论不同，前者来自草根文化生产者，而社群和公民型媒体具有国际视野，其根源、理论和意识形态来自全球南方，“是另类媒体研究中最具国际视野的研究”[2]。

（三）批判型

批判型另类媒体的相关理论出自法兰克福学派的批判理论，它从批判媒体在资本主义社会中的功能视角来进行批评。在《批判媒体的基础与信息研究》一文中，克里斯汀・福奇（Christian Fuchs）认为，“另类媒体是挑战主流资本主义形式媒体的大众媒体”[3]，其主要功效是培养哈贝马斯意义上的公共领域，因此，福奇反对像自助媒体、朋克媒体或本地的社群和公民型媒体一样，把另类媒体受众化为小众的反公众（counter-publics）群体，在福奇看来，“公民新闻、自我管理、另类的分发方式以及批判式的理解都是另类媒体理想的特点，但都不是必需的条件，理想的新闻业是一种不同的社会框架，这种框架允许市民有时间、技术和资源以一个批判记者的身份来活动”[4]。

和社群媒体的不同点在于，社群和公民型媒体要的不是新闻技巧而是个体对媒体的经验以及视角；福奇认为另类媒体中“批判性的内容”与受众带有批判性意识的“接受”是最为关键的。因此，批判媒体强调的是信息能送达“大规模的”反公众。这种批判媒体的路径源于欧美经济危机、反对财政削减的语境，其暗含的要求不是依赖于生产

[1] RODRIGUEZ C. Fissure in the mediascape: an international study of citizen's media [M]. Cresskill: Hampton Press, 2001: 159.

[2] RODRIGUEZ C, FERRON B, SHAMAS K. Four challenges in the field of alternative, radical and citizens' media research [J]. Media, culture, society, 2014, 36(2): 152–166.

[3] FUCHS C. Foundations of critical media and information studies [M]. New York: Routledge, 2011: 298.

[4] FUCHS C. Foundations of critical media and information studies [M]. New York: Routledge, 2011: 301.

者的公民空间，而是有赖于作为无产者的受众，包括在新自由主义下各种各样受压迫的群体，比如高学历、低收入的文化劳工，这些知识劳工，在资本主义商品化语境下，不得不遭受越来越多的非正规劳工的压迫。批判性媒体的首要目标就是建立一个全球化的、强大的反公众来推翻新自由资本主义。

（四）自治和激进型

自治和激进型另类媒体理论出自社会无政府主义者和反威权理论领域，包括社会运动和交叉领域的研究。这种强调集体自治的前提概念在于个人的解放和所有人的解放是相连的。在《激进媒体》[1]一书中，唐宁介绍了无政府主义视角下的另类媒体，强调激进的内容和组织管理的结构；强调参与和管理媒体的重要性。2003 年，唐宁曾把独立媒体中心（IMC）当作自治媒体的样板，利用福柯的权力概念来解释自治媒体的合法性，"承认微观圈层中的社会和文化权力，且利用无政府思想公开挑战它们是必要的"[2]，这样一来，如果小圈层的政治、文化和社会的权力可以被小规模的、纳米级的媒体所挑战，那么小规模的媒体对于大型的社会运动将会非常关键，而且，福柯认为权力无处不在，权力是可以再生的，所以，日常的组织行为即可落实自治媒体的赋权理论。

在《自治媒体》中，朗洛斯和杜博伊斯（Langlosi & Dubois）[3]提出，只有保持透明、公开和非等级制度组织结构的媒体才能够培育真正的另类媒体话语，因此，自治媒体的参与、组织形式和赋权比内容议题更为重要。除了反威权的主张之外，朗洛斯和杜博伊斯还认为自治媒体必须与社会运动有关系，因为"自治媒体是社会运动的传播媒介，它们通过夺回传播的手段来颠覆社会秩序"。这些"自治和激进"媒体根植于全球社会运动中，比如反全球化运动、占领、反 G20 抗议、反削减财政开支运动（anti-austerity）；这些运动所催生的抗议媒体（protesting media）是支持并报道大规模社会运动的。班纳特和瑟戈博格（Bennett & Segerberg）[4]发现，在社会正义运动中，"自治媒体与抗议以及其他类型的集体行动是一个整体"。

总的来看，在桑德拉总结的四种类型中，自助型媒体可以通过提供另类的历史来挑战主流媒体的表征，但它局限于强调个人主义而非超越各种差异建立大型的社会运动。社群和公民型媒体从第三世界马克思主义视角下，对新自由资本主义提供强大的批评，但它强调的是从本地和特定的社会议题出发来与各种全球性的斗争相互链接。

---

[1] DOWNING J. Radical media: rebellious communication and social movements [M]. Thousand Oaks: Sage Publications, 2001.

[2] COULDRY N, CURRAN J. Contesting media power[M]. London: Rowman, Littlefield, 2003: 243–250.

[3] LANGLOIS A, DUBBOIS F. Autonomous media [M]. Montreal: Cumulus Press, 2005.

[4] BENNETT W L, SEGERBERG A. The logic of connective action: digital media and the personalization of contentious politics [J]. Information, communication, society 2012, 15(5): 739–768.

批判型另类媒体从政治经济的视角来思考媒体制作人，把这类媒体生产者看作全球反资本主义运动下的工人；不过，这种视角虽然能够对新自由主义资本提出一种严肃的挑战，但由于全球资本主义社会中各个主体之间差异的不断消失，这种欧美视角下媒体所要求的社会变革能力会被弱化。自治和激进型媒体强调过程和内容一样重要，特别强调先兆性政治（prefigurative politics）和横向管理，这种特质有可能会弱化积极分子对媒体生产的能力。（见表 2.2）

表 2.2 四种类型的另类媒体属性（Jeppesen, S. 2016）

属性	自助型	社群和公民型	批判型	自治和激进型
理论基础	伯明翰学派；亚文化研究	发展传播；为了社会变革的传播（CFSC）	法兰克福学派；批判理论	无政府主义理论；社会运动理论
关键读本	迪克·赫布迪克《亚文化：风格的含义》	科勒门谢·罗德瑞戈《媒介的缝隙：公民媒体的国际研究》	克里斯汀·福奇《批判媒体的基础与信息研究》	约翰·唐宁《激进媒体》；朗洛斯和杜博伊斯《自治媒体》
内容（政治、目标）	个人的自我表征；亚文化认同；个人的就是政治的	社群的自我表达；与公民社会有关	反资本主义；反霸；创建反公共领域	对运动的自我表征；反压迫政治
过程（组织、结构）	个人或小的松散集体；自助、业余、纳米级的（“nano” scale）	参与式媒体；与社区有关；技术分享	垂直或横向的；专业化的；偏好大规模的	横向的；先兆性政治；技术分享的；准专业的；规模大小不一
社会运动行动和互动	与文化公民权利有关	为了社群的利益表达社群的议题	报道反资本主义和反公司社会运动；社会运动的有机知识分子	支持或报道一系列反霸权的社会运动；行动中的媒体
意识形态	左派自由主义（Left libertarian）（个人主义）	后殖民主义（第三世界马克思主义）	马克思主义（反资本主义）	无政府主义（社会无政府主义，反威权主义）
核心价值观	个人自我赋权	社群赋权	经济正义	集体自治
权力诉求者	个体 / 个人	社群	后工业时代的无产者	组织起来的人（们）

以上对四种不同另类媒体的分类和讨论，对于理解另类媒体之间的区别及其共同挑战主流媒体权力网络的形成，有深刻的理论和实践意义。

第三节　学术视野下的反全球化运动

一、定义与争议

（一）反全球化运动的定义

20世纪末期至21世纪头十年，伴随着资本全球化的不断加深，产生了一场宽广的运动，呈现在全世界多个领域之中，这就是各国社会学家都非常关注的著名的社会运动——反全球化运动。反全球化运动的产生实质是因为"全球化"在政治、经济、社会、文化生活领域的不断入侵："在过去的几十年里，全球化成为由美国引领的资本主义演进史上最显著、最不平静的一面。这种全球化召集并引发了一个全球性的社会运动，该运动基于对全球化的批评以及对各个领域（sectors）的辩护而产生，这些领域包括妇女、少数族裔和所有受制于威权和集权体制的人；这些领域可以说是毫无相似之处但又明显地以各种最顽固和最野蛮的形式受制于资本主义。"[1]

"反全球化运动"是在全球化进程中，受到全球化伤害的群体或组织针对全球化的某些性质或各种问题表示不满，运用各种战略和战术进行抗议的一系列的群众抗议活动，它反对的真正目标是新自由主义全球化所带来的各种问题，并提出了各种诉求。[2]这些运动由来自全球各地的积极分子参与和发起，通常以各种超越国家的国际性组织的会议为动员契机，比如世界贸易组织、世界银行和国际货币基金组织，还有各种超国家的政治组织（比如八国集团、二十国集团、世界经济论坛等）召开的部长级会议、峰会等。[3]运动提出的诉求五花八门，包括了劳工权利、环境保护、就业、移民、社会福利、动物权利、反对砍伐森林、反对建筑水坝、反对转基因作物、支持原居民权利等，其抗议手段包括了静坐、游行、请愿等传统意义上的方式，与之前的运动相比，还因为全球互联网事业的发展，产生了"网络反抗"这一新的抗议方式。

除此之外，反全球化运动积极分子还建立了与全球化机构和体制相对的一些机构和组织，如"阿塔克""全球贸易观察组织"（Global Trade Watch）、"世界社会论坛"（World Social Forums）、市民商会、青年积极分子、第三世界团结网络等组织表示他们对资本全球化的不满，意图实现"另类全球化"（alter-globalization），

[1] PLEYERS G. Alter-globalization: becoming actors in the global age [M]. Cambridge: Polity Press, 2010: Xi.

[2] 刘颖 . 新社会运动理论视角下的反全球化运动 [M]. 上海 : 复旦大学出版社 , 2013: 86-88.

[3] GAWOR L. Globalization and its alternatives: antiglobalism, alterglobalism and the idea of sustainable development [J]. Sustainable development, 2008, 16: 126-134, 127.

表达他们的理想主义情怀——“另一个世界是可能的”。法国著名社会学家阿兰·图海纳（Alain Touraine）在给比利时天主教法语鲁汶大学（Universit é Catholique de Louvain，Belgium）社会学系的教授——法国社会科学学院博士纪欧福瑞·普雷尔（Geoffrey Pleyer）关于反全球化专著中的序言极好地说明了“另类全球化”的性质、特点以及命运。在他的眼里，另类全球化运动是“第一个在全球化之内提出人权、自由和正义概念的社会运动，汇集了各个层面的批评和诉求，努力去抗衡最有权势的经济势力；该运动倡导打破华盛顿共识，寻求结盟，但因为该运动存在的弱点——它攻击的对象，新自由主义经济体系如果崩塌，它也将会随之不复存在”[1]。

（二）反全球化运动的多种称谓及其争议

由于“反全球化运动”在时间上、地理位置和行动上并不整齐划一，其多面性和复杂性导致了它有着众多的称谓，在不同的国家有不同的名称，特别是在美国，该运动迅速以“另类全球化”而非“反全球化”（anti-globalization）的姿态来表达自己，在以英文为主的西方国家中，它有几种广为传播的称呼。

1. 英文中 AGM 中“A”的不同拼写：anti/alter/alternative

比较明显的是，“anti-globalization movement”这种称谓并非一个很准确、清晰的标签。在“反全球化运动”的英文称谓中，AGM 和别的 AGM 的英文原文虽然首字母缩写一样，但其具体原文拼写有些不同，AGM 一般来讲就是 anti-globalization movement、alter-globalization movement，还有 alternative globalization movement 或者 alternative globalization moment 的说法。

其中，anti-globalization movement 强调的是抗议运动对资本主义经济全球化趋势的一种敌视、批评，特别是对以美国为首的新自由主义（neo-liberalism）在全球蔓延的不满。有学者认为这种源自美国主流媒体发明的称呼，暗含着对运动积极分子的轻视，因为媒体认为这些积极分子有把经济全球化的趋势简化为全球“美国化”（Americanization）、“全球西化”（westernization）的倾向[2]；有人则认为这个词意味着把运动的积极分子等同于民族主义者和保护主义者，然而，有些积极分子称他们是强烈反对民族主义和保护主义，是支持全球化的。批判学派的诺姆·乔姆斯基（Noam Chomsky）就公开宣称，anti-globalization 这一词是宣传的产品，是媒介对反对不平等的积极分子行动的错误提法，他认为：“全球化是一种国际性的大整合（international integration），只有疯子才反对全球化，而很多积极分子，比如左派和工人运动中的积极分子，其运动的组织原则就是国际大团结，也就是说，这种原则本身就是一种关注公民权而非私有权力

---

[1] PLEYERS G. Alter-globalization: becoming actors in the global age [M]. Cambridge: Polity Press, 2010: xiii.

[2] 赫尔德，麦克格鲁 . 全球化与反全球化 [M]. 陈志刚，译 . 北京：社会科学文献出版社，2004: 3.

体系的一种全球化的形式。”[1] 另外，英国伦敦经济学院的人类学教授——原美国耶鲁大学社会学系副教授——学者型积极分子大卫·格雷博（David Garber）也宣称 anti-globalization 一词是媒体炮制出来的术语，在他看来，“如果全球化意味着边界开放，人类、财产和思想可以自由流动的话，一些激进的积极分子甚至比 IMF、WTO 那些超国家组织更热爱全球化”[2]。

娜奥米·克莱恩（Naomi Klein）等意见领袖也声明“反全球化运动”积极分子反对的是同他们本身的价值和信念相背离的，引发了种种社会问题的、由少数大国主导的全球化。这也是后来很多积极分子转而使用其他词语来称谓运动的原因，比如“alter-globalization movement”（另类 / 替代性全球化运动），这个称呼被认为是人们对反全球化运动（anti-globalization movement）成员——那些积极分子只是一味地批评、抗议，无法提出一种替代性方法的不满，转而采用的一种称呼。然而，又有学者指出：这种称呼实际也含有一种精英主义的改良倾向和怀疑精神，因为它暗示人们在反对新古典自由主义的同时，应该提出和发现一种新的替代方案，支持这种称呼的积极分子和学者们信奉“一个新的、更好的世界是可能的”口号，在他们看来，“全球化也有积极的一面，不应该被全盘否决，所以针对全球化的分析和行动需要聚焦于与资本主义的负面斗争的措施和策略”[3]。另外一种说法，即“alternative globalization movemen / alternative globalization moment”（另类 / 替代性全球化时刻）的称谓强调这些运动的共同目标——建立另类 / 替代性的、非新自由主义形式的全球化，把人民放到利益之前，尊重环境、使一个更自由流动的民族、思想和文化形式得以成为可能。[4] 这两种称谓和“alter-globalization movement ”的实质含义其实是相同的。

2. 反全球化运动的其他称谓

以英语为官方语言的国家中，对“反（anti）全球化运动”还有其他几种流传颇广的称呼，比如：“全球正义运动”（global justice movement）[5]、“反全球化运动”（counter-globalization movement）、“反对新自由主义全球化的运动”（movement against neoliberal globalization）、“反资本主义运动”（anti-capitalist movement）、“反法团全球化运动”（anti-corporate globalization movement）以及“运动中的运动”

[1] NOAM CHOMSKY. The croatian feral tribune, 2002, April 27[N/OL]. (2007-03-07)[2015-08-19]. http://zcomm.org/author/noamchomsky/.

[2] 彼得·贝纳特 (Peter Beinart) 当时是《新共和国》(*New Republic*) 杂志的编辑，他曾在 2001 年 9 月 24 日的该杂志上写道：“anti-globalization movement, 在一定程度上来讲，是被一种痛恨美国的情感所驱动的运动。”

[3] PLEYERS G. Alter-globalization: becoming actors in the global age [M]. Cambridge: Polity Press, 2010: xi.

[4] GAUTNEY H. Protest and organization in the alternative globalization era: NGOs, social movements, and political parties [M]. London: Palgrave Macmillan, 2010: 4.

[5] DELLA PORTA D. The global justice movement: cross-national and transnational perspectives [M]. New York: Paradigm, 2006.

（movements of movements）[1]等。对这些称谓，有学者评价说“反公司全球化运动”（anti-corporate globalization movement）是为了获取人们对于“反对资本主义”立场的注意[2]；“全球正义运动”是为了突出积极分子对于社会公平的种种理想，比如为贫困国家减少债务而奋斗；“运动中的运动”则强调遍布全世界广泛的抗争和怨愤。[3]

这些称谓中，“全球正义运动”是运动中积极分子使用较为普遍的一种称呼，因为他们不满那些新自由主义者贬义地使用的“反全球化主义”（antiglobalism）的称谓，为表示异议，一些积极分子和组织转向使用“全球正义运动”一词来表达他们抗议的合法性。但也有学者批评说，这种称呼实际强调了一种更精英化的倾向：虽然“全球正义运动”比较流行，特别是在一些非政府组织里受欢迎，但这种名称并不足以涵盖运动中各种组成部分的“正义/公正”[4]。批评者争辩说，“正义”这个词的哲学和道德含义变化太大了，比如，在不同宗教和信仰群体中，人们喜欢把上帝当作极端权威，从古老的法典来衍生正义的含义。另外，那些感到新自由主义者奉行的法团掘取普通老百姓的权利，造成了不民主、不平等的人则喜欢把“市民社会和公共舆论当作权威性法律体系中正义的关键性代表”，对于这些运用“全球正义运动”称呼的不同宗教信仰团体，以及那些喜欢普遍法（universal rule of law）的人，其反对者则完全不承认“政府、国家、神明、现存的法律体系中那些合法性的代表、社会中的权威或者自由的保卫者”的存在[5]，因此，这个称谓容易让人联想起“反全球化运动中”曾经非常活跃的一个群体——“无政府主义”者的存在。

3.“反全球化运动”称谓的演变

从以上的争议来看，“反全球化运动”的英文表达虽然不尽相同，但人们对该运动的复杂性有一种共同的认识，可以说它是“一张由各种群体和运动组成的巨形网络，包含了各种土著民族、人权和生态倡导者、无政府主义者、社会主义者、共产党人、非政府组织、各种宗教信仰团体，还有许多其他左派团体和个人”对全球化带来的问题的抗议和诉求[6]，是一场声势浩大的、持续时间长的，有着自身发展周期的全球性的

---

[1] METERS T. A movement of movements: is another world really possible? [M]. London, New York: Verso, 2004.

[2] JURIS J S. Networking futures: the movements against corporate globalization [M]. Durham: Duke University Press, 2008: 2.

[3] FERANNDEZ A L. Policing dissent: social control and the anti-globalization movement [M]. New Jersey: Rutgers University Press, 2008: 51.

[4] BOYKOFF J. Framing dissent: mass-media coverage of the Global Justice Movement [J]. New Political Science, 2006, 28(2): 201-228.

OPEL A, POMPPER D. Representing resistance: media, civil disobedience, and the global justice movement [M]. Westport: Connecticut Praeger, 2003.

[5] PLEYERS G. Alter-globalization: becoming actors in the global age [M]. Cambridge: Polity Press, 2010: 6.

[6] GAUTNEY H. Protest and organization in the alternative globalization era: NGOs, social movements, and political parties [M]. London: Palgrave Macmillan, 2010: 39.

运动。与此相对，反全球化运动在世界各地派生出大量的、各式各样的行动、分析、解读和提案。纪欧范瑞·普雷尔的著作便是其中之一，他的书《另类全球化——在全球化时代成为行动者》对其进行了详细记录和充分论述，重要的是他从全球和每个国家地方经济语境的角度真实地表达了该运动的产生和发展。

普雷尔发现，对于“anti-globalization”一词，在一开始以它为运动命名时，人们就认识到这个词并不合适，因为这种运动力争“使抗争全球化，使希望全球化”，而这个口号是从“农民之路”[Via Campesina（西班牙文）]—— 一个独立于一切政治、宗教或经济组织的组织借鉴过来的，它成立于1993年，是一个国际性农民运动的非政府组织。直到2001年12月27日，新的标识“alter-globalization”才出现在一个对名为A. 札夏利（A.Zaharie）的年轻人的访谈当中，这位年轻人来自比利时的列日区（Liege），对他的采访发表在《自由比利时报》（*La Libre Belgique*）上，该报是以法语出版的比利时报。这位年轻人争论说“alter”作为前缀，传达了一种“另一个全球化”的想法，且包含了建构“另类／替代性全球化”的重要性，之后，这个术语在说法语的圈子里迅速传播开来。

2003年，拉丁美洲的人们开始采用不同的变体，“alter-global”在意大利流行起来。在使用英语的国家里，这种运动首先是以“反全球化”来命名的，之后是“反法团全球化”（anti-corporate globalization），以及“全球正义运动”（the global justice movement）。然而，相当数量的学者和积极分子，开始采用业已在世界上最通用的术语“alter-global”或者“alter-globalization”，后者在2009年3月的维基百科中出现，被韩国、巴西和德国积极分子和分析者所采用。[1]

在反全球化运动的众多说法中，本书认为“以上种种术语其实已经足够表达对反对全球化理由”了，不过，本书会采用“反全球化运动”这一术语，一是“我们”应该更尊重该词汇中“反对资本主义”、直面“对抗”资本主义的一面[2]，二是因为既然是主流媒体给予了运动这样“贬”义的称呼[3]，那么研究媒体与社会运动的关系就应对其原因进行审视。

二、发展阶段及其特点

对反全球化运动到底始于何时，众多研究中始终有至少三种不同的看法，有的学者认为反全球化运动在20世纪70年代，当发达国家的许多大公司把资金转移到发展中国

[1] PLEYERS G. Alter-globalization: becoming actors in the global age [M]. Cambridge: Polity Press, 2010: 7.

[2] FERANNDEZ A L. Policing dissent: social control and the anti-globalization movement [M]. New Jersey: Rutgers University Press, 2008: 173.

[3] GRAEBER D. The new anarchists [J]. New Left Review, 2002, 13: 16–71, 62.

家时就已经开始了，只不过在20世纪90年代才开始表现得突出一些而已。[1]英文版的维基百科对“anti-globalization movement”的解释中，把IMF和WB 1988年在德国柏林召开年会时遭到强烈抗议的事件作为反全球化运动的开端，这次抗议事件被简称为“柏林88事件”（Berlin 88），还有人从1993年10月2日在印度的班加罗尔（Bangalore）50万印度农民游行，抗议关税贸易协定的协议和提案的事件开始算起。另外很多研究把1994年1月北美自由贸易协定生效时，墨西哥萨帕塔的农民运动作为反全球化运动的开端[2]，更多的学者则坚持认为它开始于1999年底反对WTO第三次部长级会议的西雅图风暴，因为这次运动受到了来自媒体、官方以及全球各国的关注。[3]

社会学家汉斯皮特·克里西（Hanspeter Kriesi）等人[4]对运动周期的界定标准有四个特征：第一，抗议的数量有强烈的收缩和扩张的变化；第二，抗议运动持续时间相对较长，至少三年；第三，抗议运动包含了多数社会运动部门；第四，抗议运动影响大，至少是对国内大部分领土范围内都有一定的影响。由于反全球化运动自20世纪90年代以来在国际社会中不断爆发，从美洲到欧洲、从大洋洲到亚洲、从发达国家到不发达国家和地区，波及范围大、运动次数多、事件繁杂、持续时间长，因此，把反全球化运动作为一个巨大的运动周期来进行分析更有意义。这样看来，复杂的反全球化运动按照运动周期来分，可以划分为5个阶段，即动员、发展、高潮、衰落阶段和新抗议周期的开始阶段。

（一）动员阶段

这样来看，1999年底西雅图抗议运动之前发生的一系列国际性的反全球化事件都可以看作运动的动员阶段。这些事件则包括了至少四次事件。

第一，1988年柏林事件及1989年巴黎事件（Paris 89）。前面提到1988年抗议者反对IMF和WB在西德柏林召开会议的事件，该事件奠定了以后事件的基调，打乱（derail）了跨国机构会议的正常秩序。1989年在巴黎召开西方7国首脑会议时抗议者举行的反对性示威游行有1万人参加，2万人参加了在巴士底广场举行的音乐集会，这次事件的政治后果是法国转变为一个赞成取消南方债务的国家。[5]

第二，1994年马德里事件（Madrid 94）。WB和IMB成立50周年大会在西班牙马

[1] 刘颖.新社会运动理论视角下的反全球化运动[M].上海：复旦大学出版社，2013: 90–91.

[2] PLEYERS G. Alter-globalization: becoming actors in the global age [M]. Cambridge: Polity Press, 2010: 3.

[3] GAUTNEY H. Protest and organization in the alternative globalization era: NGOs, social movements, and political parties [M]. London: Palgrave Macmillan, 2010: 41.

[4] HANSPETER R, DUYVENDAK J, GIUGNI M. New social movement in Western Europe: a comparative analysis [J]. Contemporary Sociology, 1995, 26(3): 508–510.

[5] DOBSON H. Japan and the G7/8: 1975–2002 [M]. London, New York: Routledge, 2004: 79–80.

德里召开，积极分子组成的临时联盟打出“受够了 50 年”的口号，开始了后来被称为反全球化运动的抗议游行示威活动。抗议者在会场外面制造噪声或举行其他形式的公共抗议，当西班牙国王在巨大的展会厅对与会人员发表演讲时，两位绿色和平组织的积极分子爬进会场，朝参会人员的头上散发假钞票，打出“不许美元破坏臭氧层”的口号，这次许多示威者都被投入臭名昭著的马德里卡拉万切尔监狱（Carabanchel Prison）。自 20 世纪 90 年代中期开始，每年的 IMF 和 WB 举行的峰会都会成为反全化运动抗议的重点。[1]

第三，“J18 事件”。这次事件指的是 1999 年 6 月 18 日，八国集团峰会在德国科隆（Cologne）召开时，它不仅在科隆遭到了反全球化人士的抗议，还引发了世界范围内的抗议浪潮，有 40 多个国家的 100 多个城市同时爆发了示威游行，发达国家地区的一些中心城市比如伦敦、旧金山等地都发生了反全球化抗议活动，因此，这件事件被视作“第一次全球重大活动”。不过，此次事件示威的中心在欧洲，美国抗议示威活动规模较小，人数不多。美国只有 8 个城市参与行动，而欧洲则有几十个城市参与。这件事情中，还值得注意的是，除了街头抗议，抗议者还对 20 多家公司发动了上万次的网络攻击。[2]

第四，西方之外的第三世界发生的规模不等的反全球化抗议示威活动。比如 1996 年 2 月在泰国曼谷举行的亚欧会议期间，1,000 多人举行静坐活动，反对贸易自由化和经济全球化，呼吁解决贫困问题；1996 年 11 月，在菲律宾马尼拉举行亚太经济合作组织会议期间，有高达 13 万之多的菲律宾工人进行示威游行；1997 年和 1998 年，泰国贫民在街头抗议政府迫于国际经济组织的压力进行改革的方案；1998 年 5 月，韩国工人举行罢工，抗议跨国公司任意解聘工人。亚洲金融危机后，泰国、韩国、印度尼西亚和菲律宾的反全球化运动较以往相比更加频繁了。

（二）发展阶段

此阶段从 1999 年 11 月 29 日至 12 月 3 日的西雅图事件一直到 2001 年 7 月上旬，这一期间的抗议事件频繁发生，在这两年内，反全球化运动的规模不断扩大，大小不等的抗议活动发生了近百次，稍具规模并引起媒体关注的也不下几十次，除 1999 年 11 月 30 日到 12 月初在美国西雅图约 5 万人参加针对 WTO 第三届部长会议的抗议之外，仅 2000 年就发生了十次大规模的抗议活动，因而该年被称为“全球抗议年”[3]。

---

[1] FRANCIS D R. IMF and World Bank 50th birthday bash: critics crash party [N]. The christian science monitor, 1994-10-03.

[2] 刘颖 . 新社会运动理论视角下的反全球化运动 [M]. 上海 : 复旦大学出版社 , 2013: 94.

[3] 关于阶段发展的资料，一部分来源于刘颖 . 新社会运动理论视角下的反全球化运动 [M]. 上海 : 复旦大学出版社，2013: 95-115；还有一部分来自英文维基百科和一些报刊文章。

在这个阶段中，1999 年的西雅图抗议事件是最为知名的反全球化事件之一，是受到西方新闻媒体评论最多的抗议运动之一[1]，被世人称为“N30 事件”。它发生在 1999 年 11 月 29 日，直到 12 月 3 日世界贸易组织会议草草收场，这次抗议得到了美国“劳联—产联”成员的支持，其他各种亲和团体也到会议中心集合，抗议者和警察发生了严重的冲突，警察使用了催泪弹，而示威者也堵住街道拒绝撤离，有超过 600 名抗议者被捕，上千人受伤，3 名警察被自己人开火误伤，还有一位被人扔石头砸伤，有抗议者捣毁了象征血汗工厂的 Nike 城商店的玻璃，以及很多星巴克连锁店的窗户。该市的市长宣布采取军事行动，同时全城宵禁，而 2002 年，西雅图市付出了 20 万美金来赔偿各种针对警察误伤人和错误抓捕积极分子的诉讼案件。

这次抗议受到了主流媒体的关注，也无数次地进入研究者的视野，后来在 2008 年被美籍爱尔兰裔导演拍成电影搬上银幕。最值得一提的是，由于互联网的发展，这次反全球化运动产生了自己的媒体，即独立媒体中心（IMC），该媒体几乎成了运动的代名词，也成了媒介与传播学等学科领域的研究热点。在这个阶段，反全球化运动的组织和网站也不断增多，比如“直接行动网”“救助贫民的金融业务税联合会”。

（三）高潮阶段

第一次反全球化运动的高潮阶段的时间跨度为 2001 年 7 月至 2001 年 9 月，尤其是 2001 年 7 月 18 日至 7 月 22 日发生的“热那亚（Genoa）事件”，也就是“27 届八国峰会抗议事件”/“热那亚反对八国集团峰会事件”，该事件被看作反全球化运动高潮阶段的到来，也被看作西欧近代历史上最为血腥的一次抗议事件。这次运动的暴力程度给运动带来了好处，也使其付出了代价。短期内，它使运动获得了媒体的关注，也使当局决策者考虑到当下运动的影响力，而不得不做出一些让步，比如争相向一些主流的 NGO，比如“塞拉俱乐部”“绿色和平组织”抛出橄榄枝，邀请其加入将来的会议日程。然而，这种短期的利益和运动长期的政治代价并不能相提并论。暴力使运动内部更加分裂，外部也因其暴力形象而有损声誉。很多中产阶级的、中年或者年纪稍长的支持者被电视上的形象所异化；电视上的形象经常是，运动以无序的暴力来对抗警察，破坏财产。英国当时的首相托尼·布莱尔（Tony Blair）甚至讥讽这次热那亚事件就是一个“无政府主义的马戏团”，当时《纽约时报》的专栏作家托马斯·弗里德曼也说过类似的话。[2]

---

[1] PLEYERS G. Alter-globalization: becoming actors in the global age [M]. Cambridge: Polity Press, 2010: 7.

[2] GREEN D, GRIFFITH M. Globalization and its discontent [J]. International affairs, 2002, 78(1): 49-68, 63.

（四）衰落阶段

自2001年的“9·11事件”发生至2002年1月的三个月内，反全球化事件运动爆发的次数明显减少，暴力性事件也明显减少，受“9·11事件”国际政治形势的影响，反全球化运动取消了原定于2001年9月下旬举行的，大约10万人参加的反对WB和IMF的抗议活动。2001年11月在世界贸易组织卡塔尔部长会议期间，反全球化抗议活动人数较少，也保持了比较克制的态度，虽然在英国、法国、日本、印度、泰国等地发生了规模不同的抗议活动，但在卡塔尔首都多哈当地却没有发生大规模的反全球化抗议活动，有人认为“这场运动的时代已经过去了，它将被扫到历史的垃圾堆中”[1]。在2002年1月举行的第二届世界社会论坛期间，反全球化力量也举行了示威游行，但没有与警察发生暴力冲突。

（五）新抗议周期

从2002年2月到2014年，反全球化运动经过了短暂的沉寂后又重新兴起，举行了一系列的抗议运动，最著名的就是从2001年起一直延续至今的一年一度的世界社会论坛，每年，每次论坛基本上都有万名甚至十万名的反全球化人士参加，除此之外，就每年爆发的反全球化运动事件，足以证明反全球化运动还在经历一轮又一轮的抗议周期浪潮。鉴于从2002年2月到2014年以来时间跨度比较大，本书按照我国以新社会运动论视角来研究反全球化运动的青年学者刘颖的方法，把2002年以来的反全球化运动分为两个亚周期[2]，由于抗议事件非常之多，这次梳理的事件大多为下一章节中主流媒体、另类媒体报道过或者学者研究过的事件。

1. 第一个亚周期：2002年3月—2005年12月

这一周期发生的反全球化运动有几个突出的特征：第一，从发生区域来看，在欧洲爆发的次数较多，规模较大；发生在发展中国家的抗议相对少一些，除去巴西的阿雷格里港是世界社会论坛举行的地方，其他抗议集中在南非和韩国等地。第二，从暴力程度来看，该时期的抗议中不乏与警察的各种冲突，但大多以和平的游戏示威为主。第三，从与媒体的互动来看，运动积极分子更懂得采取一些具有表演性的行动剧码来获取媒介的吸引力，比如举行义演、涂鸦、焚烧有政治领袖头像的人偶，更极端的有韩国农民李坤海的自杀（在本书第四章汤姆·海登2003年对墨西哥坎昆的WTO部长会议报道中有）、集体跳海（2005年韩国积极分子在中国香港WTO会议上为纪念李坤海，反对WTO对小农经济的伤害而上演的行动剧目）等。第四，从议题来看，除反经济全球化这一常见议题之外，反对战争、呼唤和平的运动和反美运动紧密结合起来。第五，

[1] 刘颖．新社会运动理论视角下的反全球化运动[M].上海：复旦大学出版社，2013: 105.
[2] 刘颖．新社会运动理论视角下的反全球化运动[M].上海：复旦大学出版社，2013: 103–115.

反全球化运动内部的组织协调能力不断加强，比如自欧洲社会论坛组织成立后，不但建立了自己的网站，还利用先进的传播技术和网络攻击，把数万人参加的会议组织得井然有序。

2. 第二个亚周期：2006 年 1 月至今

这个时期内，除了一年一度的“世界社会论坛”和“世界经济论坛”对垒之外，其他八国集团首脑会议、欧洲社会论坛、金融峰会等各种跨国峰会继续成为反全球化运动人士发动抗议的对象，新增的北约峰会、二十国峰会、亚太经合组织也相继成为积极分子抗议的对象。这个时期的抗议目标在强调反对战争、追求和平的同时，更侧重于消除贫困、保护环境、平等与发展等问题。在 2008 年国际金融危机爆发之前，反全球化运动多数场合下都是在“全球环境正义运动”的口号下出现的，在此之后，反全球化运动的峰会抗议活动也表达了对金融危机的不满，反战不再是主要的抗议目标，而抗议的地点更是遍及非洲、欧洲、亚洲等地，其中包括了数次的抗议运动。

除了抗议依然以各种跨国机构会议为目标，并每年举办世界社会论坛之类的草根会议进行反抗之外，抗议运动依然与国际大环境的变化有着密切关系，工人反对跨国公司下属的血汗工厂运动一直是反全球化运动的一部分。而 2008 年的国际金融危机之后，发达国家和不发达国家都出现了工人运动复兴，与反全球化运动紧密结合的趋势，其中欧洲的反新自由主义对资本主义的不满情绪日益高涨，从而导致反全球化运动在频率和规模上都在升级，比如冰岛的巨额债务导致了 2009 年 1 月冰岛民众对政府的抗议；爱尔兰的失业率和政府削减公务员养老金的政策最终导致 12 万人参与的大规模游行；希腊则爆发了以青年人为主的社会抗议运动，波及西班牙、丹麦、土耳其、俄罗斯和意大利等欧洲国家；意大利、英国、德国和法国公共部门的工人也举行了大规模的罢工，抗议政府的私有化计划，反对裁员和削减工资，要求政府在金融危机中保护工人和消费者的利益。2011 年华尔街运动爆发之后，类似“反全球化的抗议运动不再如以前那么频繁，全球化不再被看作非反抗不可或非拥抱不可的现象”[1]。

不过，反全球化运动的相关议题在 2016 年随着美国两党竞选及特朗普的最终当选，又重新获得了世界各国广泛的关注和讨论，特朗普的各种贸易保护主义及其“禁穆令”、增加军费开支等政策，使得美国“社会上下从未如此分裂”；也使得“美国打个喷嚏，世界各国都会感冒”的世界各国为之担忧。反全球化运动的各项议题有：反对新自由主义霸权的贸易政策，反对跨国公司及其机构所主导的不公平秩序，其中，反对战争、保护环境依然是各国积极分子关注的重点。

---

[1] 刘颖 . 新社会运动理论视角下的反全球化运动 [M]. 上海 : 复旦大学出版社 , 2013: 115.

三、其他相关研究

反全球化运动自 20 世纪 90 年代末兴起以来，与变成了热词的“全球化”一样，受到了各方面的关注，对反全球化运动的研究可谓“多方位”“多层面”的。首先，学界对反全球化运动本身发展的研究比较常见，其他研究包括了对运动中“行动者”的关注，对运动中抗议行动的规训与警治策略的关注，对主流媒体关于其运动态度和立场的关注。国际上新闻传播学界从互联网技术角度切入反全球化运动，重点关注互联网行动主义的研究也很常见，但国内从另类媒体角度来反观反全球化运动与媒体互动关系的研究很缺乏。

（一）反全球化运动研究

常见的反全球化研究中，多数研究都对社会运动的组织结构特征、抗议方式、资源动员、重大事件、发展周期、政治背景及发展缘起、发展趋势和路径进行基本关注，有少数研究注重挖掘运动背后深层次的意识形态根源，讲述运动积极分子和批评家冲突的观点，发现运动的“怨愤”点。这些研究反映了反全球化运动中积极分子因何而反，反对什么，有哪些人卷入了反全球化运动的论争等基本问题，这里只简单列举三种类似研究：

1. 全球化及其不满：积极分子的三种主体

第一种有代表性的研究要数“牛津饥饿救助委员会”/乐施会（Oxfam）首脑的杜康·格林（Duncan Green ）与马修·格里菲斯（Matthew Griffith）2002 年发表的著名文章《全球化及其不满》[1]，该文章厘清了反全球化的概念及行动主体，分析了运动的积极分子主体构成，梳理了运动内部张力的思想根源。这三种主体分别是“集权论者”（statists）、“替代论者”（alternatives）、“改良主义者”（reformists）。

其中，集权论者把现实中的全球化过程当作一场灾难，寻求保护和重建国家在经济管理中的角色，而国家在新自由主义流行以来一直饱受打击。集权主义者主要是传统的左派人士，一部分劳工运动人士以及占大量比例的不发达国家的积极分子。这部分群体中充斥着强烈的排斥主义（rejectionism）甚至保守主义（conservatism）。比如，在西雅图抗议中，有一部分美国劳联的积极分子就想继续保持国家保护国内工业不受廉价商品进口的影响而反对中国等第三世界国家加入 WTO。还有些人，比如来自菲律宾的积极分子，沃尔登·贝罗（Walden Bello）就直接反对所有有关全球化的东西，认为所有的替代措施，除非是聚焦在国家—民族的问题上，包括取消 IMF 和 WTO，都于现实无补。这种群体的积极分子有着非常浓厚的“国家主义”（statism）情绪。

“替代论者”是容易辨识但难以定义的，他们经常会被戴上“无政府主义”的帽子。

[1] GREEN D, GRIFFITH M. Globalization and its discontent [J]. International affairs, 2002, 78(1): 49–68.

这个群体的积极分子反对过去的全球化，集中关注建设小规模的替代性方案和措施上；他们反对市场的侵蚀，反对市场的权力关系对他们的文化或政治空间的侵犯。

“改良主义者”是反全球化运动中的大部分群体，他们占据运动思想的领导权，其目标是用部分改革来重启当下不正义和不平等的现状，他们大部分接受当下的政治体系，倡导渐进的、和平的变革，并接受市场的作用，但他们认为，如果要获得社会公平和可持续发展，市场必须要有更好的调控和管理。这些人主要包括一部分工会人员、宗教团体、慈善家、类似乐施会致力于发展的 NGO、大部分的主流环保群体，比如“地球之友”（Friends of the Earth）等。

杜康·格林和马修·格里菲斯的分类未必十分准确，却十分有创意，他们抓住了运动积极分子构成的主要人口特征和思想特点，有助于初学者理解反全球化运动与外部的矛盾和内部的张力渊源，读懂运动的内部结构，能预测运动的走向。

2. 反全球化——为什么？

印度裔美国经济学家加葛迪西·巴格瓦迪（Jagdish Bahagwati）[1] 写过一篇长文《反全球化——为什么？》，这篇文章发表在著名的《政策模型化杂志》（*Journal of Policy Modeling*）2004 年第 26 期上，后来也被收入他的著作《保卫全球化》中。他总结了抗议运动之所以产生的理由——“不满三部曲”，实际上就是社会运动研究中人们所说的“怨愤”点，即“反资本主义”“反全球化”“反战”。除此之外，巴格瓦迪还总结了反全球化的意识形态和知识来源，比如右派分子反对自由移民、反美国主义情绪等。

3. 反全球化运动是充满着各种反对性话语的话语空间

第三种是在理解运动之后，把反全球化运动中的几种主导性的意识形态摆在中心的，比如来自澳大利亚格里菲斯大学的纪欧瑞·卡伦（Giorel Curran），他在自己的专著里总结了 21 世纪的“政治异见”，即无政府主义、环境保护主义和反全球化运动。在对那些以知识分子、积极分子为主成立的世界社会论坛作为个案观察后，他认为，媒体之所以喜欢把反全球化运动与世界社会论坛混淆或者合并，是因为它们都明确显示出自治、多元、反体制的伦理观。他认为反全球化运动是关于反对的（opposition），而世界社会论坛是关于提案（proposition）[2] 的；他研究的启示是，反全球化运动是一个有着复杂议题的运动，是一个充斥着各种反对性话语，各种积极分子话语的空间。而世界社会论坛只是运动的一部分，代表着运动部分知识分子、积极分子主张的话语空间，前者更激烈、更多的是具体行动，而后者更具改良意味，言语上的辩论多于实际行动。

[1] BHAGWATI J. Anti-globalization: why? [J]. Journal of policy modeling, 2004, 26: 439-463: 442-449.

[2] CURREN G. 21st century dissent: anarchism, anti-globalization and Environmentalism [M]. London:Palgrave & Macmillan, 2006: 70.

（二）行动者研究：专业知识与公民参与

研究积极分子对“另类全球化”运动的建构是一种比较独特的视角，纪欧福瑞·普雷尔（Geoffrey Pryor）[1]的著作《替代性全球化：在全球时代成为行动者》从全球和单个国家地方经济语境出发，注重运动积极分子的经验以及他们对反全球化运动的建构，普雷尔称该运动为“替代性全球化运动”，可以看出其改良的知识分子倾向。

总的来看，普雷尔的“理性之路”主要依靠“专业知识”和“公民参与”这两条支柱，理性之路的行动者围绕他们与对手曾经共享的两个价值观——“民主和理性”，建构起打破新自由主义霸权的理论批评。[2]但他意识到，经济和政治决策不能任由国际机构和倡导网络的少数几个知识分子或者所谓行业内的专家来做，公民们应该提高获取知识的能力，特别是获得经济和法律领域内的知识，以便能够完满地参与有关全球的辩论。[3]普雷尔最大的理论贡献是，他揭示了该运动的优势和弱点，给予后来的研究者方法上的启示：另类全球化运动一直以来都是一个草根运动，由来自贫穷国家的积极分子占领一个地方开始，这点在其他运动中是难以看到的。另类全球化积极分子没有提供一个共同的答案，却描绘出两种鲜明的，可以在全球化时代变成行动者共享的方式。这两种方式一个聚焦在主体性和创造性上，另一个聚焦在理智和理性上，且每一个都有自己的逻辑、自己的核心价值观，对社会变革有自己的路径以及自己组织运动的方式。但该运动的弱点在于其目标的散漫以及其攻击的对象（新自由主义本身），因此如果新自由主义经济崩塌的话，另类全球化运动自身也会变得“虚弱无力”[4]。

（三）运动抗议规训与警察治理

1. 反全球化运动与社会控制

2008年路易萨·阿雷贝托·费赫兰德（Luisa Albetto Fernandez）的著作《对异议的警治：社会控制和反全球化运动》（*Policing dissent: social control and the anti-globalization movement*）从警治和规训的角度对反全球化运动展开研究，伴随着对运动组织的聚焦，警察与抗议积极分子的互动策略成为研究的中心，为对社会运动的社会治理研究打下了基础，所有这种冲突管理的研究中，作者无一例外都采用了“anti-globalization”的称谓，以突出抗议运动对抗和批评现有体制、机构的视角。

具体来讲，费赫兰德的数据主要来自他亲身参与反全球化运动的具体行动，比如参加运动的“轮辐会议”（spokes councils）、街头游行、公民不顺从（civil

[1] PLEYERS G. Alter-globalization: becoming actors in the global age [M]. Cambridge: Polity Press, 2010: 200.

[2] PLEYERS G. Alter-globalization: becoming actors in the global age [M]. Cambridge: Polity Press, 2010: 178.

[3] PLEYERS G. Alter-globalization: becoming actors in the global age [M]. Cambridge: Polity Press, 2010: 260.

[4] PLEYERS G. Alter-globalization: becoming actors in the global age [M]. Cambridge: Polity Press, 2010: 12.

disobedience）、堵塞交通、从蓝色线外的抗议者的那一方观察警察的具体策略等。这种把自己置于事件之内，有意模糊观察者和被观察者的界限，对他获得一手的情感和思想的资料大有裨益。另外，费赫兰德还加入了他对主要的组织者、策划者的半结构式（semi-structured）的访谈，共计30个。这些半结构式的访谈主要用来理解区分警察和抗议者对运动中的控制与抵制的研究。比如双方是如何概念化其作为的？双方是如何看待控制与抵制的？警察是如何看待抗议者的？抗议者如何看待他们的抵抗行动？作者还通过研读新闻报道和警察的档案来理解人们如何通过媒体来实施控制，作者收集了每个抗议行动前5个月以及其结束后3个月的报道，共计324篇，并一一研读、编码和分析。编码过程从文献阅读过程中总结的三个大的社会控制的框架（身体的、法律的、心理的）开始，费赫兰德发展了一个扎根的路径来进行编码的计划，以此来补充每一个抗议发生之后警察如何计划、执行任务的材料。

总的来看，这本著作里，在总结反全球化运动的缘起及其情感动员、情感表达的场地之后，费赫兰德结合自身参与抗议运动的经历，总结了反全球化运动的组织结构以分析社会对该运动的管控。他从“无政府主义和直接行动”“亲和团体”（affinity group）、“集群”（clusters）、“轮辐会议”“运动各部门”五种组织模式进行了描述。本书认为，这五种组织形式实际上也是运动内部传播和外部交流的组织方式，为研究反全球化运动的组织结构和传播策略研究提供了鲜活的情境，也为后来者进行研究提供了方法上的启示。

2. 警察对反全球化运动的管制策略

另一篇论文《反全球化抗议的管制：政府回应中的模式和变数》也研究了反全球化运动中各峰会举办地的政府对抗议的管制，作者是托马斯·马克·谢洛颖(Tomas Mac Sheoin)和尼克拉·叶芝（Nicola Yeats）[1]。该文章于2009年发表在一部研究《反全球化运动政治学》专辑中，作者除了总结以往不同政府在不同司法制度下对抗议的管控措施之外，重点突出了各种反峰会（anti-summit protest）在这些国家管制下不同民族和地区的变数，总结了近年来反峰会抗议过程中警力管制的一些手段。

第一，“争夺公共空间”。比如管理部门限定、控制抗议区域，划定抗议者不得进入某些区域，通过本地或者国外主流媒体渲染公众对抗议者的排斥和恐惧，为警察阻止人们加入抗议行动并为警察治理正名。典型的例子是在2004年爱尔兰都柏林举行的峰会。举行前期，爱尔兰《世界新闻》（*News of the World*）和《周日商业报》（*Sunday Business*）以及《星报》（*Star*）[2]就开始登载一些“耸人听闻”的报道，“无政府主义

[1] SHEOIN M T, YEATS N. Policing anti-globalization protests: patterns and variations in state responses[M]//S DASGUPTA, J N PIETERSE. Politics of globalization. London: Sage, 2009: 197-241.

[2] SHEOIN M T, YEATS N. Policing anti-globalization protests: patterns and variations in state responses[M]//S DASGUPTA, J N PIETERSE. Politics of globalization. London: Sage, 2009: 197-201.

者的部队将血洗爱尔兰”“无政府主义者在爱尔兰的秘密基地私藏大量武器”“爱尔兰警察说无政府主义者已经做好了街头战斗的准备——有2,000多名重要闹事者正着实准备在5月1日疯狂一把”。在媒体为警察出动的必要性造势之后，电视报道了警察的计划。警察在游行地点部署防暴力量，集结了由特殊部队、海空陆战队先遣分队和警员组成的5,000多人，保卫“凤凰公园”（都柏林公园）。

第二，扩展恐怖主义话语，把国内政治异议也包含进来。比如2005年发表在《哈佛民权——市民自由法律评论》第二期一位名为顿恩的文章，论证了美国自“9·11”事件之后，政府草木皆兵，把反全球化运动直接等同于恐怖主义。这种给政治异己人士贴标签的事情，从动物权利保护者开始，扩展到了“好斗的”环保行动者，最后延伸到了反全球化运动本身的事件。

第三，军队参与。近十年来，在镇压抗议过程中，政府直接调用军队、警察与军队情报机构的合作都变得越来越常见。比如，2002年在哥本哈根召开的欧盟峰会，丹麦政府直接调用军队为峰会做准备，搭建了3,000米长、一人高的金属围墙；在加拿大的卡纳纳斯基斯（Kananaskis），加拿大部队和美国的北美空军防卫指挥部合作保护八国峰会的召开。2003年法国，恐怖分子利用反全球化运动抗议的面纱来发动袭击。因此，此时期各种国际峰会中，美国总统小布什出席的地方，警察军队化越来越成为必要条件。也因此，反全球化运动的各种峰会抗议中，反对战争、反对作为“战争贩子”的小布什以及其他峰会组织的政策成为此段时期运动的议题。[1]

第四，在运动中安插特工和破坏分子。在20世纪六七十年代的抗议周期中，便衣和破坏分子很常见。现在这种策略也被西方当局运用到反全球化运动中了，警察机构会直接在运动中安插线人和起破坏作用的特工。在2007年德国海利根达姆反八国峰会游行中，四个特工就化装成“黑衫队”（Black Bloc），向警察扔石头、挑逗警察动武，把一个和平的游行破坏成了一场混战。2001年，巴塞罗那有5万人参加游行，反对世界银行峰会和世界贫困，由警察化装成的便衣在游行中故意扭打，制造口实，导致32人受伤、22人被逮捕。主流媒体对此进行遮蔽，除了西班牙本地报道偶尔对这些事实进行报道之外，该报道在国外媒体几乎无人转载。[2] 这点在另类网对汤姆·海登[3] 在2003年迈阿密美洲峰会抗议的记录中，政府安排便衣警察化装成无政府主义者持机引起骚乱是一样的性质。

在阐述了这四点管制特点之后，谢洛颖和叶芝还研究了同类学者的研究成果，发

[1] SHEOIN M T, YEATS N. Policing anti-globalization protests: patterns and variations in state responses [M]//S DASGUPTA, J N PIETERSE. Politics of globalization. London: Sage, 2009: 197-241+202.

[2] SWINNEN J F M, AMSTER R. Summits, riots and media attention: the political economy of information on trade and globalization [J]. World economy, 2006, 29 (5): 637-654.

[3] HAYDEN T. Miami Vice [EB/OL]. (2003-11-19). https://www.AlterNet.org/story/17234/miami_vice.

现新的全球管制模式伴随新的抗议行动剧目：一方面，与20世纪六七十年代警察的铁腕相比，为避免过于激烈的干涉，警察方面开始强调谈判协商以维护和平；另一方面，以往的扩军、战略性毁灭打击的手段也继续存在。在新出现的管制模式中，民族和地方的变数，规训的风格和规训的历史经验的差异开始变得重要起来，这与反全球化运动中抗议的不同管制与各地警察的经验、组织文化、政治文化、市民机构的行动，以及权威之于政治和社会共识之间的性质都有关系。另外，美国警察遍及世界各地的训练课程，与加强政府应对作为政治事件的反全球化运动也有一定关系，比如，分化抗议的策略，这些训练课程要求防暴警察和主流媒体把示威者划分为“好的”与“坏的”、或者“不入流的暴力分子”与“可敬的抗议人士，分别对待。

第四节　反全球化运动议题的媒介呈现研究

一、“抗议范式”：主流媒体对 WTO 抗议者的媒介呈现

2003 年澳大利亚学者托马斯·麦克法兰和伊恩·海伊（Thomas McFarlane & Iain Hay）在《政治地缘学》第 22 期发表了他对澳大利亚唯一的国家级报纸《澳大利亚人报》（*The Australian*）报道“西雅图之战”的研究成果。该报属于媒介大亨鲁伯特·默多克（Rupert Murdock）的新闻集团（News Corporation Limited），“是澳大利亚最有社会影响力的声音”[1]。托马斯和伊恩发现，作为澳大利亚日常文化机构，面对这种没有官方统一的魅力型领袖领导、有着众多抗议群体、其诉求又五花八门的西雅图反全球化运动，《澳大利亚人报》采用了“抗议范式”（protest paradigm）来理解并报道“反全球化”问题。也就是说，《澳大利亚人报》为自由贸易、资本全球化、发展、人权、劳工标准以及环保等问题为西方当局站台，不仅合法化自由贸易体制者的话语，还污名化作为自由贸易批评者的抗议者，同时边缘化积极分子对资本全球化的讨论，“维持了官方话语——新自由主义的资本主义的支配地位”。

所谓的抗议范式，“是现存权力结构支持的（隐含了社会统治当局期望的），用来报道抗议活动的一种常规化了的、普遍的机制”[2]。它一般由四个类别构成：报道“故

---

[1] MCFARLANE T, HAY I. The battle for Seattle: protest and popular geopolitics in the Australian newspaper [J]. Political geography, 2003(22): 211–233.

[2] MCLEOD D M, HERTOG J K. Social change and the mass media's role in the regulation of protest group [M]//D DEMERS, K VISWANATH. Mass media, social control and social change: a macrosocial perspective[M]. Ames: Iowa State University Press, 1999: 305–330.

事框架化”“依赖官方消息源和官方定义”“引发公众意见”和其他“合法化、边缘化与污名化手段”。一般来讲，作为叙事结构的一种，“框架”是新闻报道中常见的报道新闻的阐释图式，被处理符号的人用来作为组织话语的一种工具，从而影响人们现实的感受，因此也可以帮助记者或读者组织对某种现实的认知。

关于框架如何通过新闻来塑造个体对新闻的理解以及促成其观点的形成，恩特曼、吉特林[1]等人有非常经典的研究。简单来讲，就是在新闻报道中，通过突出特定的主题、词汇、描述方式或者标签来扩大、遮蔽某些人或事，使得复杂问题简单化、窄化、淡化或者标签化，从而形成某种刻板印象，这种框架化的实施包含在大众媒体对日常生活各种语境的呈现中。著名学者麦克劳德和赫特格（Mcleod & Hertog）[2]辨识出了一系列的抗议报道框架，包括：“平衡框架”（balanced frame）、“同情框架”（Sympathetic frames）、“混合框架”（Mixed frames）、“边缘化框架”（Marginalizing frames）。其中，“平衡框架”就是报道会涉及议题的方方面面、议题充分且公平，虽然这是传统主流媒体所崇尚的理想的报道模式，但由于社会意识形态和社会权力结构的原因，这种模式很少被采纳。“同情框架”则是那些以积极、正面的方式来报道抗议者关切的报道模式，因为这种框架会聚焦对抗议者/群体非正义的对待或诸如此类的议题，所以这种模式只能在另类新闻（alternative press）中找到。“混合框架”则可能会采用一系列的行动，比如通过平行报道抗议者群体和其他群体，以证明其中立的立场，既不合法化，也不越轨。从学界目前的大多数结果来看，“混合框架”在大众媒体中是被普遍采用的一种框架。对于“边缘化框架”，托马斯和伊恩则总结了边缘化抗议者的8种叙事结构变量，比如强调抗议中暴力犯罪、破坏财产、骚乱、狂欢和怪异的一面，突出运动者滑稽、道德腐化、无知的面向等。

利用吉特林、恩特曼和麦克劳德和赫特格等人总结的框架理论作为研究路径，结合质性和量化的方法，托马斯·麦克法兰和伊恩·海伊证明了《澳大利亚人报》对西雅图抗议者进行了边缘化框架的处理，污名化积极分子，为自由贸易体制支持者站台的事实。他们首先收集了两周内（1999年11月26日至12月10日）所有与西雅图抗议相关的报道，去除了读者给编辑的来信，一共获得27篇文章，并对这些文章进行了

[1] ENTEMAN R. Framing U.S. coverage of international news: contrasts in narratives of the KAL and Iran Air incident [J]. Journal of communication, 1991, 41: 6–25.

ENTERMAN R. Framing: towards clarification of a fractured paradigm [J]. Journal of communication 1993, 43: 51–58.

GITLIN T. The whole world is watching: mass media in the making and unmaking of the new left [M]. Berkeley: University of California Press, 1980: 7.

[2] MCLEOD D M, HERTOG J K. Social change and the mass media's role in the regulation of protest group [M]//D DEMERS, K VISWANATH. Mass media, social control and social change: a macrosocial perspective. Ames: Iowa State University Press, 1999: 305–330.

编码，记录下了报道内所有话语主体的发言次数（直接和间接引用的次数），同时记录下该报道对 WTO 议题、积极分子行动 / 观点的立场（standpoint），这种方法能够深度解读和发现报道中的 WTO 相关议题所含的“迷思”“话语”“刻板印象”“隐喻”及其叙事结构（narrative structure）。[1] 在文章中，他们把抗议的当事人分为两方：一方是支持 WTO/ 批评抗议者（WTO- supportive/protest-critical）的，另一方则是批评 WTO/ 支持抗议者（WTO-critical/protest-supportive）的。（见表 2.3.1、表 2.3.2）

表 2.3.1 《澳大利亚人报》（1999 年 11 月 26 日至 12 月 10 日）引用 WTO 支持者话语次数统计

支持 WTO/ 批评抗议者	间接引用	直接引用	合计	均值行 / 言说者
美国总统克林顿	37	58	95	
WTO 首席执行主任麦克・摩尔（Michael Moore）	37	44	81	
经济学家保罗・克鲁格曼（PaulKrugman）	35	15	50	
西雅图市长保罗・谢尔（Paul Schell）	12	4	16	
澳大利亚商务部长	11	–	11	
西雅图警督	9	–	9	
“WTO 主要玩家”	7	–	7	
原外事和商务部秘书长	6	–	6	
美国国务卿阿尔布莱特	5	–	5	
原经济与发展合作组织成员	–	8	8	
“WTO 保卫者”	–	6	6	
“贸易专家”	–	4	4	
合计	159	139	298	26.5

表 2.3.2 《澳大利亚人报》（1999 年 11 月 26 日至 12 月 10 日）引用 WTO 批评者话语次数统计

批评 WTO/ 支持抗议者	间接引用	直接引用	合计	均值行 / 言说者
澳大利亚保守基金会	19	6	25	
转点工程（Turning Point Project）	–	22	22	

[1] MCFARLANE T, HAY I. The battle for Seattle: protest and popular geopolitics in the Australian newspaper [J]. Political Geography, 2003, 22: 211–233, 216.

（续表）

批评 WTO/ 支持抗议者	间接引用	直接引用	合计	均值行 / 言说者
“海龟” / 生态组织	19	3	22	
喧闹社（Ruckus Society）	4	12	16	
“抗议者”	11	5	16	
“WTO 批评者”	3	10	13	
美国劳联	13	–	13	
钢铁工人工会	6	5	11	
施乐会	8	–	8	
反 –WTO 网站	–	7	7	
拉尔夫 · 纳德的全球公民监督组织	7	–	7	
塞拉俱乐部	7	–	7	
“反 –WTO 大军”	7	–	7	
积极分子 –Troy Jones	–	6	6	
地球之友	5	1	6	
人权组织	6	–	6	
英国食品组织	5	–	5	
澳斯特新西兰商会	4	–	4	
地球第一组织	4	–	4	
澳大利亚绿党人 –Bob Brown	4	–	4	
“生态积极分子”	3	–	3	
“反 –WTO 积极分子”	3	–	3	
“积极分子”	3	–	3	
华盛顿教会协会	3	–	3	
加州参议员汤姆 · 海登	–	1	1	
合计	147	78	225	8.7

另外，作者还记录下了相关报道中“支持 WTO / 反对抗议者”一方以及“批评 WTO/ 支持抗议者”各自表达“立场”的篇幅数目，以及对双方意见报道的行数。（见表 2.4.1、表 2.4.2）

表 2.4.1 《澳大利亚人报》（1999 年 11 月 26 日至 12 月 10 日）对 WTO 支持者报道次数统计

支持 WTO/ 批评抗议者	报道次数
Alan Oxley 英联邦商业理事会	2
The Economist《经济学家》	2
社论（匿名）	1
Paul Krugman 经济学家	1
Terry McCarann《澳大利亚人报》商业作家	1
Greg Sheridan《澳大利亚人报》商业作家	1
Robert Lusetich《澳大利亚人报》洛杉矶通讯员	1
合计	9

表 2.4.2 《澳大利亚人报》（1999 年 11 月 26 日至 12 月 10 日）对 WTO 批评者报道次数统计

批评 WTO/ 支持抗议者	报道次数
Shane Rattenbury 澳大利亚绿色和平组织	1
合计	1

很明显，从表 2.3.1、表 2.3.2 来看，《澳大利亚人报》引用“支持 WTO/ 批评反对者”的话语次数是 298 次；引用“批评 WTO/ 支持抗议者”的话语次数是 225 次，也就是说，每篇报道中，对支持 WTO 一方话语引用的平均数是 26.5 行（*M*1=26.5）；而对反对 WTO 一方话语引用的平均数是 8.7 行（*M*2=8.7）。前者话语被引用的机会比后者高得多。从表 2.4.1、表 2.4.2 来看，《澳大利亚人报》给予“支持 WTO/ 批评抗议者”立场的报道次数（9 次）要远远高于对“批评 WTO/ 支持抗议者”立场的报道次数（1 次），支持 WTO 一方的意见呈现出数字上的主导地位。

表 2.5 则显示出，在外貌和个人特点等消极性描述方面，《澳大利亚报》对支持 WTO 的一方没有任何消极性的描写记录（0 次）；其琐碎、负面的细节性描写全是关于抗议者的（73 行）；关于警察 vs 抗议者以及暴力个案的报道高达 236 行，这表明《澳大利亚人报》给予抗议者的政治见解等深度报道为零，对抗议者外貌和个人特点、抗议暴力、警察与抗议者的冲突等肤浅化的报道占据了报道的大部分篇幅。这种“抗议范式”的运用，对既定主导话语（WTO 支持者 / 自由贸易）的支持，对边缘性话语主体——

WTO抗议者的“象征性消灭”[1]证明了澳大利亚主流媒体和西方欧美发达国家媒体一样，对抗议报道所遵循的传统如出一辙。

表 2.5 《澳大利亚人报》（1999 年 11 月 26 日至 12 月 10 日）对西雅图抗议中各方新闻主体报道类型及报道数量统计

报道类型	报道数量（句）
引用——批评 WTO / 支持抗议者	225
描写——抗议者外貌和个人特点	73
描写——支持 WTO/ 批评抗议者的外貌和个人特点	0
描写—— 抗议者 vs 警察冲突 / 暴力个案	236
合计	534

总之，托马斯·麦克法兰和伊恩·海伊研究这些隐含在澳大利亚主流媒体对反全球化运动的阐释时进行了量化和质性的内容分析，其方法值得借鉴。除了澳大利亚学者之外，类似典型的研究还有来自 2006 年帕斯菲卡大学的具勒斯·博伊科夫（Jules Boykoff）对 1999 年西雅图运动以及 2000 年华盛顿地区反对世界银行和国际货币基金组织的报道研究，具勒斯考察《华盛顿邮报》[2]以及美国诸多主流媒体的话语。这些媒体包括《洛杉矶时报》《华尔街日报》《今日美国》《波士顿全球报》，电视机网络——ABC、CBS、NBC、CNN、FOX 等老牌电视台。

另外比较有创意的研究来自 2010 年加拿大安大略大学理工学院阿翟·道艾（Aziz Douai ）的研究，他的文章《警察与平民：加拿大媒体对多伦多二十国峰会抗议的视觉框架 》[3]研究了加拿大的印刷、电视媒体及其对应的在线网络媒体关于 2010 年多伦多二十国峰会抗议的报道，分析了来自这些媒体总计 852 张新闻图片，通过图片来挖掘主流媒体的新闻意识形态如何影响反全球化运动的视觉形象。这些媒体包括加拿大广播公司（CBC）、加拿大电视台（CTV）以及在线媒体（CBC.ca；CTV.ca），还包括加拿大最大的 8 家报纸，比如《加拿大环球邮报》（*The Globe and Mail*）、《多伦多星报》（*Toronto Star*）、《温哥华太阳报》（*The Vancouver Sun*）、《圣约翰邮报》（*The Telegram：St.John's*）等。

[1] KAIBIN XU. Framing occupy wall street: a content analysis of the New York Times and USA Today [J]. International journal of communication, 2013, 7: 2412–2432.

[2] BOYKOFF J. Framing dissent: mass-media coverage of the global justice movement [J]. New political science, 2006, 28(2): 201–228.

[3] DOUAI A. The police and populace: Canadian media's visual framing of the G20 Toronto summit [J]. Canadian journal of communication, 2014, 39: 175–192.

阿翟把重点放在研究主流媒体如何刻画积极分子的图片分析上，把对积极分子的报道框架分为三种：第一是“无法无序、暴力的”（lawless and violence）；第二是“有法有序的”（law and order）；第三是“公民解放的”（civil liberty）。阿翟认为，这些图片中的视觉框架与以往的文本框架一起，合力创建了一个延伸的框架。具体来讲，第一，图片数据表明主流媒体对二十国峰会抗议者进行了压倒性的负面刻画；对警察则是非常积极的正面描述，对与会的世界各国官员的描述是中立的。第二，新闻报道的意识形态关系依然对视觉框架报道发挥了关键作用，却没有对运动做正面的报道，这是因为，与对“政治异议者”的“和平安良”的描述相比，新闻媒体更容易被“无序与暴力”所带来的震撼所吸引。第三，对比在线的主流媒体与印刷媒体对积极分子的形象描述，没有发现两者之间有何差异，不过，在网络上，相较于印刷媒体，“公民解放的”框架更受重视一些。

鉴于以往各类形象研究大都集中在新闻话语文本层面，阿翟对图片的研究可谓新颖，且更直观；另外，他考虑了主流媒体的在线报道，把互联网语境作为研究的变量之一，这种研究顺应了时代变化，弥补了以往只针对印刷媒体的运动报道分析的不足。而且他的研究印证了前人的结论，也就是主流媒体因为其专业主义以及其自诩的第四权力部门的意识规范，对社会运动的报道难逃其负面刻画的框架——“抗议范式”。这种抗议范式淡化了草根民众对社会和经济差异的深层次批评，污名化了抗议者，维持了社会既有现状。这种研究结果“依然是令人沮丧的”，不过，阿翟提议，对于“公民解放的”框架，另类媒体来源有可能会有不同的表现，可以提供更多有关二十国峰会抗议者政治、社会层面的背景消息。这正是本书要考察新媒体环境下另类媒体对反全球化运动事件报道的原因之一，该研究也为本书提供了新的理论“想象力”。

二、班纳特：*NYT* 中反全球化运动报道议题建构的三个层面

美国华盛顿大学政治学教授兰斯 · 班纳特（Lance Bennett）和传播学教授鲁迪克 · 劳伦斯（Ruddick C. Lawrence）等人曾在 2004 的《传播杂志》（*Journal of Communication*）发表了一篇题为《管理公共领域：新闻对全球化辩论的建构》[1] 的论文，该文章利用哈贝马斯的公共领域理论做理论前设，把大众媒体当作一个媒介公共领域，并为新闻描述中的消息源和议题建构提供了一个简单可测、可比较的模型，包含了消息源和议题建构的三个层面：“近用权”（access）、“确认度”（recognition）和“回应度”（responsiveness）。班纳特等人提出，如果新闻讲述能满足这三个条件，“报道

[1] BENNETT W L. et al. Managing the public sphere: journalistic construction of the great globalization debate [J]. Journal of communication, 2004, 54(3): 437–455.

多种近用权，能辨别并且赋予这些声音一定的确认度，同时邀请那些相互对立的声音或者诉求能相互直接地回应”的话，那么媒介受众则能接收到可供协商的一系列社会意向。也就是说，受众可以接收到来自不同视角的多种意见，对深入思考议题是可行的；这也意味着，能满足这三个方面条件的日常新闻就是好新闻。班纳特等人使用这三个条件，研究了2001年至2003年《纽约时报》对“世界经济论坛”（WEF）及其反对者——包括会议场外直接抗议WEF的积极分子和与WEF直接对立的“世界社会论坛”（WSF）参会者的报道。

很明显，WEF自1971年成立以来，一般在瑞士达沃斯召开，其参会者几乎都是社会地位非常高的政治经济文化精英，比如比尔·盖茨和比尔·克林顿。WEF每年会收到来自1,000个公司举办者的高达17,647美元/公司的资金支持，专门为世界经济决策者和制定者等举办，其主旨是支持自由贸易，积极推进经济全球化进程。WSF则是一个“反对美国式市场政策”——也就是反对“公司全球化”及其负面后果的积极分子网络所创建的“反公共领域”[1]组织，与WEF具有的“官方精英”色彩相比，WSF具有明显的民间气质，其参与者多为与反全球化积极分子有关联的抗议者，2001年底在巴西阿雷格利港（Porto Alegre）第一次召开，之后一般每年底在第三世界国家巴西或者印度召开，参会人员高达1万到3万人次。有“反达沃斯峰会”（Anti-Davos Forum）[2]之称。

一边是全球化推进者的WEF，一边是全球化批评者的WSF及其他积极分子组成的网络，这两个具有对立性质的话语空间，在主流媒体的新闻报道中是怎样的媒体形象呢？主流媒体对其报道能否达成理性协商的媒介公共领域？2004年班纳特等人的研究从三个方面来切入：第一，从媒介“近用权”来判断该媒介空间是包容性还是排外性的，也就是说，新闻话语主体有谁？第二，从“确认度”来看，那些进入了新闻话语的主体，谁是被正式确认的？（来源可从其姓名、地位、社会责任等方面辨别）他们得到了多大的话语空间？第三，从“回应度”来看，来自不同诉求或不同议题立场的消息源中，是否存在对话和相互回应的可能？是谁对谁回应？

班纳特等人采用了格莱斯和施特劳斯（Glaser & Strauss）1967年所描述的“不断比较法”，首先随机选取《纽约时报》关于WEF和WSF报道的20篇报道，辨识出其独特风格并对其主题进行归类先行编码，之后对2001年至2003年的所有与WEF相关的报道（2001年12篇+2002年58篇+2003年18篇=88篇）的议题进行了分类，确定了

---

[1] BENNETT W L. et al. Managing the public sphere: journalistic construction of the great globalization debate [J]. Journal of communication, 2004, 54(3): 439.

[2] KLEIN N. Windows and fences [M]. New York: Picador, 2002.

5种议题框架[1](一篇报道有可能包含了几种框架):①会议后勤——参会组织者的姓名、参与人数,会议用餐、设施、安保问题。②积极分子议题——全球化批评者所提出的社会、经济和政治议题,包括财富和财产的平均分配、发展中的民主参与、环境正义、公司和贸易体制透明与责任、减债、健康、人权和妇女权益、艾滋病、药品公司、住房问题。③商业和经济发展议题——贸易协定,成本、工厂、工人、薪酬、自由贸易法、投资、发展及地缘政治联盟。④抗议活动/警察的反应/暴力议题——示威、路障、游行、抗议、逮捕、拘留、警棍、高压水枪、受伤、催泪弹以及对暴力和财产损失的预期。⑤风格/文化/社会网络议题——时尚、派对、名流、庆祝、晚会、联络、社交。

研究发现,2002年在纽约召开的WEF(这次选定纽约而非达沃斯为会址与“9·11”事件有关)获得了包括《纽约时报》在内的多数主流媒体的报道,而同时段召开的WSF却一致地缺乏新闻关注,《纽约时报》只有5篇关于WSF的报道,《洛杉矶时报》《华盛顿邮报》没有报道,其他全国发行的10种报纸比如《芝加哥太阳时报》《休士顿编年报》《圣地亚哥联合先驱报》《波士顿全球报》《亚特兰大宪法报》《丹佛邮报》《三番市编年报》《西雅图时报》《圣路易斯快报》《今日美国》平均报道篇数为0.4篇。因此,针对主流媒体对WSF的忽视,研究者决定将作为全球化批评者之一的、那些在WEF场外进行抗议的、积极分子的相关报道纳入对WSF的报道。

从《纽约时报》的新闻建构来看,2001—2003年这3年来,对积极分子的议题报道稳步增长,从2001年的23%,2002年的34%到2003年的50%。后勤、风格、抗议/暴力主题在2002年达到了高潮,反映出WEF在纽约召开时,与“9·11”事件的后续影响,以及警察大规模的准备有关;2002年商业议题的报道下降,也可以从“9·11”事件的历史语境来解释。不过,在WEF回归达沃斯之后,积极分子议题的稳步增长无法用“纽约反恐疑云”的因素来解释了。班纳特等人进一步探索后认为,聚焦积极分子议题的原因实质归功于“WEF内部精英分子的暗示”[2],这些精英分子的消息源得到了较高的“确认度”,而同时,主流新闻中鲜有提及积极分子对WEF立场的挑战和评论。

从“近用权”来看,积极分子的“异见”只有通过抗议方式才能得以报道,虽然抗议者获得了媒体的近用权,但具有讽刺意义的是,抗议者并非“积极分子议题”的主要发声者。从“确认度”来看,53%的积极分子议题的消息源来自WEF,其中63%的消息源都提及了积极分子的具体姓名/组织关系。与此相对,来自抗议者的“积极分

[1] BENNETT W L. et al. Managing the public sphere: journalistic construction of the great globalization debate [J]. Journal of communication, 2004, 54(3): 437–455, 444.

[2] BENNETT W L. et al. Managing the public sphere: journalistic construction of the great globalization debate [J]. Journal of Communication, 2004, 54(3): 437–455, 447.

子议题”议题有 40%，其中被明确提及姓名和组织关系的只有 23%。对抗议分子的边缘化还进一步体现在新闻空间的分配上，与 WEF 参会者相关的积极分子议题获得了其他场合下抗议者两倍以上的新闻版面。

除了以上对抗议者不给予“确认度”之外，对抗议者声音的进一步边缘化还体现在对示威者以奇观或暴力的框架化。班纳特等人发现，在 2002 年纽约 WEF 之前，期间及之后抗议 / 暴力是一个频繁使用的框架，抗议 / 暴力主题在会议之前是 92%，在会议期间则是 68%，而会议之后成为支配性主题，75% 的报道文章都使用了这个主题，即使是和平的示威，报道也会试图参照“没有发生的暴力”把暴力 / 抗议框架适用进去。这种把抗议者作为权威和稳定秩序威胁的框架一直是框架研究中“最为经典的发现”，1980 年吉特林列举了主流媒体对抗议者污名化的“贬损（deprecatory）主题”清单中，就包含了“琐屑化（trivialization）、极化（polarization），强调暴力（emphasis on violence）”[1] 等手段。后续的研究中，这种对社会运动的参与者或者积极分子等“异见者”声音的象征性贬抑、消灭的现象一直存在。[2]

此外，从“回应”层面来看，话语冲突双方——代表全球化支持者话语空间的 WEF 与全球化批评者 WSF 及 WEF 场外抗议者——相互回应的机会非常少，来自可辨认一方的议题被传递到可辨认的另一方并有所回应的情况没有出现。班纳特等人认为，新闻记者没能引发双方网络互动的原因大致为新闻生产的惯例，大量记者被分配去报道多个可近用的消息源，这些消息通常是准备好了的另一方也可以轻易谈论到的消息。在对全球化辩论的新闻建构中，最大的讽刺便是：“主流媒体授予了 WEF 精英太多的荣誉，竟然把积极分子长期以来自己定义的术语及其努力进入主流媒体议程的议题归功到 WEF 精英名下。”[3] 班纳特等人认为，这除了记者没能引发双方回应的能力之外，也与 WEF 自身的公共关系构建有关；同时，越来越多的 WEF 精英使用积极分子议题的现象表明这与人们对政治领袖的不信任也有关联，从 2003 年的 WEF 领导人在会议召开时确定把“建构信任”作为会议主题来看，这显示出了 WEF 成员对世界公共舆论的重视。

班纳特等人发现，总的来看，“主流媒体作为一个高度受控的公共媒介空间，一

---

[1] GITLIN T. The whole world is watching: mass media in the making and unmaking of the new left [M].Berkeley: University of California Press, 1980.

[2] KAIBIN XU. Framing occupy wall street: a content analysis of the New York Times and USA Today [J]. International Journal of Communication, 2013, 7: 2412–2432; MCCHESBEY R W. The problem of the media: U.S. communication politics in the twenty–first century [M]. New York: Monthly Review Press, 2004; SCOTT D K, CHANSLOR M, DIXON J. FAIR and the PBS NewsHour: assessing diversity and elitism in news sourcing [J]. Communication Quarterly, 2014, 58 (3): 319–340; WOUTERS R. Reporting demonstrations: on episodic and thematic coverage of protest events in Belgian Television News [J]. Political communication, 2015(32): 475–496.

[3] BENNETT W L. et al. Managing the public sphere: journalistic construction of the great globalization debate [J]. Journal of communication, 2004, 54(3): 437–455.

方面受到了 WEF 官员 / 精英积极的运作，另一方面还受到了记者因为新闻生产的惯例而进行的消极运作，把全球化支持者 /WEF 参会者置于全球化批评者 / 抗议者、WSF 参会者之上”[1]。这种研究结果再一次证明：主流媒体新闻主要把全球化批评者们建构为草根的、边缘化的、以暴力威胁社会秩序的乌合之众，而那些名流和权力经纪人则享有发声的特权。[2] 可以说，主流媒体作为媒介公共领域，其偏向性和消息源之间回应的天然缺失，都构成了不利于自由贸易体制批评者话语扩散的结构性因素，这些因素对于观察“支持”与“反对”全球化（负面后果）阵营的对立，观察对全球化议题进行意义争夺、协商、博弈背后的权力，以及作为第三方的专家 / 学者的话语权阵营等各层面的话语权转移、变迁，都提供了良好的方法启示和理论基础。

三、作为首要定义者的“反精英”——另类媒体中的话语主体

早期多种研究都表明，新闻来源中“首要定义者”（primary definers）经常是集中了“权力、合法性和权威性”的精英群体和组织，这种理论假设源自霍尔、斯图尔特等人对信任机制的研究。信任机制认为社会等级秩序决定了一种机制，在这种机制中，精英享有获得媒介近用权的优势。“主流媒体在通常意义上是推进权威消息源的观点和利益的，其价值观和其专业操作在很大程度上决定了其新闻的来源”，媒体在某种程度上就是“次要定义者”（second definers）[3]。这种第二层级的定义者通常意味着过于强调媒体的消极性，而这种去历史化、理想化的路径阻止了人们发现这种定义者是如何从第一信任层级转移到第二层级的。

有研究者[4]发现：有些消息源，比如环保抗议群体“地球之友”和“绿色和平”，有时候是作为边缘化的消息源出来的，有时候则会变成首要的或者第二层级的消息源。这种情况为后来的研究者批评另类媒体的“首要定义者”的概念提供了理论依据。一些复杂的历史性力量，比如“政治权力的更迭、社会运动的出现、学界内部的科学争议、政治与科学之间变动的关系，以及公众对科学的理解，都是影响消息源从边缘地带变迁到中心位置的力量，而这些消息源的转移则有可能是

---

[1] BENNETT W L. et al. Managing the public sphere: journalistic construction of the great globalization debate [J]. Journal of communication, 2004, 54(3): 437–455

[2] DOUAI A. The police and populace: Canadian media's visual framing of the G20 Toronto summit [J]. Canadian Journal of Communication, 2014, 39: 175–192. MCFARLANE T, HAY I. The battle for Seattle: protest and popular geopolitics in the Australian newspaper [J]. Political Geography, 2003, 22: 211–233.

[3] STUART A. News culture [M]. Buckingham: Open University Press, 1999: 68.

[4] SCHLESINGER P, TUMBER H. Reporting crime: the media politics of criminal justice [M]. Oxford: Oxford Clarendon Press, 1994: 257–266.

一种反向的运动（从中心到边缘）”[1]，这种观点为另类媒体日常消息源和媒介实践研究提供了启示，因为另类媒体的首要目的就是为那些被主流媒体边缘化了的群体提供发声的平台，而那些被边缘化的声音通常是“离经叛道的”“无法言说的”“被征服的知识”的表达。[2]

在新闻生产过程中，另类媒体以参与式的“积极见证”（active witness）、“自然报道”（native reporting）等“业余”气质为特色。[3] 其中，“自然报道记者”的概念实质上就是一个混杂的称呼——消息源和记者是同一主体，在某种程度上，这种记者即为他们自己的“定义者”，因为在他们的报道中，“记者的政治立场甚至要比其作为记者的写作技巧或者报道还要重要”[4]，尤其在那些与社会运动有关联的另类媒体中，这些记者的政治立场会非常明显。同时，这导致了另类媒体中记者与消息源之间界限不清，这也正是另类媒体新闻报道中“第一人称”报道较多的原因。另外，有些运动中，某些组织成员，比如工会或者运动团体积极分子，他们与当地政府政治化了的关系也有可能决定其报道故事的消息源，这就有了另类媒体中的首要定义者——“反精英”的出现。

2005 年英国著名的另类媒体研究学者克里斯·阿顿（Chris Atton）和艾玛·维克登（Emma Wickenden）[5] 专门以英国知名的无政府主义另类媒体 SchNEWS 为例，研究了另类媒体如何选择、呈现和使用其新闻源的案例，证明了另类媒体中“反精英”作为首要消息源的主导地位。他们发现，正如主流媒体日常消息获取中对“专家”“权威”“合法性”等消息源特征的依赖一样，另类媒体也很少使用“普通”的公民（比如草根行动主义中那些并没有明确政治立场的普通公民）作为其消息源；另类媒体更喜好抗议者或者积极分子作为其新闻源，而这些消息援引对象大多是具有较强议题表达能力、鲜明政治立场和创意的“反精英”，那些充当另类媒体作者 / 记者的积极分子尤其如此。这些“反精英”与另类媒体中“特殊”的公民含义是类似的，即那些“积极参与重塑其身份认同及他人认同的社会运动的公民”[6]。

阿顿认为，把“反精英”作为主要消息源的媒介实践实际上是另类媒体本身的政

[1] ATTON C, WICKENDEN. Sourcing routines and representation in alternative journalism: a case study approach [J]. Journalism studies, 2005, 6 (3): 347–359.

[2] HARCUP T. “The unspoken–said” : the journalism of alternative media [J]. Journalism, 2003, 4(3): 356–376.
HASS T. Alternative media, public journalism and the pursuit of democratization [J]. Journalism studies, 2004, 5: 115–121.

[3] ATTON C. What is “alternative journalism?” [J]. Journalism: theory, practice and criticism, 2003, 4(3): 267–272.

[4] ATTON C. Alternative media [M]. Thousand Oaks: Sage Publications, 2002: 93.

[5] ATTON C, WICKENDEN. Sourcing routines and representation in alternative journalism: a case study approach [J]. Journalism studies, 2005, 6 (3): 347–359.

[6] RODRIGUEZ C. Fissure in the mediascape: an international study of citizen's media [M]. Cresskill: Hampton Press, 2001: 19.

治意识形态，而并非任何其他激进的媒介思想。另类媒体确实有为这些积极分子公民“赋权、发声”的能力，但在某种程度上，另类媒体也会受制于其日常的媒介实践惯例所带来的“日常的政治”，从而限制了为无声者发声的机会。[1] 可以说，阿顿的这种研究取向在一定程度上回应了那些忽视另类媒体的局限以及媒介实践结果，过分理想化另类媒体作为“知识暴动”的自由空间的想当然做法。

在《另类媒体新闻业中的消息源和呈现：一个个案研究》一文中，阿顿和维克登研究的主要问题是：①另类媒体的消息源实践是怎样的？②这些消息源的实践与主流媒体消息源的引用有何区别？③这种消息源实践在何种程度上适用于把另类媒体作为“自由空间”的理想，而不会被主流媒体的惯例和压力所限制？为了回答以上研究问题，阿顿和维克登采用了一种混合的路径，结合了内容分析、批判话语分析以及对另类媒体记者进行访谈的三角验证法，把另类媒体记者的“田野”实践与媒介“文本”中的消息源实践辨认出来。

首先，他们采取了 SchNEWS 中 2002 年 4 月 26 日到 2003 年 3 月 14 日几乎一整年约 50 个议题的样本，探究作为消息源的行动者出现在样本中的频率及其所占有的媒介空间。在对 10 个议题进行手动前测后，初步把这些消息源编码为直接和间接两类框架，以辨识 SchNEWS 对不同消息源的等级秩序、态度倾向及处理方式。其次，他们利用了费尔克拉夫话语分析中“三个阶段的批判话语框架”，对样本中少量的新闻类目进行分析，以探究在文本中谁是作为消息源出现的 / 谁是故事中的行动者？换句话说就是，文章会采用谁的话语作为消息源，这些消息源是如何被记者语境化的，其中谁会被允许有（直接或间接）说话的机会？

对 SchNews 记者如何采用消息源，阿顿和维克登首先参与了 SchNews 的培训课程，采访了 SchNews 的记者。他们发现，SchNews 的消息源通常来自 SchNews 的电子邮件组，个人交往、积极分子网络以及个人的经验或者知识。也有些记者采用了互联网上的新闻组，比如积极分子新闻中心、难民群体及其支持群体，其他同行另类媒体比如独立媒体中心，*Z* 杂志（美国）等也有作为消息源出现。SchNews 受访者表示他们并不会采用主流媒体新闻生产中所谓的“平衡”手法，他们采用官方消息源并不是为了和积极分子作为消息源来进行平衡以示客观，而是记者为了与积极分子消息源形成联盟的力量，对政府官员所说所做进行批判，凸显那些官员所说所做是多么的“自相矛盾”和“荒谬”。

当问及 SchNews 记者如何看待他们和消息源之间的关系时，被访者认为他们的报道是完全反映其价值观的，他们与消息源之间的模糊关系正是一种“团结”的关系。其中，SchNews 记者对他们所选择作为首要消息源中的群体和个人有着高度的认同，享有同样

[1] ATTON C. Alternative media [M].Thousand Oaks: Sage Publications, 2002: 154–156.

的目标、意识形态和实践。他们不但把那些积极分子合法化，而且经常把自己作为报道的消息源，从专家的角度来报道他们所抗议的事件和议题；或者从事件“亲历者”的角度来报道，有受访者对“转基因食品”的报道就依赖于自己的知识而非科学家的知识，因为“科学是被控制了的……有自己的议程”[1]。这种记者与消息源之间亲和的关系也是一种“信任”的表现：第一，这些记者通常认识这些消息源，了解这些消息源的背景和偏向。第二，他们对互联网上的无政府主义或者左派网站的消息的信任则源于 SchNews 也有同样的议题和意识形态，这有利于 SchNews 记者选择同样的左派、无政府主义视角的消息。

除了访谈之外，阿顿和维克登对 SchNews 中两篇报道中的话语主体进行了批判分析，也有类似发现。这两篇报道中，一篇报道英国邮政工人大罢工，一篇报道布里斯托（Bristol）、曼彻斯特和牛津等社区抗议中的青年暴徒。与大多数 SchNews 报道风格一样，记者以“专家”的口吻来报道和评论，文本中根本不引用官方或者那些代表了“法律与秩序”的精英话语，只用工人和记者的视角来决定报道的走向。文章不注重应该为暴力负责的警察和暴徒，只是从居民（受害者）的角度来叙述，记者和居民的视角完全相同，而内容中如果有关于建制性权威的描写，那也是用来和社区相对比的。并且，这两篇报道没有聚焦于“安全”或者“正义”之类的话题，只是强调集体行动如何成功，如何为那些非等级制度中的，具有创意性的行动者“赋权”。阿顿和维克登认为这些充满意识形态的“警戒性”报道与“小报”非常相似，其区别仅仅在于 SchNews 强调消息源与自身的意识形态是一致的，强调“普通人”能说出“非凡的”话语来。[2]

从阿顿和维克登的研究结论来看，SchNews 当时作为一个从关注本地积极分子的新闻平台成长为一个具有全球范围影响力，同时涵盖网站、视频和书籍出版的另类新闻媒体，“其消息源实践与主流媒体的消息源引用并没有什么区别，至少在限制其他声音发声这一点上是一致的”[3]。也就是说，SchNews 偏好抗议者和积极分子作为自己的消息源，把这些“反精英”作为话语等级制中的顶层，是另类媒体消息的首要定义者。而与积极分子经常保持一致立场的另类媒体记者则是次级定义者。因此，SchNews 并非一个可以充当另类媒体理论化意义上的、理想的“自由空间”，但可以充当一个“反霸权的公共空间[4]”，提供一个与主流媒体立场和意识形态相反的话语空间。

---

[1] ATTON C, WICKENDEN. Sourcing routines and representation in alternative journalism: a case study approach [J]. Journalism studies, 2005, 6 (3): 347–359.

[2] ATTON C, WICKENDEN. Sourcing routines and representation in alternative journalism: a case study approach [J]. Journalism studies, 2005, 6 (3): 347–359.

[3] ATTON C, WICKENDEN. Sourcing routines and representation in alternative journalism: a case study approach [J]. Journalism studies, 2005, 6 (3): 347–359.

[4] HOWELY K. Understanding community media [M]. Thousand Oaks: Sage Publication, 2009.

这种研究结果获得了英美两国其他研究另类媒体及其新闻界学者的“共鸣”和“印证”。比如英国的学者托尼·哈尔卡普（Tony Harcup）[1]，他在2003年《无声者的发声——另类媒体的新闻业》一文中就指出过：另类媒体（记者）频繁引用来自某个当地社团的，相对来讲并无多少权势的个体的话语，而主流媒体则主要引用警督、市长等其他有影响力的“精英”话语，忽视其他“不合法的社团成员”（non-legitimated community members）。

2003年，柏拉图和德兹（Platon & Deuze）[2]等人在评价另类媒体，特别是“独立媒体”的有关“媒介实践”“意识形态”“近用权”，以及“过程”中，也发现了类似结果。独立媒体虽然是一个几乎完全开放的论坛，但为了去除一些不符合自身意识形态的话语，比如那些挑起种族和性别仇恨的消息源，它一直奉行横向结构——“编辑集体决策”（collective editor decision），这本身就带有“结构性暴力”（tyranny of structure）[3]，显示了另类媒体因为受制于其自身对“透明”和“公开发表”的承诺，与主流媒体一样在新闻发布方面有着相似的压力。同样，美国的嘉锡华·阿肯森（Joshua Atkinson）[4]2005年也发现，在另类媒体对公司权力传统“霸权”的众多呈现中，另类媒体、另类媒体记者都一致地采用了积极分子作为新闻生产者的视角、话语。之后越来越多的研究也都证实了另类媒体中以“反精英”为主导的话语引用秩序，以及另类媒体为积极分子积极站台的意识形态偏向。[5]

四、消息源与议题建构：主流媒体、另类媒体运动报道的偏向

从以上对反全球化运动相关议题媒介呈现情况来看，主流媒体特别是《纽约时报》倾向于引用精英话语，边缘化反全球化积极分子的话语及其形象。而作为反对和挑战

[1] HARCUP T. “The unspoken–said”, the journalism of alternative media [J]. Journalism, 2003, 4(3): 356–376.

[2] PLATON D, DIANI M. Indymedia journalism. a radical way of making, selecting, and sharing news? [J]. Journalism, 2003, 4(3): 336–355.

[3] PICARD V W. Assessing the radical democracy of indymedia: discursive, technical, and institutional constructions [J]. Critical studies in media communication, 2006, 23: 19–38.

[4] ATKINSON J. Toward an understanding about complexities of alternative media: portrayal of power in alternative media [J]. Qualitative research reports in communication, 2005, 6(1): 77–84.

[5] ANDERSSON L. There is no alternative: the critical potential of alternative media for challenging neoliberal discourse [J]. Triple c, 2012, 10(2):762–764; FORDE S. Challenging the news: the journalism of alternative and community media [M]. London: Palgrave Macmillan, 2011; HARCUP T. Alternative journalism, alternative voice [M]. New York and London: Routledge, 2014; JEPPESEN S. Understanding alternative media power: mapping content &practice to theory, ideology and political action [J]. Democratic communication, 2016, 27: 54–77; RAUCH J. Are there still alternatives? relationship between alternative meeting and mainstream in a converged environment [J]. Sociology compass, 2016, 10(9): 756–754.

主流媒体话语霸权的另类媒体则正好相反，它倾向于采用积极分子话语而非“普通人”的话语，其中，为了和另类媒体鲜明的意识形态和政治立场保持一致，另类媒体的记者更是以熟悉积极分子议题的“专家”自居来发表评论和意见。不同的是，主流媒体一向以追求“客观、平衡”的报道自居，而另类媒体为凸显积极分子话语及其合法性，则公开宣称以挑战主流话语意识形态为目标。有一点相同的是，主流媒体和另类媒体之间都未能对同样的议题加以回应性（responsiveness）的报道，都没能引发这两个分属于不同媒介空间之间的“主流话语”阵营与“积极分子”话语阵营之间的对话。[1]

2011 年，来自荷兰鹿特丹伊拉斯姆斯大学的雅各布·葛洛谢克（Jacob Groshek）和艾奥瓦大学的韩颖（Ying Han）也撰文证实了这个观点。在《协商的霸权和重构的界限——另类媒体对反全球化报道》[2] 一文中，两位作者照搬了 2004 年班纳特等人的编码方式和议题框架，比较了 2001 年到 2003 年《纽约时报》和《另类新闻瞭望》（*Alt-Press Watch*）数据库中关于 WEF 和 WSF 的报道。

以同样的关键词“WEF”和“WSF”来搜索，葛洛谢克和韩颖发现，《纽约时报》有 88 篇关于全球化的报道，而《另类新闻瞭望》则有 54 篇。根据早先唐宁和阿顿等人对另类媒体内容所具有的“挑战现状”特征，以及其倾向于作为社会从属阶层、作为积极分子“反论坛”的社会功能，两位作者提出了 4 个假设：第一，另类媒体在对全球化报道中，应该比主流媒体更多地强调“积极分子议题”，给予其更高的报道比率。第二，在“积极分子议题”报道中，另类媒体应该比主流媒体更多地包含“抗议者”作为消息源。第三，在把“积极分子”作为消息源引用时，另类媒体的报道应该比主流媒体更多地给予他们（积极分子 / 抗议者）以正式的“确认度”。第四，在另类媒体对全球化报道中，另类媒体注重讨论“反对性”观点并应答之，因此，另类媒体应该比主流媒体报道更具有“回应度”。

这里，第一个假设实际上是检测了班纳特等人 2004 年提出的在每篇文章中出现的 5 类议题的比例，也就是“会议后勤、积极分子议题、商业 / 经济、警察 / 抗议者冲突 / 暴力、风格 / 文化 / 社会网络”等相互交错的议题。而第二个假设则测试另类媒体中积极分子话语近用权的比例。葛洛谢克和韩颖在此把参与 WSF 的人员都编码为“抗议者”，那些不是积极分子，也不属于主流政治经济文化精英的学者则被编码为“其他”。第三个假设中，两位作者把报道中积极分子的“姓名、职位或者组织关系”被提及与否作为编码的依据，并与两类媒体中积极分子出现的“姓名、职位或者

[1] BENNETT W L. et al. Managing the public sphere: journalistic construction of the great globalization debate [J]. Journal of communication, 2004, 54(3): 437–455.

[2] GROSHEK J, HAN Y. Negotiated hegemony and reconstructed boundaries in alternative media coverage of globalization [J]. International journal of communication 2011, 5: 1523–1544.

组织关系"次数进行对比。第四个假设比较的是另类媒体报道中，WEF 参与者和全球化抗议者之间是否有任何对话，测量的方式是通过文本细读来发现其"是否因为回应一方的观点而提出了另外的观点"[1]。

最终的检测结果与前人的研究结果相符，第一个假设得到了支持，54 篇另类媒体报道样本中，有 33 篇是关于"积极分子议题"的，比率为 61%，高于主流媒体 36% 的比率（88 篇中有 32 篇是关于积极分子议题）。第二个假设也得到了支持，从"接近权"来看，《纽约时报》报道中的抗议者只有 40%，而另类媒体中抗议者高达 64%。第三个假设的结果与第二个假设一样证实了另类媒体对抗议者的支持，另类媒体积极分子议题中有名有姓或者有组织关系的抗议者消息源高达 65%，而《纽约时报》给予了正式确认的抗议者比率只占其总报道篇幅的 23%。有意思的是，从结果来看，在积极分子议题中，另类媒体比主流媒体《纽约时报》的消息源模式似乎更为"狭窄"（tightly bound）和"不平衡"[2]。在话语引用等级方面，另类媒体与主流媒体报道的秩序正好相反，《纽约时报》报道倾向于记者和官方 / 精英消息源，对"WEF 参会者"的确认高达 66%，对"抗议者"的确认度为 23%，对"其他"的确认度为 11%；而另类媒体则倾向于另类媒体记者与积极分子消息源之间的密切关系，对抗议者 / 积极分子的确认度达到 65%，对"其他"的确认度为 30%，对精英的"WEF 参会者"的确认只有 5%。对于第四个假设，葛洛谢克和韩颖的研究结论与 2004 年班纳特等人的研究相近，"与主流媒体《纽约时报》一样，没有发现另类媒体对其对立的观点进行讨论和回应"[3]。

2012 年研究者玛格丽特·西塞尔（Magaret Cissel）[4] 做了个小型的文本分析，比较了主流媒体和另类媒体对华尔街运动报道中 2011 年 9 月 17 日至 10 月 8 日的报道，其中，7 篇主流媒体报道主要来自"福克斯新闻台"、《纽约时报》《纽约邮报》等；7 篇另类媒体报道则从"另类新闻中心"（Alternative Press Center）中信度较高的独立媒体（如，*Truthdig*，*Mother Jones*，*Loop 21*，*Digital Journal*，*Adbuster*，*Truthout*）中搜索得到。作者利用简单的类目建构，把报道按篇幅分为长（800—1200 字）、中（400—800 字）、短（0—400 字）三类；把报道对抗议者（积极分子）和游行示威者的态度分为积极、中立、负面三类；主题报道的主框架分为"冲突"类、"经济"类、"淡化"类以及"观点"类。

---

[1] GROSHEK J, HAN Y. Negotiated hegemony and reconstructed boundaries in alternative media coverage of globalization [J]. International journal of communication 2011(5): 1531.

[2] GROSHEK J, HAN Y. Negotiated hegemony and reconstructed boundaries in alternative media coverage of globalization [J]. International journal of communication 2011(5): 1523-1544.

[3] GROSHEK J, HAN Y. Negotiated hegemony and reconstructed boundaries in alternative media coverage of globalization [J]. International journal of communication 2011(5): 1536.

[4] CISEL M. Media framing: a comparative content analysis on mainstream and alternative news coverage of occupy Wall Street [J]. The elon journal of undergraduate research in communication, 2012, 3(1): 67-77.

玛格丽特发现，从媒体报道的立场来看，主流媒体记者对“占领华尔街运动”的语气是轻描淡写、排斥 / 轻蔑的，而且报道多是短的（只有两篇是超过 800 字）。其报道传统依然是“抗议范式”——琐屑化、边缘化、异化三部曲——比如集中描述关于少数积极分子外貌、个人特征的描写；把 1,000 多人的游行队伍写成几百人，多用否定的词语“所谓的”“据他们看”“寥寥几个”“涣散的”“令人头昏的”。比如，提到积极分子时，也是刻画一个来自“不同”世界的、异化的形象——“一个叫 ××× 的小伙子，长途跋涉，不远千里从弗吉尼亚西部来到华尔街游行示威……”“有那么一两百人的样子，在一个狭小的纽约曼哈顿下游公园里坐着，无所事事的样子，等待安排野营、枕头大战的活动……”相比之下，来自另类媒体的报道都是长篇特写，强调的是抗议者和游行示威者的多样性、活力以及积极分子的团结、正当性——“抗议者的年龄从 7 岁到 77 岁不等，包括男人、女人、中产和无家可归的人，包括男同和直男、双性别和跨性别者、移民、海军老兵、非洲裔美国人、阿拉伯人和犹太人、亚洲人和拉丁人、有工作的没工作的、蓝领工人和常青藤高校的”——“我们的痛苦和担忧是相同的”[1]；和传统主流媒体的轻描淡写不同，另类媒体报道中积极分子“激发”的是对自由贸易体制者们的“敌意”，华尔街运动不仅仅是在街道上安营扎寨的抗议者们，还意味着来自金融体制内部者的反抗，比如另类媒体《真相大白》的记者马克（Mark Provost）以第一人称的语气，写到自己在波士顿的抗议人群中采访到的一位“不同意美国资本主义方式”的银行家。总之，主流媒体集中描述运动的无组织和混乱，报道采用的主框架是“冲突”类框架，而另类媒体报道采用的多是“观点类”框架，强调是自由贸易体制 / 华盛顿体制代表势力——“公司、政府、大众媒体”对“运动”的排斥。

2013 年，美国东田纳西大学的三位研究者：小雷克斯 · E. 巴伯（Rex E. Barber Jr）、罗伯特 · 安德鲁 · 邓恩（Robert Andrew Dunn）以及史蒂芬 · 马歇尔（Stephen Marshall）[2] 研究了“9 · 11 事件”发生 10 周年纪念之际，另类媒体和主流媒体对伊拉克战争、反美主义、反战运动相关的报道。经过计算机整理数据，他们发现，在主题建构和偏向方面，另类媒体显示出明显的分析意向，尽量从各个方面来分析“9 · 11 恐怖袭击”的真相，而传统的主流媒体则只是大而化之地提供了常规性的评论服务，而且显示出非常少的批判性分析。一方面，另类媒体努力给予受众从“主流媒体得不到的消息”为目标，大量发布主观性的、批判政府，呼吁调查伊拉克和阿富汗战争中死亡人数的真实名单，呼吁公开更多相关信息；另一方面，主流媒体确犹如“参与‘9 · 11’

[1] CISSEL M. Media framing: a comparative content analysis on mainstream and alternative news coverage of occupy Wall Street [J]. The elon journal of undergraduate research in communication, 2012, 3(1): 67–77.

[2] JR BARBER R E, DUNN R A, MARSHALL S. Alternative vs. traditional news: a content analysis of news coverage of the 10th anniversary of Sept, 11 [J]. American communication journal, 2013, 15(4): 1–18.

评论公共服务的学童”一样，只给出最容易得到的简单答案，另类媒体不但在态度上对政府更有批判性，而且其主题面向远比主流媒体丰富，更具信息性和反思性，包含了大量关于战争的批判性内容，比如关于沙特阿拉伯以及关于“民族”和“真理”等主流媒体没有的主题。与之相比，主流媒体则主要关注“9·11”周年纪念日的主题，这与研究者原来假设主流媒体应该主要涉及“经济/货币”的主题框架相悖。

玛格丽特和美国东田纳西大学三位研究者的结果都显示，对于占领华尔街运动、反对战争的和平运动等政治“异见”的报道，另类媒体篇幅要比主流媒体长，使用的主框架是“观点”类，注重对现象后面“真相”的挖掘，偏向批判“体制势力——政府和大公司”；而主流传统媒体则篇幅短小，偏向琐屑化和排斥“运动”和“积极分子”，或者只提供日常的“常规化了”的评论服务，寻求更符合主流报道框架中相对“安全”的话题。可以推断，除了新闻体制不同之外，导致主流和另类媒体的报道框架的不同可能还有其他如“精英内部意见的分裂”“国际劳工团体的支持”[1]等因素。

[1] CISEL M. Media framing: a comparative content analysis on mainstream and alternative news coverage of occupy Wall Street [J]. The Elon Journal of Undergraduate Research in Communication, 2012, 3(1): 67-77+76.

第三章
与主流媒体新闻的异同：AlterNet 对反全球化运动的媒介呈现

本章对文本的内容进行分析与讨论。首先，我们对不同研究时段和报道议题类型进行一个全景式的描绘；其次，我们从班纳特等人的“媒体近用”“媒体确认度”和“媒体回应度”来分析另类媒体对反全球化运动的媒介呈现，判断另类媒体和主流媒体在“话语引用”、对话语主体的“态度”倾向以及其议题报道主框架等方面的差异，比较另类媒体新闻生产与主流媒体新闻生产的异同。

本章研究的问题是：作为反全球化运动媒介策略之一的新兴另类媒体代表，号称全美最大另类媒体的“另类网”（AlterNet.org）是如何报道反全球化运动议题的？与之相对的主流媒体《纽约时报》（*NYT*）则作为本章研究对象的参照，从纵向和横向两个层面来凸显 AlterNet 对反全球化议题的呈现。

第一节　姿态性融合：AlterNet 与 *NYT* 的报道比较

另类媒体发展的历史显示：因为其商业批判、拒绝广告的特点，多数另类媒体常常难以摆脱其生存发展的困境，然而如果追求受众，不排除专业新闻生产的组织形式，则又容易在受众规模扩大后被主流媒体收编。另外，另类媒体因为其早期的“自然报道”“积极见证”等报道特点符合主流新闻原则中“在地”“即时性”的要求，后来逐渐被主流媒体纳入专业新闻生产的操作中。现实语境中，因传播技术的发展，另类媒体和主流媒体之间截然不同的操作差异也逐渐减少，因而，有诸多另类媒体研究者提出：另类媒体难以避免其被主流媒体融合的命运！[1] 然而，“融合”和“另类”一样，也有多个面向：比如新闻融合（journalistic convergence）、技术融合、经济融合、媒体融合等。

从传统观点来看，另类媒体之所以另类的关键在于其“内容”上对资本主义、对商业主义以及公司与政体的机构性特权的批判。因此，本书判断，作为全美最大的另类媒体新闻放送中心之一的 AlterNet，它虽然不排斥新闻专业生产的模式，也拥有自己的新闻编辑和专门记者，但其新闻生产的主要目的依然是“对付公司媒体的失败”，因此，它对主流新闻媒体的新闻生产方式的模仿，投射的是一种“姿态性融合”[2]，这种融合更多的是一种外在的形式，比如新闻报道议题和报道技术方面的相似，但其报道同一议题的立场、态度、新闻主体等与主流媒体等实质性内容是截然不同的。AlterNet 报道和 *NYT* 对反全球化运动的报道在数量、运动周期、报道篇幅、视角、主题分布结构的差异并不显著，显示出一种“姿态性”的融合。

[1] KENIX L J. Alternative and mainstream media: the converging spectrum [M]. London &New York: Bloomsbury Academic, 2011.

[2] 尹连根，刘晓燕．姿态性融合：中国报业转型的实证研究 [J]. 新闻与传播研究，2013(2): 99–112.

一、报道数量与运动周期变化趋同

本书的先行研究中，在 Lexis 材料库中对主流媒体 *NYT*、《华盛顿邮报》（*WP*）以及美国各大主流电视台对反全球化运动报道样本搜集过程中，发现主流媒体的报道数量和时间变化总体趋势相同，所以最终选取了代表性较强的 *NYT* 作为与另类媒体代表 AlterNet 比较的对象。可以首先确定，如同研究者对反全球化运动存在几个周期的划分那样，1999 年年底至 2014 年年底这 15 年以来，2001 年"9・11"事件、2003 年伊拉克战争、2008 年金融危机以及 2011 年的占领华尔街运动等重大经济、政治议题贯穿其间，对反全球化运动 15 年来媒介报道存在一定的影响。从图 3.1 可以看出，从本书搜索到的报道（没有排除重合的报道之前是 *NYT* 49 篇、AlterNet149 篇）的时间结果来看，正如主流媒体之间的报道趋势趋同一样，主流媒体和另类媒体对反全球化运动报道的时间和运动发展的周期以及报道数量的变化基本趋同。

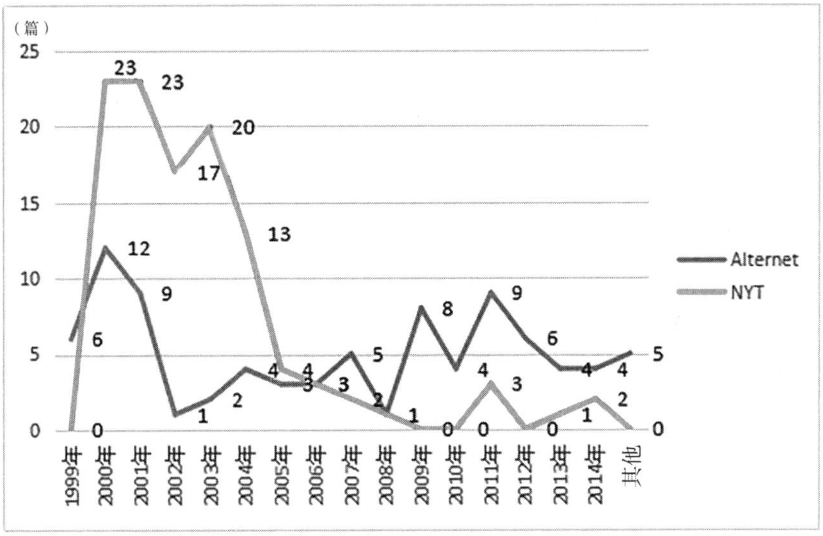

图 3.1　*NYT* 与 AlterNet1999 年年底至 2014 年年底报道数量的变化趋势

从整理后的报道来看（*NYT* 46 条，AlterNet 146 条）1999 年年底至 2001 年 7 月之前是报道高峰期。主流媒体 *NYT* 1999 年 11 月 20 日至 2000 年 10 月 5 日时间内，报道量为 12 条；另类媒体 AlterNet 则是 23 条。在 2001 年"9・11"事件发生之前，关于运动相关的舆论热度不减，*NYT* 发表相关报道 9 条，AlterNet 则是 23 条；但"9・11"恐怖事件的影响在 2001 年年底之后明显增强，*NYT* 全年只有 2002 年 1 月 28 日的记录 1 条，2001 年全年 AlterNet 虽然有一定数量的报道，但在 2001 年 11 月至 2002 年初，AlterNet 没有相关报道，2001 年年全年的报道集中在 9 月之前。所以 2001 年 10 月至 2002 年年底是运动发展的衰落期，运动议题报道量急剧减少，运动话题遭遇冷落。

2003 年之后，有关反全球化运动的报道 *NYT* 和 AlterNet 急剧减少，*NYT* 2003 年相关报道只有 2 条，之后 *NYT* 相关的报道每年最多不超过 3 条，2005 年、2006 年期间 AlterNet 报道最少，分别只有 4 条、3 条。2009 年前后和 2011 年 AlterNet 相关的报道呈现两个小高峰，可以推测，报道量的上升分别是因为 2008 年金融危机和“西雅图之战”10 周年纪念日的影响（后来从议题类型来看的确如此）。与此同时，主流时报 *NYT* 在连续几年的低迷之后，2011 年的报道量也出现了小幅度上升，可以推测是受 2011 年华尔街运动的影响，劳工运动和反全球化议题被再次凸显出来有关。另外，由于网络媒体的不确定性，AlterNet 有 5 条发布的相关报道并没有注明报道时间，但从报道具体内容来看，有 2 条是关于 2009 年美国匹兹堡 G20 峰会时期抗议分子的报道，一条是关于 2007 年欧洲针对“非法移民”政策出台的抗议事件，还有 2013 年 10 月关于巴西积极分子抗议政府公交系统建设落后问题的冲突事件，以及无法判断时间的一条消息。

所以，从总的报道数量来推测，1999 年西雅图抗议事件至 2002 年是两类媒体报道最为集中的时期，“9・11”事件对运动造成了巨大影响，运动话题开始衰落，而伊拉克战争（2003 年 3 月 20 日）之后，与主流媒体对“反全球化运动”报道彻底转向低潮相比，另类媒体每年依然有相关报道，坚持着另类媒体的“抵抗”风格。

二、报道视角、篇幅与主题结构：差异不显著

本书把新闻的报道视角分为“第一人称”“第三人称”以及“其他”三个类目；从报道视角来看，AlterNet 的第一人称报道视角的比率（42.5%）要高于 *NYT*（28.3%），这与另类媒体偏向另类媒体记者亲历或自然报道（native report）等另类新闻生产惯例有关，也与另类媒体报道记者本身就是积极分子有关；但总体来看，结果显示出媒体类别（*NYT* 和 AlterNet）和报道视角使用方面差异不显著（$X^2=2.965$，df=1 $p=0.085>0.05$ ）。（见表 3.1）

同样，本书把文章篇幅长度按照报道篇目内容包含的文字数量分为“短”（0—400 字）、“中”（401—800 字）、“长”（800 字以上）三大类，看 *NYT* 和 AlterNet 在文章篇幅构成上是否存在差异；结果显示主流媒体和另类媒体在篇幅长度方面差异不大（$X^2=2.282$，df=2 $p=0.319>0.05$ ），*NYT* 和 AlterNet 与反全球化运动报道的篇幅都相对较长，可以推测主流媒体和另类媒体在涉及“反全球化运动”的报道上，都偏向“长篇大论”的倾向。（见表 3.2）

两类报道关于“运动”的“长篇大论”倾向并非虚构，其报道的字数长度可以很好地证明这一点：*NYT* 中 46 篇报道总字数合计为 61,323 字，平均每篇报道字数为 2,609 字（M=2,609）；*NYT* 最长的文章（5,616 字）是主流媒体样本中时间最长的报道，即 2014 年 4 月 20 日刊登在“杂志版”上，名为《正如我们所知，世界末日就快要到了……

而且他感觉不错》[1] 的报道。

表 3.1　*NYT* 与 AlterNet 报道的不同视角及比重　　　　（单位：篇）

媒体 / 报道视角	第一人称	第三人称	报道合计
NYT	13（28.3%）	33（71.7%）	N=46（100%）
AlterNet	62（42.5%）	84（57.5%）	N=146（100%）

表 3.2　*NYT* 与 AlterNet 报道的不同篇幅及比重　　　　（单位：篇）

媒体 / 篇幅	短（0—400 字）	中（401—800 字）	长（＞800 字）	报道合计
NYT	3（6.5 %）	10（21.7%）	33（71.7%）	N=46（100%）
AlterNet	14（9.6%）	19（13%）	113（77.4%）	N=146（100%）

这篇文章以“亲”（pro）积极分子视角的第一人称口吻讲述了英国知名环保主义积极分子领袖金斯诺斯（Kingsnorth）成长为“黑山组织”（Dark Mountain）领袖的戏剧化过程，卖点是故事的冲突性和人情味，以故事片段性的框架讲述积极分子稍显“怪异”的行动主义。文章这样开始分析金斯诺斯作为积极分子的心路历程：“2001 年时，他很渴望旅行，写了本书，两年前（1999 年年底）正是人们聚集西雅图抗议 WTO，反全球化运动开始声名鹊起的时候，对他来说，反全球化运动既是一个机遇，也是一个使命。”它以积极分子为主角的报道在篇幅和视角上与另类媒体报道非常相似，唯一的差异可能显示在其“混合框架”的使用上，*NYT* 对金斯诺斯的报道既没有采用正面积极的叙事风格，也没有采用负面消极的“超然”的叙事风格，文章中既有其正面积极分子明朗的微笑，也有其酗酒——迷茫的、垮掉的一代的负面形象。而同时期的另类媒体对积极分子主角[2] 的报道（《西雅图之战 15 年来—— 一个无名英雄是如何组织并推进运动的》）则是赞颂的、“英雄”版的、完全正面的“宣传”——充满了“说教”意味。

AlterNet 146 篇报道总体字数合计为 22,6468 字，最大值为 6,666 字，平均每篇报道字数为 3,045 字（M=3,045）。另类媒体 146 篇相关报道中，文字长达 6000 多字的最长报道实际是一篇“动员”讲话，由 2009 年 1 月 28 日《新闻与政治》（*News & Politics*）栏目转发，全文转载的是马丁・路德金 1967 年 4 月 4 日在纽约河滨教堂发表

[1]　SMITH D. It's the end of the world as we know it and he feels fine [N/OL]. (2014-04-20)[2015-08-19]. http://web.lexis-nexis.com.

[2]　ROSENBLUM J. The battle in seattle, 15 years on: how an unsung hero kept the movements united [EB/OL]. (2014-12-04). https://www.AlterNet.org/labor/battle-seattle-15-years-how-unsung-hero-kept-movements-united.

的反战演讲——《我为什么不能保持沉默》[1] 的原稿。AlterNet 在编辑栏中匿名转发该文的意义认为：“奥巴马就职意味着历史的进步，但阿富汗、巴基斯坦等地危险有可能升级，此时马丁·路德金反对越南战争的话语尤其有意义。”该文使用了另类媒体评论类文章常用的“诊断框架”“批判框架”以及“预后框架”，提供的信息是“反对战争”的理由，履行的是另类媒体“提供信息”“教育动员受众”的功能。

在主题类型方面，我们感兴趣的是 *NYT* 和 AlterNet 是否会因为其媒体定位、专业程度和媒体规模大小在议题呈现方面出现较大差异。通过对媒体所有样本的反复通读，再根据班纳特等学者对运动报道议题的分类，本书加入了（积极分子的）行动主义（activism）的主题，在初期统计过程中，未发现 *NYT* 有针对“会议 / 组织后勤”的报道，AlterNet 虽然零星提到过积极分子举行的小型宣讲会，但也未专门报道会议的议程，而只是作为某次事件的背景，主要内容是彰显积极分子的反对或赞成的意愿与行为。因而最后本研究删除了“会议 / 组织后勤”的类目，最后确定为 5 大类。

总的来看，积极分子的“行动主义”类议题（31.8%）是两类媒体比例最高的报道，其次是“全球化论争”（27.1%）和“既定秩序”（26.0%），两类主题的总数和报道比例区别不大，再次是“文化 / 风格”类的新闻报道（10.9%），两类媒体都较少关注“商业 / 经济发展”类新闻（4.2%）。这说明，与反全球化运动运动相关的报道，首先是一种“政治”类的议题，其文化和商业议题的面向较少。（见表 3.3）

表 3.3　*NYT* 和 AlterNet 中各类主题报道次数及比重

媒体 / 报道主题	*NYT*		AlterNet		合计	
	报道次数	比重（%）	报道次数	比重（%）	报道次数	比重（%）
全球化论争	16	34.8	36	24.7	52	27.1
既定秩序	8	17.4	42	28.8	50	26.0
商业 / 经济发展	6	13.0	2	1.4	8	4.2
行动主义	9	19.6	52	35.6	61	31.8
文化 / 风格	7	15.2	14	9.6	21	10.9
合计	46	100.0	146	100.0	192	100.0

两类媒体都注重报道包含“冲突”因素的新闻。其中，“行动主义”彰显的是积

[1] KING L M. MLK: Why I cannot be silent [EB/OL]. (2009-01-28). https://www.AlterNet.org/story/120762/mlk%3A_why_i_cannot_be_silent.

极分子的或赞成或反对的行为和意向，该主题本身就包含了积极分子观点和行动上与既定秩序维持者之间的冲突；而“全球化论争”则包含了全球化批评者所提出的全球化在社会、经济和政治方面引发的后果，如财富和财产的平均分配、发展中的民主参与、环境正义、公司和贸易体制透明与责任、减债、健康、人权和妇女权益、艾滋病、药品公司、住房问题、转基因食品、国际援助等议题。[1]这里，班纳特等人所总结的“积极分子议题”就是“全球化论争”[2]，这样看来，“全球化论争”包含的冲突主要是思想和观念上的冲突。“既定秩序”类议题更是包含了体制维护者与体制挑战者在各方面的冲突，尤其是物理和现实层面的冲突。

另外，“行动主义”“全球化论争”和“既定秩序”这三大类主题所占比例差异不大，一起构成了两类媒体中最为显著的议题。这说明反全球化运动的政治议题是不同媒体和普通公众普遍关注的层面，也可以推断出，以“积极分子”/“全球化批评者”为新闻主体的报道是主流媒体 *NYT* 和另类媒体 AlterNet 报道的共同点之一。

主流媒体 *NYT* 和另类媒体 AlterNet 在议题类别构成上的细微差异具体表现在议题的报道比例上，*NYT* 最为凸显的议题类别是“全球化论争”（34.8%），其后依次为“行动主义”（19.6%）、“既定秩序”（17.4%）、“文化/风格”（15.2%）、“商业/经济发展”(13.0%)。而 AlterNet 关注的依次为“行动主义”(35.6%)、“既定秩序”(28.8%)、“全球化论争”（24.7%）、“文化/风格”（9.6%），而“商业/经济发展”只占全部议题的 1.4%，几乎可以忽略不计。所以，可以推断，*NYT* 的报道注重“全球化论争”本身，其他主题报道则较为均衡，各个主题报道率相差不大；而 AlterNet 最为关注的是“行动主义”，和主流媒体 *NYT* 相比，另类媒体 AlterNet 更少关注“文化/风格”以及“商业/经济发展类”的议题。

三、AlterNet 中部分主题在运动不同周期内的分布：差异显著

本书研究不同主题在两类媒体上的比例构成时，同时还考虑到一个问题，比如在运动的不同周期、时间作为一个自变量的情况下，各类主题报道类型会不会因此而发生变化？考虑到主流媒体和另类媒体报道中，2001 年“9·11”事件、2003 年伊拉克战争、2008 年金融危机以及 2011 年的“占领华尔街”运动等几件重大政治、经济事件都在此期间发生，是影响反全球化运动议题构成和媒体态度立场不可忽视的语境，因此，本

[1] PARRIS G. We all have new battles to fight [EB/OL]. (2001-09-11). https://www.AlterNet.org/story/11492/after_9-11%2C_we_all_have_new_battles_to_fight.

[2] DOUGHERTY C. Anti-globalization activists change the debate. [EB/OL]. (2002-02-27). http://www.AlterNet.org/story/12517/anti-globalization_activists_change_the_debate; BENNETT W L. et al. Managing the public sphere: journalistic construction of the great globalization debate [J]. Journal of communication, 2004, 54(3): 437-455.

研究把这 15 年的时间跨度划分为四个阶段：① 1999 年 11 月至 2001 年 9 月；② 2001 年 10 月至 2003 年 12 月；③ 2004 年 1 月至 2009 年 12 月；④ 2010 年 1 月至 2014 年 12 月，并以此时期来看主流媒体和另类媒体中相关报道的主题类型和报道数量是否有变化。

经过编码和统计后（其中 AlterNet 中有两条新闻因报道时间无法判断，没有统计在内，所以有效篇目数为 190 篇）。我们发现，*NYT* 的报道数量和主题构成受运动周期关系影响变化较为明显，而 AlterNet 的报道数量和运动周期变化与 *NYT* 的变化趋同，但受运动周期变化关系影响不如 *NYT* 突出。

从表 3.4 我们可以清晰地看到，从西雅图运动开始到 2001 年 9 月，*NYT* 相关报道数占其 15 年来报道总量的 45.7%，而且报道主题丰富，涉及主题的 5 大类别，其中三大类别（“全球化论争”“既定秩序”与“行动主义”）占据报道的多数，与表 3.3 统计的主题类别构成的秩序相同。这表明 *NYT* 注重从政治层面来关注反全球化运动，关注运动中“积极分子”思想、行动或意向方面与既有体制者的“冲突”。2001 年“9·11”事件发生至伊拉克战争打响的 2003 年，长达两年多的时间内，与反全球化运动相关的报道在 *NYT* 转冷，只有 5 篇报道，占据报道总量的 10.9%。

表 3.4 *NYT* 不同时段内主题分布情况统计 （单位：篇）

时间段	全球化论争	既定秩序	商业 / 经济发展	行动主义	文化 / 风格	合计
1999.11—2001.09	10（62.5%）	5（62.5%）	2（33.3%）	3（33.3%）	1（14.3%）	21（45.7%）
2001.10—2003.12	1（6.2%）	1（12.5%）	0（0%）	3（33.3%）	0（0%）	5（10.9%）
2004.1—2009.12	5（31.3%）	0（0%）	2（33.3%）	2（22.2%）	4（57.1%）	13（28.2%）
2010.1—2014.12	0（0%）	2（25.0%）	2（33.3%）	1（11.1%）	2（28.6%）	7（15.2%）
合计	16（100%）	8（100%）	6（100%）	9（100%）	7（100%）	46（100%）

2004 年至 2009 年 12 月，有关反全球化运动的报道开始回暖，总共有 13 篇报道，占据报道总量的 28.2%，其中 5 篇报道主题是关于“全球化论争”的，4 篇报道属于“文化 / 风格”类。可以看出，第二阶段是“9·11”事件之后。由于政治原因，*NYT* 重点关注了“行动主义”和“既定秩序”等冲突性议题，没有报道商业与文化类的议题。第三阶段是伊拉克战争期间，*NYT* 没有提到既定秩序类话题，而是更多地展现了“全球化论争”和“文化 / 风格”类报道。第四阶段，也就是“金融危机”后果充分显现，“华尔街运动”发生的阶段，作为“西雅图之战”10 周年之后的反全球化运动后期，*NYT* 没有刊登“全球化论争”的议题，从样本来看，*NYT* 已转向于其他主题类的报道，特别是转向了国内的“商业 / 经济发展”议题，比如国内劳工报酬、盖茨基金对穷人的

意义等问题。*NYT* 还关注了传统“冲突”性议题——“既定秩序”类议题，此时段报道量占据 15 年来报道总量的第 3 位（15.2%）。

与 *NYT* 相比，AlterNet 在这四个阶段内的报道量分布有些差异，第一阶段，是西雅图之战发生时，反全球化运动深入人心的阶段，其报道量反而不是最高峰，只有 41 篇，占据 15 年报道总量的 28.5%，不到总量的 1/3，而 *NYT* 在第一阶段的报道达到了高峰（45.7%）。第二阶段，是 *NYT* 报道量最少的时期，AlterNet 的相关报道也处于最低值（15.2%），因此，两类媒体在这个时间区域的报道趋势相同，AlterNet 的报道比率要稍微高于 *NYT*，其报道主题依然关注“全球化论争”“行动主义”和“既定秩序”。前面提到过，含有这些主题的报道都是以“积极分子 / 全球化批判者”作为新闻主体之一的报道，这说明另类媒体受其意识形态的影响，即使运动在主流媒体遭遇报道寒流，但另类媒体依然以积极分子为话语主体，关注积极分子议题。第三阶段，是 AlterNet 运动报道量最多的时期，报道涉及各个主题，报道量是 53 篇，占据 15 年报道的 36.8%。第四阶段，AlterNet 与 *NYT* 一样，报道量均为四个阶段中的第三名。（见表 3.5）

表 3.5　AlterNet 不同时段内主题分布情况统计　　（单位：篇）

时间段	全球化论争	既定秩序	商业 / 经济发展	行动主义	文化 / 风格	合计
1999.11—2001.09	7（19.4%）	13（31.7%）	0（0%）	20（39.2%）	1（7.1%）	41（28.5%）
2001.10—2003.12	7（19.4%）	4（9.8%）	0（0%）	10（19.6%）	1（7.1%）	22（15.2%）
2004.1—2009.12	17（47.2%）	14（34.1%）	2（100%）	10（19.6%）	10（71.4%）	53（36.8%）
2010.1—2014.12	5（2.7%）	10（24.4%）	0（0%）	11（21.6%）	2（14.2%）	28（19.4%）
合计	36（100%）	41（100%）	2（100%）	51（100%）	14（100%）	144（100%）

这种结果与本章第一节的趋势研究稍微有些令人意外，实际上是我们把 2003 年至 2009 年的时间全部归为一个阶段的原因，这样其报道数量累计起来就占全部报道总量的最高了，所以实际来看，AlterNet 与运动相关的报道频率高峰还是在第一个时间阶段，也就是“西雅图之战”和“9・11”之前的时间。

从卡方结果来看，*NYY* 的五种议题在运动的四个阶段的分布差异不显著，但 AlterNet 在运动不同阶段，有两类议题分布差异较为显著：第一是“行动主义”类（X^2=8.605，df=3，p= 0.035< 0.05）；第二是“文化 / 风格”类（X^2=8.413，df=3，p=0.038<0.05）。仔细分辨，可以发现，“行动主义”在运动的第一阶段就得到了重点报道，第二、第三阶段没有变化（19.6%），第四阶段（21.6%），是运动中最为凸显的一个议题；而“文化 / 风格”类的议题只比“商业 / 经济发展”类议题稍强，但在运动的第三个阶段的报道占 15 年来比率最高（71.4%），横向来看，这说明在伊拉克战争和金融危机期间，

AlterNet 加强了议题的多元性，"全球化论争""既定秩序""行动主义"等议题类受到同样重视，这个阶段甚至还例外提到了两篇"商业 / 经济发展"类的议题。因此，第三阶段是另类媒体议题最为丰富、多元的阶段。

第二节　对客观性的偏离：AlterNet 作为积极分子媒体

根据洛杉矶加州大学信息研究系的莉·莱芜露（Leah Lievrouw）[1] 教授的说法，所谓的积极分子媒体（activist media），就是面向积极分子"行动或言语的行动主义"，是以内容为媒介，拒绝主流意识形态，批判并干预主流媒体及其文化的媒体。另类媒体之所以另类，原因之一是其在为积极分子的行动、利益及其信息传播服务时，注定会超然于专业新闻的"客观性"原则。在与主流媒体 *NYT* 比较其版面设置，话语引用，以及对自由贸易体制派 / 全球化支持者、积极分子 / 全球化批评者的态度方面，AlterNet 作为"积极分子媒体"的特点显露无遗。

一、偏向时政类新闻

NYT 关于反全球化运动的报道按文字长度来说已经属于超长报道，然而 AlterNet 还要更长，这是因为 AlterNet 是网络媒体，不拘于长度和篇幅的限制，那 *NYT* 作为纸媒代表（虽然也有网络版）则须充分考虑到人工费用和版面费，减少报道字数。另外，*NYT* 刊登的报道文章的位置（版面 / 栏目）、文章的主题类型、报道时间背景也可做出部分解释。

图 3.2 显示出反全球化运动相关报道的栏目变化，透射出 *NYT* 对运动立场的微妙变化。46 篇有效分析文章中，有"社论版"7 篇（第 3、4 篇可以忽略，本书删除这两篇读者来信后实际数目是 7 篇）；"外事版"7 篇；"财经版"6 篇；"国家版"5 篇；"都市版"3 篇，其中第 13 篇是错字订正，被编码员删除，所以实际只有两篇可供分析；"杂志版"两篇；"评论版"7 篇，包括书评 3 篇、时事政治评论 4 篇；"艺术 / 文化版"8 篇；"其他"版 1 篇（体育类）。

从总表来看时间和版面分布，我们发现，从第 1 篇到第 29 篇（2003 年 11 月 21 日），与运动相关的报道版面主要集中在"国家""外事""评论"等重要版面；财经版次之，从 2004 年 4 月 8 日"都市版"转为"书评版"，版面重要性则再次之。直到 2011 年 11 月 23 日才重新有一篇发布在"国家版"的相关报道（编号 44）；其他都是"文化""评

[1] LIEVROUW L. Alternative and activist new media [M]. Cambridge: Polity press, 2011: 17–19.

论”“杂志”等非政治经济类的文化休闲的版面。这说明从西雅图抗议到“9·11”事件发生之后，2003 年年底成为反全球化运动的一个分水岭，1999 年年底到 2003 年年底这段时间，关于反全球化抗议事件报道最多、最密集，报道被放置在涉及重大政治、经济事件的重要版面。其中，“9·11”事件之后，*NYT* 报道较多的是无政府主义者的形象问题，反美主义、反战运动；2003 年伊拉克战争打响之后，也就是 2004 年开始，反全球化运动相关议题再次遭遇重大转折。从此时起，反全球化运动相关议题已不再被 *NYT* 作为国内外政治经济重大议题。

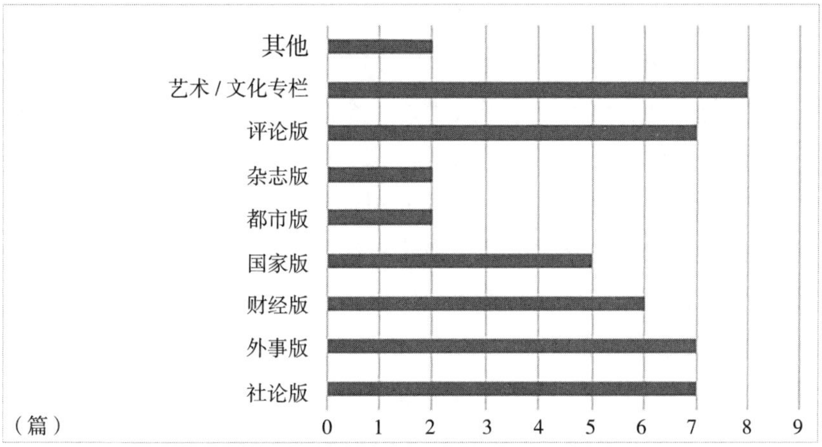

图 3.2　《纽约时报》有关反全球化运动报道版面分布情况

时隔 7 年之后，唯一发布在“国家版”上的报道，是 2011 年 11 月 23 日批评加利福尼亚大学校警滥用“胡椒粉”镇压支持华尔街抗议的学生的新闻。该报道关注各种故事的“戏剧”性，从网络上恶搞警察形象，专家解释用作食物的胡椒被女性用作防身之物，以及校长对校警的批评等琐事入手，“掀起”了报道中“人情味”框架的高潮，警察“扰民”的负面形象也因此建立起来。*NYT* 反全球化运动报道中，从 1999 年西雅图抗议开始，抗议者的负面形象在 11 年之后才得以推翻。

另外，有两篇专门讨论无政府主义者形象问题的文章被放入“都市版”当中，这说明，对作为反全球化运动中的主要抗议力量之一的无政府主义者，*NYT* 是把他们当作国内地区内部问题来看待的。2002 年 1 月 28 日发表这一年唯一一篇与反全球相关的报道，谈论的是《无政府主义者遭遇到形象危机》，讨论无政府主义者在“9·11”之后，面对着挑战“英雄”般的纽约大都汇警察的“自不量力”。另一篇是 2004 年 8 月 20 日的报道——《作为万能牌的无政府主义》——讲述的是积极分子组织争取公司基金支持的故事，勾勒出无政府主义者理想与现实的自相矛盾。

之后（2005 年 3 月 9 日 / 文章编号 34 至 2007 年 1 月 30 日 / 文章编号 40）关于玻利维亚、罗马尼亚等不发达国家中支持反公司 / 反全球化力量冲突的报道，被 *NYT* 放到“财经”版面而非“外事版”，重点讲述两种对立力量之间的微妙博弈，因此可以推测 *NYT* 把这些南部国家反对大公司、大企业的活动当作一般商业纷争，而非南部国家反对反全球化运动的积极分子的行动，这反映出 *NYT* 更关注议题的现实经济而非社会运动等政治面向的报道倾向。

“杂志版”两篇文章，一篇是 2008 年 10 月 12 日（文章编号 42），苏珊·桑塔格（Susan Sontag）的儿子——大卫·瑞夫（David Reiff）拷问以美国盖茨基金为代表的西方援助是否是非洲粮食危机恶化的背后原因。而 2014 年 4 月 20 日（文章编号 49）则以一篇全部样本中文字最长的一篇文章来讲述一个环保主义者（前面提到过），是本书发现的 15 年来（1999 年年底至 2014 年年底）最后一篇与反全球化议题相关的文章，该文章是一位反全球化运动积极分子代表之一金斯诺斯的个人传记，文章详细描述了该积极分子世界观的转变，组织活动时的仪式文化等主题。这两篇文章，第一篇文章以“我”对在非洲盖茨基金资助机构工作的非洲专业人士访谈，分析他们对未来的期望；第二篇则以“我”亲历积极分子领袖金斯诺斯组织的活动现场，观察、访谈，从中立的角度试图刻画一个“真实”的积极分子形象。这些报道和自 2004 年起发表的《没有骚乱的全球化》（文章编号 30）、《致那些憎恶现代世界的人》（文章编号 31）、《寻找水瓶星人》（文章编号 33）、《灾难深重之地的自由市场恶作剧》（文章编号 41）等书评，以及“艺术 / 文化版”上发表的《慢食运动聚餐会》（文章编号 39）报道，都涉及赞成 / 反对全球化这两个对立思想阵营关于全球化论辩的思想起源、行为艺术。

因此，从报道发表的时间和版面来看，占据重要的政治、经济类的新闻大多出现在 2003 年 11 月 21 日（文章编号 29）《迈阿密贸易谈判示威演变为一场闹剧》——“国家版”之前，加上 2004 年 4 月 8 日关于《无政府主义者是万能牌》——“都市版”，2011 年 11 月 23 日的（文章编号 44）《从人群控制到被嘲弄的形象：辣椒水余波记》——“国家版”，以及 2005 年、2007 年的发生在玻利维亚、罗马尼亚的报道——“财经版”（文章编号分别为 34、38、40），可以说，占据重要版面的篇目占样本总量的 63%（N=29/篇），其他文化、休闲、体育、音乐、书评以及没有标识具体栏目的报道比例是少数（37%）（N=17/ 篇）。

AlterNet 作为另类媒体中综合全国重要另类媒体的专版，除了利用自己“专门”的新闻生产人员——另类媒体记者或编辑之外，刊登并转发了其他同行另类媒体的文章，在 146 篇样本中，本书统计了 AlterNet 包含的专门栏目[1]，包括：“新闻与政治”（64 篇）、“全球化”（9 篇）、“窃听”（9 篇）、“环境”（9 篇）、“媒介”（7 篇）、“人权”（4 篇）、“偷窥”（4 篇）、“行动主义”（4 篇）、“伊拉克战争”（3 篇）；而“经济”“电影剪辑”“‘9·11’：一年之后”“2004 年选举”“录像”“与拉尔

[1] 详细目录可参看附录三：《AlterNet 反全球化运动报道清单 (1999—2014)》。

夫一起的路上”这 6 类都是两篇；而“跨性别”“劳工”“水”“世界”“毒品”“未经加工的故事”“占领华尔街”等栏目分别只有 1 篇，与未标注所属版面的报道合并归入“其他”，共计 21 篇。（见图 3.3）

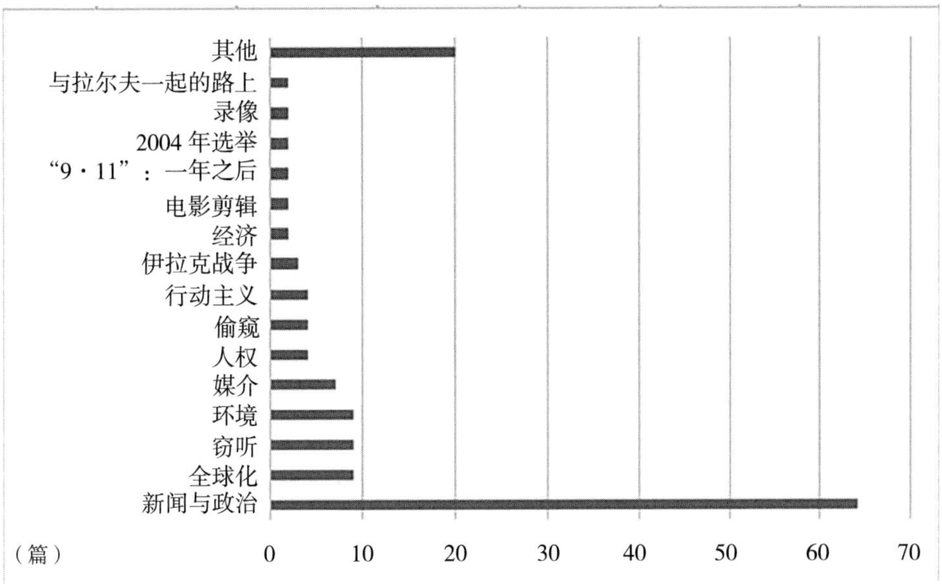

图 3.3　AlterNet 有关反全球化运动报道版面分布情况

这样一来，AlterNet 版面分层建构变得清晰可辨，从西雅图之战相关报道时间起至 2014 年年底 15 年内的报道中，占据版面比例最高的是“新闻与政治”栏目[1]，其次是“全球化”“环境”“窃听”（青年行动主义类）、“媒介”等栏目。也就是说，在反全球化运动相关报道中，另类媒体最重视的是政治类新闻；其次是与全球化事物相关的国际报道，学生 / 青年行动主义、环境议题以及媒介类的报道；再次才是人权、伊拉克问题、政治选举等报道。以上栏目中，没有主流报纸所常见的文化类商业 / 财经等栏目，虽然有经济类的两次记录，但只占总体报道的 1.37%，几乎可以忽略不计。

因此，本次统计结果中最为突出的一个发现就是，和 *NYT* 相比，AlterNet 过于彰显政治议题类的版面，缺乏对商业财经、文化休闲等其他版面的设置，版面结构单一。另外，另类媒体的栏目设置较为随意，其中，最为固定的是“新闻与政治”类栏目，少数栏目比如“全球化”、以青年行动主义为聚焦点的“窃听”“媒介”“人权”等栏目相对较为固定，而多数栏目的设定则并不固定，大部分原因是因为现实时政的变化临时添加的，而与此相关的时政议题结束后，该栏目就结束了，比如“伊拉克战争”；而其他类比如“与拉尔夫一起的路上”“电影剪辑”“2004 年选举”等栏目，在相关

[1]　详细目录可参看附录三：《AlterNet 反全球化运动报道清单（1999—2014）》。

话题结束后，这些栏目再也没有得到更新。可以推测，由于“挑战”主流媒体“谎言”是其生存的根本，所以这种版面结构与 AlterNet 本身政治设定有关，它一直强调对独立媒体所谓“自由的精神”这种意识形态的追求。

本书还发现，AlterNet 在重视政治类新闻的同时，为“挑战”主流媒体霸权，还体现出了与同行另类媒体的“团结”。从 146 次样本的版面分布来看，除了 71 次发表自己的记者或编辑的报道之外，AlterNet 还转发了其他同行媒体的“重要”[1] 文章 67 次；另外，不具名的次数（无法判断）有 7 次。很明显，AlterNet 转发同行的文章几乎高达一半（46%），自己生产新闻的比率不到一半（47. 26%），这点可以和 AlterNet 的版面设置面狭窄，只限于聚焦政治类新闻的特点不无类似，反映出 AlterNet“新闻”生产的“业余”气质。

其原因很可能是，第一，专业人手不够，大多另类媒体记者只是为“无言者”发言的积极分子或者是“异议人士”兼职。[2] 第二，受另类媒体意识形态的影响，其发布的报道大多用来“论辩”或“挑战”主流媒体“谎言”[3]，因而难免主观意识强烈，篇幅过长，缺乏主流媒体所追求的“平衡”的客观主义精神。第三，这些转发文章的另类媒体中，有在全美具有较高知名度的老牌另类媒体，比如杂志《国家》（*The Nation*）、《沙龙》（*Salon*）、《洛杉矶周报》（*LA Weekly*）、《村声》（*Village Voice*）、《太平洋新闻服务》（*Pacific News Service*）等；也有个人积极分子自己利用网络空间，创建类似博客的小众媒体。所以，AlterNet 报道中，与其版面 / 栏目临时变动较多一样，其新闻源也较为单一，过分依赖积极分子或者异议者。

从前面对两类媒体的报道时间及版面结构来看，我们得到了一个基本认识：主流媒体和另类媒体在报道与反全球化运动相关的新闻时，其报道数量和运动周期变化是趋同的，运动在高潮时两者报道数量多，反之亦然。不同的是，另类媒体在 2009 年年底运动 10 周年纪念以及华尔街运动出现后，呈现出报道的小高峰，而主流媒体 *NYT* 没有；在报道视角、报道篇幅方面，两者都倾向使用篇幅较长的报道，相比主流媒体，另类媒体第一人称使用比率稍高。另外，两者在报道议题版面方面呈现出一定差异：AlterNet 偏向使用“政治”新闻版面，缺乏其他版面的设置，版面构成单一。而 *NYT* 在运动高潮至 2003

---

[1] 这些另类媒体有 WireTap (8 次)；《国家》(7 次)；《在这些时代》(In These Times，6 次)；《太平洋新闻服务》(3 次)；法新社（Agence France Presse，3 次）；为变革而奋斗（WorkingForChange.com，3 次）；《对了！杂志》（YES! Magazine，2 次）；《进步》（The Progressive，2 次）；《公司瞭望》（Corp Watch，2 次）；托马斯·潘恩网站（TomPaine.com，2 次）；《热门访谈》（A Buzz Flash Interview，1 次）；之后大多都是转发 / 引用一次的另类媒体，比如：Between the Lines；Booman Tribune....

[2] COYER K, DOWMUT T, FOUNTAIN A. The alternative media handbook [M]. London, New York: Rutledge, 2007: 11. 19.

[3] FORDE S. Challenging the news: The journalism of alternative and community media [M]. London: Palgrave Macmillan, 2011.

年之间，报道版面多为重要的“政治经济”类版面的硬新闻，比如“国家”“外事”与“社论”，其次是“商业财经”与“都市”。2003 年运动转向低潮，*NYT* 相关的报道开始转向“文化 / 休闲 / 艺术”“书评”“杂志”等软新闻栏目，且相关报道急剧减少。

二、偏向积极分子话语引用

为考察班纳特等学者所指的“媒体近用”情况，发现“谁”在媒体中说话、“怎样”说话时，从消息源和话语引用的角度来观察是比较有说服力的。本研究在先行研究中，通读了主流媒体和另类媒体的全部样本，把反全球化运动报道涉及的话语引用主体分为 8 个类别，并分别统计了他们在 *NYT* 和 AlterNet 被引用的次数，其中，因为作为积极分子的全球化批评者 / 抗议者身份比较多样，我们把积极分子作为报道话语主体变量的同时，对积极分子进行了进一步的细分，以确定媒体报道中对每一个积极分子的媒介近用情况，有利于确定媒体报道对积极分子的“确认度”，观察媒体是否提及各类话语主体的身份、职位或社会关系网络。

从表 3.6 来看，我们发现，主流媒体 *NYT* 在话语主体引述方面，和 AlterNet 存在明显差异。首先，*NYT* 对各类话语主体的引用均值都高于另类媒体 AlterNet，特别是在对“跨国机构代理人”（比如 IMF/WB/WEF 等机构官员）、“企业 / 公司代理人”“劳联 / 工会人员”（比如卡车司机联盟主席 Hoffstead，劳联产业联的 Sweeney）以及“第三方专家 / 学者”类、“其他”类的引用频次明显要高于 AlterNet 的平均引用频次，具有统计学上的显著意义。比如在话语主体“跨国机构代理人”的引用上，两类媒体差异具有显著性意义 [$t(190)=3.205$，$p<0.005$；$M=1.11$，$SD=2.991$]，可以看出，*NYT* 在总体上更倾向给予各项话语主体更多媒介近用，消息来源比 AlterNet 使用资源更丰富，引用频率更高，这表明 *NYT* 更倾向于新闻生产的“客观主义”，力求“平衡”，至少在话语引用上做到了“都来说说”的形式上的客观。

表 3.6　*NYT* 和 AlterNet 对不同话语主体话语引述均值比较　（单位：次）

引述话语主体	*NYT*	AlterNet	t	df（篇）	p
1. 跨国机构代理人	1.11	0.23	3.205	190	0.002★★
2. 政府官员 / 人员	1.72	1.23	1.184	190	0.238
3. 企业 / 公司代理人	0.83	0.32	2.215	190	0.028★
4. 劳联 / 工会人员	0.78	0.16	2.966	190	0.003★★
5. 主流媒体人	0.80	0.75	0.172	190	0.864
6. 积极分子 / 抗议者	7.39	5.71	1.287	190	0.200

（续表）

引述话语主体	*NYT*	AlterNet	t	df（篇）	p
7. 第三方专家 / 学者	2.07	0.60	3.362	190	0.001★★
8. 匿名 / 普通群众	0.20	0.18	0.187	190	0.852
9. 其他	2.39	1.05	2.423	190	0.016★

注：p★<0.05；p★★<0.005

与*NYT*相比，AlterNet的消息源引用存在显著差异，明显倾向于引用“积极分子 / 抗议者”为消息源的话语，[t（190）=1.287，p=0.200>0.05；M=5.71，SD=6.251]，较少引用“自由贸易保护者”的话语。这里我们把话语主体“跨国机构代理人”“政府官员 / 人员”“企业 / 公司代理人”以及话语主体“主流媒体人”看作“全球化保卫者 / 反对抗议者”话语阵营的人，与之对立的则是话语主体“积极分子 / 抗议者”，这样从统计结果来看差别会更明显，另类媒体单单引用“积极分子 / 抗议者”话语主体一项的频次就大大超过了“全球化保卫者 / 反对抗议者”阵营话语主体引用频次相加的和（M1+M2+M3+M5=0.23+1.23+0.32+0.75=2.53<5.71）。可以看出，这与“另类媒体”其本身定位——挑战“媒介民主赤字”[1]的意识形态有关，另类媒体就是为对抗体制者主导的话语秩序而存在的，而作为现有秩序挑战者的“积极分子 / 抗议者”本身就是另类媒体青睐和服务的对象，这点回应了我们先前对另类媒体的疑问，即和主流媒体消息源引用秩序相比，另类媒体偏向使用“积极分子 / 抗议者”作为其首要的话语定义者[2]（primary definer），也就是话语引用排名第一的位置。

从统计结果来看，*NYT*对积极分子话语的引用频次（M=7.39），不但大大高于它自身对其他类型话语主体的引用频次，还高于另类媒体对积极分子引用的频次（M=5.71）。我们发现，这可能与*NYT*最后一篇描写积极分子金斯诺斯（编号49/2014年4月20日“It's the End of the World as We Know It……and He Feels fine”）的文章有些关系。前面讲过，这篇文章篇幅长达5,066字，文章中对积极分子金斯诺斯本人的采访和话语引用高达66次。但要排除极端例子（除去最大值66和最小值0之后，*NYT*对“积极分子 / 抗议者”话语引用频次的均值依然高于另类媒体对其积极分子引用频次的均值M=6.227>5.71），因此可以推断，*NYT*较高频次地将积极分子作为消息源，除了形式上对客观平衡的追求之外，并不排除运动中积极分子自身追寻媒体聚光灯的努力，或者主流媒体自身对运动议题的兴趣。

在*NYT*话语引用秩序中，处于引用频次第二高的话语主体是第7类——“第三方专家 / 学者”（M=2.07，SD=4.456），但实际上，如果把代表主流话语，也就

[1] 哈克特,K. 凯偌尔 . 媒介重构：公共传播的民主化运动 [M]. 李异平，李波，译 . 广州：暨南大学出版社，2011: 3.

[2] STUART A. News culture [M]. Buckingham: Open University Press, 1999: 68.

是代表“全球化 / 反对抗议者”阵营（话语主体 1、主体 2 和主体 3）的话语引用频次依次相加，我们发现主流媒体 *NYT* 依旧偏向于引用“全球化 / 反对抗议者”话语（M1+M2+M3=3.66>2.07），然后才是“第三方专家 / 学者”话语，而“匿名 / 普通群众”的话语引用是所有主体类型中最低的。

我们如果把“全球化 / 反对抗议者”作为政治精英，把“第三方专家 / 学者”作为文化精英的话，非常明显的是，在 *NYT* 的话语引用层级中，处于话语引用第一层级的就是政治文化精英了（M1+M2+M3+M7+M5=1.11+1.72+0.83+0.8+2.07=6.53>6.227），处于话语引用秩序底层的则是“面貌模糊的”的“匿名 / 普通群众”（M=0.20，SD=0.542）。这种研究发现印证了传统研究的一部分——主流媒体出于保守和维持“现状”（status quo）的立场而一贯偏向引用精英话语作为消息。如果不能完全印证，则是因为本次样本中，*NYT* 反全球化运动报道中，对积极分子话语的引用至少是和精英话语引用“势均力敌”，这点出乎意料也在情理之中，我们已经做出了一部分推测和解释，这种话语引用秩序与 *NYT* 新闻生产特征和日常报道惯例相关（平衡原则）[1]，也和批评自由贸易体制的积极分子自身努力争取媒体聚光灯的“确认度”分不开。[2]

与之相对的是，另类媒体 AlterNet 首先偏向引用“积极分子 / 抗议者”话语，在其话语引用秩序里，积极分子的话语遥遥领先于其他所有话语主体，其次是“政府官员 / 人员”（M=1.23，SD=2.171），再次是“第三方专家 / 学者”话语（M=0.60，SD=1.407），最后是“劳联 / 工会人员”（M=0.16，SD=0.607），“劳联 / 工会人员”的话语引用甚至还低于“匿名 / 普通群众”（M=0.18，SD=0.559）。除了前面提到的“跨国机构代理人”之外，在“企业 / 公司代理人”（t=2.215，p=0.028<0.05）、“劳联 / 工会人员”（t=2.966，p=0.003<0.005）、“第三方专家 / 学者”（t=3.362，p=0.001<0.005）以及“其他”类（t=2.423，p=0.016<0.05）方面，AlterNet 与 *NYT* 话语引用的差异都非常显著。这说明 AlterNet 的话语引用是一边倒的，完全以“积极分子 / 抗议者”话语引用为主，自由贸易体制阵营中的“跨国机构代理人”“政府官员 / 人员”“企业 / 公司代理人”以及“第三方专家 / 学者”话语等其他类人员的话语都没有得到重视，和 *NYT* 相比，其消息源通道狭窄，话语引用更为单一。但有一点需要注意的是，“劳联 / 工会人员”是反全球化运动积极分子中唯一持反对自由贸易立场的话语主体，但为何另类媒体对其话语引用却比 *NYT* 要低得多？

从名义上来看，虽然“劳联 / 工会人员”也是全球化批评者，应该与积极分子属于“自

[1] BENNETT W L. et al. Managing the public sphere: Journalistic construction of the great globalization debate [J]. Journal of Communication, 2004, 54(3): 437–455.

[2] RUCHT D. The Quadruple “a” : media strategies of protest movements since the 1960s [M]//WAN VDE DONK, et al. Cyberprotest: new media, citizens and social movements. London, New York: Routledge, 2004: 25–46.

由贸易反对者”这个话语阵营，但其话语引用在另类媒体中的较低地位不由得引人深思。研究者认为，这与另类媒体自身的意识形态定位有关，也和工会的管理组织特点有关。另类媒体偏向于挑战处于“主流”地位的“全球建制派”[1]，而劳联 / 工会作为美国一个传统的工人组织，它们有着和政府一样的体制结构，与政治体制者关系密切，比如竞选工会主席激烈，工会不同领袖为争夺领导地位，不惜互相攻讦[2]，为敦促政府“保护”工人权益，不惜发动工会人员上街游行，“关闭”西雅图 WTO 会议（根据 *NYT* 对工会和劳联的报道，世界才看到了“西雅图之战”）[3]。“劳联 / 工会人员”作为话语主体，在以华盛顿体系为首的全球治理体制中，类似于那些政治体系的建制派，一直拥有比实行“蚊子咬”[4]策略的积极分子更有话语权，可以说这点并不为另类媒体认同。

事实上，工会一直是民主党的支持者，在克林顿、奥巴马等民主党人当政期间，工会和其他大型 NGO 组织，比如环保主义组织“塞拉俱乐部”（Sierra Club）[5]以及“人权”和“消费者”组织，经常在政府间游说，呼吁采用贸易保护主义，反对发展中国家向美国出口商品，理由是“这些第三世界国家工人工作环境恶劣，不能成立工会保护工人”，违反人道主义精神，而且这些国家“不懂”国际贸易规则……工会批评指责美国政府把“穷国”带入 WTO，“抢走了”美国工人的工作。“9·11”事件后，在布什发誓要发动“反恐”战争，报复那些毁掉美国世贸中心的恐怖分子时，工会领袖又会要求他们和政府立场保持一致，搁置反对 WTO 的计划，这使得西雅图之战后，曾作为反全球化运动主力的工会退居幕后，直到 2011 年 10 月劳工领袖出面发动“占领华尔街”运动。[6]其后出现的两次分别是，加拿大魁北克钢铁工人抗议力拓公司（Rio Tinto）（AlterNet2012 年 5 月 27 日的报道），以及工会组织提议联名反对奥巴马政府的 TPP 协定（AlterNet 在 2013 年提到的报道）。[7]而 AlterNet 中唯一专门对劳工领袖进行报道是“劳工”栏目

[1] HAYDEN T. Talking back to the global establishment [EB/OL]. (2004-01-24). https://www.AlterNet.org/story/17593/talking_back_to_the_global_establishment.

[2] GREENHOUSE S. Candidate for teamsters presidency has eye on an Upset [N/OL]. (2001-07-01)[2015-08-19]. http://web.lexis-nexis.com.

[3] GREENHOUSE S. Trade pacts must safeguard workers, union chief says [N/OL]. (1999-11-20)[2015-08-19]. http://web.lexis-nexis.com.

[4] KAHN J. Globalization unifies its many stripped foes [N/OL]. (2000-04-15)[2015-08-19]. http://web.lexis-nexis.com.

[5] VERHOVEK S, GREENHOUSE S. National guard is called to quell trade-talk protests [N/OL]. (1991-12-01)[2015-08-19]. http://web.lexis-nexis.com.

[6] EIDELSON J. Labor and progressive groups join occupy Wall Street in solidarity March [EB/OL]. (2011-10-11). https://www.AlterNet.org/story/152619/labor_and_progressive_groups_join_occupy_wall_street_in_solidarity_march.

[7] FLOWERS M, ZEESE K. Believe it！ resistance to corporate power and warmongering is growing all around us [EB/OL]. (2013-09-20). http://www.AlterNet.org/activism/believe-it-resistance-corporate-power-and-warmongering-growing-all-around-us.

转发了知名另类媒体同行的一篇人物传记报道。[1]

所以，工会的科层制及其与政府的密切关系，使得另类媒体对工会的态度从一开始就是泾渭分明的；除了另类媒体与作为建制派的体制者保持距离之外，工会作为组织，经常以集体的面目出现也是一个原因。而作为少数边缘人群“代言”的另类媒体则一般由少数几个人举办，互联网时代，个人创建一个另类媒体往往很容易，“一台笔记本，一部移动电话”[2] 就可以，但如果要采访到有发言权，犹如社会名流般的工会代表，对于本身实行“乞丐管理”[3] 的另类媒体却并不容易，因而在区分不同类型的积极分子时，我们把各种劳联或工会的积极分子单独编码为“工会”，把“工会”积极分子与积极分子话语主体分门别类，但在笼统区分“支持”和“反对”全球化 / 自由贸易体制话语阵营时，依旧把“工会”人员归入“反全球化 / 反对自由贸易体制”人员中，和积极分子属“全球化批评者 / 支持抗议者 / 反对贸易体制派”同一大类。

三、对“另类媒体”与“第三世界”积极分子的媒介确认

总之，从表 3.6 可以清晰地看出，在另类媒体中说话最多的是“积极分子 / 抗议者”，其次是政府“体制”人员，再次是专家学者。和主流媒体一样，“匿名”普通人的话语引用处于消息源层级的最底层。众所周知，由于反全球化运动的复杂性，参与批判资本主义的抗议者“形形色色”[4]，各类积极分子是否都能成为另类媒体的消息源，得到“发言”的机会？另类媒体是否又能真正地为无言者发言？在此，研究人员把各色积极分子细分，并在记录积极分子发言时同时判定其身份，最终得到了 10 种作为话语主体的积极分子类型：1. 主流 NGO 积极分子（比如：塞拉俱乐部 / 绿色和平 / 乐施会 / 等大型知名 NGO 积极分子）；2. 学生 / 青年积极分子（比如美国学生联盟 /USAS）；3. 负责人 / 领袖型积极分子（think tank /veteran organizer 等）；4. 激进左派积极分子（激进左派、无政府主义者、民粹甚至有暴力倾向的积极分子 /Anarchists /Eco Terrorist/Black Bloc 等）；5. 另类媒体 / 人；6. 第三世界积极分子；7. 当地积极分子（aboriginal/local activists）；8. 匿名 / 草根型积极分子；9. 女权积极分子；10. 宗教积极分子。

对积极分子进行细分后，统计出来的记录如表 3.7 所示，主流媒体 *NYT* 和另类媒

[1] ROSENBLUM J. The battle in seattle, 15 years on: how an unsung hero kept the movements united [EB/OL]. (2014-12-04). https://www.AlterNet.org/labor/battle-seattle-15-years-how-unsung-hero-kept-movements-united.

[2] HARCUP T. Alternative journalism, alternative voice [M]. New York and London: Routledge, 2014: 145.

[3] CURRAN J, SEATON J. Power without responsibility: the press, broadcasting and new media in Britain [M]. London: Routledge, 2003: 16.

[4] ANOMYNOUS. End the movement against corporate globalization? [EB/OL]. (2011-09-20).http://www.AlterNet.org/speakeasy/2011/09/20/did-911-end-the-movement-against-corporate-globalization.

KAHN J. Globalization unifies its many stripped Foes [N/OL]. (2000-04-15)[2015-08-19]. http://web.lexis-nexis.com.

体 AlterNet 在对各类积极分子的话语引述上，只有在第 5 类“另类媒体 / 人”和第 6 类“第三世界积极分子”的引用频次上存在统计学意义上的显著性差异（“另类媒体 / 人”：X^2= 7.546，p=0.006<0.01；“第三世界积极分子”：X^2=5.656，p=0.017<0.05）。这种研究结果与前辈研究的结论相比，有类似也有新发现。

按照托尼·哈尔卡普[1]（Tony Harcup）等前辈的研究，另类媒体应该对具有身份地位的积极分子领袖、积极分子团体负责人给予足够的“确认”，对其话语引用频次要高于其他类积极分子，这里我们看到 AlterNet 146 篇有效样本中，对“负责人 / 领袖型积极分子”的话语引用次数为 78 次，占 AlterNet 对积极分子话语引用总量的 28.1%；而 *NYT*“负责人 / 领袖型积极分子”对“负责人 / 领袖型积极分子”的话语引用次数为 20 次，占 *NYT* 引用积极分子话语总量的 22.2%，两者引用频次差异不大。不过，单独来看，两种媒体依然偏向于积极分子中的“反精英”，因为它们对“主流 NGO 积极分子”话语引用的比例都是偏高的。把具有显著社会地位的“主流 NGO 积极分子”和第 3 类“负责人 / 领袖型积极分子”话语引用的比例相加，结果非常明显：*NYT* 中两类积极分子的话语引用的比例高达 44.4%，AlterNet 则高达 41.8%。

表 3.7 *NYT* 和 AlterNet 对不同积极分子话语引用次数及比重

引述的积极分子类型	*NYT*		AlterNet		卡方
	引用次数	比重（%）	引用次数	比重（%）	
1. 主流 NGO 积极分子	20	22.2	38	13.7	3.745
2. 学生 / 青年积极分子	6	6.7	19	6.8	0.041
3. 负责人 / 领袖型积极分子	20	22.2	78	28.1	3.611
4. 激进左派积极分子	9	10	15	5.4	2.089
5. 另类媒体 / 人	6	6.7	45	16.2	7.546★★
6. 第三世界积极分子	2	2.2	25	8.9	5.656★
7. 当地积极分子	6	6.7	11	3.9	0.933
8. 匿名 / 草根积极分子	18	20	36	12.9	2.541
9. 女权积极分子	0	0	5	1.8	1.778
10. 宗教积极分子	3	3.3	6	2.6	0.297

注：p★<0.05 p★★<0.01 卡方 df =1

具有显著性差异的是 AlterNet 对“另类媒体 / 人”的引用频次远高于主流媒体对其

[1] ATTON C, WICKENDEN. Sourcing routines and representation in alternative journalism: a case study approach [J]. Journalism studies, 2005, 6 (3): 347–359; HARCUP T.The unspoken–said.[J]. Journalism, 2003, 4(3): 356–376.

的引用，在另类媒体中，除了“负责人 / 领袖型积极分子”之外，处于话语引用秩序第二层级的是“另类媒体 / 人”，其引用频次（16.2%）要高于来自“主流 NGO 积极分子”（13.7%），与阿顿等前人研究发现的“另类媒体记者倾向于以专家或内行人的身份在另类媒体里发言”[1] 的结果相符。很明显，另类媒体积极分子在另类媒体中的媒介近用具有天然优势；利用另类媒体进行“说教”正是其利用或创办另类媒体的初衷，而主流媒体 *NYT* 对作为另类媒体人积极分子的话语引用只是点到为止，它更重视的是来自“人权”“消费者”和“环保组织”等传统大型 NGO 的积极分子和其他积极分子团体负责人[2]，从 *NYT* 涉及积极分子的几篇报道来看，这点十分明显，属于本研究重要的新发现：和普通积极分子相比，主流媒体和另类媒体都更偏向“确认”有社会、文化资本的积极分子——“反精英”。

比如，*NYT* 中 2000 年 4 月 15 日《全球化将其各路敌人团结在一起》（*Globalization Unifies Its Many Stripped Foes*）[3] 的报道，它讲述了 16 日、17 日周末两天将有 WTO / IMF 部长会议在华盛顿特区召开，各路“反全球化”/ 自由贸易体制抗议者“试图重新续写西雅图之战的辉煌战绩”，但这些积极分子团体之间却无法协调统一的故事。为强调积极分子各种团体之间的分歧，*NYT* 对各类积极分子负责人分别进行了话语引用，文章报道了其组织安排之间的分歧，比如“虽然宗教团体是减债口号的背后支持者，但他们决定和运动中任何试图在周日举行直接行动的行为隔离开来，相反，他们那天会参加上周早就安排好的集会，而‘施乐会、绿色和平’——‘两个最为知名’的社会与环境行动主义者团体已经和其中的主要抗议者联盟肃清了关系，虽然两个团体中‘仍然有成员会参加抗议’”。另外，报道强调了积极分子各团体在组织目标上的分歧，比如“施乐会”官员要求改革世界银行，使政府同意减债，而“全球交换”（Global Exchange）则想要世界银行和国际货币基金取消债务，负责培训“公民不顺从”的“喧闹社团”（Ruckus Society）领袖主任约翰 · 塞勒斯（John Sellers）则直接表达他对反全球化运动是否能维持其势头的担忧。

再比如，2001 年 10 月 8 日，即“9 · 11”事件发生之后，在《贸易抗议者：更慢、更悲伤的歌》（*For Trade Protesters, “Slower, Sadder Songs”*）[4] 报道中，为讲述反全球化群体努力打造与“9 · 11”后美国悲痛的气氛不一样情绪的新闻故事，*NYT* 至少列举了 15 个积极分子组织并采访其主要负责人，记者在报道中评论认为反全球化运动所面临的

[1] HARCUP T. I am doing this to change the world: journalism in alternative and mainstream media [J]. Journalism studies, 2005, 6 (3): 361–374.

[2] GREENHOUSE S. Trade pacts must safeguard workers, union chief says [N]. New York Times, 1999–11–20. VERHOVEK S, GREENHOUSE S. National guard is called to quell trade–talk protests [N]. New York Times, 1999–12–01.

[3] KAHN J. Globalization unifies its many stripped Foes [N]. New York Times, 2000–04–15.

[4] WAYNE L. For trade protesters, “slower, sadder songs” [N/OL]. New York Times, 2001–10–28.

窘境是“该运动曾经获得了环境团体和工会、无政府主义者和其他受人尊重的倡议性团体的支持”，但最尴尬的则是，这些积极分子及其团体反对的是“公司资本主义”，现实中却依赖来自福特、联合利华等公司每年的基金资助来开展活动，报道里反复提及“50年够了”（50 Years Is Enough，是一个倡议团体）、全球交换（Global Exchange）、喧闹社会（Ruckus Society，无政府主义组织）等主流 NGO 以及类似“创建者”（a founder / organizers of）、“副主任”（associate director ）、“委托人”（a trustee ）、“和平与正义项目的副主席”（vice president for peace and social program）等各类名头的积极分子。

总的来看，在另类媒体中媒介近用频次较高的依次是“负责人 / 领袖型积极分子”“另类媒体 / 人”“主流 NGO 积极分子”这三大类，其话语引用比例相加高达 58%，这表明，“负责人 / 领袖型积极分子”“另类媒体 / 人”以及“主流 NGO 积极分子”构成了积极分子话语类型中最具话语权的“反精英”团体。另外，和主流媒体 *NYT* 相比，AlterNet 中“第三世界积极分子”话语引用的比例要高，考虑到另类媒体本身的意识形态定位以及 AlterNet 主要依赖网络传播的因素，这个结论是符合研究者预期的，作为边缘人群中的边缘人，另类媒体确实要比主流媒体 *NYT* 容易近用得多。

从 AlterNet 报道来看，它不但关注 *NYT* 报道中难以提及的第三世界普通积极分子，比如一位条件艰苦的印度裔女积极分子（Premilla Dixit）为抵抗在纽约召开“世界经济论坛”做准备的故事[1]，还关注了在第三世界比如巴西、印度召开的[2]“世界社会论坛”，在捷克首都布拉格、墨西哥坎昆[3]以及在智利或玻利维亚举行的学生运动等边缘性[4]议题，这些报道正是 *NYT* 等主流媒体忽视的话题和人物，因此这些报道也可以看作另类媒体为“放大”被主流媒体“遮蔽”的议题，挑战主流媒体“霸权”的“媒介”行动主义。

另外，“匿名 / 草根积极分子”在主流媒体和另类媒体中引用率差异不大，“匿名 / 草根积极分子”的引用率与其他身份地位确认度不高的积极分子类型相比，在 *NYT* 和 AlterNet 中，算是引用比例较高的一类，高于“学生 / 青年积极分子”“激进 / 左派积极分子”；而引用率最低的两类是“宗教”和“女权”积极分子话语，这与反

---

[1] BAUDUY J. Preparing for the WTO counter-summit[EB/OL]. (2001-10-02). http://www.AlterNet.org/story/11776/preparing_for_the_wto; HARRIS S. Activists plan upcoming WEF [EB/OL]. (2002-01-20). http://www.AlterNet.org/story/12261/activists_plan_upcoming_wef_prote.

[2] BERKSHIRE J. In time of war, hope triumphs in porto alegre [EB/OL]. (2003-01-29). http://www.AlterNet.org/story/15063/in_time_of_war%2C_hope_triumphs_in_porto_alegre.

[3] HAYDEN T. Cancun files: the Seattle beat goes on [EB/OL]. (2003-09-09). https://www.AlterNet.org/story/16752/cancun_files%3A_the_seattle_beat_goes_on; HOLLAND J. Readers write: Hong Kong WTO edition [EB/OL]. (2005-12-21). https://www.AlterNet.org/story/29944/readers_write%3A_hong_kong_wto_edition.

[4] HELLERSTEIN E. Protests in chile: riot police clash with demonstrators protesting spending cuts [EB/OL]. (2011-08-11). https://www.AlterNet.org/newsandviews/article/648407/protests_in_chile%3A_riot_police_clash_with_demonstrators_protesting_spending_cuts.

全球化运动议题本身政治性比较强有关系，因为运动关注的是与“全球化”相关的政治、经济等宏大议题，而宗教和女权积极分子运动议题在其中比例较少，尤其是宗教积极分子，现实中，他除了随着反全球化初期阶段减债的呼声在*NYT*中出现过外再未出现过。

四、对全球化批评者 / 支持者截然不同的态度

前面部分探讨*NYT*和 AlterNet 对各类型的话语主体的引用，我们发现，两种媒体中“积极分子”类的话语引用比例都是最高的，其中，*NYT* 报道中除积极分子之外，引用名列第二的是“第三方专家 / 学者”，即文化精英话语。第三是体制精英话语，包括跨国机构人员、政府人员、企业机构代理人和主流媒体人员。第四是“其他”以及“工会”类，引用频次最低的是“匿名或普通群众”类。AlterNet 则除了大量引用积极分子之外，在“第三方专家”“跨国机构”“企业 / 公司”代理人引用方面和*NYT* 存在显著性差异，比率偏低，所以*NYT* 和 AlterNet 的话语引用秩序是颠倒的，*NYT* 中文化和政治“精英”话语与“积极分子”话语引用比例相差不大，而 AlterNet 则一边倒，倾向于大量引用充当积极分子 / “反精英”的话语，对与传统体制（建制派）有关的文化、政治精英以及工会人员引用比例过低。

在比较积极分子话语引用时，我们发现，*NYT* 偏向引用来自主流、大型 NGO 和负责人 / 领袖型积极分子的话语，而 AlterNet 除了偏向大量引用负责人 / 领袖型积极分子之外，还偏向于引用另类媒体积极分子，这是对积极分子不同类型话语引用的显著差异之一，另外一个明显不同于 *NYT* 的积极分子话语引用，则体现在对第三世界积极分子的话语引用频次上。总之，从话语引用频次可以判断出不同媒体对不同类话语主体的媒介“近用权”和媒介“确认度”的比例高低，但不同媒体对不同话语主题的具体态度、立场倾向如何？

本书也对以上话语主体类型进行了再次归类和综合分析：把前面讨论的话语主体中的跨国机构代理人、政府官员、企业 / 公司代理人以及主流媒体 / 人合并为“全球化支持者 / 自由贸易建制派”；把各类积极分子归为“全球化批评者 / 反对自由贸易派”，把拥有中立立场的学者 / 专家等独立人士划分为“第三方”，再次考察了 *NYT* 和 AlterNet 具体报道中对各方的态度倾向。态度倾向分为“正面 / 积极”（赋值为 1）、“中立”（赋值为 0）以及“负面 / 消极”（赋值为 –1）等三个方面，对两类媒体报道中对立的两方——“全球化支持者 / 自由贸易建制派”与“全球化批评者 / 反对自由贸易派”的态度倾向进行了编码并统计。

一般来说，AlterNet 中的报道受众大多是积极分子或者对积极分子立场抱有同情立场的受众，因此 AlterNet 中报道对积极分子的态度大多是正面、积极的，从标题和导语就可以判断出来，态度比较鲜明。比如在学生运动报道中，作者直接写道：“最了不起的是，宾州学生行动……”（The most remarkable thing about the Penn students’ action)。在 2000 年 4 月 25 日的报道中，AlterNet 对“己方”运动的描述是“富有进取心的、有韧性的、富有创意的反公司运动”(aggressive, relentless and innovative anti-corporate campaigns)，对积极分子的描述是“久经考验的老兵”(seasoned veterans)、“反血汗工厂运动中经验丰富的积极分子”(veteran antisweat activist)。对“他方”的报道有：“紧张的警察”(the cops were nervous)，把使用辣椒水、催泪弹等武器的警察称为“化学警察”(chemical cops)；“血汗工厂”(blood sweat)；“公司媒体谎言”(Corporate Media Disinformation)；“贸易问题凌驾于环境、劳工、消费者信息、国家主权、健康问题之上”(Trade Uber Allies, trade above environment, above fair working conditions, above full consumer information, above national sovereignty, above protection of health)。对权贵的批评有，“有钱人和有权人——精英阶层很难给我们一个均衡的报道，而那些记者，也不过是真实权力的仆人”(the reporters, however, are only the handmaidens of the real powers……)。

而《纽约时报》中，批评者给运动积极分子赋予的标签有“不负责任的恐怖分子”(irresponsible terrorist)、“狂暴的”(violent)；“凶猛的人/吵闹的人”(local rowdies)、“极端分子”(extremists)、“不守规矩、砸店面玻璃的人”(delinquents breaking windows on the street)、“无法无天的”(lawless and illegitimate)、“怪异的行为”(bizarre behavior)、“流氓”(thugs)、“虚伪的”(hypocritical)、“扰民的”(disrupted)、“白痴样的”(idiots side)等。可具体见雅各布·H. 福莱斯(Jacob H. Fries)于 2002 年 1 月 28 日在都市版刊登的文章《无政府主义者形象有问题》(*Anarchy Has an Image Problem*); 2001 年 4 月 22 日保罗·克鲁格曼的《推理——心与脑》(*Reckonings; Hearts and Heads*)；托马斯·弗里德曼于 2001 年 4 月 24 日的评论文章《为谁而抗议？》(*Protesting for Whom ?*)；2003 年 6 月 1 日的评论文章《万物之理》(*A Theory of Everything*)。

值得注意的是，有时候另类媒体中，当文章涉及对积极分子行动进行问题诊断，总结积极分子策略弱点等看似批判的评论时，其具体措辞对积极分子或自由贸易体制派的态度偶尔会令人目眩，表面上看起来似乎是对某些运动积极分子不太满意，但这个时候依然要看它的主要态度，要看标题、导语，或者是段首、段尾重要的或起中心句作用的语句。如文章《来自西雅图的教训》(Lessons From Seattle)[1] 的导语——“成千上万愤怒的公民能扭转跨国资本这一庞然大物的力量吗？”首先，从导语来看，AlterNet 反对自由资本体系的是“公民”，而跨国资本是“庞然大物”。其次，可以判断报道采用的是“公民”的视角，即运动积极分子的立场，而对跨国资本的态度则是负面的。细读报道，我们发现，从整篇的主要陈述来看，这篇报道设立的基调是正面报道“反对”自由贸易体系的积极分子，负面报道自由贸易体系派。

[1] 本书所引反全球化运动报道的详细信息另见附录二、三。

与另类媒体报道态度鲜明不同，*NYT* 中非评论性的报道，其态度则比较隐晦，当然也不排除有些 NYT 文章态度有时候非常明显、直接：比如在 2000 年 6 月 4 日《直面抗议》（Police Brace For Protests in Windsor And Detroit）（文章编号 10）的一篇报道中，报道直接称积极分子为“职业麻烦制造者”（professional troublemakers）。因此，对支持贸易体制的一方或对积极分子的态度判断中，在 *NYT* 中，编码员主要根据报道中带有情绪色彩的词汇（形容词、副词、动词）或语句来判断，首先判断这种词汇或语句的话语指向是“谁”（是支持自由贸易的派别还是反对自由贸易的积极分子派别）；其次再判断其态度情绪是正面还是负面的，有的文章则利用了混合框架，对话语主体态度毁誉参半时，我们可直接判断其为“中立”，有的文章如果并非刻意忽视或边缘化某些主体，那我们将其判断为“无法判断”，完全不涉及积极分子或者自由贸易体制的报道我们可以判断其为“不适用”。

统计过程中，我们发现在 *NYT* 和 AlterNet 的报道中，可以判断为“自由贸易派 / 全球化支持者”的有效报道为 166 篇（N=166），有 23 篇“不适用”，所以在统计过程中是有缺失的。从统计结果来看，*NYT* 和 AlterNet 的态度差异显著：*NYT* 对“自由贸易派”的态度是“中立”为主偏负面，AlterNet 则是“绝对”的负面。

从表 3.8 的数据来看，对“自由贸易派 / 全球化支持者”态度中，主流媒体 *NYT* 中持“中立”态度的报道比例最高（56.8%），持“负面 / 消极”态度的报道占所有报道的三分之一左右（35.1%），持“正面 / 积极”态度的比例最低（8.1%）。这与研究者的预设有一定差异，研究者认为主流媒体作为社会中现有主流意识形态的维护者，应该支持当时具有主流地位的“自由贸易派”，维护“全球化支持者”的话语，给予自由贸易派以正面积极的态度，结果，*NYT* 显现出来的态度是以“中立”为主，甚至自由贸易派“负面的”比例大大高于其“正面 / 积极”的形象，这与 *NYT* 多年来追求的“不偏不倚”的客观报道态度是相符的，与其对观点和人物保持“距离”、追求“真理”、“坏消息就是好消息”的批判倾向是相符的。而 AlterNet 的态度非常明确，对其负面报道高达全部报道的 91.5%，持中立态度的报道只有 6.2%，对其正面报道为零（0.0%），这点也符合前人对另类媒体的研究结论，因为另类媒体的存在就是为了挑战“霸权”，而作为当时积极分子反对目标和批评对象的自由贸易体制者，在另类媒体 AlterNet 报道中必然是负面 / 消极的“霸权”形象，所以，总的来看，主流媒体和另类媒体对“自由贸易派 / 全球化支持者”的立场差异非常显著（$X^2=64.950$ df=3 $p=0.000<0.001$）。

表 3.8　*NYT* 和 AlterNet 对“自由贸易派 / 全球化支持者”的态度统计表（单位：篇）

媒体 / 态度倾向	*NYT*	AlterNet	合计
负面 / 消极	13（35.1%）	118（91.5%）	131（78.9%）
中立	21（56.8%）	8 （6.2%）	29（17.4%）

（续表）

媒体 / 态度倾向	*NYT*	AlterNet	合计
正面 / 积极	3（8.1%）	0（0.0%）	3（1.8%）
无法判断	0（0.0%）	3（2.3%）	3（1.8%）
合计	37（100%）	129（100%）	166（100%）

注：X^2=64.950 df=3 p=0.000<0.001

统计过程中，可以判断，在 *NYT* 和 AlterNet 报道中，“积极分子 / 全球化批评者”的有效报道为 163 篇，有 26 篇“不适用”，所以在统计过程中是有缺失的，从最终统计结果来看，*NYT* 和 AlterNet 对“积极分子 / 全球化批评者”态度差异非常显著（X^2=66.395 df=3 p=0.000<0.001）。*NYT* 对“积极分子”态度模糊，AlterNet 对积极分子的报道呈现出“绝对”的正面。

具体来看，*NYT* 对“积极分子 / 全球化批评者”，也就是“自由贸易反对者”的态度较为模糊，保持“中立”态度与“负面 / 消极”态度比率相同（41.5%），对“积极分子 / 全球化批评者”抱有“正面 / 积极”态度的报道占有效报道中的 17.1%，高于对“自由贸易体制派 / 全球化支持者”的正面报道（8.1%）。这说明 *NYT* 对积极分子的态度是非常复杂的，剔除 *NYT* 自身的新闻生产惯例这一内部原因，剩余可以推测的原因中，应该考虑到“时间”和“运动发展变化”等外部因素。这里考察的报道涉及 15 年的跨度，可以推断，随着时间的推移以及运动周期的变化，*NYT* 不同记者在不同时间，对不同积极分子话语主体抱有的态度和立场存在微妙的变化，这也正是我们在后来要对具体时期的报道做具体研究、进行文本细读的原因。

相比之下，如表 3.9 所示，AlterNet 对“积极分子”话语主体的态度一目了然，呈现绝对的正面，满意率达 83.6%；保持中立态度的占 9.0%，只有极少数负面报道（5.7%），保持了另类媒体作为积极分子发言“扩音器”的功能和立场。

表 3.9 *NYT* 和 AlterNet 对“积极分子 / 全球化批评者”的态度统计表 （单位：篇）

媒体 / 态度倾向	*NYT*	AlterNet	合计
负面 / 消极	17（41.5%）	7（5.7%）	24（14.7%）
中立 / 偏向不明显	17（41.5%）	11（9.0%）	28（17.2%）
正面 / 积极	7（17.1%）	102（83.6%）	109（66.9%）
无法判断	0（0.0%）	2（1.6%）	2（1.2%）
合计	41（100%）	122（100%）	163（100%）

注：X^2=66.395 df=3 p=0.000<0.001

第三节 鼓动新闻的气质：AlterNet 的框架使用

一、偏向“片段”框架

1991 年，美国学者仙托·艾杨格（Shanto Iyengar）[1] 在继 1987 年的著作《至关重要的新闻：电视与美国民意》后又发表了一篇引人注目的研究——《有谁能负责？电视如何框构政治议题》，在这篇论文中，他论述了以“主题化”（thematic）、“片段化”（episodic）为主要框架的电视新闻是如何影响个人对政治议题归因的。艾杨格提出：“主题化”报道会把事件置入一定的语境当中，关注事件的发展趋势并提供一定的证据和分析，而“片段化”报道是仅仅把事件当作孤立的、源发于某一事件的个案，在这种片段化报道中，由于事件被去语境化，背景被抽离，运动被呈现出来的媒介形象往往是那些看起来毫无理性可言的“乌合之众”，给受众带来一种奇观效应，对运动产生弊大于利的影响。总之，“片段化”报道趋于琐碎化、流程化，容易使受众把看到的社会问题归因为个人责任，而主题化报道会对议题有一定深度的分析和背景的解说，因此容易让受众把社会问题归于社会体制等深层次原因。

对于为了抵抗主流媒体“谎言”而建立起来的另类媒体，其目的在于挑战“新自由主义话语秩序”，因此我们可以假设，除开之前的版面设置、话语引用差异以及对话语主体不同的态度倾向之外，另类媒体的“另类话语表达模式”还体现在它与主流媒体对运动不一样的修辞和叙事风格上，体现在对“全球化论争”与“行动主义”等积极分子议题不同的报道框架上。

根据前人对运动报道的几种通用框架的比较，我们把出现在主流媒体和社会运动研究中的几种常见的框架拿来考察 AlterNet 和 *NYT* 对反全球化运动的报道，以发现其叙事风格和修辞是否存在媒体间差异。这些常用的框架有：①文本结构框架：主题化框架 vs 片段化框架；②通用框架类别：冲突框架 vs 人情味框架；③功能框架类别：“诊断”框架、“批判 / 揭露”框架以及“预后”框架。考虑到另类媒体的特点，我们认为另类媒体存在的任务和目的就是以“另类”方式“努力”为“积极分子 / 全球化批评者”建构自我而认同，提供合法化的认知，并同时为积极分子制定“抵抗”方案 / 策略，进行共识动员，以便对“自由贸易派 / 全球化支持者”进行批判、揭露。

我们把以上提到的框架设为几个定类变量，在阅读完每篇文本后选择是与否，统

[1] IYENGAR S. Is anyone responsible? how television and frames political issues [M]. Chicago: University of Chicago Press, 1991.

计每篇报道是否使用该框架，判断“是”则赋值 1，判断“否”则赋值为 0，无法判断则是“不适用”赋值 3，计为缺失。另外，只有报道被确定使用了“诊断”框架的，后面才能进一步判断报道是否使用了“批判 / 揭露”的立场，没有诊断框架的报道，则直接进入是否有使用“预后”框架的判断。

从表 3.10 来看，*NYT* 和 AlterNet 的文本结构框架使用差异不明显（X^2=0.805 df=1 p=0.370>0.05）。*NYT* 在报道反全球化运动相关议题时，主题式框架和片段式框架比例一致，可以认为主流媒体在对运动进行报道时，对相关议题有深度的报道，也有对事件表面冲突的、肤浅的报道；从框架使用来看，处于平衡的状态。而 AlterNet 的结果发现令人意外，其“片段式”框架使用比例为 57.5%，超过了“主题式”框架（42.5%），这与我们预期不符，说明 AlterNet 对反全球化运动的报道中，占“事件性”的报道多，深度分析性、解释性的报道少，可以推测，和主流媒体相比，另类媒体报道的“专业”水平还有待提高，深度分析不够，有“小报化”倾向。

表 3.10 *NYT* 与 AlterNet 文本结构框架使用情况统计 （单位：篇）

	NYT	AlterNet	合计
主题式	23（50%）	62 （42.5%）	85（44.2%）
片段式	23 （50%）	84（57.5%）	107 （55.7%）
合计	46（100%）	146（100%）	192（100%）

注：X^2=0.805 df=1 p=0.370>0.05

二、偏向“冲突”“人情味”框架

从表 3.11 显示统计结果来看，我们发现了两类媒体框架使用的以下几个特征：

第一，两类媒体使用“冲突框架”的频率都比较高，但两者使用该框架的频次差异显著（X^2=5.465，df=1 p=0.019<0.05）。因为 AlterNet（91.1%）比 *NYT*（78.3%）更多地使用了该框架，我们推测这点和反全球化运动议题本身包含有冲突性的人或事件有关，也和另类媒体的新闻生产日常操作相关，因为另类媒体生产的是“挑战”主流话语“霸权”的“另类新闻”，其“抵抗”主流媒体的意识形态定位决定了其报道事件、议题中充满了更多的“张力 / 冲突”：①报道的新闻主体自然就含有持不同意见的 NGO、个人、集体的各类积极分子；②容易提出两方或多于两方的议题、事件、问题、想法、争论；③通常包含不同新闻主体与其他一方主体在议题、事件、问题、想法上的争议、冲突。

表 3.11　*NYT* 与 AlterNet 通用框架和功能框架的使用情况

通用框架	*NYT*	AlterNet	卡方
冲突框架	78.3%	91.1%	5.465 ★
人情味框架	82.6%	69.9%	2.877
诊断框架	65.2%	68.5%	0.172
预后框架	2.2%	24.0%	10.991★★
df=1 ★p<0.05，★★p ≤ 0.001			
揭露 / 批判框架	23.9%	37.7%	6.777★
df=2 ★p=0.034<0.05			

第二，两类媒体都较多地使用了“人情味”框架，但出乎意料的是，*NYT* 更多地使用了“人情味”框架，AlterNet 使用该框架的比例少于主流媒体 *NYT*，两类媒体在使用该框架上差异并不显著（X^2=2.877，df=1，p=0.090>0.05），这与我们的预期——另类媒体因为“确认”更多积极分子为新闻主体，其“人情味”框架使用频率更高的假设——不符。所以从显示结果来看，和 AlterNet 和 *NYT* 有以下共同点：①通过涉事方的传闻逸事来谈论与运动相关的议题；②使用了能唤起移情、同情、担心、怜悯和愤怒感觉的形容词或个人化描述；③突出了个体或团体被特定议程或政策影响的过程；④涉及新闻主体的私人或个人生活。虽然两类媒体都较多使用了冲突框架，不过，在我们读到 *NYT* 的 46 篇报道中，无论是对冲突事件的报道，还是与运动相关的评论，*NYT* 的报道更显“人性化”，而 AlterNet 也许是因为另类媒体人“业余 / 兼职”，也许是因为过于重视报道的“宣传”和“教育”目的，因而它的报道读起来更具有“说教”“灌输”“机械”“拖沓”等负面意味，与 *NYT* 报道所含的“人文关怀”、深度和专业性品质无法相提并论。

第三，两类媒体都较多地使用了“诊断”框架，在此框架使用上，两类媒体差异不明显（X^2=0.172，df=1，p=0.678>0.5）。数据显示，在反全球化运动相关议题的报道上，两类媒体都有对某些报道进行解读或分析并归因的实践，我们推测这与反全球化运动议题本身的深度和复杂特点有关系，也与两类媒体本身履行其教育大众、告知信息的功能的意愿有关。

三、偏向“揭露 / 批判”与“预后”框架

第一，在“预后”框架的使用上，两类媒体差异非常显著（X^2=10.911，df=1，p ≤ 0.001），其中，*NYT* 对此框架使用比率极低，只占其媒体报道的 2.2%，而

AlterNet 报道中，预后框架使用比率近乎 1/3（24.0%），这说明另类媒体针对某现象 / 问题提出了一个预后性的解决（微观 / 宏观的）方案 / 办法 / 计划的报道相对较多，*NYT* 则几乎没有。

第二，在判断报道中是否采用“揭露 / 批判”立场时，我们发现，两类媒体存在显著性差异（X^2=6.777，df=2，p=0.034<0.05），这说明，和主流媒体 *NYT* 相比，AlterNet 的报道中①包含了更多的批判性态度，对“某现象 / 问题”进行了强烈的批判；②包含了更多“公众不知情”的“揭秘”式报道，在内容、报道态度和立场上比主流媒体更为“激进”，这一点和我们之前的预设相符。

所以，总的来看，研究结果与我们的预设有相符也有不相符的地方。我们假定“另类媒体”会更多地使用诊断、揭露 / 批判以及预后框架，结果与预期相符；我们假定另类媒体会较多地使用主题式框架，对报道进行更深入的分析，提供报道背景，而结果正好相反，另类媒体使用的片段式报道要高出主题式报道 15%；我们假定主流媒体对运动报道时会利用“抗议”范式，使用更多的片段式报道，结果是主流媒体“不偏不倚”，主题式和片段式报道比率在 *NYT* 中“平分秋色”。另外，AlterNet 和 *NYT* 相比，都比较偏向使用“人情味”和“诊断”框架，在“冲突”“揭露 / 批判”和“预后”等三个框架使用方面存在显著差异，相对 *NYT* 较少使用“揭露 / 批判”和“预后”这两种框架，AlterNet 通常有接近 1/3 的报道使用了“预后”框架，为反全球化运动策划、动员，有 37.3% 的报道持有“强烈的批判立场”，进行了揭露式报道，因此可以推断，AlterNet 对运动报道中有争议的议题立场更鲜明，鼓动新闻的气质更明显。

第四章
反转的话语体系：反全球化运动在不同媒体中的话语表征

上一章研究的问题是：作为另类新闻出版中美国“鼓动新闻”代表之一的另类媒体——“另类网”（AlterNet.org）是如何呈现反全球化运动报道的？其报道议题类型，话语引用、报道框架和主流媒体 *NYT* 相比有何异同，在运动不同周期是否有所变化？在媒介近用、媒介确认度以及回应度三个方面是否更偏向积极分子或积极分子议题？在描述了这些全景式的问题之后，本章以文本细读的方式，利用批判话语分析中“意识形态”的理论视角对新闻媒体中“反全球化运动”报道进行话语分析，近距离观察“另类”新闻如何建构“反”全球化运动。本章继续以主流媒体 *NYT* 为主要参照系，将它与 AlterNet 对“反”全球化运动报道做对比研究，挖掘积极分子领袖话语和主流媒体意见领袖话语表达之间的差异，并以此凸显另类媒体反对“新自由主义”理念的身份构建和话语策略。

第一节　意识形态话语图式：一个群体的基本形象

在具体的政治、经济和历史条件下，任何群体都会有其特定的意识形态来规范其成员的行动和意愿，可以说，意识形态是由“一个社会群体成员所共享的一般性的基本思想体系，是将影响到他们对社会事件和局势的诠释并控制其话语以及其作为群体成员的其他社会实践的思想”[1]。意识形态是通过“公共话语”表达的，被日常生活中的“文本”和“谈话”重复传播和复制的。一般来讲，除了传统的教堂和学校，大众媒体便是常见的“公共话语”和“民意”的传播机器。但由于市场经济和社会群体利益不断分化，美国主流媒体在维护公共利益方面已经显得“心不诚，力不足”[2]。与主流媒体的所倡导的“客观”“平衡”“中立”的报道理念相比，另类媒体更体现出“鼓动／倡导新闻（advocacy journalism）”的特征，维护“积极分子”的反对性意见及其公共利益。

所谓“鼓动”新闻，是指以“揭秘”“反战”“环保”等主题为主，带有明显的目的和立场的新闻报道。[3] 以 AlterNet 为例，它以“另类”作为网站名来标榜其鲜明的立场，显示其内容与主流媒体的不同，其新闻报道就带有明显的鼓动新闻特征，比如，第一，反对企业特权，反对代表新自由主义势力的“商品化”“私有化”等消费主义倾向；第二，反对美国的好战政策，揭秘或质疑政府和特权阶层的不当行为；第三，挑战“媒体民主赤字”，补充被主流媒体忽视、漏报的“边缘”议题；第四，面向底层受众或社会边缘人士，发布反对性意见（反精英）的主张和讲话，以“教育”并“鼓动”其受众。

[1]　迪克．话语研究多学科导论 [M]．周翔，译．重庆：重庆大学出版社，2015: 344.

[2]　李异平．试论美国另类媒介．国际新闻界 [J]. 2010(1):102, 101.

[3]　李异平．试论美国另类媒介．国际新闻界 [J]. 2010(1):102, 102.

本书绪论提到过，“另类媒体是一种外在于建制的（established system）的，由不同规范、目标和理想所激发的组织、生产和使用媒体的方法，这些方法不同于那些我们在日常媒介使用中所碰到的商业和公共组织使用的方法。换句话说：另类媒体就是一种可以挑战资本主义媒体产业的空间（sphere），这种空间组织并生产那些旨在创建批判性内容，挑战霸权的方式”[1]。所以从理论意义上来说，另类媒体就是某种“意识形态”的产物，是一种作为生产不同于“主流”媒体内容、方式和方法为根本目的的“存在”。另类的话语表达包括了挑战主流话语霸权的实验性形式，重新编码的语言，提出了草根社会运动的政治要求和观点，“是社会变革和文化研究的桥接者”[2]。相对于把“另类媒体”作为挑战“新自由主义话语霸权”利器的主流媒体，大众媒体则受到了人们的严厉批判，批评者的观点是，“大众媒体是被新自由主义市场逻辑圈地（enclosure）最为严重的社会机构之一”；且“大众媒体至少应该为新自由主义教条的推广和贯彻执行负有责任”[3]。

这样来看，不论是主流还是另类，媒体都是包含了不同话语主体各自意识形态的“容器”，那么，挖掘这另类媒体所包含的“意识形态”话语，图绘出不同话语所包含的“意识形态图式”与“意识形态方阵”是一项非常有意义的探究。根据图恩·梵·迪克的说法，“意识形态就像一个群体的基本形象，包括利益及其与其他社会群体的关系（权力、抵抗、竞争）”；描述意识形态的“最简单的办法是给出诸多意识形态命题的列表”，这些列表中的命题一般与关于群体基本属性的命题类别相关。从表 4.1 中的几个范畴所构成的“通用图式”[4]来看，我们可以得到另类媒体作为一个“异议”群体，如何发展“自我概念”并在社会中集体共享经验的图像。

表 4.1　意识形态结构的示意范畴

类别	命题
1. 身份	我们是谁？谁属于我们？我们从哪里来？
2. 活动	我们通常做什么？我们的人物是什么？
3. 目标	我们想要获得什么？

[1] FUCHS C, et al. Capitalist crisis, communication and culture: introduction to the special issue [J]. Triple c, 2010, 2(8): 193–204.

[2] ANDERSSON L. There is no alternative: the critical potential of alternative media for challenging neoliberal discourse [J]. Triple C, 2012, 10(2):762–764.

[3] GRANTHAM B, MILLER T. The end of neoliberalism [J]. Popular communication, 2010, 8(3): 174–177.

HALLIN D C. Neoliberalism, social movements and change[M]//Hesmondhalgh D, TOYNBEE J. The media and social theory. London: Routledge, 2008: 43.

[4] 迪克．话语研究多学科导论 [M]. 周翔，译．重庆：重庆大学出版社，2015: 349.

（续表）

类别	命题
4. 规范和价值	对我们而言，什么是好 / 坏，什么是被允许或禁止的？
5. 群体关系	谁是我们的同盟者和反对者？
6. 资源	我们拥有或缺乏权力的基础是什么？

迪克还说过：“由于意识形态话语控制的一个总体策略在于对意识形态图式中‘群体关系’范畴的表现，即内群体和外群体在文本或者谈话中的再现，典型范本是由意识形态名词‘我们’和‘他们’来再现；而且这种意识形态深层次的结构很大程度上是两极化的，所以我们可以预料到在意识形态情况中也是如此。”[1] 为此，在总结这种情况时，迪克勾勒了一个包含四种互补的综合策略——“意识形态话语方阵”。

从图 4.1 来看，意识形态方阵中的“元策略”显示：群体成员倾向于正面谈论或正面描述自己的群体——“内群体”，并且“负面地”呈现被他们界定为“他者”的群体，比如“敌人、反对者、竞争者”等有着不同于自己群体意识形态、态度、社会认知的“外群体”。而对这种群体及其关系的研究，我们在社会心理学和社会研究中常常能观察到，它要求对话语进行复杂的分析，超越简单描述内群体或外群体属性特征。根据迪克的总结，对外群体负面特征的强调一般由“语义”结构和“形式”结构等方面的多种策略来达成。

强调我们好的地方	强调他们坏的地方
淡化我们坏的地方	淡化他们好的地方

图 4.1　意识形态方阵

因此，研究者可以利用语义结构中的“负面话题”“描述层面”“言外之意”“命名”“预设”“情态化”，以及形式结构中的“超级结构”，强调负面意义的“视觉结构”“修辞重复”等维度，来观察媒体如何参与到贬低作为“他者”的“外群体”的话语再生产当中，比较和呈现 *NYT*、AlterNet、DN! 等主流、另类媒体如何定义自身的“身份”“活动”“目标”“规范和价值”及其“群体关系”，如何利用“资源”来呈现“我们”与“他们”等不同群体之间的心理模式和态度。

[1] 迪克 . 话语研究多学科导论 [M]. 周翔，译 . 重庆：重庆大学出版社，2015: 357.

第二节　主流媒体对新自由主义话语的偏袒

一、新自由主义话语的首要定义者：专栏作家与“社论”

由于“社论”版面刊登的报道一般是“最具”意识形态的内容，因此我们近距离研读刊登在“社论”版面的 7 篇报道（见本书附录三：《〈纽约时报〉反全球化运动报道清单（1999—2014）》），整理出其中含有的“负面”话题，识别出其语义的“超级结构”，并判断其描述层面的“细致度”“言外之意”“命名”或者“指示代词”等表示负面意义的策略和结构。

从 4.2 表来看，7 篇社论中，保罗・克鲁格曼的文章最多，其次是托马斯・弗里德曼，最后是安东尼・刘易斯（Anthony Lewis）。这三位专栏作家都是拥有美国巨大“社会、文化”资本的话语精英，同属支持“自由贸易体制派”的学者，也是“企业 / 公司全球化”的首要定义者（primary definers）。

表 4.2　*NYT* 样本库中的 7 篇社论报道

报道时间	篇名	字数	版面 / 栏目	作者
2000/02/16	《推理：一个美国派》 （Reckonings：An American Pie）	721	社论	保罗・克鲁格曼
2000/03/22	《推理：天然杀手》 （Reckonings：Natural Born Killers）	717	社论	保罗・克鲁格曼
2000/07/08	《在家犹如在国外：亲爱的拉尔夫》 （Abroad at Home：Dear Ralph）	706	社论	安东尼・刘易斯
2001/04/22	《推理：心与脑》 （Reckonings：Hearts and Heads）	739	社论	保罗・克鲁格曼
2001/04/24	《外事：为谁而抗议？》 （Foreign Affairs：Protesting for Whom?）	736	社论	托马斯・弗里德曼
2001/05/23	《推理：我的漂亮大房子》 （Reckonings：My Beautiful Mansionette）	708	社论	保罗・克鲁格曼
2003/06/01	《万物之理》 （A Theory Of Everything）	764	社论	托马斯・弗里德曼

保罗・克鲁格曼是美国著名的经济学家，先后在麻省理工学院、普林斯顿大学担任经济学教授，2008 年因为其在“新贸易”理论和“新经济地理学”的贡献而获诺贝

尔经济学奖，现为纽约大学研究生院杰出教授，著有 27 部作品，被评为世界上最有影响力的经济学大师之一，2007 年他在自己的《一个自由主义者的良心》的书中，自我评价为“现代自由主义者”[1]。

托马斯·弗里德曼，*NYT* 专栏作家，曾三次获得普利策奖，知名作家，关注“外事”“全球贸易”，以及“全球化”“中东”“环保”等问题，弗里德曼对全球化的重要观点是：“单个的国家必须为全球化机构比如资本市场和跨国公司让渡出一定程度的经济主权”，他把这种情况叫作“金色紧身衣”。他在中国最为知名的畅销书之一就是《世界是平的》(*The World is Flat*，2005)。他曾经在 *NYT* 发表文章《中国需要自己的梦》(China Needs Its Own Dream)，该文被译为中文后，他本人也因此被誉为使得“中国梦”一词流行的功臣，但也有批评者认为他是一个“自由锡安主义者”。2012 年 7 月 25 日，美国另类媒体人，曾经的民权诉讼律师格林·格林沃德(Glenn Greenwald)在另类媒体《沙龙》中写道：“要理解美国作为一个衰落帝国的原因，在美国精英中，他就是唯一一个强有力的证据。”[2]

安东尼·刘易斯也是美国知名公共知识分子之一，他 1948 年毕业于哈佛大学(这也许是他在稿件中写到他和 Ralph Nader 曾是同学的原因)，曾两次获得普利策奖，被誉为美国法律界新闻业创始人。在为 *NYT* 专栏写稿的同时，还在哥伦比亚大学新闻学院担任该学院的首席教授，为研究生讲授“第一修正案”和“高院”课达 23 年，曾在哈佛大学、伊利诺伊大学、亚利桑那大学、加利福尼亚大学等大学授课；2013 年因病去世后，被哥伦比亚大学新闻学院系主任评为“美国自由主义时代中自由主义声音的定义者之一”[3]。

总之，这三位都是 *NYT* 连续几十年来的专栏作家，因此，理解这三位作者在反全球化运动相关报道中的观点，无疑是理解主流媒体 *NYT* 在当时历史、社会语境下，支持自由主义体制者对“运动”相关的人或事最为“主流”的看法了。

二、“隐喻”：美国派(Pie)、天敌、大房子与美国梦

(一)隐喻一：反对“全球化”的抗议活动就如“美国派”一样常见

2000 年 2 月 16 日，克鲁格曼在 *NYT* 的第 5 版发表了一篇社论——《推理：一个美国派》(Reckonings：An American Pie)的报道：时任 IMF“总司令”的米歇尔·康德苏(Michel Camdesssus)在曼谷遭受了一位从美国尾随而来的反全球化积极分子的

---

[1] 自 2005 年起《纽约时报》为克鲁格曼开办专栏，《一个自由主义者的良心》(*The Conscience of a Liberal*) 这部书为其 2009 年的专栏文章结集出版。

[2] FRIEDMAN T. The lexus and the olive tree [M]. New York: Farrar, Straus and Giroux, 1999: 87–88.

[3] NICHOLAS P F. Anthony Lewis, Pulitzer winner and crimson mentor, dies at 85 [N]. Harvard Crimson, 2013-03-26.

蛋糕袭击，由此引出克鲁格曼对西雅图抗议和未来四月华盛顿召开的IMF/WB部长会议抗议缘由的比较。他回顾了反全球化分子的历史文献，认为反全球化分子对经济发展趋势理解不清，并论证说“现代化的自由贸易体制”对发展中国家贫困人口实际上是有利的。最后，克鲁格曼认为发展中国家对于WTO议程也有自己的不满。它们一不相信发达国家会真心帮助它们消除贫困，二怕无法提供抗议者们想要的国际劳工权利条件和环保标准，因而在WTO体系中没有话语权。报道中的“美国派”成了反全球化运动报道中的一个“隐喻”——积极分子的“抵抗”与“反对”全球化的行动主义，就犹如美国日常生活中的甜品，随处可见；克鲁格曼的言外之意是，积极分子对全球化的抵抗，第三世界对自由贸易体制的复杂心态，犹如日常的美国甜品，并不稀罕，但如果使用不当，美好的东西就会变得稀烂，甚至堕落为哗众取宠的、无厘头的噱头，而所谓的现代世界，和前全球化时代相比，并没有积极分子想象中的糟糕。

谈起全球化，米歇尔·康维苏也许清楚，作为IMF的总经理，他最后的讲话有可能会招致一些抗议，但他肯定没有想到一位美国积极分子会尾随他来到曼谷，而且朝他脸上扔了一个奶油蛋糕。

那位美国人，是希望把四月份将在美国华盛顿举行的IMF/WB部长会议变成第二个西雅图的想法的群体代表之一，当然，星期天扔蛋糕的事儿，不过是个公开的噱头罢了。不过这种象征——一位美国人跑到亚洲来帮亚洲人逃离全球化，不论他们想还是不想被拯救——绝对是一件不得不提的大事儿。

我们不得不承认，讲坛大厅外面确实有一些泰国人在抗议；我们也不得不承认IMF貌似比WTO更流氓一点，WTO就那样奇怪地被妖魔化，成了西雅图抗议的靶子，而IMF也不过和WTO一样是一个世界性政府罢了；不过，在多事之秋，至少是在金融危机时刻，WTO对IMF贷款所施加的条件，确实使得IMF有对各个主权国家政策发号施令的嫌疑。

而WTO，实际上，基本上就是一个商业法庭，它所能决定的只是哪些国家违背了它们已经同意了的协定而已。（比如说：美国可以设定任何它喜欢的环保标准，但不得违反非歧视性原则，不能把进口汽油提高到比国内产品更高的标准。）

过去在西雅图抗议的和将来那些要在华盛顿抗议的，他们可弄不明白，对他们来讲，抗议商品的自由贸易和他们抗议短期资本的投机流动都是一样的；不仅对短期的经济危机，而且对世界经济的长期趋势，他们都同样以沮丧的眼光来看待。这就是美国人跑到泰国来闹事的原因。所有的地方，对全球化的抗议都是如此令人不可思议。本来泰国就已经是那些出口导向型经济成功的故事范本，是WTO及其自由贸易议程最好的广告了。

你可能会说，等一下，难道最近不是才发生过可怕的金融危机吗？是的，不可否认，确实有，而且是IMF没有处理好，但泰国的经济在恢复，而且后危机时代的泰国比之前更好了。

对西方发达国家的参观者来说，这点可能不明显。曼谷城内很多地方都有摇摇欲坠的棚子，交通堵塞，犹如城市的噩梦，依然贫穷得超乎多数西方人的想象。但正是这样，在某种意义上，这就是要点了：因为发展中国家依然那么穷，对于那些粗心大意的观察者来说，似乎受剥削的情况，也比相反不受剥削的情况看起来好得多。

试想一下那些反全球化分子的历史吧，比方说：那些铺张浪费的、整篇整篇的，由“转点工程”（Turning Point Project）安插到报纸上的广告（顺便问一下，谁为这些广告出的钱？），和你们想象中的“前”全球化时代，一个田园牧歌时代，快乐的农夫与自然和谐相处的时代相比，你们这些人，一而再、再而三地只看得见现代社会丑陋的一面。还是查一查出口增长期之前人们生活的实际情况吧，可别介意什么GDP，我们要谈的是基本的医疗和健康问题。你会发现，“前”全球化时代社会里，人的生命是一个肮脏、粗鄙且短暂的存在，比如，1975年时，每6个泰国农村人口中只有一位有安全用水的机会，而如今，5人中有4个，占4/5。

也难怪，那个时候，不少第三世界领导看不起那些自诩为第三世界朋友的西方人，用墨西哥总统埃内斯托·赛内略（Ernesto Zedillo）的话来讲，那些人“下决心把发展中国家从发展中拯救出来”。

当然，那些发展中国家有它们自己对世界贸易体系的理解。主要是因为它们对国际贸易有更多而非更少的渴望：它们对那些宣称自由贸易优点多多的富国在它们有可能出口的产品上设置过多的障碍非常生气，而且它们也想在WTO做决策的过程中有更多发言权——大部分是因为它们害怕WTO会屈服于那些西雅图式人物的要求之下，让它们承担那些它们根本承担不起的劳工、环保之类的责任。

它们不想那些富有的西方朋友们告诉它们——令人奇怪地，在一些发展中国家最终好不容易获得一丁点实在的经济势力的时候——现代世界是多么糟糕。

在这篇看似波澜不惊的评论中，克鲁格曼多次使用不同的人称代词来指代自由贸易体制支持者/反对者以及第三世界的人们，并利用“设问”“对比”“转折”“重复”“借代”“讽刺”等不同形式的修辞来建构“负面话题”和“言外之意”，勾勒出文章意识形态结构中不同“群体”的“规范和价值”“目标”“活动”“身份”以及“资源”等范畴。本研究标出指代同一个群体及其关系的名词或代词短语，勾勒一个意义圈，这个意义圈包含了该群体的身份、活动、规范和价值。

从文章来看，前三个群体是克鲁格曼描述的与“全球化”——自由贸易议程相关的当事人，第一个群体代表 WTO 和 WB 一方，是制定全球化贸易协定这一游戏规则的一方；第二个群体是反对“自由贸易”的反全球化积极分子，主要是来自美国的闹事者，代表了“过去”——1999 年年底在西雅图抗议第 5 次 WTO 会议的积极分子群体，也代表了“将来”（2000 年 4 月 16 日至 17 日在华盛顿要召开 IMF/WB 部长会议）要在华盛顿抗议的积极分子群体；第三个群体则是第三世界，是想要参与“自由贸易协定”的发展中国家；第四个群体是潜在的读者。

第一个群体，在这篇文章里，是以 IMF 总经理米歇尔为代表的“自由贸易体制”/支持全球化阵营，是全球化阵营的话语权代表者，实际上是对自由贸易体制、对经济全球化的各项政策最有发言权的人，但在这篇文章里，他仿佛一个无辜的受害者，其代表的体制力量——WTO 也只是“就那样奇怪地被妖魔化，成为西雅图抗议的靶子”，如果说克鲁格曼没有讽刺、揶揄以他为代表的群体的话，那至少也是对他这个群体隐含了同情的，而且，提到这个群体，文章里很少用形容词、动词等可以进行细节性描述的语义结构。

第三个群体是第三世界 / 发展中国家，这篇文章里以“泰国”为“范本”，克鲁格曼认为泰国是一个全球自由贸易体制政策下的受益者，从积贫积弱的“前全球化时代”转变为了一个出口导向型的国家，经济条件有极大改善，即使不谈 GDP，只看其医疗和健康问题就可以证明。虽然发展中国家在 WTO/WB 的自由贸易议程下已经获得一些发言权，但泰国人对那些“自诩为发展中国家朋友”的西方人持怀疑、否定的态度，因为他们害怕那些“西雅图式”的抗议者们给 WTO /IMF 或美国政府施压，迫使 WTO 等机构改变自由贸易协定中的条款，比如附加上“反全球化积极分子”们所要求的“劳工、环保”等西方主流国家主导的条款。总之，这个群体是“毁誉参半”的第三世界国家，是 WTO 游戏体系中新晋的参与者，没有参与 WTO 自由贸易体系之前，社会处于“前全球化时代”的悲惨世界里，是缺乏话语权的，需要西方富有国家真正的帮助，而不需要那些“粗心大意的观察者”——“自诩为穷人朋友”的积极分子。

所以，这篇文章的重点其实在其“一个美国派”所表达的隐喻，在于“美国派”所代表的“言外之意”：对这里的“积极分子”群体，克鲁格曼通过使用各种不同的指示代词，比如多次使用“那些人”来表达对这一群体的贬义，再比如，他们是无法区分“商品的自由贸易和短期的资本投机”的一群人（愚笨、不明是非、不分轻重），是对“前全球化时代”——“一个田园时代”抱有美好幻想的保守分子，是一群“过去在西雅图抗议，将来还要在华盛顿抗议”的秩序骚扰者，是“一群粗心大意的观察者”，一群“只看得见现代社会丑陋的一面”，“自诩为穷国朋友的西方人”，而且其代表之一就是跑到亚洲来，“帮”亚洲人逃离全球化的人。总之，大量的细节性描写的形容词，甚至还有各种表示“冲突”程度的动词，表示重复的副词，都用在了“反全球化分子”群体的描述上了。因此，克鲁格曼对这一群体的讽刺、揶揄，“否定”的态度溢于言表。

作为事件的评论者，克鲁格曼没有内群体和外群体之分，但“他们”“那些人”等表示远距离的代指大多给了“积极分子”——“那些”反全球化分子。同样，没有大量描写冲突的场面，只是用日常化的语言，轻松“超然”地解释了事件的当事人是“谁”以及事件发生的根源在于三方群体对“自由贸易议程”这一“权力资源”的不同价值观，不同的身份导致了不同的活动和目标。

（二）隐喻二：政治积极分子是反转基因食品的“天敌”

第二篇是克鲁格曼 2000 年 3 月 22 日周三的社论版文章——《推理：天然杀手》（Reckonings：Natural Born Killers）。文章首先包含的超级结构之一便是文章的标题——这个标题用了双关的修辞：转基因食品 / 天生杀人狂（与 1994 年的美国电影同名）。

> 这里有个小测试：在 20 世纪 90 年代末期，有两种食品工业快速发展起来，其中一种已经经过广泛测试，没有任何害人的迹象；而另一种则广为人知，会给人带来巨大的健康危害。然而这种会给人带来巨大危害的产业的游说者已经堵塞了有效管制、测试甚至报道的通道。一种面临着公众激烈的反对，有可能会马上被驱逐出商业圈，而另一种却沉浸在热情的、耀眼的公众支持之中，现在问题来了，（a）我们在谈什么部门？（b）哪个部门正处于麻烦之中？

文章第一段使用对比、设问，引起读者注意，启用观点的“冲突”框架：食品添加剂受到狂热支持，转基因食品产业因为积极分子的反对几乎被逐出商业圈。

> 对（a）的回答：一个是营养辅助剂——那种人们告诉你可以减肥，帮助你睡眠，等等之类的东西。另一个则是转基因食品——该产业试图在自然生长的农作物里添加基因，增加作物对害虫的抵抗力，增加营养价值和其他有用特征的基因。
>
> 对（b）问题的回答：服用膳食补充剂的种种迹象表明，如果人们误用它会非常危险，最近《华盛顿邮报》发现“越来越多的美国人在服用膳食补充剂之后严重生病甚至死亡……受害者包括了各种年龄段的男性和女性，还有孩子……”，但 1994 年的一部法律却特地消除了几乎所有联邦条例中的附加条款，包括报告该食品添加剂副作用的必要条款。

接下来两段的言外之意：所谓的营养补充剂实际上是健康杀手，法律却没有对其加以限制。

> 你也许期待积极分子的压力可以改变法律规定。但如果在我家乡附近的自然产品的公告牌有任何表示的话就好了。那些你指望可以起来反对类似不顾百姓健康产业的人——那些准备好也愿意去游行，去反对跨国企业的人——都属于膳食补充剂产业的最狂热的支持者。这些产品是“自然的”，所以他们是不会反对的。

以上内容依然使用“对比”的手法：积极分子是“随时准备好”反对跨国企业的人，是膳食补充剂企业最狂热的支持者，而且，这些积极分子认为膳食补充剂是“自然的”，言外之意，“反全球化”积极分子好斗、愚蠢、狂热、偏执，是非不分。

> 于是，虽然转基因食品还未曾显示出有任何害处，却激起了狂怒的反对。特别是在欧洲。这是一个个案，一个显示英国确实是真正欧洲国家的个案。当地对转基因食品是狂怒的———在那里，人们把它叫作弗兰克食品（科学怪食），所有的公共记忆都是老鼠吃了转基因的土豆便生病了的故事——这是一起带有后果的错误报道。那些自诩独立的专家实际上是政治积极分子，还有那些不负责任的媒体，对转基因产品的反对几乎扼杀了该产业——不只是在欧洲，而且在往欧洲出口的国家也是如此，其实这意味着到处都是这种结果。
>
> 在美国，转基因食品作为一个话题还未真正火起来；但反转基因运动对追随我们这儿反全球化运动的任何一个人来讲，都是再熟悉不过了的。一个叫“昼夜平分点”的英国节目，该节目和PBS新闻节目差不多同级别，对以上争议做了报道，算是抓住了要领：那些舒服的中产阶级和上流社会的积极分子，虔诚地谈着传统生活的优点和现代农业的邪恶。别忘了，查尔斯王子还是个反转基因食品的圣骑士呢。他们反复发难的观点是：我们几百年来没有转基因的食品不都过来了吗？为什么还要改变？

这里几段文本中，克鲁格曼使用了“对照”“反问”“隐喻”等修辞手法，指出反转基因运动是包含在反全球化运动内的一种抗议运动，反对最厉害的地方首先源于欧洲，尤其是来自那些自诩独立的“专家”，他们实际上是“政治积极分子”。言外之意——这些积极分子都是些有钱有闲的、叶公好龙般的卫道士，其中的代表就是“声名狼藉”的查尔斯王子，他们根本不考虑现代社会人口大爆炸的大环境，无视发生了诸多变革的年代，刻舟求剑地说：“既然我们过去几百年没有转基因食品也没饿死，要转基因食品干什么？”当然，克鲁格曼也指出，为积极分子推波助澜的还有那些“不负责任的媒体”，是它们不恰当的报道，构建了一种错误的公众意见，让公众把转基因食品看作“杀死”人的“科学怪食”，反对转基因食品不仅使得欧洲无法进口这种转基因食品，而且世界各地都一样，尤其是那些出口转基因食品的国家（也包括美国跨国企业）都遭了殃。

> 当然，应该说这么多个世纪以来，大多数人都生活在饥饿的边缘；只不过最近人们才获得了一种只有少数精英才能获得的体面生活而已。而且，最近的体面生活得益于科学技术的应用——包括现代农业，而这种农业的关键是依赖那些发展中国家负担不起的化合物才成为可能的。如今，终于，转基因可以替代西方国家使用的某些昂贵的化肥，为发展提供了可能的出路。可是那些自诩为穷人朋友的人的反应呢？对不断增长的全球贸易，即便全球贸易能带来新的工作、创造出口的机会，他们的反应也如出一辙。实质上，问题在于他们那种恐惧变革的想法，那种关于传统生活优点的浪漫的狂热想法。
>
> 这里奇怪的不对称在于人们对待膳食补充剂和转基因食品的方式上：膳食补充剂经常会带来真实的伤害，但它们是“自然的”，而可以带来巨大好处的转基因食品，却是“不自然的”。这种令人苦恼不堪（too bad that wretched out of the earth will）的做法，一如往常，是为那些有钱人的狂热想法付出的代价。

言外之意：现代科技让大多数人最近才获得了体面生活，作为现代科技体现之一的“转基因产品”，好不容易让负担不起昂贵化肥的第三世界国家有了发展农业的可能，可是那些“自诩为穷人朋友”的积极分子，像他们一贯偏执地反对为我们生活带来各种实惠的自由贸易一样，对转基因食品大力反对，使得生产、进口转基因食品的工业因为他们的狂热反对几近崩溃。他们不仅是天然食品的杀手，简直就是自由贸易/全球化的天敌。讽刺的是，他们反对现代科技对农业的加持，却盲目追求所谓科技的另一个附带产品——营养补充剂等非天然食品。可见这些人混淆是非，实在愚蠢。其实他们的思想根源在于无知、因循守旧和不切实际的偏执。总之，这些人为的苦恼都是那些类似英国查尔斯王子、有钱有闲的“反全球化”积极分子惹的祸。

这篇文章的意识形态图式在于其形式结构编织出的语义结构，包括“对比”“设问”“隐喻”等修辞手法，语义结构在于“负面话语”和“言外之意”，整篇文章讲述“那些自诩为穷人朋友”的积极分子对转基因食品的反对，其反对所产生的效果，在克鲁格曼看来，这些政治积极分子自己一厢情愿地向往农耕文明，不顾第三世界的农业发展，不顾多数人刚刚免于饥饿的现实，实在是以“转基因食品”为象征的现代科技和全球自由贸易的天敌。

（三）隐喻三：“大房子”与美国梦——反对移民的运动与反全球化运动一样

克鲁格曼在2001年5月23日发表了《推理：我的漂亮大房子》一文，这是社论中的第三篇“推理”系列文章，在此文中他分析了当时美国保守派反对移民的政治倾向。克鲁格曼认为城市扩张是当前美国商业经济发展的大趋势，而反移民运动与反全球化运动是一样的，都是积极分子自私自利且短视的政治表现，与美国基本的价值观和规范——“美国梦”背道而驰。这篇文章没有明显对立的群体描述，但克鲁格曼依然运用对比、设问、类比、隐喻、讽刺等修辞手法，对他不赞同的“政治运动”进行了“心理分析”，表达自己反对美国国内“那些”反移民、反全球化的积极分子的看法。这篇文章现在读起来，依然言简意赅、紧扣时代脉搏，下面是原文翻译：

过去大部分时间我和妻子居住在新泽西中心一个租来的房子里——是那种模仿新古典的、没有精心设计、俗气却金碧辉煌的大厦……这些房子大都看起来差不多，但我们的邻居却不是这样的，他们大多是移民，而且大多数不是白人，其中最大的军团来自印度……我收到了很多信件，这些信件对此的回应是，他们坚称城市扩张的真正元凶（culprit）是人口的增长，说这全都怪移民。

上网快速地搜索一下，你会发现，我的这些通信者都不是孤立的个体，他们属于一个规模尚小但不断增长的运动的一部分，基于非正式的观察，我可以说，如今这个反对移民的运动和几年前西雅图发生的反全球化运动很相似：不是很大，还不足以成为一个值得担心的政治势力，但很有可能，这种反对运动正在获取庞大的批判性群众。毕竟，如今那种声称移民导致城市扩张的抱怨是个颇为流行的话题。

正如许多反对全球化的积极分子所说的，这些抱怨也并非全无道理。这种论争中，有一丁点儿正确的是，情况看起来和他们说的差不多：增长的人口意味着更多的房子、更多的车子，因而导致了更厉害的城市扩张。不过，人口增长只是导致这种灾难性使用土地的次级因素。这种鼓励人们以低密度扩张的扭曲的刺激因素反过来迫使人们不得不越来越多地待在车里。让我印象深刻的是，这些中等的大都市，比如亚特兰大和休斯敦，其发展管理模式如此不科学，以至于比那些人口多它们五倍的城市——比如纽约——的交通还要堵塞得多。我知道，我这里有点像迪克·切尼（Dick Cheney）那样喜欢吐槽。但不巧的是，在这种情况下我确实有一辆SUV。

所以为什么要这么兴师动众呢？对政治运动进行分析，少不了会让我收到更多充满仇恨的邮件，但我猜想，十有八九我那些通信对象的热情是被“文化焦虑”所鼓动起来的。你在新泽西中心所见到的变化与你在这个国家所有地方看到的都是一样的：农场和传统小镇被新兴的超级商场、高速公路和那些庸俗的住宅楼所淹没。既然那些好车子和山寨版古典房子窗户后的面孔都是棕色的，那么那些积极分子责备是这些人导致的后果，那这种潮流确实不足为怪。

但很明显，我的想法不一样，我是那种认为移民是一件好事的人之一——至少对大部分移民是好事，对美国也是好事。在某种程度上，我这种立场来自那些乏味的经济学论点。外裔人才对这个国家的科技复兴很关键，而且他们在那些看起来不够光鲜的产业中发挥着重大作用（出于某种原因，附近的加油站都是印度锡克教徒开的）。而且，从人口学方面来看也很划算——低人口出生率的风险使得一些欧洲国家和日本的经济萎缩，而美国对移民的开放则可以算是保护美国避免遭受此等命运的一个措施。

而且我有自己的"文化偏见"，难道移民经历不是我们国家的全部吗？没有移民家庭不断攀登，美国梦会变成什么样子呢？

不过大家不要介意这些理性的论争，越过这个层面，时新的、可能非常肮脏的政治风暴正在酝酿，这点已经露出端倪了。如果人们在争论税收时变得生气和不可理喻，那你就等着看他们争论移民的样子吧。

这篇"推理"文章里直接点名"反全球化"积极分子的指示代词并不多，但作者隐含在字里行间的，对积极分子的态度却非常明显。克鲁格曼首先写实，描述了美国国内政治积极分子责怪移民是"城市无序扩张"，美国传统文明消失的"罪魁祸首"，文章几次用"非白人 / 棕色面孔"来指代外籍移民，暗示那些政治积极分子有"种族歧视"的嫌疑，克鲁格曼借用了经济学研究结果来证明移民对美国利大于弊，认为并非移民导致了城市扩张、交通堵塞等城市病，而是城市管理不善导致了诸如休斯敦等次级城市比纽约等大城市交通还要差。

除了连续用几个反问来表明自己支持移民的立场外，克鲁格曼还举重若轻地指出：积极分子正在酝酿着"肮脏的政治风暴"，他们的"偏执和愚蠢"不只是表现在减税等问题上，对移民问题的论争，他们会表现得更不理智，因此，克鲁格曼最后一句评论"完美地"刻画了"积极分子"的负面形象。

三、命名：积极分子是"真正的坏人"

前面已经分析过克鲁格曼三篇"推理"系列的评论，这里还有一篇，即 2001 年 4 月 22 日的《推理：心与脑》，当然，还有 2000 年 7 月 8 日刘易斯的《在家犹如在国外：亲爱的拉尔夫》以及 2001 年 4 月 24 日弗里德曼的《外事：为谁而抗议》，这些专栏文章都含有类似的组织结构，在论证或叙述上存在相近的"格式"和"图式"，从文章的标题及其在文章中的特定语义即可判断出来，因为这些标题和内容都围绕同一个主题——"全球化论争"展开，包含的关键词都一样：自由贸易、第三世界 / 贫困问题、积极分子 / 你，这些关键词一起构成了"语义结构"中的一种形式——"命名"（denomination），把纳德等反对自由贸易的反全球化分子进行了不同于"我"的负面化命名。

（一）反对自由贸易的拉尔夫·纳德及其组织是贸易保护主义/右翼保守主义者

《在家犹如在国外：亲爱的拉尔夫》一文中，刘易斯以批判的口吻多次使用了“你”这一指示代词，直截了当地批评、揭露并讽刺第三党“拉尔夫”竞选总统的事实，认为他和美国国内“最为反动的势力”亲密无间，其反对自由贸易，要求给第三世界国家附加美国标准的劳工、环保协议的行为与“极端右翼分子帕特·布坎南（Pat Buchanan）”没有两样，刘易斯毫不客气地指出拉尔夫和坎南对自由贸易的态度就是保守主义。下面是报道的正文部分：

纳德竞选总统！作为绿党的竞选人，你说你这次是认真的，而且你嘲笑那些说你挡了阿尔·戈尔（Al Gore）道的人。好吧，第三党是一个值得尊敬的，但免不了令人饱受挫折的美国传统。

……

你如今主要关心的是自由贸易，你反对它——或者说你不反对它，只是有很多“如果”和“但是”而已，你和你的组织——公民组织，把西雅图带上了反对世界贸易组织的路。

你谈到了确保其他国家和我们一样有公正的保护劳工、消费者、自然食品和环境标准的重要性。那都是不错的理想，但是坚持其他国家符合我们的标准后才和它们做生意的后果，你一定清楚，那将是毁灭性的。

南非所缺的就是工作，它们那里大约三分之一的人是失业的，大多数发展中国家的情况都差不多，是的，我们得当心亚洲为美国市场生产商品的低收入童工，但聚焦在这些残忍事实上的措施效果非常明显，相反，如果冒冒失失地停止或者阻碍双方贸易的话，那将会让所有人的日子难过。

自由贸易其实使美国获益巨大，你早期的巨大成就绊倒了通用汽车公司。但真正迫使G.M.改革，给我们所有人更多好车的，是来自日本和其他进口商的竞争。

你的保护主义者立场已经使得你和这个国家最为反动的势力同床共枕了，在这一议题上，你和派特·布坎南就是同卵双生子。《新共和党》杂志报道说“公民全球贸易瞭望”（Public Citizen's Globe Trade Watch）组织从罗杰·密尔肯（Roger Milliken）那里筹款，而密尔肯是南卡州最为右翼的纺织业寡头，为贝利·高华德（Barry Goldwater）等右翼分子提供资金。

保护主义将毁掉我们的繁荣，使世界上的穷人处境更为悲惨。这真是个奇怪的平台，竟然容许拉尔夫·纳德说他为穷人和边缘人代言。

在第三章另类媒体报道量化分析中介绍过，拉尔夫·纳德是一位反对自由贸易体制的积极分子领袖，是“公民全球贸易瞭望”组织的创建者，第三党（绿党）的主席，另类媒体 AlterNet 专门为他创建过“和拉尔夫一起在路上”的栏目，报道其行动主义，可以说是反全球化运动中比较有代表性的人物，但在主流媒体 *NYT* 中，专栏作家刘易斯直接冠之以“保守主义者”、贸易保护主义者、极端右翼分子的帽子，这说明，从“自由贸易”支持者的视角出发，刘易斯对纳德反对自由贸易，从“血汗工厂”筹集资金进行政治活动的行为深为不满。

同时，刘易斯认为，自由贸易除了给美国带来巨大效益外，还会给第三世界出口带来希望，如果采取纳德的贸易保护主义立场，要求第三世界国家拥有和美国一样的劳工、环境和消费者保护的标准，后果将是灾难性的。这个观点和保罗·克鲁格曼在《推理：一个美国派》的报道中所做的分析如出一辙。另外，文章中，代词“你”的多次使用则与下面《推理：心与脑》中“你”的代词使用效果相似，成功地对与“我”持不同立场的“你”（纳德）进行了负面性的“命名”。同时，这篇文章里表示“必然性、或然性、可能性”的情态动词对纳德及其公民组织进行了未知和虚假预设，仿佛纳德的负面特性是与生俱来的。

以上，刘易斯反对全球化批评者，支持自由贸易全球化的态度和立场清晰可辨。

（二）反全球化积极分子是“无心无脑、真正的坏人”

克鲁格曼在《推理：心与脑》中第一段就开门见山提出观点，讽刺反对全球化运动的人要么是没脑子的笨蛋，要么就是心地残忍没有同情心的人；除了使用标题和特定语义对“反自由贸易”积极分子进行“命名”和“虚假预设”之外，作者还利用了重复、对比、举例、设问等修辞来批评反全球化运动积极分子，刻画出“反对与第三世界进行自由贸易的积极分子”是真正的“坏人”形象。

> 反全球化运动在 1999 年西雅图 WTO 部长峰会上弄得动静很大，本周末又在尽力骚扰加拿大魁北克召开的美洲峰会。
>
> 关于全球化的真相并不总是美的，如果你买一个在第三世界制造的产品，那做这个产品的工人所得到的报酬和西方国家的标准相比，低得令人难以置信，而且其工作环境可能非常糟糕。那任何一个不被这是事实所困扰的人，至少是有时候不被困扰的人，是没心的。
>
> 但这并不意味着抗议者是对的，相反：任何一个认为解决世界贫困的答案在于简单反对全球贸易的人是没脑子的。全球化运动在伤害这些贫困的人，或者他们为之而运动的理由方面，已经有着令人难以置信的记录了。
>
> 最为奇特的例子是去年的竞选了。你可能会说那是因为那些没脑子的人沉迷于为拉尔夫·纳德投票，是那些没心的人在管理世界上最有权力的国家。

即使这些政治行动后院没有起火的时候，即使这些运动有如愿以偿的时候，其后果也是相当骇人的。比如，难道有比童工在血汗工厂打工更坏的事情吗？是的，是有的。1993 年，有人发现孟加拉国使用童工为沃尔玛生产服装，参议员汤姆·哈金（Tom Harkin）提出禁止从雇佣童工的国家进口产品。但这些孩子们回到学校了吗？他们是否回归幸福的家了呢？根据伦敦施乐会 / 饥荒委员会（Oxfam）的统计，这些无家可归的童工们最终的工作更差了，有人成了街头拉皮条的，其中相当多的人被迫进入卖淫行列。

问题的关键在于，第三世界不是因为他们的出口工人挣的工资太低，是其他相关的原因。因为这些国家太过贫困，那些对于我们看起来差，工资很低的工作也几乎总是要好过其他替代方式，成百上千万的墨西哥移民到我国北方寻找那些低报酬的出口工作，使得北美自由贸易区（Nafta）的其他伙伴大为恼火。但是，如果薪水高许多的话，这些工作根本就不存在了；同样使得穷国更穷的因素在于低产、设备落后、社会环境无序，这就意味着，这些国家只能在与西方发达国家相比工资低许多的情况下参与世界市场竞争。

当然，全球化反对者听到过这种论点，而且他们有自己的答案。在上个星期的会议上，我听到了传统乡村生活优于现代城市生活的赞歌——这种主张不但被眼前太多农民能越快逃到大城市工作越好的事实清楚地打脸，而且看起来似乎还有一种令人难以赞同的文化降格（condescension）在里面，特别是在抗议者群体中那么多占据压倒性多数的白色面孔的情况下。（你想生活在前工业化时代的村子里吗？）我还听到了一些主张，说第三世界的贫困主要是跨国公司的错——这种主张完全不对，但如果你想把全球化当成一种十足的邪恶之物，那倒不失为一种方便的信仰。

最为复杂的答案是，反全球化的运动不是想停止出口——它只是想要更好的工作环境和更高的薪水。

但这不是一个严肃的立场，第三世界国家急需它们的出口产业——它们不能退回到想象中的乡村世外桃源；除非有人允许它们出售在比西方人认为更悲催的条件下生产的商品，或者允许工人收取特别低的薪水的方式的话，它们才能拥有那些出口产业，而这才是反全球化积极分子拒绝接受的事实。

谁是真正的坏人？ 那些积极分子正在从魁北克市得到他们想要的形象：开会的领袖们坐在他们坚固的堡垒中，外面成千上万的警察在保护他们免受场外众人的狂怒。但形象是具有欺骗性的。在链条连起来的围栏里面的人是试图真诚地帮助世界上的穷人的，而在围栏之外的那些人，不管他们的意图是怎样的，其实他们正在尽最大的力量给那些穷人帮倒忙。

这篇文章里，克鲁格曼列举了“反全球化”积极分子反对自由贸易的主要观点，他指出，这些积极分子反对全球化的真实原因实际上不是为第三世界穷人考虑，不是为第三世界工人的悲惨工作条件和极低的薪水而呼吁，他们想要的是自身在国内更高的工资和更好的工作条件；（积极分子）那种认为前工业时代的乡村生活是世外桃源的想法是罔顾事实的幻想；他们（反全球化的积极分子）才是“真正的坏人”，“是尽力给穷人帮倒忙的人”，那些开会的跨国机构领袖才是“真正为世界穷人着想的人”。

这里的积极分子有着多种负面定义，克鲁格曼运用了多种虚假预设和“命名”词汇，可以说，这篇文章的言外之意就是：“反对全球化的运动”=“没心、没脑子”；“在1999年西雅图WTO部长峰会上弄了很大动静”=“本周末又在尽力骚扰在加拿大魁北克召开的美洲峰会”=“简单反对全球贸易的人是没脑子的”=“全球化运动在伤害贫困的人”=“全球化反对者”=主张“传统乡村生活优于现代城市生活”=主张“第三世界的贫困主要是跨国公司的错”=“把全球化当成一种十足的邪恶之物”=“只是想要更好的工作环境和更高的薪水”=“反全球化积极分子”=“真正的坏人”=“那些积极分子”=“狂怒的”众人=“围栏之外的那些人”=“正在尽最大的力量给那些穷人帮倒忙”的“他们”。

总之，以上从《推理：无心无脑》的社论中提取的话语“等式”，以及文中多处对积极分子的一些不知其真与否的“预设”，都可以清晰地反映出克鲁格曼对“反全球化积极分子”不满的心理模式，以及其“保卫”全球化的态度和立场。

（三）抗议者的真正名字应该叫“使穷人更穷的联盟”

2001年4月24日，在克鲁格曼发表《推理：心与脑》之后的第二天，也就是在加拿大魁北克举办的美洲峰会时期，托马斯·弗里德曼发表了持同样观点立场的社论《外事：为谁而抗议？》。这篇文章同样从标题和内容方面构建了特定的语义和形式结构：弗里德曼主要从非洲的田野视角“负面化”定义反全球化抗议者。他通过对非洲国家进行两极化描述来强调其“言外之意”：那些支持自由贸易的非洲国家是民主开放的，所以经济开始繁荣发展；而那些独裁、最不开放的国家是对全球化、开放和贸易产品及服务敌意最深的国家，情况糟糕可想而知。这种通过对比分析，诊断归因并“命名”的手法与之前的克鲁格曼、刘易斯的写作手法、心理模式以及其对“反全球化”积极分子/运动的态度如出一辙。

> 我本来想去参加在魁北克召开的美洲峰会的，可因为防毒面具丢了，我决定去非洲算了。听非洲人讲全球化是非常有趣的。当那些在魁北克的抗议者忙于以非洲和世界穷人的名义谴责全球化的时候，非洲人自己将亲自告诉你：全球化的问题不在于非洲人从中获益太多，而在于他们从全球化中得到太少。

这个结果一点都不奇怪，在那些最民主的国家比如南非、尼日利亚、加纳等国家，人们是最支持贸易，最能融入世界经济一体化的，全球化程度也是最高的。那些由独裁者主导，人们最没有自由选择权，最不开放的国家，比如苏丹、津巴布韦、利比里亚、利比亚等国家，是对全球化、开放和贸易产品及服务敌意最深的国家。

所以，如果你好奇为什么在魁北克看不到几个非洲人加入反对全球化的"节日"（festival），那是因为非洲人了解——除了环保主义者外——这个反全球化运动是一场大体上好意的，但却信息严重错误的运动；这场运动由一群不怀好意却信息灵通的工会保护主义者和无政府主义者领导，是一群不为非洲利益服务的人所带领的运动。

去年也是这群反对全球化的一伙人，在最无耻的时刻，试图阻止国会通过"非洲发展和机遇法案"，这部法案可以使非洲最为贫穷的国家向美国在几乎没有关税的情况下出口纺织品，这对于那些低密度技术含量工作机会的创造是非常关键的。最后该法案勉强通过。早期的结果如何呢？马达加斯加（Madagascar）向美国出口的纺织品达到了 120% 的增长，马拉维（Malawi）增长至 1000%，尼加拉瓜（Nigeria）增长至 1000%，南非增长了 47%，这可是真正的雪中送炭。

像非洲许多国家一样，加纳也没有多少原材料，没有收到多少援助，却在第一时间内创建了信息部门来为美国快递和美国安泰保险公司进行数据加工，这种工作比加纳其他人的工资报酬要高得多。加纳经济事务机构的主任乔治·安朋藤（Gorge Apenteng）说道："这里的人想进入全球市场，他们知道这是唯一摆脱贫困的出路，但这里的人也担心他们不能够正常竞争，担心西方市场对我们想要出售的东西比如农业方面的产品不能开放更大空间。"

这也是为啥哥伦比亚大学印裔贸易经济学家贾格迪什·巴格瓦提（Jagdish Bhagwaati）坚称："那些关心贫困问题的公民团体实际应该致力于向真正贫困的非洲扩展全球化的自由贸易，而非剥夺他们得到这些好处的机会。同样，他们应该致力于为我们的工人争取帮助、获得重新培训的机会，这样他们才能不被未加管制的国际竞争所抛弃。"

面对这一情形，哈佛大学发展经济学家杰夫·萨克斯（Jeff Sachs）先生说道。如今的非洲不是简单地死于艾滋病，而是死于贫困。艾滋病可以轻松消灭却没能消灭的原因不是非洲人没有资源而是经济没有发展。萨克斯先生认为非洲远远落后东亚、墨西哥或者巴西的原因之一是，不久前，它们还不能出口其原材料，因为它们不能创造法律和刺激税收来吸引全球的投资和工厂，而这些投资和工厂是创造可持续发展的、多种工作的基础。非洲的唯一希望是，像当今的中国一样，通过其在沿海城市的全球化，使这些城市有可能变成类似出口、旅游和服务中心的平台，现代历史上没有一个国家能够离开全球经济一体化和贸易而成功的例子。

> 事实上，几乎所有在魁北克会面，来扩大贸易的领导都是经过民主选举出来的，而那些在街上，大声疾呼“正义”的所谓“人民”，都是自我任命或者接受报酬的工会积极分子。这些人古板得很。通过抑制全球贸易扩张，他们正在卡住世界贫困人口摆脱贫困的唯一出路。这正是我们应该用“抗议者”真正的名义来称呼他们的原因，他们的名字应该是：“使穷人更穷的联盟。”

从整篇社论来看，弗里德曼对“抗议者”这一“外群体”进行了辨析，他对“抗议者”的“命名”是通过几个带有负面含义的名词性短语来实现的：“在魁北克的抗议者们”——“忙于以非洲和世界穷人的名义谴责全球化”——反对全球化的“节日”——反全球化运动“是一场大体上好意的，但却信息严重错误的运动”=“这场运动是由一群不怀好意却信息灵通的工会保护主义者和无政府主义者领导的，是一群不为非洲利益服务的人所带领的运动”=“这群反对全球化的一伙人”=试图阻止国会通过“非洲发展和机遇法案”=“那些关心贫困问题的公民团体”=那些在街上，大声疾呼“正义”的所谓“人民”=“自我任命或者接受报酬的工会积极分子”=“使穷人更穷的联盟”。

可以看出，积极分子“命名”的称谓和其活动/施事（agency）构成了一个负面的语义圈层结构，这个语义圈层就是《推理：为谁而抗议》的意识形态结构。根据弗里德曼的描述，在该结构中有5个关于积极分子群体的基本属性：第一，其“价值观”是扭曲的——他们抗议的名义是减少非洲等不发达国家的贫困；第二，其“活动”是骚扰、白痴的——他们的抗议犹如一场反全球化“节日”，通过阻止美国国会通过的贸易法案，控制发展中国家摆脱贫困的唯一出路；第三，其“群体关系”是混乱的——非洲人根本不是他们的同盟，他们的同盟不过“是一群工会保护主义者和无政府主义者”，其反对者是“我们”/“自由贸易支持者”，比如哥伦比亚大学印度裔经济学家贾格迪什·巴格瓦提，再比如哈佛大学发展经济学家杰夫·萨克斯等自由贸易经济学派思想家；第四，其运动的“目标”是具有欺骗性的——根本不是为了非洲利益，而是为了自身“更好的工作和报酬”；第五，积极分子的“身份”是“反对全球化的一伙人”，属于积极分子“群体”的主体通常是“那些由独裁者主导，人们最没有自由选择权，最不开放的国家如苏丹、津巴布韦、利比里亚、利比亚等国家，是对全球化、开放和贸易产品及服务敌意最深的国家”，其身份中的“联盟力量”通常来自那些在街上，大声疾呼“正义”的所谓“人民”，来自“那些自我任命或者接受报酬的工会积极分子”。总之，弗里德曼最后的一句话点出了“积极分子”群体身份与群体关系的关键，即“使穷人更穷的联盟”。

四、心理模式：自由贸易乃“万物之理”

从社会认知的角度来看，心理模式是一种“个人经验”，这种“个人经验”储存在我们的长时间记忆和短时间的情境记忆中。心理模式有别于隐含的意识形态和态度，是关于特殊事件、行动和情境的主观、个人的表达，也是关于人们如何个人化地诠释并回忆日常生活中发生的事件的一种“意见”，是与这件事情相关联的情感。[1]迪克认为：心理模式在解释话语和其他社会实践时很关键，限定了“人们”如何亲自规划、理解、诠释、体验以及事后回忆他们参与其中的所有实践。所以，有意识形态偏向的心理模式控制着人们的所有意识形态实践，也由此控制着人们的意识形态文本和谈话。为了对某些话语的意义进行诠释，语言使用者会为该话语演绎出一个主观的心理模式，包括针对该话语所论及的行动或事件的意见和情感。因此，心理模式在话语生产和话语理解中都发挥着中心作用。通过“与个人有所不同但整体社会相类似的心理模式”，一个意识形态群体可以诠释与群体相关的“所有”社会事件以及关于这些事件的话语。[2]

所以，前面讨论到的六篇社论的意识形态结构图式是三角形的，每个角代替了全球化论争中的不同“群体”及其代表性话语，见图 4.2。

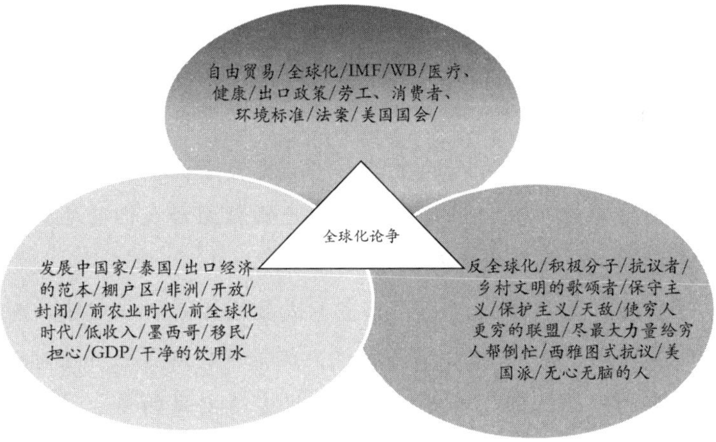

图 4.2　*NYT* 中“全球化论争”里所包含的话语图式

那 *NYT* 中对作为“我们”这一“内群体”的意识形态结构是怎样的？也就是说，在 *NYT* 中，“我们”是谁？“我们”从哪里来？有谁是“我们”的同盟和反对者？“我们”想要获得什么，对于“我们”而言，什么是好 / 坏，什么是被禁止或允许的？“我们”拥有或缺乏权力的基础是什么？

---

[1]　迪克 . 话语研究多学科导论 [M]. 周翔 , 译 . 重庆 : 重庆大学出版社 , 2015: 352.

[2]　迪克 . 话语研究多学科导论 [M]. 周翔 , 译 . 重庆 : 重庆大学出版社 , 2015: 353.

2003年3月20日，以打击“9·11”背后恐怖主义组织为目的，美国政府宣布入侵伊拉克以“销毁大规模杀伤性武器”，全球化运动中反对“自由贸易”的呼声逐渐被“反战”的和平运动所替代。随着大众心理的微妙变化，反全球化积极分子内部如同“华盛顿体制”内部一样，有了变化，所以，2003年6月1日，弗里德曼在《万物之理》的社论中，从“个人经验/心理模式”的视角对“我们”以及那些“恨我们的其他每个人”进行了分析，“轻描淡写”地诠释了“反美主义”的根源。

当布什总统在本周末会见其他国家领导人，努力整理美国和全球其他国家/地区关系的时候，我发现自己在回顾并自问：“这里发生了什么？提起世界上的穆斯林，‘9·11’之后人们都在猜想：他们为什么这么恨我们？”伊拉克辩论之后，这个问题变成了“为什么其他每个人都恨我们？”

我自己草拟了一个答案，并谦虚地把它称作“万物之理”，然后将它加以提炼，希望人们写点与之有关的评论或者吐槽什么的，这样我就能继续阐释它，把它改成一本畅销书，然后我就有女儿上大学的费用了，我的答案是这样的：

20世纪90年代期间，美国变得加倍强大起来——经济上、军事上以及科技上（如果不是历史上的话）——比世界任何其他国家都要强。大致来说，这是因为自由市场资本主义出现了替代者、苏联的解体，加上美国互联网技术革命，直接增强了美国的权力，美国在文化和经济上的观念变得强势起来，特别是在关于社会该如何组织的问题上变得强势起来（这种强势是通过全球化来放大的），以至于美国开始影响到地球上所有人的生活——“更甚于他们自己的政府”，这是一个巴基斯坦外交官曾对我说的。是的，我们开始影响到人们的生活了——直接或间接地——更甚于他们自己的政府。

当人们理解后，他们开始以一种非常不成熟的方式组织起来反对这种情形。第一次类似的展现是1999年的西雅图抗议，该抗议引发了一场全球性运动。西雅图抗议有其白痴的一面，但是那些认真的抗议者所要说的是：“美国你现在比我们自己的政府还要影响我们的生活，你们的文化渗透改变了我们的文化；你们的技术快速改变了我们生活中的方方面面；你把你们自己的经济规则施加在我身上。我要为你们如何实施你们的权力投上我自己的一票，因为它是塑造我生活的一股势力。”

为什么那些国家不从军事上组织起来对付美国呢？《征服世界的观念》（*The Idea That Conquered the World*）的作者迈克尔·曼德尔鲍姆（Michael Mandelbaum）回答说：“一个杰出的国家关系学派/现实主义者论争说，当一个霸权性的权力，比如美国，出现在全球体系当中后，其他国家很自然会群起而攻之，但是，因为整个世界基本上都知道美国是一个仁慈的霸权主义者，所以这种围攻不会采取战争的形式。相反，这是一个《格列佛游记》中小人国围攻格列佛一般的企图，是一种类似使用世界贸易组织或者联合国规定来把美国捆起来放倒的尝试，它们通过这种方式来争取对美国如何行使其权力投上一票。"

还有另一个不使用军事力量来围攻美国的原因。美国作为一个超级大国出现的时期是全球化时代，这是一个经济相互交织的时代，以至于中国、俄罗斯、法国或其他任何一个竞争对手在打击美国的同时，都会毁掉自己的经济。

那些唯一使用暴力的人是在整个体系中没有分量的流氓或者非国家主体，比如奥萨马·本·拉登（Osama bin Laden）。基本上，他在和沙特阿拉伯的统治家族进行内战。不过，他对自己说过："沙特统治者不重要，要毁掉他们，你得打击扶持他们的霸权势力——美国。"

自此，"9·11"才是故事中变得有趣起来的部分。因为，突然"神龙帕夫"（Puff magic Dragon）——一个从经济上，文化上影响每一个人的仁慈的美国霸权，变成了一个受伤的、愤怒的、从军事上影响每一个人的狂怒的怪兽（Godzilla）。现在，人们真的开始害怕我们了，这是一种被小布什及其幕僚的单边主义增强了的情绪，我们用自己的爪子一个重击，就粉碎了塔利班，之后我们便转向伊拉克，于是世界上其余的国家就会说："我的老天啊，我们现在真的想为你们如何使用权力的事投上一票！"这就是整个伊拉克辩论的内容，人们清楚伊拉克问题会影响他们。伊拉克战争是一种事关选择与否的战争，于是它们想要成为选择过程中的一部分。我们说："对不起，你没付钱，就不要玩了。"

"那我们现在到哪一步了？"纳杨·钱安德（Nayan Chanda）说道，他是耶鲁全球化研究中心的出版主任（他的网络地址 yaleglobal. Yale.edu，这真是一块充满真金白银的宝地），"事实是，美国之外的整个世界都有一种愠怒，因为人们明白他们无法获得对美国权力行使监督权的投票权，他们对此无能为力，但他们却会被美国所影响。"

找到一个稳定的方法来管理这种情况，对于管理美国和全球其他国家之间的关系来说是非常关键的，有没有什么想法？让我们听到这些想法吧。

这篇社论当中，弗里德曼利用典型的二元对立的心理模式来解释"反美主义"的历史渊源，其中，内群体"我们"是美国，而"美国之外的整个世界""其他所有人"则是"他们"这一外群体。文章中充满了隐喻、拟人、对比、设问、引用等修辞手法，对"受伤怪兽"的细节性描述以及对"想要投票"的"其他人"的心理描写，呈现了弗里德曼对"我们"和"其他所有人"这两个不同群体的诠释和态度。

从表 4.3 中可清楚地辨识出，弗里德曼将"自由贸易"和"全球化"作为"我们"的价值和规范，从其文章中看，似乎不经意的一句话也表达了他的这种观点。他开玩笑地写道：他提出“万物之理”这个说法是为了抛砖引玉，得到读者的评论或者吐槽，然后依照广大受众的意见他就可以更好地提炼这个主题，说不定很快就可以依照大众的意见，整理出一部书，然后他就可以把出书所得的钱拿来给女儿缴学费了。这件看似随口一提，其实正是他对“万物之理”的现实注解：买卖交换、付出与得到是人类生活中的“天经地义”，是现代生活的“至理名言”。小到个人对生活舒适、方便的追求，大到国家与国家之间的商品交换和工业生产，都离不开“自由贸易”，因此，“自由贸易”“全球化”乃是全球趋势，就是“万物之理”。

接下来，弗里德曼开始简述美国发家的“理论”——自由贸易资本主义制度，在此政治体制背景下，再加上互联网革命，美国在政治、经济、文化上开始成为超级大国，一方面，美国的“强势”是相对于其他国家的倒塌，特别是苏联的衰落而显现出来的；另一方面，由于全球化的原因，美国对世界其他国家或人的影响与日俱增，甚至比某些国家的政府对本国人的影响还要大。但也正是全球化时代的原因，各国经济开始变得互相依赖，密不可分，这使得那些想要挑战“我们”这种“仁慈的霸权”并不容易，因为在打击强大的“我们”的同时，“它们 / 他们”必定会伤害自己。所以全球化在某种程度上，对“我们以外的世界”来说是把“双刃剑”。因此，对于想要“群起围攻”，挑战“我们”霸权的法国、俄罗斯等全球体系内的国家或人都不是“我们”的对手，“它们 / 他们”无法在军事上和“我们”抗争，想要挑战打击“我们”的势力不过都是些全球化体制外散兵游勇般的“流氓”而已，比如本 · 拉登。

接下来的文章里，弗里德曼利用“神龙帕夫”和怪兽“哥斯拉”的隐喻来暗指受伤前后的“美国”，未受到美国世界以外的“围攻”前，美国是一个可爱的、无忧无虑、欢快神奇的“神龙帕夫”，受伤之后，变成了日本科幻片中的无法自控的恐怖怪兽，对世界其他国家的影响力尤为可怕。写到这里，弗里德曼除了为“我们”这只“受伤的怪兽”鸣不平之外，言外之意还包括，在一个经济全球化互相交织的时代，伤害对方，必定会使得自己的处境更加危险，这也是“万物之理”中的一理。

文章在快要结尾时提到了耶鲁全球化研究中心的出版主任纳杨 · 钱安德及其个人网址，弗里德曼还“亲切”地用括号附注夸奖该网址是一个充满“真金白银”的宝地，对自由资本主义制度下的文化精英所拥有的文化资本进行一番“炫耀”。这也可以看作他对自由化体制机构“研究”全球化活动的肯定，认为文化、思想犹如金子一般有价值。看来货币等价交换的经济原理已然变成了弗里德曼的一种“潜意识”。文章最后提到他的个人通信地址，欢迎读者来信评论，也可以看作“万物之理”中的又一个潜在原理：因为“传播思想”“跨文化交流”就是媒体的天然功能之一，而“管理美国与其他国家的关系”则是“全球化时代”里，美国作为一个主权国家必须追求、维护的一条基本原理。

表 4.3　弗里德曼《万物之理》中的话语图式

基本属性	内群体 / “我们”	外群体 / “其他的所有人”
身份	霸权性的权力、美国、神龙帕夫、“仁慈的美国霸权”，一个受伤的、愤怒的、狂怒的猛兽；小布什及其幕僚；我 / 我们	世界上的穆斯林；认真的抗议者；在整个体系中没有分量的流氓或者非国家主体；塔利班、伊拉克、世界上其余国家的人；你 / 你们；他们；其他每一人
活动	单边主义；用自己的一个重击，就粉碎了塔利班，之后我们便转向伊拉克	群起而攻之；1999 年的西雅图“抗议”；全球性“运动”“9·11”和沙特阿拉伯的统治家族进行“内战”；“打击”扶持它们的霸权势力——美国；愠怒
目标	想要管理美国和全球其他国家 / 地区关系	我要为你们如何实施你们的权力投上我自己的一票；想要成为选择过程中的一部分；小人围攻格列佛式的企图
规范 / 价值	自由市场资本主义、全球化	不使用军事力量来围攻美国；使用世界贸易组织或者联合国规定来把它捆起来放倒
群体关系	他们想要成为选择过程中的一部分。我们说：“对不起，你没付钱，就不要玩了。”	俄罗斯人、法国人或其他任何一个竞争对手……
资源	美国影响到地球上所有人的生活；20 世纪 90 年代期间，美国变得加倍强大起来——经济上、军事上以及科技上（如果不是历史上的话）——比世界任何其他国家都强；美国互联网技术革命	全球化时代，这是一个经济相互交织的时代，在打击美国的同时，都会毁掉自己的经济；无法获得对美国权力行使监督权的投票权；他们对此无能为力，但他们却会被美国所影响

总之，弗里德曼的《万物之理》中强调的是“自由贸易 / 全球化”这一基本原理，是“我们”和“美国之外其余的世界”发生冲突的根源；“我们”在资本主义自由贸易体制下，军事、政治、经济、科技在 20 世纪 90 年代超越了其他所有国家，“我们如此强大，影响到了其他所有人的生活”，埋下了招致“围攻”的理由，但由于“全球化”这一基本原理的强大影响力，任何体系内国家都不可能用武力“围攻”“我们”而不受伤害。可以说，《万物之理》就是一篇 *NYT* 宣扬自由主义“教条”的评论文章。

第三节　另类媒体对新自由主义话语的反对

在前面一章讨论另类媒体的话语引用情况统计时，我们已经证明了另类媒体偏好大量引用积极分子话语、消息源结构单一的事实。但这丝毫没有妨碍另类媒体作为意识形态产物，大量报道含有“积极分子意识形态”内容，履行“鼓动式新闻”媒体的功能，这样来看，AlterNet 有关反全球化运动的报道中，大多都含有意识形态鲜明的积极分子话语、各种话语策略，其主要目的是传播运动的各种诉求和政治观点；为积极分子话语赋予合法性 / 正当性；其态度一般也只有两种，要么反对，要么赞同，对“我们”是赞同的，对“他们”是反对的。其报道的原则是“强调我们好的地方 / 他们坏的地方”。总之，另类媒体话语的立场简单、明了——“我们”是好的，是正当的；“他们”是坏的，是非正义的。和主流媒体的意识形态图式相比，“我们”的意识形态在“活动”“群体关系”与“资源”这些属性类别上，表现比较丰富，“我们”的“目标”“价值规范”非常明确，而“他们”的“目标”“价值规范”却语焉不详；“我们”的活动是“积极 / 正面”的，而“他们”的活动则是“反动 / 负面”的（具体可见表 4.4）。

从表 4.4 来看，另类媒体 4 种类别的“活动”主要是为“积极分子”的抗议正名，为其构建“合法性”身份，统一认同，这些活动的报道一般由特定的形式来完成。

表 4.4 另类媒体报道中“我们”和“他们”的话语图式

基本属性	内群体 / “我们”	外群体 / “他们”
身份	积极分子 / 街头英雄 / 抗议者 / 地球上贫困的一方被边缘化的一方 / 缺乏的人（The concerned）/ 发展中国家 / 第三世界 /Porto Alegre	华盛顿建制派 / 大佬 / 超级有钱 Gringo/privileged and powerful/ Davos
活动	抵抗、挑战“主流”的思想和行为，发布信息，倡导式 / 鼓动式报道，包括： A. 批判、驳斥、揭露——批评主流媒体、政府体制 / 人员，批评公司权力，批评运动内部分裂；揭露体制性弊端 B. 倡导——表扬另类媒体，表扬积极分子事迹；发布积极分子领袖讲话，领袖下定义，教育或解释，与建制派的“主流”观点辩论 C. 发布替代性信息——报道其他被主流媒体忽略的话题和人物，从积极分子视角来描述抗议活动或过程 D. 策划——组织、计划、建议；为运动指导方向，总结经验教训；举办反峰会（世界社会论坛）	A.（警察）镇压、抓捕、辣椒水、催泪弹、手铐、警棍、火警 B.（主流媒体）边缘化、污名化 C.（官员）批评、指责积极分子 D. 举办各种旨在促进自由贸易和全球化进程的峰会 / 协定：比如北美自由贸易区、美洲国家峰会 NAFTA/FTAA、G8、G20、WEF、IMF/WTO 部长会议…… E. 发动（伊拉克）战争 F. 剥削、开办跨国公司 / 血汗工厂
目标	“另一个世界是可能的！”	新自由主义
规范 / 价值	团结的原则、横向网络、集体民主	“自由贸易让我们都受益”

（续表）

基本属性	内群体 / “我们”	外群体 / “他们”
群体关系	“我们”的同盟包括各种公民团体及体制批评者：比如塞拉俱乐部 / 绿色和平 / 乐施会等大型知名 NGO；学生 / 青年积极分子 / 团体（比如 USAS）；激进左派、无政府主义者、Black Bloc；另类媒体 / 人；第三世界积极分子 / 团体；当地积极分子 / 团体；女权积极分子；宗教积极分子 / 团体；积极分子负责人，比如 Ralph Nader、David Solnit；思想领袖，如加州参议员、Tom Hayden，另类媒体人 Norman Solomon，印度作家、环保运动积极分子 Vandana Shiva，加拿大媒体人 Kalle Lasn（《广告克星》创始人，占领华尔街运动发起者之一）；法国农民 Jose Bove……	IMF、WB 官员，美国等发达国家的政府高层，作为自由贸易体制支持者的政治、文化精英，比如市长、警察总督、FBI 人员、法官、主流媒体 / 人 克林顿总统 / 奥巴马总统 / 达沃斯世界经济论坛 / 布什总统 / 乔治·索罗斯（金融大鳄）/ 超级富豪 / 托马斯·弗里德曼
资源	各类“抵抗”与“挑战”体制的运动，包括各类青年运动，比如反战、反峰会、反血汗工厂、反公司、反私有化、反麦当劳运动、慢食运动、环保运动、媒介行动主义等新社会运动……	各种法律法案、贸易协定机构等

第一，另类媒体“团结”的话语意识，可以从其版面结构及其转发的同行报道数量的多少辨识出来。

第二，另类媒体“倡导”“业余”的新闻风格可以从标题、导语中辨识出来：这些报道的标题、导语和主流媒体的语言因为立场和态度的不同，仿佛“重新编码的语言”，其中包含的价值观、世界观迥异于主流媒体。

第三，还可从报道的新闻主体以及报道主题上辨识出来，另类媒体中涉及的人物与主流媒体中新闻主体的身份差异非常明显，一方面，另类媒体偏向报道“边缘”人物和“边缘”话题，偏向补漏主流媒体所忽视的人物和议题；另一方面，这些边缘人物大都是主流媒体不愿意或不屑于提到的“异议”人士或积极分子 / 抗议者、青年学生、草根，而且，报道的主题和内容大多为“挑战”既定秩序的政治“抵抗”，不容于“主流媒体”。

第四，第三章提到过，另类媒体中话语引用中比例最高的是“领袖型”积极分子的访谈、讲话，或积极分子负责人的来稿，其次是“另类媒体 / 人”，因此这些积极分子都可以被视为运动的首要定义者，他们在报道中透露出来的意见、态度、立场就是另类媒体意识形态图式的主要组成部分。

第五，另类媒体的语义结构也有别于主流媒体，另类媒体反对主流霸权的立场影响了另类媒体的修辞策略，另类媒体报道中，除了以“我们”的立场为价值和规范，为“我们”进行“鼓动”报道之外，还通过对“他们”的贬抑报道体现出来。也就是说，对“我们”意识形态的强化还需通过对“他们”的“价值和规范”“目标”以及“他们”的“资源”的语焉不详或者“遮蔽”体现出来；对“我们”活动的合法和必要性进行强调时，除了大量报道各类积极分子的“行动主义”外，还需通过突出“他们”“活动”的“非法”“非正义”体现出来。

总之，与主流媒体对自由贸易的偏好相比，另类媒体报道中，另类媒体对新自由主义话语的反对无处不在，构建了一个和主流媒体截然相反的话语体系。

一、同行媒体转引：“团结”的群体与资源

AlterNet 中所包含的“自然报道”和 2000 年后在西方新闻界流行的“公民”新闻相类似[1]，具有“非专业”的形式，以“我们”/ 积极分子的视角为特点，其中，这种报道中，记者大多是兼职的另类媒体人 / 积极分子，报道的形式以在突发现场做报道，以现场经历者或转发现场亲历者的报道为主，相对于专业媒体，这样的报道更“自然”，更具有新闻“在地化”“即时性”等特点，更符合主流媒体新闻生产“接近性”原则的要求。在网络时代技术融合、媒体融合的背景下，自然报道并不再仅仅限于另类媒体，因考虑到降低成本、迎合更多非精英受众等方面的需要，主流媒体也会利用这种报道方式[2]；但从 AlterNet 所获样本来看，“自然报道”或“公民新闻”依然是另类媒体新闻生产的主要风格之一（可见附录三：《AlterNet 反全球化运动报道清单（1999—2014）》），这种“自然报道”的特点首先体现在 AlterNet 对另类媒体记者的偏向以及对同行另类媒体消息源的依赖上。

对 AlterNet 里面与反全球化运动相关报道的文本阅读过程中，我们发现，重视“另类媒体”记者的报道，重视转发同行媒体的报道是另类媒体的一个显著特征。前面统计过，146 篇有效的报道中，AlterNet 除了 71 篇采用了自己的记者或编辑的报道外（只占总体的 48. 6%），转发了其他“同行另类媒体”的报道 67 次（45.9%），被转引的另类媒体达 37 种之多，还有少数文章来源不明（10.2%）。其中 8 篇是否转引无法判断，7 篇未署名。这显示，另类媒体消息源渠道单一，意识形态较为封闭。另外，从其引用的媒体名单来看，AlterNet 的消息源无一不投射出另类媒体的意识偏向，一般来说，这些消息源所含的立场就是 AlterNet 报道的立场。

除了宣称自己是“无党派偏向”，资金独立、拒绝广告，由读者支持的“非”商

---

[1] RAUCH J. Are there still alternatives? relationship between alternative meeting and mainstream in a converged environment [J]. Sociology compass, 2016, 10(9): 756–754.

[2] KENIX L J. Commercialism and the deconstruction of alternative and mainstream media [M]//A CHRIS. The routledege companion to alternative and community media. Oxford, UK& New York: Routledge, 2015: 66–76. HARCUP T. I am doing this to change the world: journalism in alternative and mainstream media [J]. Journalism studies, 2005, 6 (3): 361–374.

业媒体之外，被 AlterNet 引用的同行媒体都是美国国内意识形态偏左或持激进立场的另类媒体，都含有明显的批判“公司资本主义”与“体制之恶”“建立一个更好的世界”的取向。

第一，《窃听》（*WireTap*，被 AlterNet 转引 8 次）原是加拿大广播公司（CBC）旗下的周末版节目（2005 年 6 月开始播出），后来由“美国公共电台国际部”（Public Radio International）在美国各个公共广播电台转播（2015 年 8 月 19 日停播）；《窃听》的报道之所以在 AlterNet 被转发次数较多，是因为其面向“青年”和“大学生”，报道各类青年积极分子行动主义（比如对玻利维亚青年学生运动的报道），转发独立媒体中心（IMC）记者采写的青年学生对 WTO/IMF 机构的批评以及对反全球化运动的评论；关注年轻人在选举中投票问题等。青年运动一直以来是反全球化运动中的一部分，特别是反战、反对血汗工厂（反对公司霸权）、反对 IMF/WB 等象征着新自由主义经济秩序的运动。

第二，《国家》被 AlterNet 转引 7 次，是转引数第二多的另类媒体，它是美国国内最为知名的左派另类媒体之一，1865 年由废奴主义者所建立，以杂志的形式每周出版，强调有洞见、有立场的批判性报道，重视报道草根运动，和另类媒体《进步》一样重视“有机知识分子”或“挑战名流的名流”[1] 的来稿，这些名流包括了语言学家诺曼·乔姆斯基（Noam Chomsky），政治经济学家爱德华·赫尔曼（Edward Herman），普利策奖获得者诺曼·所罗门（Norman Solomon），美国当代著名女权作家芭芭拉·埃伦里奇（Barbara Ehrenreich），以及左翼历史学家、社会评论家霍华德·津恩（Howard Zinn）等知名学者、记者。所以，我们发现，符合类似标准的娜奥米·克莱恩在《国家》上发表的几篇文章后来都被 AlterNet 转发了。《国家》以不做任何政党、部门或机构的“喉舌”为价值导向，但倾向于揭露政府缺陷和公司腐败，比《进步》的立场更为鲜明，美国另类媒体研究专家嘉锡华·阿肯森（Joshua Atkinson）把《国家》归入“激进”类另类媒体，把《进步》归入“改良”类另类媒体。[2]

第三，《进步》是 1909 年由威斯康星州的国会议员罗伯特·拉福莱特（Robert La Follette）创建的，具有自由主义立场，1948 年以后成为月刊开始连续出版。虽然也以批评“公司”和“美国政府”这两大议题为主，但《进步》杂志相对中立，它认为公司和政府自有其好与坏的一面：公司只以攫取利益为目的，除了少数精英可以获利外，大部分普通人被排除在外，但好在公司权力仍处于政府控制之中，人们依然可以影响

---

[1] ATKINSON J. Alternative media and politics of resistance: a communicative perspective [M]. Frankfurt an Mein Peter Lang, 2010: 114–115.

[2] ATKINSON J. Alternative media and politics of resistance: a communicative perspective [M]. Frankfurt an Mein Peter Lang, 2010.

政府，比如通过选举以及其他进步的政治行动，可以遏制一心一意以攫取利益为重的公司、政府领袖。除了有知名人士撰稿外，《进步》也以政治家、艺术家和名流为访谈对象，比如当时还只是参议员的奥巴马总统，与主流思想对抗、坚持原创的音乐家安妮・迪芙兰蔻（Ani DeFranco），喜剧演员乔治・卡林（George Carlin，其脱口秀针砭时弊，发人深省），老演员马丁・西恩（Martin Sheen）等人，所以《进步》在2004年的发行量就达到了66,600册的水平。[1]

第四，《在这些时代》则是由美国“社会主义”人士詹姆斯・韦恩斯坦（James Weinstein，1926—2005）和几位知名有机知识分子于1976年开始创办的杂志类的独立媒体，以聚焦对“经济议题”和“民主政治”的批评为特征。这几位合办人大多是美国知名的左派人士，比如语言学家乔姆斯基，女权作家芭芭拉・埃伦里奇（AlterNet中2007年4月6日有关于她的报道）[2]，“新左派”代言人、法兰克福学派的赫伯特・马尔库塞（Herbert Marcuse）以及知名积极分子丹尼尔・艾尔斯伯格（Daniel Ellsberg），英国历史学家、新左派人士爱德华・汤姆森（E. P. Thompson），社会活动家朱利安・邦德（Julian Bond）等人，其激进左派的意识形态可见一斑。

第五，另外一部电子杂志《对了！杂志》，与前面介绍的几个另类媒体相似，它也以“解释”新闻业作为其活动的规范和价值观，关注“社会正义、环境可持续发展、另类经济学”以及“和平”等社会问题，由知名政治积极分子、美国作家、原哈佛大学商业学院的教授大卫・科腾（David Korten）于1997年创建。大卫・科腾本人以写作《当公司统治全世界时》（*When Corporations Rule the World*，1995）一书而知名，是竭力批评公司全球化的代表人物之一。根据《纽约时报》2001年11月25日对他的专门报道，其《当公司统治全世界时》是当时“反对全球化运动的圣经”，在2000年4月16—17日积极分子抗议在华盛顿举办的IMF/WB会期间，“举着旗帜的积极分子敦促人们阅读它，而当时的销售量已经超过10万本”[3]。他不仅是“全球化国际讲坛”（International Forum on Globalization）的主要撰稿人（这个论坛在AlterNet[4]被报道过几次，在*NYT*上也同样被专门报道过[5]），也是两个公民团体——“未来积极网络”（Positive Futures Network）、“以人为本发展论坛”（People-Centered Development Forum）的创始人。而“全

[1] ATKINSON J. Alternative media and politics of resistance: a communicative perspective [M]. Frankfurt an Mein：Peter lang, 2010: 87.

[2] 她的著作《在街道上跳舞》(*Dancing in the Streets*, 2007) 后来成为占领华尔街运动积极分子街头活动的“圣经”之一。

[3] MCCOY SUZANNE J. A corporate believer's turnabout [N/OL]. (2001-11-25)[2015-08-19] http://web.lexis-nexis.com.

[4] WALLJASPER J. Saving the world from itself [EB/OL]. (2000-04-25). http://www.AlterNet.org/story/8165/saving_the_world_from_itself.

[5] WONG E. Summit in New York: the protesters; a quiet forum at town hall opposes the East River Forum [N/OL]. New York Times. (2000-09-06)[2015-08-19]. http://web.lexis-nexis.com.

球化国际讲坛”作为“反全球化思想培育大本营”的论坛，曾成功帮助积极分子发动了西雅图抗议。

《对了！杂志》除了用可回收纸来出版纸质版的同名杂志外，在网络上也坚持每天更新各个版块，在 2015 年尼尔·杨[1]的专辑《孟山都岁月》（*The Monsanto Years*）六月巡回演出节目中，《对了！杂志》被评选为 5 种可信赖的杂志之一，其他 4 本杂志也是西方媒体界知名的左派另类媒体，包括《国家》《母亲琼斯》《永远的文化杂志》（*Permaculture Magazine*）、《地球岛日志》（*Earth Island Journal*）。其中，《永远的文化杂志》是英国（现在在美国也有姊妹版出版）1992 年以来发行的专注本土农业、自然环境与生态发展的季刊，《地球岛日志》则是鼓励环保行动主义、注重环境问题公共教育的公民组织“地球岛学院”（Earth Island Institute）1982 年成立后开始发行的季刊，到 2017 年为止，已发行 35 年。《母亲琼斯》是 1976 年以来开始首发的新闻评论杂志，其创办者是美国知名的商业工会组织者、反对童工的积极分子玛丽 ·哈瑞斯 ·琼斯（Mary Harris Jones），它以政治、环保、人权和文化为焦点进行调查报道，是美国知名的激进媒体，曾获得国家杂志奖 31 次、获得优秀奖 7 次（2001 年、2008 年和 2010 年），在 2008 年总统竞选期间网络版上，每周 7 天坚持上传原创作品，它的专职记者大卫·科恩（David Corn）不仅为《母亲琼斯》杂志华盛顿局担任首席记者写稿，也为《国家》华盛顿分部担任过记者。他曾在 AlterNet 以非转引的形式上发表过两篇文章表达“反抗资本主义公司”[2]的正当性和必要性，可见另类媒体不仅互相转引同行的报道，其人力资源也是互通的。

第六，同理，转发次数达 3 次的《太平洋新闻服务》本是 1969 年进步知识分子在加州伯克利大学建立的非商业性媒体组织，其创办者舒曼·弗朗茨（Franz Schurmann）既是历史学家也是社会学家，奥维尔·谢尔（Orville Schell，中文名夏伟）是加州大学研究生院新闻学系主任，两位都以“远东”的专业知识为基础，为《太平洋新闻服务》进行了 30 多年的写作、点评，旨在为公众提供“另类的新闻源”，反战、环保、中美关系批评是其主要议题，在同行另类媒体中享有较高声望，并在 1996 年创办了《新美国媒体》（*New America Media*）作为其新闻集散中心，在美国各地包括旧金山、纽约、洛杉矶和华盛顿等地设立分部来收集新闻，同时为少数族裔媒体提供新闻。《太平洋新闻服务》在推广各种媒介活动中成立的“种族媒体国家指导中心”（National

[1] 尼尔·杨是著名的摇滚乐手，政治积极分子，反对转基因食品，支持可持续性发展的生态农业。孟山都公司一直是大卫·科腾、印度女作家、环保主义者万达娜·希瓦 (Vandana Shiva) 等知名积极分子反对的跨国企业，是“企业之恶”的象征之一。

[2] CORN D. Loyal Opposition: movement with no name [EB/OL]. (2007-09-10). http://www.AlterNet.org/story/9082/loyal_opposition%3A_movement_with_no_name；CORN D. Loyal opposition: shadowing the republicrats [EB/OL]. (2000-06-22). https://www.AlterNet.org/story/9348/loyal_opposition%3A_shadowing_the_republicrats.

Directory of Ethnic Media）曾为 2,500 多个媒体伙伴在紧急情况下提供信息服务，但"由于发展过快"，在 2017 年 12 月 30 日停办。

第七，同样被转引 3 次的法新社实际是法国官方的通讯社，但因为其偏左的风格，其国际新闻报道有时候会被另类媒体转引；另外同样被转引 3 次的"为变革而奋斗"（Workingforchange.com）是另类媒体记者克里斯托夫·希尔（Christopher Scheer）所创建的行动主义新闻网站，后来希尔转到另类媒体 AlterNet，并在加州的奥克兰天际线（Skyline）高中教授辩论、新闻学。2003 年他曾和父亲罗伯特·希尔（Robert Scheer）合作出过一部畅销书：《布什对我们讲的关于伊拉克的五个最大的谎言》（*The Five Biggest Lies Bush Told Us About Iraq*）[1]，该书在 2004 年变成了全美辩论的一大主题。希尔除了为 AlterNet 工作外，还为《国家》《旧金山检查报》等媒体工作过，其父亲罗伯特·希尔则是更为知名的另类媒体积极分子，是网络杂志《挖掘真理》的总编辑。

第八，《公司瞭望》是一个总部在加州旧金山的一个公民组织 / 媒体，1996 年由嘉锡华·卡林内（Joshua Karliner）创立。其研究手段是"提供调查新闻，批判性信息，以监督公司的不当行为，培育一种消息更为灵通的公众以达成更有效的民主"，"倡导新闻调查包含任何地方、任何时间、公司的任何不当行为，不论公司侵犯了的是经济、环境、人权、政治还是社会权利"。它的任务从"名字"上就可以清晰地看到，是一个注重曝光公司不法行为、"倡导跨国公司责任和透明"的积极分子组织，但其实《公司瞭望》还专注人权、生态等问题，它还是《地球之友》（*Friends of the Earth*）国际部的附属成员。卡林内 1997 年的著作《全球化时代的生态与政治》曾由塞拉俱乐部（Sierra Club Books）出版社出版，这说明在环保方面《公司瞭望》作为"反对 / 抵抗公司全球化"阵营中的一员，与传统大型的环保 NGO 保持了紧密的联系。

第九，最后谈一下 AlterNet 转引两次的"托马斯·潘恩网站"（TomPaine.com），该网站是一个以提供观点评论为主的政治新闻网站，顾名思义，它以美国《常识》的作者、美国独立革命思想家、政治家托马斯·潘恩（Thomas Paine）的名字命名，以示其独立、激进的立场。与 AlterNet 一样，它刊登的报道，一部分来自网站原创，一部分来自其他网站的链接。1999 年，"托马斯·潘恩网站"由一位叫约翰·莫耶斯（John Moyers）的记者创建，2001 年 4 月，AlterNet 把莫耶斯冠名为六大"新媒体英雄"之一，2003 年"美国传播工人和报纸同行"（The Communication Workers of American and the Newspaper Guild）组织则授予莫耶斯及"托马斯·潘恩网站"员工"赫伯特·布洛克自由奖"（Herbert Block Freedom Award），原因是"在公民自由不断遭受政治攻击，主流媒体话语平庸的情况下，'托马斯·潘恩网站'一直坚持不懈地成为一种理智、民

---

[1] SCHEER C, SCHEER R, CHAUDHRY L. The five biggest lies bush told us about Iraq [M]. Akashic Books: Seven Stories Press, 2003.

主话语声音”。2003年之后，莫耶斯离开，“托马斯·潘恩网站”成了公民组织“美国未来机构”（Institution for America's Future）的新项目。

后面转引至少一次的不少同行媒体也是较为知名的独立媒体，比如《村声》和《沙龙》等，但限于时间和篇幅的原因，不再一一赘述，总的来讲，AlterNet转引同行媒体这一新闻生产行为投射的第一个意识形态特点就是“团结”的原则，由于受主流新闻生产规范或其他物质、人力资源等条件限制，利用同行另类媒体文章，利用积极分子兼职记者，或者利用积极分子负责人的文章成为其突出的特点。另外，这些转引的另类媒体和AlterNet一样，都具有同样的批判意识，对公司、政府“不当行为”进行揭秘式报道，关注“人权、消费者权益、环保、公司腐败、政府人员渎职”等公司全球化引发的问题。另外，这些另类媒体的创建者大都是社会、政治、经济各领域的左派积极分子，他们创建的媒体都偏向左派或激进的立场。（见表4.5）

表4.5　AlterNet转引过的另类媒体名单

引用2次及以上的媒体
1.《窃听》（8次）；2.《国家》（7次）；3.《在这些时代》（6次）；4.《太平洋新闻服务》（3次）；5.法新社（3次）；6.为变革而奋斗（3次）；7.《对了！杂志》（2次）；8.《进步》（2次）；9.《公司瞭望》（2次）；10.托马斯·潘恩网站（2次）；
引用一次的媒体
11.《热门访谈》；12.《字里行间》(*Between the Lines*)；13.《布曼论坛报》（*Booman Tribune*）；14.《辛辛那提城市节奏》（*CityBeat Cincinnati*）；15.DRC公司网（DRCNet）；16.《电子起义》（*Electronic intifada*）；17.《第四权力》（*Fourth Estate*）；18.独立媒体中心；19.《全球劳工战略》（*Global Labor Strategies*）；20.《格尔尼卡杂志》（*Guernica Magazine*）；21.《卫报》（*The Guardian*）；22.《劳工笔记》（*Labor Notes*）；23.《洛杉矶周报》；24.媒体渠道MediaChannel.org；25.《蒙多维斯》（*Mondoweiss*）；26.猎户座在线（OrionOnline.org）；27.《其他世界》（*Other Worlds*）；28.《策点新闻》（*PoliPoint Press*）；29.《民众抵抗》（*Popular Resistance*）；30.《首映代墨水》（*Premiere Generation Ink*）；31.雨林行动网（Rainforest Action Network）；32.《沙龙》；33.《合成/再生》（*Synthesis/Regeneration*）；34.《山谷倡导者》（*Valley Advocate*）；35.《村声》；36.妇女电子新闻（Women's eNews）；37.汤姆先驱网站（TomDispatch.com）…

二、“另类”的消息源：不同类型的积极分子撰稿者

在AlterNet中，部分报道末尾有简单的作者介绍，可以看出，这些另类的消息源实际都是持有同一立场、背景稍有差异的积极分子，本书把这些作者的简单介绍集中到一起比较整理后，认为另类媒体撰稿者/记者大致可以分为5种类型（参看附录四）。

（一）AlterNet 中的意见领袖：“反精英”人士

这种类型撰稿者中的知名作家、教授或兼职教授、学者等获得体制内专业头衔的积极分子较多：比如娜奥米·克莱恩、芭芭拉·埃伦里奇、诺曼·所罗门、多娜·米德斯、沃尔登·贝罗、大卫·格雷博等人。

克莱恩 1970 年出生，是一位加拿大作家、社会积极分子，以批评公司全球化和资本主义而知名，1999 年她以《颠覆品牌全球统治》（*No Logo: Taking Aim at the Brand Bullies*）在国际上名声大振。2004 年由她制作，其丈夫导演的《拿走》（*The Take*）记录了阿根廷工人“占领”工厂的抵抗运动，而她 2007 年《大震荡》（*The Shock Doctrine*）的短片也被制作为一个时长 6 分钟的伴侣短片，由著名墨西哥裔导演阿芳索（Alfonso）等人收录到《麦克尔·维因特波特》（*Michael Winterbottom*）的长篇纪录片中。2014 年她的又一作品《改变一切》（*This Change Everything: Capitalism vs Climate*）成为《纽约时报》非虚构类最畅销作品，同年，她获得了非虚构类“希拉里·韦斯顿信托奖”（Hilary Weston Writers' Trust Prize）。2016 年她因为聚焦气候正义的行动主义，获得了悉尼和平奖（Sydney Peace Prize），也获得了全球顶尖有影响力的思想家称号，是气候积极分子组织 350. org 的主任。《纽约时报》[1]2007 年 9 月 10 日文化版专门刊登了关于《大震荡》的书评，题目是《灾难深重之地的自由市场恶作剧》，评价了她“抵抗公司资本主义”的思想渊源，她的对手之一，经济学家杰弗瑞·萨克斯（Jeffery Sachs），认为克莱恩根本不理解他的思想，另外的一位自由贸易支持者，皮特森学院的安德斯 ·威廉姆森（Anders Williamson）则怒斥她的论点是“一派胡言”！

克莱恩不仅是反全球化运动思想领袖之一，也是 AlterNet 转引和评论最多的作家之一。这次的样本库中，我们看到，她自己写了 5 篇报道，还有 3 篇是有关她的专访或报道，她不但批评资本公司化、注重环保和生态问题，为“反全球化”运动绘制“另一个世界是可能的”的蓝图，还批评以色列的一系列右翼保守主义政策，反对战争。

芭芭拉·埃伦里奇在前面就提到过，她是一位知名的老一辈女性主义作家，和克莱恩一样，是“天生的谎言克星“（a myth buster by trade）。她是 1980 年到 1990 年早期杰出的民主社会主义领袖，还是一位“获奖无数并被广泛阅读”的专栏作家，21 部书籍的作者。2001 年的《镍币与银币：在美国行不通》（*Nickel and Dimed: On not Get By in America*）是其最为知名的作品。埃伦里奇不仅是作家，还担任过多所大学的教职，如纽约大学的兼职副教授、密苏里大学哥伦比亚分校和桑加蒙州立大学客座教授、俄勒冈大学韦恩·莫尔斯首席教授等。同时她还是美国历史学家协会、约翰·西蒙·古根海姆纪念基金会的资深会员。

---

[1] COHEN P. Free-market mischief in hot spots of disaster [N]. New York Times, 2007-09-10.

2006 年，埃伦里奇创立了公益性质的“职业人团结组织”（United Professionals），专门帮助白领和那些失业或处于半失业的工人，在埃伦里奇看来，这些人花了大价钱购买了美国梦和高等教育，以为文凭就可以保证他们将来的中产阶级生活，“他们没想到自己的生活会被某些他们无法控制的力量给打破”。埃伦里奇曾是美国民主社会主义者的名誉主席。2000 年 6 月 12 日，她在《进步》上发表批评民主党党魁会议的文章被 AlterNet 转引，2007 年还有一篇则是关于她的《在大街上跳舞》的书评，此书后来成为华尔街运动积极分子在广场上和平抗议、公开跳舞的精神指南。

诺曼·所罗门也是一位知名的媒介积极分子，1951 年 7 月生，他曾两次获得新闻普利策奖，是资深记者、媒介批评家、反战积极分子。年轻时他作为一个自由撰稿人，为《太平洋新闻服务》工作多年，1988 年，所罗门为“华盛顿原子弹老兵联盟”担任短期的发言人，同年 8 月他开始受雇于“公平与准确报道组织”（Fairness & Accuracy In Reporting，简称 FAIR），开始管理华盛顿地区事务。除了长期为媒体监测组织“公平与准确报道”工作之外，1997 年他还成立了“公共准确机构”（Institute for Public Accuracy）为记者提供另类资源，他自己同时担任执行主任。

1992 年到 2009 年，所罗门还为栏目“媒体热点”每周写作专栏，2011 年和他人合办了线上积极分子群体“行动之根”网站（RootsAction.org），2017 年，该网站其统计会员超过了 150 万人。2012 年所罗门曾担任过加利福尼亚参议员，2016 年作为代表参加过民主党全国会议，是 12 部著作的作者。AlterNet 样本库中有 5 篇他撰写的批评报道。《全球峰会将近，WTO 处于媒体高地》与《WTO 峰会后媒体后悔痛哭》[1] 都是从 FAIR 中转引到 AlterNet 的所罗门写的报道，这些报道是西雅图抗议时期就已经发布在 FAIR 网站上的。国内有些人不太同意 FAIR 是另类媒体，从本研究给另类媒体下的定义来看（内容原创，目标是倡导和挑战权威，追求变革，自然报道和公民新闻的生产方式，个人化管理，面向不同的受众群体）[2]，它就是另类媒体，专注于批判主流媒体“霸权”[3]，是支持媒体改革和媒介积极分子的“意识形态”产物 [4]。

再来看多娜·米德斯，她是一位美国先锋环境科学家、作家、佛蒙特学院（Dartmouth College）兼职教授 。佛蒙特州哈特兰可持续发展中心主任，知名学者，她最为知名的

[1] SOLOMON N. Media wallowing in grief after WTO summit [EB/OL]. (2000-04-25). https://www.AlterNet.org/story/708/solomon%3A_media_wallowing_in_grief_after_wto_summit.

[2] RAUCH J. Are there still alternatives? relationship between alternative meeting and mainstream in a converged environment [J]. Sociology Compass, 2016, 10(9): 756-754.

[3] SCOTT D K, CHANSLOR M, DIXON J. FAIR and the PBS NewsHour: assessing diversity and elitism in news sourcing [J]. Communication Quarterly, 2014, 58 (3): 319-340.

[4] 加拿大西蒙弗雷泽大学传播学教授罗伯特·海科特和威廉姆·凯诺尔在 2011 年由暨南大学出版，李异平、李波译的《媒介重构——公共传播的民主化运动》一书中就把 FAIR 当作与媒介集团抗争的另类媒体样板，认为 FAIR 对新闻记者与媒介所有者给予严格的区别对待，他们一直批判后者，见第 154-155 页。

著作是《增长的限制及以体制的视角来思考：初级读本》，这本书把她放入“顶尖作家”行列。2000 年 4 月 5 日，AlterNet 转发了她为“全球公民”组织写的一篇文章：《WTO 抗议者和那样的权力》（The WTO Protesters and the Powers that Be），7 月 17 日又转发了《世界不是用来售卖的》（The World Is Not for Sale）文章。第一篇批评主流媒体以只关注街头“暴力”为由琐屑化、边缘化且污名化“西雅图抗议”这一全球性运动；第二篇则以反对自由贸易体制的抗议者——法国农民琼斯·包法(Jose Bove)的口号为题，讲述了琼斯・包法领导的反麦当劳运动及其渊源。琼斯・包法反对 WTO，支持欧盟禁止进口美国激素牛肉等政策，他反对的不仅仅是麦当劳和美国的工业牛肉，也反对把所有东西都商品化的“全球化思维”，而这正是米德斯的思想。

另外一位“反精英”——沃尔登・贝罗是联合国基于曼谷，“聚焦全球发展中国家”（Focus on the Global South）组织的执行主任，菲律宾大学的社会学、公共管理学教授，是反全球化运动的第三世界代言人之一。《纽约时报》2000 年 9 月 6 日的报道中就把他作为积极分子举办的“全球化国际论坛”组织中的重要人物之一进行了专门的报道[1]，而他 2001 年 3 月在“另类网”发表的一篇文章则回忆了积极分子组织举办的反峰会，世界社会论坛在巴西格里港举办时，其积极分子与世界经济论坛、参会人、金融大鳄乔治・索罗斯辩论的激烈情形，贝罗的立场是“保护”第三世界利益，反对西方发达国家对发展中国家的“经济殖民”贸易政策的。

最后是大卫・格雷博（1961-2020），他是无政府主义积极分子，人类学家。1998 年，在完成博士学位后第二年中，他在耶鲁大学做助理教授，后来成为耶鲁大学社会学副教授，但在 2005 年末，耶鲁大学拒绝为他再续签 2008 年转为教授的合同。此举虽遭到格雷博 4,500 名支持者联名反对，但耶鲁校方行政人员拒绝透露实质原因，格雷博透露可能和他支持自己的一位学生有关，而该学生因为参与研究生的某一个组织即将被学校开除。后来格雷博离开美国，受邀到英国伦敦大学做讲师和读者，直至接受伦敦经济学院人类学教授的职位。他最受欢迎的书可能是 2011 年出版的《债务：第一个五千年》（*Debt: The First 5,000 Years*）。在任教和做社会与价值研究的同时，格雷博一直活跃在各种反对资本主义制度的运动中，他建立了一个名叫“反资本主义集会”(Anti-capitalism Convergence)[2] 的无政府主义团体。在 2002 年 1 月 28 日《纽约时报》《无政府主义者形象有问题》的报道中，他作为该报道采访的第一位发言人，表达了“9・11”之后美国抗议者针对美国不同以往的气氛，准备策划一些能够发出新的、实质性信息的决心。他的行动主义包括参与抗议 2001 年在魁北克召开的美洲峰会以及 2002 年在纽约召开的世界经济论坛，最为知名的是他在 2011 年占领华尔街运动中的领袖性角色。

---

[1] WONG E. Summit in New York: the protesters. [N]. New York Times, 2000-09-06.

[2] FRIES J. Anarchy has an image problem. [N]. New York Times, 2002-01-28.

人们会把他当作提出“我们就是99%”口号的人物之一，他也是自由贸易卫士托马斯·弗里德曼所指的“那群尽最大的力量给穷人帮倒忙”的人之一。

（二）作为 AlterNet 实习生或自由新闻撰稿人的青年积极分子

这些青年学生撰稿人当中也有获得名校研究生、博士学位的青年，也有后来成为 NGO 创办者的人，而且他们的“进步思想”和后来的职业生涯仍然保有相当大的联系。

比如 2000 年 5 月 7 日 AlterNet 转引了源自《国家》杂志的“新学生运动”的报道，报道者丽兹·费兰斯通（Liza Featherstone）当时还只是一个布鲁克林社区的自由撰稿新闻记者，后来她因为关注劳工、学生运动成为哥伦比亚大学新闻学院的兼职教授，讲授国际公共关系课程，成为杰出驻校作家，还是《国家》杂志的特约撰稿人。她 1991 年毕业于密歇根大学安娜伯格新闻学院，2008 年从哥伦比亚大学新闻学院获得研究生学位。

再比如 2000 年 3 月 31 日报道独立媒体的瑞秋·瑞兰多（Rachel Rinaldo），她当时的身份是芝加哥社会学研究生、自由新闻撰稿人；2007 年获得社会学博士学位后，在科罗拉多大学宝德（University of Colorado Boulder）社会学系任助理教授，关注性别、全球化和社会变革议题，特别是发展中国家和穆斯林议题。还有安娜莉·内维茨（Annalee Newitz），2001 年 10 月 28 日她在 AlterNet 发表了《我是恐怖分子》（I am an Terrorist Now!）的文章，在文章末尾作者自嘲为“媒体白痴，但相信公民不顺从”。她从 1996 年就开始做自由撰稿人，在 1998 年获加州伯克利英美研究的（UC Berkeley）博士学位，后来为《旧金山湾区保卫报》（*San Francisco Bay Guardian*）做文化编辑，在 2002 年到 2007 年自创杂志《他者》（*Other*），2008 年到 2015 年为纽约《高客》（*Gawker*）旗下媒体科学部的总编。

2003 年 12 月 14 日《外国人，滚回去！》（*Gringo，Go Home!*）报道人是本杰明·丹戈尔（Benjamin Dangl），他当时是刚从巴德学院（Bard College）毕业的大学生，刚刚 20 岁，在玻利维亚实习，该报道描述了拉美人反对西方国家资本主义的新闻故事。他后来在佛蒙特大学历史学研究生毕业，之后获得加拿大麦吉尔大学历史学的博士学位，在拉美做记者超过 10 年，后来在佛蒙特州查普林学院（Champlain College in Vermont）教授新闻，依然关注拉美政治、社会运动和媒体。

2004 年 1 月 28 日报道《公司疯了》的罗斯·克罗克福特（Ross Crockford）当时是加拿大英国哥伦比亚省维多利亚区的自由撰稿人，现在他不仅是作家，而且继续为维多利亚社区博客——“聚焦维多利亚”（Focus on Victoria）写稿。2004 年 6 月 7 日报道美国慢食运动及其创始人派崔克·马廷（Patrick Martins）思想的丽贝卡·图胡－杜布劳（Rebecca Tuhus-Dubrow），她当时只是另类媒体《国家》杂志的实习生，后来成为加州大学的驻校作家，除了著书写作之外，她为《纽约时报》、另类媒体《石板》写书评，是另类媒体《异议》（*Dissent*）的特约编辑。

当然，类似还有前面提到过的《窃听》转引过来的报道，这三篇文章的作者在当时也是非常年轻的学生积极分子：比如报道《全新的年轻人的和平运动已然扎根》（A New Youth Peace Movement Takes Root）的德西瑞·伊凡（Desiree Evans），她当年只有21岁，是西北大学新闻学学生，虽然当时“9·11”事件的恐怖疑云还未消失，她却注意到各地学生已经开始在华盛顿、纽约等大城市展开“新运动”并亲自参与其中，后来她成了一位黑人福音派女作家。报道学生反对监狱运动的苏兹·金穆（Suzy Khimm）当年也只有20岁。此外，报道学生反对血汗工厂的青年积极分子密冉·马克华兹（Miriam Markowitz）也是《窃听》的自由撰稿人，之后的青年积极分子另类媒体记者不再一一赘述。

（三）作为 AlterNet 专属、兼职记者的积极分子：海登及其他

作为 AlterNet 专属记者或另类媒体负责人的积极分子是来稿中人数最多的一类，这一类另类媒体人当中，最为知名的是汤姆·海登（Tom Hayden），这次反全球化运动报道中 AlterNet 样本中他的署名文章就有8篇，是所有 AlterNet 新闻中报道采写最多的一位。汤姆·海登是知名的美国社会、政治积极分子、作家，以反战、民权和反文化为主，其中，加州“洛杉矶县和平与正义资源中心”（Peace and Justice Resource Center in Los Angeles County）主任是他较为知名的身份，他还是知名美国女演员、政治积极分子的简·方达（Jane Fonda）的第二任丈夫，可谓一生都是“战斗着”的积极分子。

1965年，海登和美国社会主义党成员（Herbert Aptheker）以及教友会积极分子石多藤·林顿（Staughton Lynd）踏上了一趟颇有争议的旅程——北越和河内，这次越南之旅使他写下了题为《另外一边》（*The Other Side*）的作品。这是海登后来拒绝谴责那些“前辈”的原因，也是新左派不同于老左派的原因。1968年，海登在抗议芝加哥的全国民主党代会的活动中发挥了主要作用，中断了后来被称为“防暴全国委员会”（U.S. National Commission on the Causes and Prevention of Violence）所指的“政治骚乱”。他起草了学生民主运动社团（Students for Democratic Society/SDS）的宣言——休伦湖口宣言（Port Huron Statement），宣称其目的是在美国创造一个“全新的民主政治运动”，反对等级和官僚体制。该宣言代表了美国“新左派”的诞生，6个月后，他和其他七位抗议者，包括知名的反文化斗士艾比·霍夫曼（Abbie Hoffman）和杰瑞·鲁宾（Jerry Rubin）等人被指控犯有阴谋煽动骚乱罪，他们后来被称为“芝加哥八君子”。其中，海登和其他四人被控非法跨境引发动乱，但后来起诉不了了之。大西洋杂志的国家通讯员尼古拉斯·勒曼（Nicholas Lemann）谈到海登1960年在新左派的作用时评价说，“汤姆·海登改变了美国，他是美国历史上大型抗议之父”。而当时约翰逊总统和肯尼迪总统的发言起草人理查德·N. 古德曼（Richard N. Goodwin）对海登所发起的新左派理念中的“直接参与”持批判态度。

1972年海登公开到越南以及柬埔寨等地旅行，当时美国还陷在尼克松总统指挥的

把老挝和柬埔寨也包含进来的扩大战役中，1974 年，当越战还在进行时，他和简・方达等人合作的纪录片《对敌人的介绍》（*Introduction to the Enemy*）发行，描述了他们在 1974 年春在北越和越南的旅行，宣传反战。1976 年，海登参加竞选加州议员，之后和方达发起了“经济民主运动”（Campaign for Economic Democracy），和当时的州长一起推广太阳能、环保和租客权利的政策。1982—1992 年海登担任加州众议员，1992—2000 年担任加州参议员职务。1999 年西雅图抗议期间，《华盛顿邮报》[1] 报道了他周一对 5,000 名抗议者所做的讲话；《纽约时报》2000 年 4 月 17 日的报道中也专门提到了“60 年代学生民主运动组织者之一”的汤姆・海登[2]，在 2001 年期间，他后来竞选洛杉矶城市议员未果，为增强在民主党的影响力，他组织美国进步民主党（Progressive Democrats of America）并作为咨询委员会成员与之展开合作。2008 年期间，海登为《赫芬顿邮报》发表了一篇推崇奥巴马竞选总统的介绍。同年，他帮助建立了“为奥巴马而进步”（Progressive for Obama）的组织，现在改名为“为美国崛起而进步”（Progressive America Rising），该组织为奥巴马第一次总统竞选提供了帮助。

汤姆・海登一生中的各种“行动主义”一直没有停息，他曾在多个大学授课，为多个媒体撰稿，是《国家》杂志的编辑部成员，一生著作达 23 部，还有电影导演及纪录片等的作品，比如 1981 年《金色池塘》（*The Golden Pond*），直到 2016 年 10 月 23 日因病去世。

除海登之外，其他 AlterNet 的专职员工有：唐・黑兹（Don Hazen），他后来成为 AlterNet 的总编；还有高级编辑塔拉・露汉（Tara Lohan），她当时还是以全球水危机为主题的著述编辑。AlterNet 原副总编辑罗拉・巴塞娜（Laura Barcella），作为自由撰稿人，她同时还为《村声》《沙龙》等其他另类媒体写稿；AlterNet 当时的普通员工有嘉锡华・赫兰（Joshua Holland）、乍得・继兰（Zaid Jilan）等人，其中，赫兰是他自创的另类媒体《牛虻》（*Gadflyer*）的固定撰稿人。

其他撰稿者也多是拥有另类网记者的身份之外，同时兼任其他另类媒体的创建者或负责人，比如作为另类媒体《进步》杂志的政治编辑的露丝・妮夫（Ruth Conniff）；作为另类媒体《综合 / 再生》（*Synthesis/Regeneration*）编辑的唐・费兹（Don Fitz）；另类媒体《休伦湖杂志》（*Orion magazine*）的专栏作家吕蓓卡・索力特（Rebecca Solnit）；另类媒体《反击》杂志的投稿者珍妮夫・伯特谢（Jennifer Berkshire）；为《华盛顿时报》（*The Washington Times*）报道贸易问题的卡特・道额提（Carter Dougherty）；作为布鲁克斯社区报纸编辑之一 的乔丹・莫斯（Jordan Moss）；还有《让钱唱歌》（*Making the Money Sing*）的作者约翰・提尔曼（John Tirman），他除了不间断为 AlterNet 撰稿外，还

[1] PEARLSTEIN S. Trade theory collides with angry reality [N]. Washington Post, 1999-12-03.

[2] KIFNER J, SANGER D E. Financial minister meet as protests clog Washington [N]. New York Times, 2000-04-17.

发表了 13 部以“倡导”全球人类安全为主题的作品，而且他当时还为另类媒体的《赫芬顿邮报》《波士顿全球报》（*The Boston Globe*）写稿；其他以色列政治研究者、博客写手乔尔·谢里特（Joel Schalit），纽约自由撰稿人艾文·德卡兹（Evan Derkacz）等都是如此。

（四）工会组织者、钢铁工人等有工会背景的积极分子

在另类媒体的撰稿者中，出身于工会与社群组织者的作者虽然比例不高，但也有几位不得不提，比如乔纳森·罗斯巴姆（Jonathan Rosenblum），他不仅是工会和社群组织者之一，还是作家，早在 1995 年、1998 年就发表过以巴西旷工与美国劳工运动关系为主题的几部作品，最近的一部书则是 2017 年贝肯出版社（Beacon Press）出版的一部以劳工、移民和行动主义为主题的著作《15 美元一天的移民工人之上——忠诚的积极分子与复兴的劳工运动》（*Beyond $15 Immigrant Workers: Faith Activists and the Revival of Labor Movement*）。再比如史蒂文·勒内（Stephen Lerner），他在“服务业雇员国际工会之国际执行董事会”（Service Employees International Union's International Executive Board）任职，还是“锅炉工正义运动”（Justice for Janitors campaign）的创建者；Jocelyn Desjardins 则为“钢铁工人联合起来”（United Steelworkers）组织服务；福兰斯·比儿（Frances M. Beal），当时她不仅是“黑人激进国会”（Black Radical Congress）组织的全国秘书，还是《三藩市湾区观点报》（*San Francisco Bay View*）的政治评论员。

有工会背景的大卫·索尔耐特（David Solnit）是运动积极分子中比较突出的一位，他不仅是 1999 年反 WTO 西雅图抗议运动和 2003 年旧金山反战运动者组织之一，还是《全球解放：如何拔根体制并建立更好世界》/《城市之光》（*Globalize Liberation: How to Uproot the System and Build a Better World /City Lights*）的编辑；2009 年他和他的姐姐，前面提到过的另类媒体《休伦湖杂志》的专栏作家吕蓓卡·索力特（Rebecca Solnit）一起合作出版了一部《西雅图之战的故事之战》（*The Battle of the Story of the Battle of Seattle*，AK 出版社出版）。他还长期为加拿大伐木业、石化燃料业等行业工人代言，为争取“气候正义”而活动，接受过《纽约时报》[1]“现在就要民主”等主流媒体和另类媒体的采访。

（五）其他作者、艺术家以及抗议者来稿

这一类的积极分子也是 AlterNet 来稿者中的多数，比如史蒂夫·马歇尔（Stephen Marshall）是作家、电影制作人；约瑟夫·帕拉斯特（Joseph Plaster）是女权主义者、作家、专栏写手；马克·泰勒－康菲尔德（Mark Taylor-Canfield）是艺术家、积极分子、独立记者；

[1] FRIES J. Anarchy has an image problem. [N]. New York Times. 2002-01-28.

印度裔学者拉吉娃（L. Rajiva）是马里兰州大学教师；史蒂夫·克欧波（Steve Cobble）是 NGO 组织“国际政策中心”（Center for International Policy）的高级研究员；强克·柯林斯（Chuck Collins）是一位高级学者；罗布·盖伊曼特（Rob Gyemant）是一位教师、作家；杰夫·寇兰特（Jeff Conant）是一位以国际水、食品为议题的积极分子、学者、另类媒体人。（见附录三：《AlterNet 反全球化运动报道清单（1999—2014）》）

三、标题、导语等“超级结构”中的行动主义立场

对 AlterNet 有关反全球化运动的报道进行细读陈述，我们发现 AlterNet 报道内容，包括标题、导语以及其话语引用主体、新闻主体，都带有鲜明的态度和倾向，呈现出了特定的行动主义立场。但考虑到样本时间跨度长达 15 年，一一列举所有报道（146 个），版面不允许，也没有必要。因此本书研究者以分层抽样的形式，每次以一定间隔抽取一篇文章，从第一篇开始，第 1 篇、第 10 篇、第 20 篇依此类推（另类媒体报道具有不确定性和业余的特征，如果碰到报道没有导语的情况，则抽取紧靠其后有导语的报道），这样一共获得 15 个样本，其标题和导语以及解析如表 4.6 所示。

表 4.6　AlterNet 文章标题与导语所含的意识形态解构

序号	标题与导语		透露的立场和态度
1	标题	《来自西雅图的教训》[1]（Lessons from Seattle）	反对（跨国资本）
	导语	成千上万甚至百万愤怒的公民能分辨出跨国资本实际上就是那个庞然大物吗?	
2	标题	《包围西雅图 》（The Siege of Seattle）	揭露（反对）警察暴力
	导语	西雅图周四还处在军事管制中，因为 WTO 还在继续其部长会议日程，西雅图警察决心诉诸暴力，开始大规模抓捕示威者，以驱逐抗议者离开市区的街道，这里是十年来最为激动人心的抗议的快速报道概要	
3	标题	《纳德吸引了 1 万名听众》（Nader Draws 10,000 in Seattle）	表扬（倡导） A. 纳德对西雅图抗议运动的肯定； B. 纳德的追随者众多；运动群众基础好
	导语	西雅图去年作为 WTO 抗议的基地，一个年轻的、新政治运动的故乡产生了！拉尔夫·纳德这样对他的万名崇拜者说起下一个伟大的美国改革运动	

[1] 见附录三：《AlterNet 反全球化运动报道清单（1999—2014）》。

（续表）

序号	标题与导语		透露的立场和态度
4	标题	《魁北克：墙上又多了一条裂缝》（Quebec: One More Crack in the Wall）	团结（倡导） A. 反对自由贸易协定的运动越来越有希望； B. 全球资本势力是柏林墙； C. 警察的镇压反而使“各类抗议者”团结起来
	导语	为了保护那些世界领袖，不让他们受到大众抗议的冲击，魁北克城上个星期变成了一个真正的警察国家。犹如乌云上的金边，这次军事镇压（给我们带来的）的希望之一就是它如何把各类反对自由贸易的人马团结起来	
5	标题	《在德班的非政府组织把目标对准了全球化》（NGOs at Durban Target Globalization）	团结（倡导） A. NGO 团结一致批判美国的种族歧视； B. 反全球化运动在南非获得多个 NGO 的支持
	导语	世界反种族大会非政府组织论坛显示：有一个表达更明确、声音更响亮的反全球化运动	
6	标题	《反全球化积极分子改变了辩论》（Anti-Globalization Activists Change the Debate）	反语、表扬（反对与倡导） A. 用自由贸易建制派的话语来“讽刺”全球化支持者； B. 反全球化积极分子话语有力量
	导语	那些支持自由贸易的建制派们越是否定那些反对全球化的人，“那些东拼西凑的工会分子、环保分子、消费倡导者、目光呆滞的流浪者、一身黑的无政府主义者”将越重要	
7	标题	《崭新的年轻人组成的和平运动扎根了！》（A New Youth Peace Movement Takes Root）	表扬、反战 A. 新的反战运动； B. 年轻人的付出初见成效
	导语	10 月 26 日，当来自全国各地的人群开始抗议伊拉克战争时，一些年轻的组织者松了口气	
8	标题	《追逐年轻投票者》（Chasing the Youth Vote）	表扬、揭露（反对） A. 民主党的政治手段； B. 年轻人在政治中的影响力有所提升
	导语	专家推测 18—24 岁的年轻人会在下一次总统候选时成为摇摆投票者，民主党人正在做点什么来讨好年轻投票者，哪一个候选人会成功做到这一点呢?	
9	标题	《美国佬，滚回去！》（Gringo, Go Home!）	揭露（反美） 直接引用拉美土语来表达拉美人对美国资本的不满
	导语	玻利维亚年轻积极分子对美国压力的抵抗	
10	标题	《抗议暴力迷思》（The Myth of Protest Violence）	揭露（警察和政府官员的虚伪）；反对（体制权力对抗议运动的“污名化”）
	导语	每次有大的抗议动员发生时，警察和政府官员便开始警告公众，要他们当心暴力，但是证据在哪儿呢?	

（续表）

<table>
<tr><th>序号</th><th colspan="2">标题与导语</th><th>透露的立场和态度</th></tr>
<tr><td rowspan="2">11</td><td>标题</td><td>《反对占领以色列的英雄去世了》
（Anti−Occupation Israeli journo dies）</td><td rowspan="2">表扬（倡导）
A. 反对以色列占领约旦河西岸和巴勒斯坦地区；
B. 积极分子 Tanya Reinhart 值得赞扬和纪念</td></tr>
<tr><td>导语</td><td>Tanya Reinhart 的离开（是我们的）不幸</td></tr>
<tr><td rowspan="2">12</td><td>标题</td><td>《哥本哈根：反全球化运动的时代来临了！》
（Copenhagen: An Anti−Globalization Movement Comes of Age！）</td><td rowspan="2">表扬（倡导）
A. 在丹麦首都举行的气候大会是反全球化运动复兴的时代；
B. 气候积极分子向西雅图抗议 10 周年致敬！</td></tr>
<tr><td>导语</td><td>西雅图抗议结束多年后，气候积极分子已经准备好了要把联合国气候变化峰会变成他们的“成长派对”！</td></tr>
<tr><td rowspan="2">13</td><td>标题</td><td>《向华尔街抗议者喷辣椒水的警察已经被“公民自由”起诉组织从 2004 年抗议共和党党代会中确定出来了》
（Officer Who Pepper−Sprayed Wall Street Protesters is Named in Civil Liberties Lawsuit from 2004 RNC Protests）</td><td rowspan="2">倡导团结（反对警察暴力）
A. 有“公民自由起诉”组织在法律上为“我们 / 抗议者”赋权；
B. 镇压抗议者的警察被指控违法</td></tr>
<tr><td>导语</td><td>警官安东尼·包洛格纳（Anthony Bologna）被指控错误逮捕、违反公民权利，这次指控来自 2004 年在纽约被抓捕的抗议者</td></tr>
<tr><td rowspan="2">14</td><td>标题</td><td>《劳联和进步群体加入了占领华尔街的团结游行》
（Labor and Progressive Groups Join Occupy Wall Street in Solidarity March）</td><td rowspan="2">表扬（倡导）
A. 发布行动消息；
B. 占领华尔街运动和西雅图抗议一样，获得工会和劳联的支持；
C.NGO 是“进步”群体</td></tr>
<tr><td>导语</td><td>今晚，劳联支持占领全球化运动将会全面开始，届时工会成员将从纽约市政厅行进到自由广场</td></tr>
<tr><td rowspan="2">15</td><td>标题</td><td>《请相信！对公司权力和战争贩子行径的抵抗正在我们周围成长！》（Believe It! Resistance to Corporate Power and Warmongering Is Growing All Around Us）</td><td rowspan="2">A. 反对公司权力；
B. 反对战争；
C. 全球化负面后果严峻；
D. 支持“抵抗美国霸权”的运动和文化基础</td></tr>
<tr><td>导语</td><td>虽然经济依然不景气、债务在不断增长，但我们有很多理由来庆祝，因为抵抗美国的文化在这里，而且它有效果！</td></tr>
</table>

之前我们总结过 AlterNet 中“我们”的活动：即 A. 批判；B. 宣传；C. 信息补漏；D. 策划。实际上 AlterNet 的标题、导语和主要内容所含的立场和态度与这些分类是契合的，只不过其话语表达形式更为多元具体。总之，AlterNet 中标题、导语作为解构其意识形态的超级结构之一，其包含的态度和立场简单来讲就是反对和倡导：反对的是战争、

暴力、全球资本和公司权力的符号及其意识；倡导的是积极分子个人及其组织的团结以及其“抵抗霸权”的行动和实践。

四、新闻主体：正面的“我们”和负面的“他们”

AlterNet 不仅在报道的标题、导语、内容等书写形式结构上追求鲜明的态度和立场，其报道中的主要新闻人物表征也投射出鲜明的意识形态。在前一章我们统计过媒体中对“自由贸易支持者 / 全球化支持者”阵营和“积极分子 / 全球化批评者”持正面和反对的比例，统计结果显示，另类媒体对前者持负面态度比率高达（91.5%），对后者持正面态度比率高达（83.6%）。这种统计在数量上可以清晰地呈现出 AlterNet 对“我们”（全球化批评者）和对“他们”（全球化支持者）的总体态度，但我们看不到具体的“我们”和“他们”，因为统计中，“我们”和“他们”的身份是模糊的。

考虑到样本太多，不可能一一呈现每一篇报道的具体事件和人物，因此本研究把每篇报道中所含的新闻主体（有组织、行动能力的人或组织）一一记录下来，归类整理（见附录三》）。在阅读过程中，我们发现有的评论报道中的新闻主体难以判断，有的报道中存在两个及以上的新闻主体，所以我们把记录到的新闻主体分为四类：“我们”“他们”“我们和他们”“无法判断”。AlterNet 中的“我们”和“他们”的身份表征清晰起来，其中，“我们”是 AlterNet 中占绝对大多数的“内群体”，是受关注的“反对者”/ 抗议者 / 积极分子，绝大多数是积极、正面的形象；而“他们”则是“我们”的陪衬，是“少数”的“外群体”，是“我们”反对的目标，其形象大多是“负面”“消极”的。

表 4.7 显示，“我们”作为新闻主体的文章有 87 篇，占总体文章的多数，“我们”的阵容如同主流媒体所形容的，是全球化所问题带来的“形形色色的”敌人（many striped foes）。这里有 8 种类型的“我们”，全都是全球化批评者，包括各类积极分子个人、年轻的学生、法国的农民、青年医生、无政府主义者、媒介积极分子、工会成员、环保主义者、女权主义者、意大利反峰会抗议（2001 年 7 月）上死亡的青年、在坎昆部长会议上自杀以示抗议大资本企业韩国农民李坤海、反对以色列占领巴勒斯坦地区的以色列积极分子、气候积极分子、演员 Yes Man、世界反种族大会 NGO 代表、慢食运动的积极分子、参与“世界社会论坛”的巴西和印度两地的积极分子；玻利维亚科恰班巴争取“水正义”运动积极分子；魁北克的钢铁工人；反对美国 Keystone XL 石油管道铺设的美国积极分子。“我们”是黑衣队、反公司霸权的积极分子意见领袖娜奥米・克莱恩；是知名作家芭芭拉・埃伦里奇；是聚集在华盛顿的媒介积极分子……这些名单太长，但所有的有组织的或单独出现的“我们”，都是 AlterNet 报道的“主角”。“我们”这些积极分子，

反公司资本主义、反全球化、反战、反政府以及反贫困，是“真心实意地想要修复运动内部裂缝的人”，是想要推倒“资本主义体制柏林墙”的人。“我们”的基本价值观是团结，“我们”的共同目标是：另一个世界是可能的！

表 4.7 AlterNet 新闻主体中的“我们”（共 87 篇）

序号	类别	新闻主体
1	作为“反对”力量的“我们”（anti-）（11 篇）	the anti-globalization forces（反全球化力量） anti-corporate protesters（反公司抗议者） anti-corporate protesters（反法团抗议者） anti-corporate protesters/IMF/WB annual meeting in Prague（反公司抗议者 / 反对 IMF/WB 会议在布拉格召开） anti-war movement（反战运动） anti-WTO protesters（反对世界贸易组织抗议者） anti-globalization, anti-war, anti-government and anti-poverty activists（反全球化、反战、反政府以及反贫困积极分子） anti- globalization anarchist（反全球化无政府主义者） anti-IMF/World Bank activists（反货币基金组织 / 世界银行积极分子） anti-terrorist USA Patriot Act（反恐 USA 爱国行动组织） anti-WTO organizers from the Direct Action Network（来自“直接行动网络”组织的反 WTO 组织者）
2	以集体面貌出现的“我们”(activists/protesters) 10 篇	activists（积极分子） people come together around an idea（因为同样的世界观而团结在一起的人们） globalization protesters（全球化抗议作者） protesters（抗议者） demonstrators and bystanders（抗议者和旁观者）
3	“我们”（We）(5 篇）	we（我们） we/activists）（我们 / 积极分子） everyone of the movement/we（运动的每一个人 / 我们） we: 1,500 environmentalists, organizers, academics, economists, and activists from five continents who gathered in November at a conference at Columbia University in New York City.（我们是 1,500 名来自五大洲的环保主义者、组织者、学者、经济学家、积极分子，为了参加纽约市区哥伦比亚大学会议而聚到一起）

（续表）

序号	类别	新闻主体
4	年轻的“我们”(9 篇)	student/counter-recruitment movement （学生 / 反兵役运动） young activists （年轻积极分子） young people （年轻人） student activist （学生积极分子） youth activist group of Cochabamba （玻利维亚科恰班巴青年积极分子群体） United Students Against Sweatshops （反对血汗工厂学生联合会） students（学生） Sarah Williams，20-year-old NYU junior（20 岁的纽约大学三年级学生） Liza Featherstone （学生积极分子 / 另类媒体人）
5	作为个人积极分子的“我们”（26 篇）	an Indian immigrant/me （印度移民 / 马里兰大学教师 / 我） Clergy and Laymen Concerned about Vietnam（反对越战的牧师和普通人） Bhaskar Sunkara（另类媒体《真相大白》记者） Walden Bello （菲律宾社会学教授 / 联合国粮食问题专家贝娄） Jose Bove（法国农民 / 反麦当劳运动领袖） Michael Dolan（全球贸易监察公民组织主任） Michael Shellenberger（作家 / 环保积极分子） South Korean farmer （2003 年坎昆 IMF/WB 部长会议上自杀的韩国农民积极分子李坤海） Barbara Ehrenreich（美国知名左派作家 / 积极分子） Tom Warner（支持古巴革命的积极分子） Julie Castro（法国“无国界组织”运动积极分子之一、医生） Kalle Lasn，professional culture jammer（广告克星创办者） Mark Achbar（另类媒体人） Mark Engler（反精英 / 反资本主义） Michael Shuman（经济学家、代理律师、某 NGO 的副总裁） Naderand Moore（和 Ralph Nader 持同一立场的政治积极分子） Naomi Klein（反精英 / 反资本主义） Premilla Dixit（印度裔美国女积极分子 / 反公司） Ralph Nader（美国第三党绿党主席 / 反转基因 / 反公司权力） Sandy McKinley（抗议队伍中医疗小组成员） Steve Kurtz（费城某大学的艺术教授 / 反自由贸易体制者） Tanya Reinhart（反占领巴勒斯坦地区的以色列积极分子） Yes Men（上演讽刺节目来反对全球化的两位演员积极分子） Mike Bonanno（Yes Man 成员之一，Yes Men 是一对用演双簧来恶搞自由贸易体制大佬的演员）

（续表）

序号	类别	新闻主体
6	有所组织和目标的“我们”（20 篇）	media activists （媒介积极分子） media reformers rally in D.C.（ 在华盛顿集会的媒介改革者） peace activists （反战积极分子） climate–justice activists （气候—正义积极分子） independent media：a fantasy of community–based and alternative media （独立媒体：一个基于社区的绝妙的另类媒体） leftist demonstrators （左翼抗议者） women protesters（女权抗议者） 150,000 global justice activists （15 万全球正义积极分子） activists in Cochabamba （玻利维亚科恰班巴积极分子） Keystone XL Pipeline Protesters （Keystone XL 石油管道抗议者） Palestinian protesters（来自巴勒斯坦的抗议者） rainforest action network （RAN）/union activists （环保积极分子及其组织） slow food movement （慢食运动） the not for sale network/ network of global activists （反对自由贸易霸权的网络组织 / 全球积极分子网络） Black Bloc（黑衫队） The Ruckus Society（喧闹社会 / 无政府主义者组织） so–called “Black Bloc” anarchists（黑衣队无政府主义者） some folks who are building genuine coalitions and mending rifts around the globe（一些真心团结，修补全球体制裂缝的人） delegates attending the nongovernmental forum of The Racism WCAR（参加“反种族歧视全球大会论坛”的非政府组织代表）
7	工会类的“我们”（3 篇）	Tyree Scott （国王 / 金斯县工会成员之一） Quebec Steelworkers （魁北克钢铁工人工会） union members （工会成员）
8	参与“世界社会论坛”的“我们”（3 篇）	World Social Forum（世界社会论坛） World Social Forum in Porto Alegre, Brazil （在巴西、格雷里港召开的世界社会论坛） tens of thousands of activists from around the world gather in Belem（贝伦）, Brazil, for the World Social Forum （来自巴西的，参加“世界社会论坛”的成千上万名积极分子）

同样，经过统计和整理，AlterNet 中以“他们”为新闻主体的文章大致有 42 篇；剩余的报道有的同时有以“我们”和“他们”为新闻主体的，比如“The Black Bloc, mainstream demonstrators and police authorities”（黑衣队、抗议大军和警察），也有文化背景模糊而无法清晰判断的主体，比如“the Western Left”（西方左派）、“Timothy McVeigh”（纽约马拉松爆炸案犯）。有的报道包含的新闻主体属于比较中立，没有鲜明立场，比如“Academics”“Readers”“Pew Poll on ‘Trade ’”（皮尤对“贸易”问题展开的民意调查），其中“皮尤公司”是主体，所以对难以归为明显“我们 / 他们”类的新闻主体，本书忽略不计。

从 146 篇报道来看，除了其他不适合简单分为“我们”和“他们”的分类，有效篇章 129 篇，其中，“我们”单独做新闻主体的比率是 67.6%，而“他们”单独做新闻主体的比率是 33.4%。所以，在 AlterNet 中相关报道中，除了“我们”在数量上占绝对优势之外，其“正面”形象也是占绝对优势的，而“他们”除了是我们的“陪衬”之外，还是“我们”批判、反对、挑战的对象。结合表 4.7，表 4.8 中统计到的新闻主体词汇可以清晰明了地证明 AlterNet 报道中的偏向。

比如，表 4.8 中，Bush 是 Bullshit；美国政府是“世界单极霸权”“有钱有权的”“华盛顿建制派”；参议员哈瑞 ·雷德（Senator Harry Reid）则是与腐败问题纠缠不清的官员；警察是 cops（条子）；纽约消防部队在“9·11”之后，一致被主流媒体誉为“英雄的部队”。而在 AlterNet 中，它被表征为“a paranoid police force”（一个偏执狂般的警察部队）；FBI 除了“利用汽车追踪器监视美国大众”，还被曝光为滥用职权、严厉监视、打压美国古巴积极分子 / 艺术家的官僚机构。AlterNet 中，其他做新闻主体的警察形象也好不哪里去，其中 Mehserle 是一个被控过失杀人的白人警察；而 officer Anthony Bologna 则被控渎职，用辣椒水向华尔街路人喷洒。作为新闻主体的煤炭能源公司的几位 CEO、威瑞森无线通信、生物科技公司都是象征着“全球公司权力”，是破坏环境和气候的“无良”企业，是积极分子请“病假”、罢工、挑战、示威的对象。比如，积极分子在国会咨询煤炭能源 CEO 的报道中，环境行动主义者把煤炭带入会场，在会议现场向听众“展示石化燃料之恶”。

AlterNet 中，少数几位外国的新闻主体，尤其是亲美的以色列政府及其总理，被定位为“右翼政府”，在 AlterNet 为数不多的国际报道中，记者的否定和反对的态度强烈且鲜明：前以色列总理沙龙（Ariel Sharon）“刻意”混淆犹太人和以色列政府的含义，打着为犹太人争取生存权的旗号，否定以色列政府占领巴勒斯坦地区的事实，和法国右翼势力勒庞（Jean Lepan）是一类性质；而后来的本杰明·内塔尼亚胡（Benjamin Netanyahu）更甚，他居心叵测、不惜用几位少年被绑架事件来把控民意，随时随地撒谎，煽动“巴以仇恨”。和美国的布什政府一样，这里的几位外国新闻主体因为代表着“非正义”的威权，是另类媒体批驳和揭露的对象。

表 4.8　AlterNet 新闻主体中的“他们”（共 42 篇）

序号	类别	新闻主体
1	作为政府精英层的“他们”（11 篇）	George W. Bush （乔治 W. 布什） Bush （布什） Bush/Toney Blair/EU leaders/Australia rightwing Prime Minister John Howard（西方发达国家首脑） Bush/Bullshit（布什 / 垃圾） Walker Dodges（威斯康星州共和党参议员） D2K organizers （洛杉矶民主党党代会组织者） political heavies from Shadow Conventions （来自影子内阁的政治打手） Senator Harry Reid（参议员哈利・里德） Dennis Kucinich，Democratic Presidential contenders for 2004 （2004 年民主党候选人） Gore（原美国副总统） Al Gore, wife Tipper（Gore 及其妻子 / 离婚桃色事件当事人）
2	作为政府威权势力维护者的“他们”（10 篇）	authorities （这里指警方等人） FBI（利用汽车追踪器监视美国大众） FBI（被控渎职、监视美国古巴积极分子 / 艺术家） Mehserle （一个被控过失杀人的白人警察） officer Anthony Bologna（被控渎职的警官） police （警察） police and government officials （警察和政府官员） chemical cops（利用催泪弹和辣椒水等武器来对付抗议者的警察） the cops（条子） a paranoid police force（偏执狂的警察部队）
3	作为政府体制派的“他们”（7 篇）	US government （美国政府） our government （“我们的”政府） the world’s sole superpower（世界的唯一的超级霸权） the privileged and powerful （有钱有权的人） the U.S. government （美国政府） the Washington establishment（华盛顿建制派） Bush administration （布什政府）

（续表）

序号	类别	新闻主体
4	作为“主流媒体霸权”的“他们”（5篇）	America’s mass media （美国大众媒体） major American news outlets （北美主流新闻放送部） （competition between） the networks（is heating up ） （商业媒体 FOX 抄袭 ABC 真人秀火了） *The New Republic*（《新共和杂志》编辑人员重组） North American media outlets （北美大众媒体放送部）
5	作为企业机构 / 代理人的“他们”（4篇）	Coal Execs（煤炭能源的几位 CEO 被国会询问） Biotech Companies （生物科技公司） Worldwide Corporate Power （全球公司权力） Verizon Wireless（威瑞森无线通信，是美国第一家提供 320 像素照相手机配套销售的无线运营商）
6	作为外国政府人员的“他们”（3篇）	Israel’s Right-Wing Govt （以色列右翼政府）Sharon（ 以色列总理沙龙） Iran’s defeated presidential candidate Mir Hossein Mousavi （伊朗总统候选人落选者穆萨维）
7	作为跨国机构的“他们”（2篇）	The World Trade Organization （世界贸易组织） The WTO （世界贸易组织）

五、反精英：反商业、反战、反美、反媒介霸权

本书讨论了 AlterNet 中作为新闻主体的“我们”和“他们”的身份，概括了“我们”反对并挑战“他们”的态度和立场，归纳起来，主要有三点：第一，反公司资本主义，包括反对跨国企业、血汗工厂，反对企业霸权；第二，反战，反对伊拉克、阿富汗战争，反对兵役制度，反对布什的好战政策；第三，反权威和体制，比如反对布什政府的大棒政策，反对主流媒体对运动和积极分子的污名，反对企业的低工资和剥削，反对警察暴力，反对 FBI 对积极分子的打压，反对以色列和法国右翼势力，等等，总结起来其实就是反对“新自由主义”全球化带来的负面后果。

在最后，我们还应该具体近距离的观察 AlterNet 对反全球化运动的话语建构；因版面、时间等因素的限制，我们挑选有代表性的积极分子（反精英）发言，来判断另类媒体新闻主体所附带的意见、态度、立场、行动或价值观。在 AlterNet 中，作为意见领袖的积极分子，比如娜奥米·克莱恩、汤姆·海登、诺曼·所罗门、芭芭拉·埃伦里奇、多娜·米德斯、沃尔登·贝罗、大卫·格雷博等人的报道是值得关注的（见附录四）。按文章数量的多少，依次为：娜奥米·克莱恩和汤姆·海登（各 8 篇）、

诺曼·所罗门（各5篇）、芭芭拉·埃伦里奇和多娜·米德斯（各2篇）是沃尔登·贝罗、大卫·格雷博（各1篇）。这里，我们选取前三位为另类媒体的意见领袖，来呈现他们对反全球化运动话语的建构。

（一）娜奥米·克莱恩：反全球化运动的意见领袖

表4.9中列举了克莱恩的8篇文章，前面5篇是她为《国家》《在这些时代》《第四部门》等另类媒体撰写的文章，但后来被转引到AlterNet中。表格中序号为6、7、8的则是他人对克莱恩的报道。

表4.9　娜奥米·克莱恩撰写的文章及她的讲话/访谈记录

序号	时间	文章名	媒体/访谈人
1	2001/10/09	《后世贸中心时代中的抗议》（Protesting in the Post-WTC Age）	《国家》
2	2002/05/01	《沙龙最好的武器》（Sharon's Best Weapon）	《在这些时代》
3	2009/11/16	《哥本哈根：反全球化运动的时代来了！》（Copenhagen: An Anti-Globalization Movement Comes of Age）	《国家》
4	2010/01/17	《娜奥米·克莱恩：公司品牌如何取代白宫》（Naomi Klein: How Corporate Branding Took Over the White House）	《第四权力》
5	2011/10/06	《当今世界上最重要的事情：占领华尔街》（Occupy Wall Street: The Most Important Thing in the World Now）	《国家》
6	2002/09/24	《娜奥米·克莱恩的思想是如何在全球传开的》（Naomi Klein Gets Global）	米歇尔·奇哈拉（Michelle Chihara）
7	2004/03/08	《娜奥米·克莱恩充满激情的话语》（Naomi Klein's Passionate Discourse）	《首代油墨》*Premiere Generation Ink*
8	2007/09/21	《娜奥米·克莱恩简化了全球化和战争之间的关联吗？》（Does Naomi Klein Oversimplify the Connections between Globalization and War?）	史蒂芬·马歇尔（Stephen Marshall）

从标题可以看出，克莱恩是一直活跃在整个“反全球化运动”过程中的“意见领袖”，从2001年10月9日在《国家》杂志上发表《后世贸中心时代中的抗议》开始，一直到2011年10月6日在《国家》杂志上发表《当今世界上最重要的事情：占领华尔街》，她发表文章的时间跨度整整长达10年。

总的来看，克莱恩作为反全球化运动意见领袖，其核心思想包括反战、反公司（资本主义）、反威权体制的右翼保守思想。她的话语特点重在思想批判，在总体上为“反全球化”统一认同，规划、设计当下与未来的抵抗策略。

1. 克莱恩的思想轨迹：反战、反公司资本主义、反右翼政府及气候正义

第一，反对当代资本市场的逻辑，指导运动的未来。比如，克莱恩在《后世贸中心时代中的抗议》一文中，克莱恩讨论了“9·11”事件对反全球化运动抗议的影响。因为2009年丹麦首都哥本哈根即将召开联合国气候大会，她在《哥本哈根：反全球化运动的时代来了！》一文中，呼吁积极分子参与对该次会议的抗议运动，强调纪念西雅图运动10周年的意义，并分析该气候会议对反全球化运动发展的影响。可以看出，克莱恩对运动的支持和赞同的行动主义立场一如既往，至少10年来未变。这篇文章被AlterNet转发后成为该网站克莱恩作品中阅读量排名第一的行动主义作品。

第二，反资本主义商品化、市场化的逻辑。比如文章《娜奥米·克莱恩：公司品牌如何取代白宫》就讲述了反对大企业公司品牌的策略如何被以白宫为代表的精英阶层收编和利用的过程。文章《娜奥米·克莱恩充满激情的话语》，是麦迪逊社区广播站的几位年轻学生积极分子对克莱恩的访谈，记录了克莱恩在拉美国家玻利维亚的工人运动的经历和见闻，后来克莱恩也把她在拉美参与、指导本土女工占领工厂，反对大资本公司的经历写成书，制作成电影纪录片，讲述一些“人们”反对新自由主义的具体策略。

第三，反战、反“右翼”军国主义。在《娜奥米·克莱恩简化了全球化和战争之间的关联吗？》一文中，克莱恩反对伊拉克战争，批评布什政府把伊拉克经济命脉让渡给一些跨国资本；在《沙龙最好的武器》一文中，克莱恩直接批评以色列总理沙龙的“右翼政策”和“沙文主义军国思想”。《娜奥米·克莱恩的思想是如何在全球传开的》一文则简述了克莱恩思想的传播轨迹。

2. 对“9·11”事件后的运动抗议策略的构想：“另一个世界是可能的！”

作为反全球化运动的先锋人物，克莱恩的文章——《后世贸中心时代中的抗议》，体现了她反全球化思想的纲领。这篇文章较长（2,516字），从加拿大的抗议事件谈起，分析了“9·11”事件发生不久后反全球化运动在美国和其他各地的新转变和新动向——抗议事件更多地转向了“象征主义”的斗争。接下来，克莱恩分析了新社会运动风貌形成的背景、原因、遭遇的困境，提出了新的抗议策略，具体来讲，该文章的行文逻辑分为三个部分。

第一，提供背景知识，加拿大“反贫困行动”（antipoverty activism）组织决定关闭商业中心的计划引起了运动内部的争议，有部分积极分子认为，应该注意到“9·11”事件的集体哀悼情绪，不要引发警察的镇压。克莱恩发现：“许多政治运动面临着一个突然的转变，这种转变是语言学风貌的转换。”个人的生活“越来越难以躲避象征

主义、反商业化的能指和所指，比如，文化干扰的标准、游击战争的风格、对品牌的选择、政治目标以及那些和运动的主要隐喻有关的话题”。而同时，“反全球化运动的政敌以及主流媒体对运动的诋毁成为常态，而各种资本法团的商业收编也正在进行，力量迅速”。

第二，克莱恩解释了为什么“9・11”之前积极分子喜欢把代表一切资本主义意识形态和霸权的人、事、机构当作攻击对象，也讲授了反品牌运动的手段和意义。

“我们有必要记住这个运动为什么起初要选择发动象征性斗争。”“他们（积极分子）明白，自己面对的不只是一个本地的政敌或者一个特定的法律问题，而是一个经济体系的问题。这个经济体系是一种已经失灵的去管制的、滴入式资本主义。因此，现代积极分子们挑战的是：你如何组织起来？……要反对一个如此浩瀚的意识形态，这个意识形态是没有边界的，它无处不在，又似乎无处可见？对于那些没有工厂可供关闭的人，对于那些所属社区频频被拔根的人，哪里才是抗争的场地？对于那些有权、虚拟却又实质的东西，比如，货币交易、股票价格、知识产权和那些神秘晦涩的贸易协定，我们该怎么办？”“9・11”之前，“我们”快速解决的办法是，“任何手边的，可以抓住的就是（抗争的对象）：一个著名跨国公司的品牌图像、一次股票交易、一次世界级领导的会议、单个的贸易协定或者类似多伦多集团、银行和驱动议程的商业总部……所有的，哪怕是稍纵即逝的，可以使得无形变成有形、浩瀚的东西变成人力可控范围之内的东西，一句话，只要找得到‘我们’希望的，可以变成变革的，隐喻的象征性的东西，都是可以的”。

第三，总结社会正义运动 / 反全球化运动中的可持续策略，克莱恩认为单独的政治改革是不够的，她指出，早期运动积极分子太过于纠缠符号问题，而符号只能用作通道，运动只有真正经过作为通道的符号转化才能进步。她的推理也可以分为三个步骤。

首先，“我们”需要反对的“自由贸易”话语霸权无处不在，那就是，“在“9・11”之前的行动主义的镇压只会变得越来越密集，同时伴随着高度的监视、渗透和警察暴力”，这种政治高压只是一方面；另一方面，支持自由贸易的精英 / 布什政府在意识形态和话语策略方面强大的围攻“最为攻心”。比如，“长期以来，自由贸易面临着公共关系的危机，有如棒球和商业一样，现在它迅速被重新更名，包装为爱国的责任了”。贸易被当成“不仅是自由的象征，也是自由的实践者”，而“贸易等于自由，反对贸易就等于法西斯”。

其次，“我们”要从危机中发现机会，克莱恩认为“9・11”之后“我们的公民自由、我们少得可怜的胜利，还有我们通常的策略——现在都存在问题，但是这种危机为我们提供了新的机会”。克莱恩的逻辑里，有强烈的“我们”和“他们”的对立：她先是揭露“他们”以威权者的身份，对积极分子进行打压；然后揭露“他们”作为贸易体制者，对“我们”话语权进行碾压，把自由贸易当作“万物之理”，反对贸易者就等于法西斯。但克莱恩仍然希望把‘9·11’带来的危机当作“我们”新的机会，“利用人们受“9·11”攻击后的悲伤，把这些悲情和其他高尚的同情连接起来，落实抗议中的口号——‘人民高于利益获取，世界不是用来售卖的！’”。

最后，用“符号打开历史的缝隙！”，在统一了运动的价值观后，克莱恩进一步指出“我们”在“9·11”后的“活动”原则：“实施真正有效的人文关怀行动，比如人类基本需求高于商业利益，医治艾滋病人优于救助流浪汉。”克莱恩强调，当务之急是“我们”要认识到，不仅“另外一个世界是可能的”，而且“我们”要展示出，有一个无形的世界。“我们”把这些符号用作集会呼吁的机会，用作焦点，用作普及教育的工具。但是这些符号绝不是真正的靶子，它们是杠杆、是手柄，可以用之打开“历史的缝隙”。从以上抽象的理论词汇中，克莱恩构想出了未来抗议的走向，号召积极分子要坚定“另一个世界是可能的”这一政治理想，把“符号”当作行动主义的工具，反对公司资本主义全球化。

（二）海登“自然”报道的主题：反 WTO 峰会、反美、反战、WSF

从表 4.10 记录的文章来看，海登的文章首先涉及的是 2003 年墨西哥坎昆 IMF/WB 部长会议召开时积极分子抗议的情况。其次是“世界社会论坛”的报道，其报道是典型的“自然”报道：第一人称、亲历者的视角，消息源则是知名与不知名的积极分子（边缘人物），报道的是被主流媒体“遮蔽”的议题（边缘话题）。

表 4.10 AlterNet 中汤姆·海登撰写的文章和报道

序号	时间	文章标题
1	2003/09/08	《坎昆报道：作为帝国建造者，美国感到酷热难当》（Cancun Report: As Empire Builder, the U.S. Feels the Heat）
2	2003/09/09	《坎昆文件：WTO 会议在抗议声和悲剧中开场》（Cancun Files: WTO Opens to Tragedy and Protest）
3	2003/09/10	《坎昆文件：西雅图节奏正在继续》（Cancun Files: The Seattle Beat Goes On）
4	2003/09/11	《坎昆文件：纪念李坤海》（Cancun Files: Remembering Lee Kyung Hae）
5	2003/09/14	《坎昆文件：抗议者庆祝帝国的失败》（Cancun Files: As Empire Falls, Protesters Celebrate）
6	2003/11/19	《迈阿密之恶》（Miami Vice）
7	2004/01/17	《回怼美帝们》（Talking Back To the Global Establishment）
8	2004/01/18	《全球和平运动的复兴》（A Global Peace Movement Revival）

第一篇《坎昆报道：作为帝国建造者，美国感到酷热难当》，汤姆报道了美国作为单极超级大国，不仅在会场内部遭到 WTO 各国代表中不同意见者的挑战，而且被来自会场外部的草根抗议运动包围。会场内的严重分裂则来自穷国与富国之间的对立，穷国以 21 国群体的形式组织起来，包括巴西、印度、委内瑞拉、南非和加勒比沿岸国家，富国则是美国和欧盟国家，双方围绕“农业和本土产业”的经济政策和市场分配分歧很大。

第二篇《坎昆文件：WTO 会议在抗议声和悲剧中开场》是一篇简讯，简单报道了韩国农民在抗议 WTO 政策对小农经济不公时，进行了仪式性自杀，因此 WTO 会议在冲突中结束了一天的议程，而韩国农民李坤海自杀时的口号是“WTO 政策杀死了农民”，其死亡日期是韩国的“重阳节”。

第三篇《坎昆文件：西雅图节奏正在继续》以“农民之路”成员的抗议活动为主，描写抗议者的行动，比如在墨西哥副总统开场讲话之际就发动了一个“创意性”的游行，反对 WTO 对工资和环境问题的负面影响，干预正式会议。这篇报道中，海登把反对 WTO 的抗议当作 1999 年年底西雅图 WTO 抗议者的后续行动，透露出对西雅图抗议 WTO 的赞许。

第四篇《坎昆文件：纪念李坤海》，讲述了李坤海之死给 WTO 峰会留下了长久的阴影，因为积极分子通过抗议来公开祭奠他的死亡，在会议外场不断重复“WTO 政策杀死了农民”的口号，该文章还细致地描述了李坤海抗议的原因以及积极分子之间的“小道消息”——白宫高层来电指责 WTO 会场内的穷国对欧洲国家和美国等发达国家的抗议行为。而且，美国除了要求对农业及农产品市场进行补贴之外，还另外提出“新议题”，要求穷国削弱政府管制，减少对本地产业的保护，为跨国公司进入穷国提供更多通道。

第五篇《坎昆文件：抗议者庆祝帝国的失败》，海登认为，本次坎昆 WTO 会议偏离了美国预想的要求，是自西雅图抗议以来反全球化运动最大的胜利。他指出这次成功主要来自非政府组织“这不是用来售卖的”（The Not for Sale Network）的功劳，因为该组织除了联合发展中国家当地的运动，支持诸如墨西哥“农民之路”等非政府之外，还从草根层面游说墨西哥当地政府等发展中国家成员在 WTO 会场内部行动，比如由他们中断论坛并在论坛会议上宣布下一次的直接行动，“在 12 月迈阿密美洲峰会（NAFTA）上，美国将试图把北美自由贸易区扩展到拉美和中美洲”，因此，“下次关停该会议”将是抗议者的“新计划”！

第六篇《迈阿密之恶》以汤姆为第一人称的视角来报道迈阿密美洲峰会警方所做的安保措施。在文章中，汤姆称迈阿密的警察是“偏执狂部队”，他们采用各种手段打击或污名化积极分子。比如在峰会召开前夕，警察认为“西雅图式的无政府主义者”将会来到迈阿密，这造成了成千上万的商店关门以防“财产损失”。他们突袭迈阿密郊区已废弃的民房并宣称发现了所谓的“无政府主义者的巢穴”（结果闻风而来的电视转播小队人员不过是发现了一个新的天然气罐，根本没有警察所称的大规模杀伤性武器）。便衣警察装扮为无政府主义分子，其任务就是要挑起冲突（实际上连小规模的抗议者冲突也没有）；在会议召开的前几天粉碎佛罗里达大学里停靠的一辆小车，理由是找到了“可疑容器”（实际不过是粉饰相框的灰色油漆）。这篇文章以对比的手法为主，强化布什政府及其警察“治理之恶”，强化积极分子抗议的正当合理。

第七篇《回怼美帝们》和第八篇《全球和平运动的复兴》都是关于2004年1月17—18日在印度孟买召开的“世界社会论坛”的报道。《回怼美帝们》，如文章标题所示，介绍了“世界社会论坛”的开幕、组织情况，特别是论坛的性质。《全球和平运动的复兴》介绍了本次（2004年）“世界社会论坛”开会的主题——反战。反对美国对伊拉克开战，反对美国政府把伊拉克经济大权售卖给少数几个跨国公司。这里，“第一人称”视角以及“比较”的修辞手法依然是海登写作的特色。

在海登的笔下，“世界经济论坛”是基于公司利益（corporate-based），由全球体制大佬而举办的主流会议，“世界经济论坛”支持的全球化是“不平等的同义词”，“世界经济论坛”代表的资本主义是“资本主义全球化”；“世界社会论坛”则是与瑞士达沃斯召开的“世界经济论坛”“唱对台戏”的草根实验，是边缘人物的“精神嘉年华”。“世界社会论坛”首先象征着文化抵抗和第三世界的团结，其成员主要是成千上万的劳工、农民、渔民以及代表贫困人口的女性和学生组织，参会的反精英代表有“传奇的”越南革命家阮氏萍（Nguyen Thi Binh），“知名的”印度作家阿兰达蒂·洛伊（Arundhati Roy），以及巴基斯坦、南非的舞者，印度宝莱坞左派，巴西文化部长等。海登把这些积极分子统称为“全球正义积极分子”（the global justice activists），赞扬“世界社会论坛”是表达草根心声、催生抵抗的“反全球化运动”，认为“世界社会论坛”的召开意味着发展中国家对“华盛顿议程”说“不”。在文章的导语中，海登就进行了热情的政治想象——“反美主义将会变成全球政治的推动力吗？”，最后，海登引用“世界社会论坛”的口号——另类一个世界是可能的！

总之，作为一个20世纪60年代就以“芝加哥八君子”而知名的“民主斗士”，海登的报道都以亲历者视角进行报道，具有时间连续性。另外，海登的典型的写作风格是两个强调：强调“我们”的合法，强调“他们”的“恶”。海登报道的第一目标是反对“战争”，寻求和平；第二目标则是寻求“正义”，反对象征着新自由主义的美国华盛顿议程（体制大佬的威权），反对警察暴力，反对“资本主义全球化”。而且，在他所有在AlterNet关于反全球化运动的报道中，都有两个潜在的对立阵营——“我们”和“他们”，其中：“我们”是“全球正义”积极分子，“我们”支持“发展中国家”，“他们”则是那些“美国和欧洲国家”的“有钱有势者”。

（三）所罗门：批判主流媒体和WTO，反对美国政府“胡萝卜加大棒！”

前面提到过，诺曼·所罗门获得过两次普利策新闻奖，是知名的批评媒体FAIR的特约撰稿人，还是多部著作的作者，与海登一样，也是加利福尼亚州参议员（2012 年），2016 年作为代表参加过民主党全国会议。表 4.11 记录了所罗门在 AlterNet 中发表的 5 篇文章，他是 AlterNet 样本库中文章数排名第三的作者。其中，《媒体痛哭流涕，悔不当初》和《走近全球峰会，WTO 占领了媒体高地》发表在 AlterNet 的时间都是 2000 年 4 月 25 日，但实际上这两篇文章写于西雅图抗议新近结束之后，于 1999 年 12 月 9 日和 12 月 11 日，分别发表在知名媒体 FAIR 上。作为专业的媒介批评者，他的文章虽然“嬉笑怒骂皆成文章”，但其论证却不失严谨，在这 5 篇报道中，所罗门有一个“写作模式”：文章标题和导语紧扣主题，表达立场，正文对导语（主旨）进行论证，论辩时旁征博引却简洁明了，而且设问、举例、比较、拟人、隐喻等修辞手法运用得十分熟练。

表 4.11　诺曼・所罗门的意识形态轨迹

序号	时间	文章标题
1	2000/04/25	《WTO 峰会结束，媒体悔不当初》 （Media Wallowing in Grief after WTO Summit）
2	2000/04/25	《走进全球峰会，WTO 占领了媒介高地》 （Nearing Global Summit, WTO on High Media Ground）
3	2001/01/31	《阿雷格里港的媒体黑幕》 （The Porto Alegre Media Blackout）
4	2003/02/19	《全球化及其不满者》 （Globalization and Its Malcontents）
5	2003/11/30	《皮尤关于“贸易”的民意调查没有通过嗅探测试》 （Pew Poll on ‘Trade’ Doesn’t Pass the Sniff Test）

1. 揭露建制派媒体对积极分子及其抗议的象征性消灭

比如，第一篇文章里，所罗门的用词非常辛辣，他用了四个词——震惊、否定、愤怒和悲哀来形容主流媒体对错失“好”新闻后“羡慕、嫉妒、恨”的复杂情绪。他在导语里写道：“当世界贸易组织峰会在西雅图坍塌之后，主要的美国新闻媒体看起来都惊呆了，对于许多习惯于怀着巨大尊敬的态度来报道 WTO 的记者来说，WTO 没成功发起新一轮全球贸易谈判的失败似乎让他们不知所措，在关键会议的前夕，主流媒体被迫坠入‘悔恨’当中。”

第二篇则是所罗门在“西雅图抗议”之后[1]最新图书中的一部分，批判权贵主导主

[1] 他和另外一名记者 Jeff Cohen (FAIR 的创办者) 的文章《主流媒体渎职的年度报告》获得了 2000 年普利策新闻奖，可参见该网址。http://www.AlterNet.org/story/10461/media_mash%3A_the_battle_of_seattle_on_film.

流媒体，长期独霸 WTO 议程信息的行为，肯定 NGO 对推动公共话语改革的决心和措施的支持，期待未来新兴的行动主义会以监督 WTO 的“秘密”活动、决策为契机，和其他 NGO 联合起来，夺取媒体话语主导权。[1] 这篇文章中“我们”是积极分子，“它们”则是“关起门来决策的”WTO“权贵”。

第三篇《阿雷格里港的媒体黑幕》和前面两篇一样揭露主流媒体对反全球化运动议题的“象征性”消灭。他首先在导语中就给“北美媒体”定性：“它们”对“世界社会论坛”可怜的报道显示，“它们”很难不以“排斥”和“屈尊”的态度来看待“全球南方”。在正文当中，所罗门考察了各大主流媒体，他发现，虽然 CNN 西班牙语网站（CNNenEspanol.com）是所有讲西班牙语的美国人会寻求的第一新闻源，但它直接忽视了巴西世界大会，“因为它们在报道女性时装流行趋势”。“只有《纽约时报》写了个摘要似的短消息，提到法国农场工人领袖琼斯・包法—— 一个反全球化积极分子被联邦警察拘留并被命令离开巴西”的故事。虽然这里一贯被誉为“新闻报道记录本的《纽约时报》”确实报道了“世界社会论坛”，但却是和“世界社会论坛”关联不大的反对进口美国激素牛肉的法国农民。

所罗门还发现，“美联社倒是对琼斯・包法的行动提供了更多的语境”，比如琼斯・包法“带领 1,300 人毁坏孟山都公司在格里雷港所拥有的一个 5 公顷的转基因大豆农场”的消息（又是一个负面的消息）。而且美国国家公共广播电台（National Public Radio，简称 NPR）确实派了一个通讯员去了格里雷港，报道的却是新自由主义的赞歌，“他把新自由主义定义为‘由美国所激励的思想，这个思想主张政府干预越少，市场状况越好’”。最后所罗门呼应文章的导语：“从北美——那个鼻子朝天（with nose pointed high in the air）的地方，是难以看到全球不发达国家反对公司统治，支持民主运动”的新闻的。

总之，所罗门的前三篇文章都证明了主流媒体“遮蔽”“污名化”“边缘化”积极分子及其运动的偏向。下面是第一篇报道正文的翻译文本，我们可以从中清晰地看到所罗门批判的逻辑及其批判对象：

> **震惊**：震惊来自其自身的“资深”报道，对来自世界各地的反 WTO 措施的力度和效果，建制性媒体根本就没有做好准备。根据“媒体传统的智慧”，在贸易谈判中，美国总能通过不断刷新各种胡萝卜加大棒的手段来压倒第三世界；这种心态没有让记者军团料到西雅图发生的事儿，在那里，来自穷国的部长拒绝跪下，记者心头萦绕的那些政治和经济界的事儿——宾州大道和华尔街——把他们与草

[1] SOLOMON: Nearing global Summit, WTO on high media ground | AlterNet[EB/OL]. http://www.AlterNet.org/story/823/solomon%3A_nearing_global_summit%2C_wto_on_high_media_ground.

根对公司全球化的日益愤怒隔离开来。

多年以来，基于社区的积极分子已经直接组织起来反对WTO了，因为WTO是环境、劳工、经济正义和人权的威胁。在西雅图街上的抗议具有巨大的共鸣，因为他们表达了已经在全国都扩散开来的意见——特别是在那些并不富裕的美国人当中。去年，皮尤研究中心的一个调查发现，“在收入等于或超过75,000美金的家庭里，63%的家庭认为全球化是积极的”，与之截然不同的是：“在收入少于50,000美金的家庭中，一半的美国成年人里只有37%的人对全球化抱有积极的看法。”如果有钱的记者和他们的老板没有被包括在高收入群体中，他们可能会更加了解其他一半人是如何生活的。

否定：虽然对WTO的报道长篇累牍，但没有几个解释能阐明WTO实际上是深度反民主的。那些非民选的WTO官员下发反对“贸易壁垒”的通牒，而那些“贸易壁垒”不过是各个政府是为了保护本国环境、劳工权利的法律而已。在12月13日的报道中，《新闻周刊》直接把WTO描述为“为了对全球商业有所参考，由美国和134个其他国家5年前在日内瓦建立的一个小机构”。

不久前，《纽约时报》辛迪加专栏作家托马斯·弗里德曼写道：“国家之间相互贸易越多，就越需要一个来设定贸易基本规则的机构，而这正是WTO所做的一切。”不是的，那并不是WTO所做的全部，长期来看并不是的，当那些记者和大佬坚持否定那些看起来对许多人很明显的事情时，他们也就越来越没有人信了。很明显的是：WTO就是一个为跨国公司利益服务的全球化机构，把利益置于一切之上。

愤怒：那些大媒体没有给予全球化敌人足够的机会来陈述他们的事情，相反，他们花了大量的笔墨和转播时间来讽刺——经常是恶意诽谤——示威者。当WTO峰会快要解体时，弗里德曼花了整个栏目来鞭笞“这些反WTO的抗议者”——他宣称他们是“挪亚方舟里的一群彻头彻尾的鼓吹者、来自工会的贸易保护主义者，还有一群寻找20世纪60年代荣光的雅皮士”。一个星期之后，在一段后现代主义的话里，弗里德曼简直无法控制他愤怒的眼泪，“西雅图最大的负面影响”，他唾沫横飞道，“是它弄脏了自由贸易”。

悲伤：无数新闻报道和评论很后悔，因为西雅图事件阻止了WTO下一步的发展。有些专家在公共场合里正搓手跺脚。各种抗议对民主和公司权力提出了许多关键性议题。但是，那些WTO最强劲的批评者依然很难在大媒体中找到多少平台来发声。在因公司媒体而受限的记者中，当说起西雅图峰会期间那些并不怎么束缚人的机会时，有些人表现出很留恋的样子。

在《今夜世界新闻》里，ABC记者布莱恩·鲁尼报道：“WTO会议对于很多所谓的独立媒体——小规模的、党派新闻组织和带有政治观点的个人记者——

来说，是一个转折点，因为他们可能永远无法在主流媒体里表达意见。”但为什么他们普遍抱有美国记者“永远无法在主流媒体中报道的政治意见”？这位ABC记者没有解释。但他确实提到过独立记者“向全世界发出了一个关于贫困工人、濒临灭绝的物种和WTO权势的信息”。

可以看到，这篇文章里，所罗门肯定了积极分子抗议的正当性（“西雅图抗议引起了极大的共鸣”），他把WTO定性为负面的权势/机构（“WTO是环境、劳工、经济正义和人权的威胁”，认为“WTO实际上是深度反民主的”，“WTO就是一个为跨国公司利益服务的全球化机构，把利益置于一切之上”）。他画出了主流媒体的负面“肖像”（震惊、否定、愤怒、悲伤）；驳斥了自由贸易支持者托马斯·弗里德曼的言论（没有给予全球化敌人足够的机会来陈述他们的事情，相反，他们花了大量的笔墨和转播时间来讽刺甚至诽谤）；末尾附带讨论了独立媒体的兴起（西雅图WTO会议是独立媒体崛起的转折点）；强调了积极分子抗议的关键议题（减债、保护环境和工人权力、反对WTO不透明、不民主的决策/政策）。

所以，总的来看，所罗门不但批判了“建制性媒体”的“不当”行为，还同时批判WTO的“深度不民主”，实现了反向“命名”，为积极分子及其抗议运动“正名”，突出“他们”/“自由贸易派”的不当，从而强化了积极分子抗议的“正当”性。所罗门的批判除了揭露之外，还有论战和论证，这体现在他《全球化及其不满者》的文章之中。

2. 反对美政府的“公司全球化”和“军事干涉主义”互联

在2003年发表的《全球化及其不满者》一文中，所罗门更是辛辣地讽刺、否定了“新自由由主义”教条，驳斥了“托马斯·弗里德曼”对“美国军事干涉主义”和“公司资本主义”的赞颂，他认为托马斯是个油嘴滑舌、肤浅的“资深专家”，称美国的干涉主义是在没有“马屁精国家支持”的情况下做出的决定，是真正的“孤立保护主义者”行为，而“战争狂布什政府及国会的能人”是“公司全球化”狂热的粉丝，美国的这种单边主义已经遭到了“全世界成千上万人的反对”，除了在街上游行的行动之外，来自第三世界国家领袖的支持也非常重要。因此，在缺乏财力和物力的情况下，对公司全球化的反思，从理念层面来抵抗布什政府及其附庸的“公司全球化”的全球性运动，在将来是可行的，也是可以培育的。总之，所罗门在第一篇文章里提到的美国“胡萝卜加大棒”，提到的“唾沫横飞”的托马斯·弗里德曼，是所罗门一贯批判的主题。下面是《全球化及其不满者》的正文部分：

近年来最为流行的媒体热词之一就是“全球化”。直到现在，我们才能搞懂它到底是什么意思。这是非常不幸的——因为这个词语太模糊了，以至于它根本就没有什么意思。

新闻媒体报道过几个关键性的国际条约，比如北美自由贸易区（NAFTA）和世界贸易组织，这些条约已经赢得了美国的赞许，因为在20世纪90年代，大多数华盛顿的政客都是青睐“全球化”的。根据媒体的传统智慧，这些全球化支持者都想促进不受约束的传播，促进跨越国际界限的合作。但这些天情况不一样了，在白宫和国会山庄，同样是这些推进全球化的人对某种全球化行为感到不安了——比如当今反对伊拉克动武的草根运动。大部分原因是，同样是那些当选的官员和媒体评论者，当初他们欢迎过金钱驱动的全球化，如今却被眼前的反战运动的全球化给吓坏了。最近周边世界里成千上万的人示威反对战争的奇观，足以让白宫中风。

这和某种反复出现的模式是一致的：“支持全球化”的势力看到为了劳工权利、经济正义、环境保护而团结起来的“全球化”，早就不高兴了。

对“反全球化”积极分子媒体形象的负面定位，根本无法掩盖一个类似的矛盾：媒体把这些积极分子呈现为国际主义的敌人，是妄图固化国际界限，加深孤立主义，阻止世界性的、互动交流的国际主义敌人。然而，与此相反的是，人权、环保与和平的倡导者们（同时，他们大多是反对类似NAFTA和WTO等全球性超级结构的人）已经忙于想办法来和那些跨越全球的，和他们有着类似想法的人合作了。

“全球化”多种形式中对得起媒体称呼的形式其实是“公司全球化”，它带来了踏平国界、践踏民族法律的巨大资本及其背后的强大动力，那些象征这种全球化进步的耐克、汉堡王和自动取款机以洪水般的速度，席卷了各国，而不管这些工作条件是多么恶劣、这些产品是多么不健康，带来的经济后果是多么不公平。同时，这些“全球化”的粉丝一贯主张把环保、劳工权利的倡导者等同于不公平的贸易限制，倒退的保护主义，以及对“改革”的抵制者。

就其本身而言，“全球化”是一个过于简单化的词，无法告诉我们任何东西。这个词太模糊了，我们可能需要丢弃它，或者至少开发一些新短语，聚焦在现实上。

如今，一心想着战争的布什政府和在国会中占多数的能人，才是他们所说的“干涉孤立主义”的热情支持者。可以肯定的是，如今，美国领袖表明了他们的全球视野，宣布他们想融入世界，不过是以他们的说法来融入罢了——把那些没有提供卑躬屈膝支持的国家隔离开来，美国政府保留决定自己的决策权利。在有强大的资本撑腰的情况下，他们坚称美国有权利在海外开展军事干涉。为什么？因为他们就是这么说的。

这种“全球化”路径的要领，在油腔滑调的资深专家托马斯·弗里德曼那里得到恰如其分的表达，他在自己1999年出版的一本名为《雷克萨斯和橄榄树》的书中赞美了公司资本主义和美国军事主义的互联性角色：“没有一个隐形拳头的话，市场的无形之手无法发挥作用！”他写道：“没有麦克唐纳·道格拉斯（McDonnell

Douglas），麦当劳无法繁荣发展；没有F-15的设计者，美国空军F-15也是如此。”而使得世界安全，使得的硅谷技术在世界繁荣的无形之手就是美国的空军、海军和海军陆战队。

这种遮掩着的“手与拳头”的立场被成百上千万的，在世界级各地城市里游行的人给积极否定了，而且无数国家的领袖也发出了反对的声音。2月18日，在联合国安理会上发言的马来西亚总理马哈蒂尔·穆罕默德（Mahathir Mohamed）——不结盟运动的未来领袖——把现实主义和理想主义结合起来，他说道：“我们没有军队，没有财政实力，但我们可以从道义上来加入反对战争的世界运动。”

这种运动的全球化是我们可以目睹的东西，可以培育的东西。

这篇文章的特定语义在于“全球化”，遵循所罗门的逻辑，我们发现，“全球化”至少可以分为两类:一种是“公司全球化”,这种全球化是受“大多数华盛顿政客青睐的”，是“金钱驱动的全球化”，“带来了踏平国界、践踏民族法律的巨大资本及其背后的强大动力”，这种“全球化”路径的要领是“公司资本主义和美国军事主义的互联性角色”，其立场是“遮掩着的‘手与拳头’的立场”，“一心想着战争的布什政府和在国会中占多数的能人们”是这种“公司全球化”的狂热支持者。公司全球化的象征则是那些“耐克、汉堡王和自动取款机”等物化、商品化了的跨国公司。另一种则是“反战运动的全球化”，是“为了劳工权利、经济正义、环境保护而团结起来的全球化”，但是这种全球化把“公司全球化”的粉丝“给吓坏了”，支持“公司全球化”的媒体也把后者的支持者/积极分子呈现为“国际主义的敌人，是妄图固化国际界限，加深孤立主义，阻止世界性互动交流的国际主义的敌人”，实际上“他们大多是反对类似NAFTA和WTO等全球性超级结构的人”，是具有全球团结思想的人。这种全球化得到了“成百上千万的，在世界各地游行的人”以及“无数国家领袖”支持的运动，是一种“我们”可以关注和培育的全球化运动。

所罗门用“我们”来指代他自己和积极分子的立场，表明了反对“公司全球化”的身份，对反全球化运动寄予了厚望。所以《全球化及其不满者》中的言外之意是，全球化是两种截然对立的运动，前者以资本流动、自由贸易市场和军事干涉为特征；后者则是对前者的反对，以保护劳工权利、追求经济正义、加强环境保护为目标。“不满”则可以理解为两种全球化支持者之间的互相不满，既可以是华盛顿精英们对积极分子的不高兴，是他们“被吓坏了”的负面情绪，也可以是积极分子对“布什政府及其国会的能人”、对白宫方面支持“公司全球化”势力的“反对”。

在所罗门撰写的报道中，托马斯·弗里德曼是新自由主义教条的“卫道士”，是他一贯批驳的对象，而作为支持反全球化运动的人，所罗门则是弗里德曼所指的那种“狭隘的保守主义者，是尽最大的力量给穷人帮倒忙的人”。总之，两者作为不同阵营的意见领袖，其话语秩序是完全相反的，我们发现，从主流媒体和另类媒体各自建构的话语来看：反全球化运动实际上首先就是公司全球化支持者和批评者两个阵营之间的一场冲突与论争；其次才是不同价值观导致的不同社会层面上的不同活动，公司全球化因为有强大的资本做后盾，还与军事霸权联手，是一场“自上而下”的资本运动，而后者，反全球化运动则是一种草根的呼声，是一种“自下而上”的抵抗运动。

第五章

重新编码的语言：其他另类媒体对西雅图抗议的建构

前面两章重点讨论了作为批判媒体的 AlterNet 对反全球化运动在媒介呈现和话语建构中的表现，这一章我们分为两个部分，分别讨论同为“批判”媒体的“现在就要民主”（Democracy Now!，简称 DN！）、《反击》（*Counterpunch*）对反全球化运动的话语建构，分析两者与反全球化运动相关报道中所包含的话语意识。两者虽然同样是批判资本主义，反对商业化，但其媒体形态与 AlterNet 有所不同，AlterNet 是大型周报类的另类媒体、而 DN！则是电视广播形态的“社群和公民”媒体，*Counterpunch* 是带有“公民和 DIY”特质的季刊杂志。本章描述并分析它们对反全球化运动的报道，带有横向比较的视野，可以发现同为批判媒体但具有不同形态的另类媒体对相同议题报道的异同。本章比较这几个媒体的报道都以反全球化运动的分水岭——“西雅图抗议”事件为题。

第一节　DN！中“西雅图之战”的意识形态图式

前面讨论过的“另类网”（AlterNet）是 1998 年成立的一个周报报刊类的另类媒体，是为美国人提供主流媒体“遗漏”新闻的另类媒体[1]，而 DN！、《反击》则同时于 1996 年成立，也是拥有电子空间相对较早的另类媒体，差别在于，AlterNet 是各地另类报纸联合起来的电子媒体，以每日或每周不定时更新报道的形式出版，DN！则是以广播电视播报的形态发布信息，《反击》是少数个人创办的月刊类杂志，每周末会在其电子空间更新报道。既然一个是报纸的形态、一个是广播电视的形态、一个是月刊的杂志形态，那么，同样作为关注时政类新闻的另类媒体，对同一议题的报道，它们报道的意识形态图式是否一致？ DN！和《反击》是如何报道反全球化运动，如何构建其“挑战”主流媒体“霸权”立场的？

本书在此以“西雅图抗议 1999”和“西雅图 WTO 抗议”（Seattle protest 1999 和 Seattle WTO protest）为关键词，时间范围设定为 1999 年 11 月至 2014 年 12 月，在 DN！的电子档案库中进行搜索，前者获得 42 条报道记录，后者获得 50 条文本记录，本书选取后者作为与反全球化运动相关的样本框，再从中选取了时间上与西雅图抗议运动时期最为接近的 9 条报道（西雅图抗议周期是 11 月 29 日—12 月 3 日，一个星期左右/5 天[2]），再加上 2009 年 11 月 30 日，DN！为纪念西雅图抗议 10 周年所做的两次节目访谈。同样以此方法搜寻“*Counterpunch*”，只获得三篇相关记录。我们先以 DN！

---

[1] 李异平 . 试论美国另类媒介 [J]. 国际新闻界 . 2010(1):101.

[2] ROSENBEG, P. Historic switcheroo: anti-globalists used to be left wingers. [EB/OL]. (2016-11-12) https://www.AlterNet.org/2016/12/battle-seattle-donald-trump-remember-when-anti-globalists-were-left-wing-radicals/.

为参照系，分析 DN！反全球化运动的意识形态图式。这样做是考虑到 DN！的报道和 AlterNet 不一样，DN！作为有声像的媒介，更注重现场“积极见证”的“参与式新闻”报道。因此选择时间上相关程度高的文本来分析比较有代表性。

一、系列报道：作为超级结构与特定语义的标题

从梵·迪克的意识形态图式来看，文本的特定语义和文本中存在的超级结构都是群体进行正面的自我再现和负面的他者再现的结构性策略[1]，因此我们首先要呈现出 DN！在西雅图抗议时报道了什么，再分析其如何报道。（见表 5.1）

表 5.1　DN！中西雅图抗议报道标题列表

序号	时间	报道标题
1	1999/11/12	《进入自由贸易会谈时，欧洲就已走到社会与经济的十字路口了》（Europe at a Social and Economic Crossroads as it Enters Free Trade Talks）
2	1999/11/29	《西雅图之战：WTO 会谈开始，而此时成千上万的积极分子在要求人权》（The Battle in Seattle: WTO Talks Inaugurated, as Thousands of Activists Demand Human Rights）
3	1999/12/01	《西雅图之战：成千上万的抗议者迫使 WTO 取消了开幕式》（The Battle in Seattle: Tens of Thousands of Protesters Shut down the Inaugurated Sessions of the World Trade Organization）
4	1999/12/02	《西雅图之战：上百人被捕，WTO 和环境概览》（The Battle in Seattle: Hundreds Arrested and a Look at the WTO and the Environment）
5	1999/12/03	《西雅图之战：抗议者堵住监狱大门，要求释放上百名抗议者》（The Battle in Seattle: Demonstrators Block Jail Entrance, Demanding Release of Hundreds of Protesters）
6	1999/12/06	《西雅图之战：WTO 会谈失败，许多抗议者仍在狱中》（Battle in Seattle: WTO Talks Collapse, Many Protesters Are still in Jail）
7	1999/12/08	《被捕教师给他的法官写信》（Teacher Arrested at WTO Writes a Letter to his Judge）
8	1999/12/08	《西雅图之战：女士谈未来！》（The Battle in Seattle: Women Talk about the Future!）

[1] 迪克. 话语研究多学科导论 [M]. 周翔，译. 重庆：重庆大学出版社，2015: 358.

（续表）

序号	时间	报道标题
9	1999/12/08	《参加 WTO 抗议的高中生对新闻媒体人就 WTO 议题进行了测试》（High School Students at Anti-WTO Protests Give Media a Quiz on WTO）
10	2009/11/30	《西雅图之战 10 年之后：组织者回忆 1999 年关停 WTO 会谈的意义和运动的诞生》（The Battle of Seattle 10 Years Later: Organizers Reflect on 1999 Shutdown of WTO Talks and the Birth of a Movement）
11	2009/11/30	《WTO 总干事帕斯卡·拉米：自由贸易和独立有助于促进自由、人权和公民解放》（WTO Chief Pascal Lamy: Free Trade and Interdependence Help Promote Freedom, Human Rights and Civil Liberties）

相对来讲，DN！新闻比 AlterNet 的报道要浅显直白，更注重现场感。如果关注 DN！的报道风格与偏向，挖掘其投射的态度和立场的话，其报道标题及其内容就是最好的例证。

由于 DN！团队曾在 1999 年年底奔赴西雅图，做了一个为期 8 天的西雅图之战特别报道，“记录了在街上和法庭诉讼里的公民行动，保存了与主流媒体再现中不一样的关于反法团全球化行动主义的立场”。所以 DN！是为数不多的可以找到对西雅图抗议进行实时报道的另类媒体。把它的报道和《纽约时报》《华盛顿邮报》的实时报道时间相比，DN！是非常快速及时的，《纽约时报》关于抗议冲突实况的报道只有 1999 年 12 月 1 日一篇，《华盛顿邮报》最早的则是 1999 年 12 月 3 日的一篇（WTO 西雅图部长会议召开时间是 1999 年 11 月 29 日至 12 月 2 日，为期 5 天）。从表 5.1 中的记录来看，序号为“1”的文章则可视为抗议事件的背景报道；序号为“2、3、4、5”的报道是 WTO 会议召开期间的实时报道；而序号为“6、7、8、9”以及“10、11”的报道则可视为后续报道。

背景报道中，第一篇是关于欧洲方的介绍，其中来自新西兰的原总理莫尔先生是此次世界贸易组织会谈主席；第二、三、四、五篇则是“西雅图之战”报道系列，从会议当天开始就伴随抗议（11 月 29 日），到会议开幕式举行的那天抗议被迫取消（12 月 1 日），再到被捕者人数众多（12 月 2 日），到会议最后一天，抗议人员堵住监狱大门，要求放人（12 月 3 日），重点关注抗议者和抗议效果，使用的是西方专业新闻报道的“冲突”框架。

后续报道中，第六篇（12 月 6 日）强调的是抗议效果，“抗议者在狱中，WTO 会谈已经垮塌”。第七篇（12 月 8 日）教师在抗议 WTO 时被捕，这两条依然是冲突框架，关注抗议者权利。第八篇（12 月 8 日）则强调“西雅图战斗”在继续，DN! 请来了来自亚非拉第三世界的女士来谈未来运动的策略，给予了主流媒体无法提供这些“从属阶层”者的话语权。第九篇（12 月 8 日）就 WTO 问题报道了高中学生积极分子挑战主流媒体，在中学展开媒介素养教育的事。

第十篇和第十一篇是针对西雅图抗议十周年在11月30日同一天推出的特别节目，前者请积极分子领袖来回忆西雅图抗议当时的“光荣”时刻，后者请WTO总干事帕斯卡·拉米来发表对WTO的看法。实际上，前者是DN！的“正面”人物、是民主斗士，而后者则是“负面”的WTO代言人，是DN！通过自己的特派记者“他者”化、进行批判和挑战的靶子。

从报道标题和报道内容来看，其语言风格口语化，作为强调视觉感受的电视新闻播报，与AlterNet注重文字阅读的深度性有一定的差异；但其标题和内容投射出的态度、立场和AlterNet是相似的——“反对”WTO、“支持”抗议者、反对政府官僚体制、反对警察暴力、注重积极分子的话语引用，注重从积极分子的视角来解读西雅图之战的根本原因，注重批判WTO及其机构代理人，表扬和支持积极分子的行动主义。这种反对WTO的态度，DN！甚至比AlterNet更为直接明了。

比如，DN！以“西雅图之战”为标题的几篇连续性报道显示出对积极分子的强烈支持，DN！的报道把抗议当作“战斗”，把抗议者当作“街头英雄”，而WTO则被报道为失败、垮塌的负面形象。从整体来看，DN！除了站在抗议者的立场来报道新闻，注重把少数人群比如积极分子、女性、学生等作为自己报道的新闻主体之外，其话语引用和AlterNet一样，注意引用积极分子负责人，也就是积极分子中的“反精英”作为自己的新闻来源，偏向积极分子领袖的意见，因此其引用的新闻源和AlterNet是有交集的，比如“直接行动网络”组织者、气候正义动员会的成员、《西雅图之战的故事之战》作者大卫·索尔耐特，“全球贸易监测”（Global Trade Watch）项目的主任洛瑞·瓦莱琪（Lori Wallach），印度裔学者万德娜·希娃，“泰国曼谷关注全球发展中国家”的执行董事、三藩市粮食和发展政策机构的高级成员沃尔登·贝罗等人，都是两者“青睐”的新闻源。另外，这些“反精英”虽然是DN！青睐的嘉宾，但在《纽约时报》中只是作为“附注”偶尔被提及。在话语引用方面，DN！非常注重主流媒体《纽约时报》的报道，经常引用《纽约时报》发表的消息以及其新闻主体的讲话作为DN！报道立场的参照，而《纽约时报》则不会对DN！的报道有任何回应。所以，从“西雅图之战”系列报道来看，DN!具有职业新闻和另类新闻生产的双重气质。

二、实时报道：语义结构中的积极分子立场

（一）片段式报道：强调“冲突”和“分歧”

强调冲突是DN！西雅图系列报道中最大的特点，比如对西雅图街头抗议，DN！一直以来使用的就是“西雅图之战”，而“西雅图之战”突出“战斗”精神，是最符合“冲

突”框架的。这种类似主流新闻生产的气质在 DN！ 报道中贯彻始终，11 月 2 日的报道中的冲突框架使用尤为明显。

DN！首先在文章开头引用了《华盛顿邮报》的说法——WTO 的新总干事 Mike Moore 刚上任一个月，在西雅图为 WTO 会址进行先期考察的过程中就遭受到了 WTO 反对者的抗议，“更郁闷”的是，当时考察团小组会议中一个质问者把他比成了希特勒。总之，新上任的 WTO 总干事日子不好过，这是报道的第一个“冲突”：反 WTO 者与 WTO 总干事之间的对立。

接下来第二个“冲突”：“WTO 与上万名积极分子”。DN！直接引用《华盛顿邮报》的报道：“当今，这个有着 135 个成员方，代表自由贸易体系的 WTO 组织遭到了它自成立以来前所未有的挑战，它遭到了世界上来自自由派和保守派政治家的激烈反对，20 多个国家，上万名来自消费者、劳工、环保主义者以及其他倡导者团体的反对者计划在 11 月 30 日——WTO 成员方在西雅图会谈，为新一轮新全球自由贸易搭建框架之际——进行抗议。”WTO 遭到前所未有的抗议的“冲突”形象已经建立。

第三个分歧来自反对者内部，即“美国劳工产业联合会与卡车司机联盟”。报道在第三段叙说美国劳工产业联合会的、主席 John Sweeney 同意了 WTO 会谈，这引起了联合会其他成员的不满，尤其是“卡车司机联盟”的强烈批评。这一段谈到了反对者内部的异议，因此，美国的劳工产业联合会走到了十字路口，面临抉择。

第四个是“发达国家之间的分歧”，该报道最后一段预告了政府行为代表人，当时的总统克林顿将要在 WTO 会谈中的行动计划：与英国、法国、意大利等发达国家的首脑分别会谈。新闻中提道：“最关键的是西欧的将来，也就是欧盟是否会模仿美国的发展模式，还是会另谋出路呢？”很明显，发达国家之间的分歧一如既往。

第五个是“美国政坛内部的冲突”，美国国会内部、两党之间的分歧在新闻里也是很明显的。从报道对话来看，美国政界直播的冲突已经是公开的秘密、无法掩盖的事实。

（二）注重反 WTO 积极分子代表的话语引用

DN！注重引用主流媒体话语，但多数时候是用来对比并批评之，比如第二篇报道把主流媒体《华盛顿邮报》头版的一条报道作为消息源加以引用。DN！在报道中，非常注重反对派的声音。报道期间，请来做节目的大都是一些反全球化运动的积极分子，比如第一篇，1999 年 11 月 12 日的报道就请了老牌左派另类媒体《国家》在巴黎的欧洲通讯员丹尼尔·森格[1]（Daniel Singer）做客节目。丹尼尔之所以被请来，是因为他

[1] 他分析了俄罗斯革命，1989 年苏联动乱，波兰商会运动如何发展成“反动的教条式的力量”，以及西欧民主的失败，单极世界的不平衡，1995 年法国的大罢工和示威游行等现象，推测 2000 年后将是一个冲突的年代：“因为无法取得一致意见，西欧有可能成为第一个思想混乱的战场……”这些预测现在很多都被应验了。

的新书《谁的千禧年？他们的还是我们的》（*Whose Millennium？ Theirs or Ours？*）讨论了有关全球化议题中各方的矛盾和困惑。书中，他质疑资本主义新自由主义思想，认为经济并不必然带来民主，并提出来一个“现实的乌托邦”，这本书与反自由主义贸易的积极分子的思想不谋而合。

第二篇报道，DN！则请了印度新德里的“科学、技术和自然资源政策基金会”（Director of the Research Foundation for Science，Technology and Natural Resource Policy in New Delhi，India）主任，知名反全球化运动的积极人士万德娜·希娃、“泰国、曼谷关注全球发展中国家”（Executive Director of Focus on the Global South in Bankok，Thailand）组织的执行董事兼“三藩市粮食和发展政策机构”（San Francisco based Institute for Food and Development Policy）的高级成员沃尔登·贝罗，这些人都是反全球化运动中的骨干积极分子，是支持新自由主义意识形态精英笔下的“敌人”，比如印裔美国经济学家巴格蒂瓦（Bagwati）等人口诛笔伐的对象。[1]DN! 请他们来节目做嘉宾，目的是来“简短评论参会的组织，因为他们的（WTO 领袖）一些秘密决定将直接影响我们的日常”。

第三篇报道则在开头就直接引用积极分子的话语：“采用不知名的一个积极分子的话语来说，如果昨天还没有几个人知道 WTO，那么今天整个世界都知道了世界贸易组织的存在了，这个集体是世界上最强大、最秘密的组织。这个贸易集团有 130 多个成员方，其代表将会在西雅图召开会议，发起新一轮的世界贸易谈判，以减低从农业、电信、钢铁生产等一系列范围的关税。”

第四篇报道中，节目请来了“全球化国际论坛”（International Forum on Globalization，简称 IFG）的维克多·明洛提（Victor Minotti）、“土地法律援助基金会（Earth Justice Legal Defense Fund）”的帕缇·格德曼（Patty Goldman）。第五篇报道中，节目更是请来了无政府主义者代表、环保组织的骨干来讲述反对 WTO 会谈的原因。比如“喧闹社团”（Ruckus Society）的组织者约翰·塞勒斯[2]，“社会责任、医生环保委员会”（Environmental Committee of Physicians for Social Responsibility）洛杉矶支部的科特·墨菲（Kurt Murphee），“热带雨林行动网络”（Rainforest Action Network）的夏农·耐特（Shannon Wright）等人。这些人后来被主流媒体比如《纽约时报》采访过，受到了来自主流媒体的注意。

第六篇报道中的嘉宾是来自“多国监测组织”（Multinational Monitor）的罗宾·威斯曼（Rob Weissman），DN! 采访他是因为“他刚刚从美国商务部长白夫的新闻发布会

[1] 巴格蒂瓦曾在他所著的《保卫全球化》的文章中批评贝罗狭隘、无知。而《纽约时报》当时的文章对积极分子的称呼就是“敌人”。

[2] 《纽约时报》曾专门采访过时任《喧闹社》主任的塞勒斯，见 WAYNE L. For trade protesters, slower, sadder songs [N]. New York Times. 2001-08-28.

回来”。第七篇报道采访了一位来自加州的高中教师，曾参与了西雅图抗议的博拉斯·班霈（Blase Bonpane），这位老师准备写信讯问他的法官。

第八篇报道的嘉宾都是第三世界的反全球化积极分子，比如南美洲圭亚那的“女性环境和发展”组织部长乔斯林·道（Jocelyn Dow）；北美洲埃尔萨尔多瓦“国际民族合作机构”（International Institute for Cooperation Amongst Peoples，简称 IICP）、乡村和平进程中的生活基地与生态维持草根组织的玛尔塔·贝纳维德斯（Marta Benavides）；“非洲贸易网络组织”（African Trade Network in South Africa）的莫霍·菲科（Mohau Pheko），津巴布韦“乡村进步联合会组织”（Organization of Rural Associations for Progress，简称 ORAP）、“消灭乡村贫困”分部的坦迪韦恩·科莫（Thandiwe Nkomo），牙买加“黎明组织”（Dawn Caribbean，它关注贸易和性别议题）的玛丽亚玛·威廉姆斯（Mariama Williams）；等等。例子很多，不再赘述。

DN！不仅注重积极分子的声音，而且它的网站提供了每一次做节目时的链接，可以查询或讲述该积极分子所属的行动组织，留下了被采访的主讲人的电话联系方式。所以在某种意义上来说，DN！就是行动网络之中的一个重要节点，类似于第六篇的《公司瞭望》（AlterNet 曾转引过该组织的报道）、独立媒体中心、“喧闹社团”“热带雨林行动网络”等民间组织。

（三）支持抗议、谴责警察暴力

第二篇报道，也就是 1999 年 11 月 29 日 WTO 会谈开幕的第一天，DN！是这样描述的：“从华盛顿州、西雅图发回的现场报道，130 多个国家的代表团这个星期已经抵达，成千上万来自世界各地的积极分子，劳工群体、环境保护积极分子、农民、女性团体、其他广泛代表的一系列组织都汇聚到西雅图，参与到被《华尔街日报》称为‘抗议之母’的运动中来了！”

“汇聚”这个词把抗议者描述得很亲切，如同过节一般的喜事，规模宏大，形象积极。第二篇报道在后半部分简短评论了积极分子反对 WTO 的理由：“积极分子在这里反对 WTO 运行的方式，许多人认为，该会议的主体是世界上最为强大的组织，正在以近乎密谋的方式来做出其最多的决定，这些决定的得出没有听取任何公民组织的意见，话说得最多的是多国公司法团！”谴责大资本利益集团关起门来做决定，公民组织没有发言权。DN！报道认为，WTO 机构是世界上最强大的组织，他们代表跨国资本的利益做出决策，而这些不公平的决策将直接影响“我们这些普通工人和公民的日常，决定我们的命运”。其报道立场非常明显，直接把普通劳动者、公民组织、WTO 抗议者当成了“我们”。

这种类似的表现在第三篇报道中也很明显：“抗议者说他们别无选择，没有人注意他们的要求，只有在第一天阻止 WTO 会议。那些世界级的大佬把他们这些公民组织关在门外，秘密决策。抗议者说，作为普通公民，他们有权利在这些影响他们日常生活的重大决策中发言。这些议题包括，食品安全、劳工权利、环境保护等。”这种公民不顺从的立场，仿佛就是DN！在为自己代言，说自己有权利报道一样，因为在当时，所有的报道几乎都是DN！创办人之一的艾米·古德曼在镜头前说话，在电视电台前播报。

“今天的新闻已经传遍世界，你也许见到了西雅图商业街上的抢劫和暴力，那些报道已经占据了昨天那些商业报纸的主要版面。”

“整个团队晚上、白天都在西雅图街道的现场。我们对抗议者在几乎整个时间都组织有序的印象非常好。”

“直接行动组织”在第一时间内接管了整个城市，其团队精心组织了公民不顺从的行动。中午有超过2万名工会成员参加工会—产业联合会的集会，他们游行穿过城市后也加入了抗议队伍！这里就是“现在就要民主”（DN！），昨天，整个团队经历了西雅图抗议发展壮大的过程，今天，我们正在给您传达这种声音！

DN！从成立之初就承诺要“反对霸权，追求正义，强调民主”，这种为积极分子代言的“鼓动式新闻”风格在报道中非常明显：比如第六篇报道中对警察暴力的描述，第七篇报道中对监狱看守的“罪恶”的报道，都可以看到DN！是在努力追求其所在立场的“正义”，谴责对抗议人员精神或身体的双重“暴力”。

另外，有600多人被捕，警察动用了催泪瓦斯、橡皮子弹、触发手榴弹等武器对付抗议者，许多抗议者还在监狱受难，国会山附近的居民也受到催泪瓦斯的毒害，一位西雅图市政议员说警察把他从车里猛拽出来，那时候他正开车前往WTO事发地点，尽管他表明了他的身份，但还是被戴上了手铐。

第七篇报道引用了一条来自抗议者的消息源，呈现了“边缘”人士的声音，刻画了监狱的看守人员的“嘴脸”，这位来自加利福尼亚的高中老师被警察逮捕之后和那些犯了重罪的刑犯关押在一起。“他”目睹了监狱管理人对拘留的抗议者的野蛮行径，其中包括“一位老太太，75岁了，因为手铐太紧，鲜血直流……监狱的小看守，还恶狠狠地威胁说这些抗议者害得他们没有了参观者，没有了（内部商品购买）特权”。而负责提起控诉的西雅图法官听闻他（高中教师）是由于抗议被抓后，评价其所作所为是“愚蠢”的。

总的来讲，这些报道大多从积极分子的立场出发，以目击者的视角报道了警察暴力和西雅图某法官的语言暴力。

三、纪念报道："我们"的传播公地

前面讲过，DN！为纪念西雅图抗议，在 2009 年 11 有月 30 日，做了两期节目，请了两位反全球化人士来讲述西雅图街头抗议的故事[1]，为了兼顾正与反的声音。DN！联系了调查记者克雷格·帕勒斯特（Greg Palest），采访了 2009 年 WTO 总干事帕斯卡·拉米，探究 WTO 以及其目标在过去 10 年来"是否有变化；如果有变化，变化在哪里"。

（一）"我们"与 WTO 总干事辩论：地球远不是平的！

节目由冈萨雷斯和艾米·古德曼主持。开场出现的画面是熟悉的场景以及抗议者和警察之间仪式般的对峙。

> 冈萨雷斯：10 年前的今天，成千上万的全球正义积极分子、环境保护分子、工会成员和反资本主义积极分子，一起帮忙把在西雅图召开的 WTO 给关闭了。今天，WTO 又一次召开了部长级会议，这次的地点是在瑞士日内瓦。抗议在周六开始了，警察向估计有四五千示威者的人群发射催泪弹和橡皮子弹，逮捕了 35 名被控参与打碎玻璃、抢劫和纵火的人。
>
> 古德曼：好的，调查记者克雷格·帕勒斯特已经在本周日内瓦会谈之前到达了。他会和 WTO 总干事帕斯卡·拉米来探究该组织及其目标过去 10 年来发生的转变。由于日内瓦的抗议在升级，我们转向克雷格的报道。该报道由DN！的"空中美国"节目出品！
>
> 克雷格：他们在高喊，WTO 快滚！ 10 年前的这个星期，成千上万的抗议者占据了西雅图街头，他们的目标就是关闭 WTO，关闭这个新世界秩序的自由贸易体制的官方国际执行者。

另类媒体记者克雷格·帕勒斯特给 WTO 定性，强化 WTO 的负面形象，充当首要定义者和专家的角色，代表的是"反精英"的意见和立场。

> 1999 是全球化之年，安然公司的"肯雷"（Enron's Ken Lay）是新自由市场的"猫王"，期货市场总是居高不下， 投资银行高盛公司为了所谓的金融衍生产品创造了一个新的自由市场，美国财政秘书长罗伯特·鲁宾（Robert Rubin） 刚刚取缔

[1] The battle of seattle 10 years later: organizers reflect on 1999 shutdown of WTO talks and the birth of a movement | Democracy Now![EB/OL]. (2009-11-30) . http://www.democracynow.org/2009/11/30/the_battle_of_seattle_10_years.

了美国银行的管制政策。鲁宾将辞职，他会为了一亿美金的报酬加入美国花旗银行，银行去管制的政策使得该银行成长为美国最安全的金融机构， 因为它太大了，所以不太可能倒闭。

至于西雅图的抗议者，托马斯·弗里德曼说过，他们不过是一些荒唐至极的雅皮士在寻找20世纪60年代的辉煌罢了，历史已经终结。这是来自“太平洋火山地带”和DN！节目的克雷格·帕勒斯特！

西雅图10年之后，历史，远没有终结，它正在这里重复！

DN！记者克雷格在这里重提旧恨，提到了另类媒体批判的靶子、新自由主义拥护者、《纽约时报》专栏作家弗里德曼的原话。

欢迎来到瑞士，这里是牛奶少女和芝士火锅的故乡。这里就是日内瓦，统治者的银行账户和世界贸易组织的老家！

在这里，我们再一次来完成抗议者的任务，即阻止他们推进新的自由贸易条约。在这金碧辉煌的、精致的大楼里，我们正在会见抗议者所称的“全球化总司令”，他不仅是世界贸易的首席领袖，还是法国巨头里昂信贷银行的总裁，“该总裁还让我确信，WTO绝不是一个企业密谋者的秘密社团”。

帕斯卡：你看这可不是才创建的，你知道的，这里，我再次强调，这可不是那种为了密谋鱼肉百姓的、黑暗的多国俱乐部。我们是公开做事的，看看我们的网站，政府是在公开的场合谈判的。

克雷格：但是我们得到了一个你们绝不可能在网站上找到的文件，一种非常绝密的文件，来自欧盟、美国的秘密要求，即依靠新兴国家开放他们的国门来交易外来的甚至有害的金融衍生产品。我给拉米读了这份绝密文件。这份文件刚开始是在吹嘘自由市场和金融产品，还有吹嘘其他的，就是WTO所称的“自由化”。

DN！记者克雷格利用“秘密”文件来否定WTO宣传的自由化政策，他的报道充满讽刺、批判、揭秘式意味。

克雷格：为了所有成员的利益而服务的自由化，包括发达国家和次发展中国家。“想想刚刚发生的金融危机，这难道不是疯了吗？”

帕斯卡：这得看你怎么看待“自由化”，这个自由化，其实是一个非常模糊的英语单词。

克雷格：但是2008年的金融危机可是很清楚的呀！2008年年底，我们看到整个世界都跪了，因为财政壁垒倒塌了，所以你看到加利福尼亚的房产市场挂了、冰岛政府垮了，应有的自主种植没有了，因为这些壁垒无法阻挡这些病症快速传播。

记者克雷格摆出事实，证明所谓的自由贸易模式在现实中是失败的，全世界很多地方的财政壁垒都垮塌了，自由主义市场经济危机难以克服。

帕斯卡：相互依赖是现实，而且这种相互依赖有很多好的一面，关于自由、关于人权、关于科技、对于媒体、对于政治公民自由等。这对基本价值观，至少对人口方面来说是一个巨大的福利。所以，公开、相互依赖这些东西不是我们得重新书写的东西。退步、封闭、回到中世纪是没用的。

这里，WTO总干事的话语和《纽约时报》中社论专栏作家保罗·克鲁格曼、托马斯·弗里德曼的语气是一模一样的，认为在全球化的现实语境下，很多问题实际是由于管制不当造成的，而且，各国经济互相依赖，自由贸易则是基本价值观，对人类来讲是福利，而抵制全球化、批评自由贸易和开放的人是封闭、保守、落后的，是贸易保护主义者，是给穷人帮倒忙的人。

帕斯卡：危机的原因不是因为开放，而是缺乏正确的管制。

克雷格：银行家把衍生品比作疯牛。

克雷格：病牛在今天不可能跨越国界，因为这是受管控的，金融活动也是如此，除掉一件事，那就是，在这种情况下，有害的金融产品跨国却没有任何问题。

克雷格：但在WTO的规定里有一个困局，那就是，如果哪个国家敢对这些疯狂的、有害的资产关闭国界，那这个国家就得付出高昂的代价。

帕斯卡：但要收回（弥补性税款）的话，有一个代价，你必须记住……

克雷格：那个代价是什么，我不明白?

帕斯卡：我的意思是，如果你收回，如果你要关闭你打开的市场的话，那你在其他市场得到的收益将会和你打开市场时的代价换位平衡（rebalanced）。

克雷格："换位平衡"是WTO对大众惩罚的一个花哨的术语。

另类媒体记者克雷格对WTO政策的批判式评论（花哨）确实比较符合大众的判断。

让我们谈谈银行和香蕉的故事吧。厄瓜多尔的总统告诉我，他想从这个全球化原始丛林里抽身出来，但如果厄瓜多尔胆敢禁止美国银行介入的话，WTO将会让美国给每一个从厄瓜多尔进口的香蕉上面都贴上一个关税的标签。如果美国给那些香蕉都记账的话，厄瓜多尔的经济就会分崩离析。

这就是克雷格之前说的困局——“第二十二条军规”，在这种所谓的自由贸易体系的游戏里，美国以大欺小，那些经济单一的小国，如果参与游戏，只有经济崩溃，“死路”一条，而如果反抗，也只有死路一条。

在日内瓦湖，这个地方，是没有香蕉船的，但沿着这个海岸顺流而下，优雅的 WTO 湖畔之下就是那些保卫 51 个香蕉出口和其他穷国的可怜的办公室。

DN！记者克雷格对第三世界国家的同情，对 WTO 强权的不满，溢于言表。

记者克雷格后来又采访了第三世界的专家型积极分子马丁尼·克尔，强调“我们”话语的权威和正当性，完成正反方的“辩论”。

克雷格：我们在这边的南部中心和马丁尼·克尔会面，他来自马来西亚，在看到美国和欧洲的银行从金融投机中垮台的情况下，他们还要强迫第三世界国家为这些同样失败的经历大开国门，他惊讶得不知所措。

克尔，一个来自西雅图抗议者的知识分子领袖，让我们回想起他在 10 年前对我们的警告是如何被消除掉的。

克尔：在那个时候，就如当时看到的一样，至少对于当时的当权者是那样的，那些巨大的金融机构是不可能犯错的。他们是世界的主宰，而且他们应该在全世界展开他们自己的翅膀，特别是针对那些发展中国家，因为他们能够带来钱和权力，带来金融工具，在那些发展中国家的财政部门发动革命。

克雷格：他担心这些地球的主宰根本没从过去 10 年来的灾难中吸取到任何教训。

克尔：如果我是奥巴马先生或者布朗先生，我会告诉我的财政服务组织，“请放过那些发展中国家。让我们一起行动。让我们从我做错了的地方吸取教训，在我们告示世界要继续复制那个已经被证明无效的模式之前，让我们重新发展金融吧！”。

节目最后，克尔批判发达国家主导的市场经济模式是失败的模式，还发问：“今天 WTO 开会时，他们会听到克尔或者 1999 年和他持有同样意见的那群人的呼声吗？”这代表了反全球化运动积极分子的声音。

这篇采访有录像为证。单从字面材料来看，很明显，记者克雷格是有备而来的，有自己的立场和见解，他把采访对象 WTO 总干事帕斯卡，定性为“全球化主宰者的象征”，对他的采访咄咄逼人，不时地揶揄、讽刺，而对于他同情的抗议者和第三世界的态度也毫不遮掩。他找到了来自印度尼西亚的马丁尼·克尔。克尔是 10 年前来自西雅图抗议者中的一位知识分子，他从第三世界财务部门的立场印证了“我们”/记者克雷格的观点：“地球远不是平的，历史也没有终结！”美国、欧盟对第三世界国家的欺压、愚弄一直都在，贫困和富有、战争与和平，“另一种全球化”的想象也一直都在。

（二）以访谈的形式来进行动员：“我们会挺进哥本哈根的！”

DN！作为另类媒体，它的“鼓动式新闻”气质还体现在对抗议精神的纪念和倡导。2009 年，《华盛顿邮报》《纽约时报》、美国各大电视台都“闭口不提”西雅图抗议时，DN！做起了 10 周年纪念版的节目，在调查记者跑到日内瓦采访“WTO 总干事”的同时，也采访了积极分子。这两名积极分子分别是“直接行动网络”（DAN）组织者、气候正义动员会的成员、《西雅图之战的故事之战》作者之一的大卫·索尔耐特，北美减排积极分子、“全球另类焚烧炉联盟”（Global Alliance for Incinerator Alternatives）的阿兰达·谭（Ananda Tan）。冈萨雷斯与古德曼依然是主持。

古德曼：阿兰达，请谈一谈 10 年前你组织工人在西雅图街上抗议的意义？

阿兰达：10 年前的抗议是西加拿大组织中的一次高潮。该运动也是多种运动的集合体，这些运动都认为，资本统治了我们赖以生存的森林，这对我们社团的健康和稳定造成了毁灭性打击。我主要是和森林工人组织打交道。我们有几百人加入了“加拿大劳工大会”（Canadian Labor Congress），其他来自北美的商贸工会分子也参加了街道游行。对我们来讲，这是一次圆满的行动，我们的目标是阻止资本抢占我们的森林，我们的团体和来自印度的农民团体是相连的，和世界上保护他们自然资源的渔民、保护他们种子的农民是相连的。因此，我们那次运动真的是把多种运动集合在一块了。

……

古德曼：现在马上 10 个年头了，哥本哈根气候谈判也马上要举行了，阿兰达，如果把 10 年前的组织情况放到今天的情况下，你如何看待这个问题？

阿兰达：西雅图抗议是公民社会的一次广泛对话。我本人是劳工—环境联盟的。抗议也是环境团体的本土积极分子第一次以同样的理由聚集到一起。我认为这次我们从基于不同资源背景的抗争中学到了很多，从而认识到，在北美，很多以反对气候破坏和气候污染工业为由的社团，与那些由于饱受经济危机打击的社团是相连的。……大公司正试图使国际贸易自由化，正试图打通全世界社区资源的通道。同时，这些大公司正在利用气候危机来创造交易碳排放衍生物，利用现有的能源资源在第三世界来给他们自己的代理机构发展注入资金。

所以我认为，我们又处于同样的立场了，那就是，我们需要把许多人动员到街上去，去挑战大法团对国际气候谈判干预。至于美国本土，作为全世界气候污染最多，但本身又拥有最大碳排放量，对全世界共同体拥有最大气候债务量的国家来讲，人们站出来，开始挑战驻扎在该国的大法团、大石油和大天然气公司，以及那些给其提供资金的银行，还有那些试图在新的衍生品交易市场进行交易的碳商，阻止这些人对气候政策的干预，这是非常关键的。

冈萨雷斯：我想要大卫来谈一点后来发生的故事，或者说是关于西雅图的故事、新闻报道以及后来的电影。大卫，你是否愿意谈谈你做出的努力，以及后来应如何讲该故事的争议呢？

索尔耐特：关于关闭 WTO ，以及来自全世界的人，来自第三世界国家内部的代表使得该会谈脱轨，这个故事告示人们，当我们采取行动组织起来的话，我们就拥有了力量，我们就可以使改变发生。这个故事也是一个使精英闻风丧胆的故事。因此，在西雅图，他们试图颠覆这个故事，给街上的、成千上万的人抹黑。

因此，你可以看到，在任何动员之前，在几个月之前的匹兹堡，对于到底发生了什么，那全是彻头彻尾的谎言，你知道的，说那些催泪弹、橡皮子弹是为了应对而不是为了对付手无寸铁的抗议者之类的谎言。还有，类似的虚假信息运动已经用得非常广泛了，都是为了试图恐吓人们，让他们不敢针对那些有权的人。比如，当我们组织起来，准备行动时，就如我们今天在国内的城市所要做的那样，你知道的，WTO 那些新的周边正是资本控制碳交易的地方。他们已经开始用这种虚假信息运动了。

古德曼：当然，我们会挺进哥本哈根的，DN！将会在两周内连续报道哥本哈根气候会谈。下周一我们开将开始现场直播。谢谢大卫·索尔耐特、阿兰达·潭接受我们的采访。

这则西雅图 10 周年纪念的节目，请来了积极分子代表，让他们回顾 10 年前西雅图抗议的情况，这两位一位是加拿大气候环保分子，都是在西雅图抗议中有代表性的积极分子负责人（其中大卫·索尔耐特受到了 AlterNet 中关注，在 AlterNet 发表过文章），他们对抗议以及马上要召开的哥本哈根气候会谈非常了解，并且有所行动。他们的谈话是积极分子式样的倡导性语言，相信自己和亚非拉，第三世界的备受气候变化和环境污染之苦的群体是“相连”的，相信“行动和虚假信息运动的力量”，所以这种访谈对于新闻主体，同时也是新闻源的积极分子来说，就是一种倡导，一种动员听众参与“气候正义运动”的传播行动主义。

这里，DN! 对他们的访谈，不仅是给反全球化运动积极分子提供了发声的通道和机会，还是一次重新反思历史、思考当下行动的好契机，对于听到节目、制作这个节目的受众来说，这也是一次传播信息的好机会。大卫表示，他对自己的斗争策略有自信，节目最后甚至主持人艾米也被打动，她表示会“挺进”哥本哈根，做一个为期两周的连续报道，这种利用自己的“独立”媒体为“积极分子”发声的行动，是典型的媒介行动主义，是从话语和行动层面上对反全球化运动的构建，很明显，DN！就是“我们”积极分子传播的公地！“我们”是团结的、是清醒认识到 WTO 的“第二十二条军规的”批判型受众，也是准备继续有所行动的“媒介生产者”。

第二节　《反击》：积极见证与参与式报道

杂志《反击》创办于 1996 年，是杂志版的另类媒体，其创办的目的是“发现谎言，为荣誉正名”（Tell the tells，Name the Names），网站一般周末刊发（见图 5.1），印刷版杂志 28 页一期，一年 10 期，本书搜到了从时间上（1999 年 12 月）来看与“西雅图之战”相关的三篇文章。其实只有前面两篇从标题上来看是完全相关的，第三篇讲述一位自称为红杉树保护（redwood）者的女性生态激进分子的故事，这三篇报道的作者署名是同一人杰夫瑞·克莱尔（Jeffrey St. Clair），其中，第二篇关于西雅图抗议过程的报道是克莱尔以日记的形式，从积极见证的角度进行的“自然报道”。

克莱尔本人曾做过环保主义组织者，是地球之友（Friends of the Earth）、清洁水行动项目（Clean Water Action Project）、胡塞尔环境管理委员会（Hoosier Environmental Council）的签约作者，是《撼动世界的五天——西雅图及其他》的作者，也是《反击》的编辑和创建者之一，参加过西雅图抗议并以民族志形式记录了抗议运动，作为华盛顿美国大学英语与历史专业的毕业生，作为“左倾”的行动主义者，他的书写从另类媒体记者积极分子的层面记录了运动特定时间段发生的故事。

抗议从 11 月 29 日周一算起，至 12 月 2 日周五结束，为期五天。第一篇《西雅图的胜利》（Victory in Seattle!）的发表时间是 12 月 3 日，正是周六 WTO 西雅图部长会议结束后的第一天，所以该日记宣称西雅图抗议已经胜利，把抗议者称为“街头勇士”，批评了劳联主席 John Sweeney 及其团队不算真正的 WTO 反对者，因为他们想要的不过是 WTO 权力集团的一席之地而已，劳联中只有钢铁工人才参与街头的行动，忍受了警察的催泪弹、警棍和毒气等暴力。该文还指出，所谓的 WTO 的“自由贸易”，不过是跨国集团对发展中国家的限制和剥削，目的是保证自己的优势地位，维持财产的生产和分配链条的完整，继续掌控世界的经济秩序。

图 5.1 《反击》网站页面示例截图

第一篇文章包含两个观点。第一个观点批评美国劳联及其盟友等组织，一边在街头发动抗议，抗议克林顿政府无法在 WTO 会谈中迫使第三世界国家签订劳动法；一边又毕恭毕敬地等待克林顿的接见，表示支持民主党候选人。第二个观点指出跨国集团对世界经济秩序的掌控，所谓的自由贸易不过是大资本想获得第三世界的廉价资源，保证自己的优势地位而已。这种严厉公开的对总统的批评、对劳联的批评，在追求“客观”形式主义的美国主流媒体中也难以见到，和前面 DN！在街头的西雅图之战报道以及 10 年之后的纪念报道，立场、态度如出一辙。总的来说，这篇文章有如一篇战斗檄文，态度明确，描述多样，保存了街头看到的历史，也表明了《反击》批评的目的：“发现谎言，为荣誉正名”的媒介行动主义立场。

第二篇《到处都是催泪弹——西雅图日记》（It’s a Gas，Gas，Gas!：Seattle Diary），这篇文章以积极见证和参与式报道、自然报道为特色，是一篇长篇杂志式、个人视角的日记式特写，对现在的普通读者来说，它依然具有极强的现实参与感，恍若昨日。“有人说，这次运动对于天真的孩子来讲有如一场难得一见的节日游戏……”可以说它很详细地记载了运动的过程、抗议者与参与者（如工会、各种社团和 NGO 组织的理由）、运动内部矛盾、警察的镇压、政客的手腕，是一部民族志的、来自抗议者一方的第一手资料，对于了解西雅图运动的始末和抗议者的需求有很好的参考价值。这里面在文章末尾对“街道勇士”战果的梳理，与其他同情运动的另类媒体的态度完全一致，为运动的合法化和必要性做出了解释。

这篇文章中，作者还指出了商业媒体态度的转变——从对无政府主义分子的温和指责到对警察暴力的辛辣批评。这点在《纽约时报》15 年来与反全球化运动相关的报道中得到证实（参见附录二：《〈纽约时报〉反全球化运动报道清单（1999–2014）》）。2011 年 11 月 23 日对镇压加利福尼亚州支持华尔街抗议学生的警察，《纽约时报》特别在“国家”版面刊登文章加以谴责，批评警察暴力，在同年 12 月 4 日的“周日评论”版又刊登了简短评论，回顾警察治理“骚乱”的各种手段和特征。这种时隔多年，主流媒体开始采纳另类媒体立场的报道，能否算作主流媒体对另类媒体议题的“回应”，或能否看作另类媒体的议程设置扩散到了主流媒体，是一种媒介行动主义的胜利？

第三篇是《红杉树的神秘之处》（The Mystic of the Redwoods）。这篇文章批评了一位保护红杉树的积极分子茱莉亚·黑尔（Julia Hill）（她在禅修之后改名蝴蝶）个人行为的虚幻，她在树上打坐、祈祷达两年之久，然后又和伐木公司的老板签订协议，付出 5 万美金让该公司答应不去砍伐那棵被她称为月亮女神的古老红杉。可是她的这种行为并没有让“作者”克莱尔心悦诚服，克莱尔认为她在 50 多米高的树上打坐并不环保，不利于树的生态链的自然发展，不但鸟不能在上面筑巢，对本人也很危险。还有，她的行为类似于中国语境下的树大招风，过于招摇，她利用这种生态狂热的形象谋利，使资本公司更理直气壮地损害公共财产，造成更大的生态破坏。因为这些自然资源本来就是公有资源，为什么反而要付给私人公司钱财？

这篇文章实际上是通过对运动中个人积极分子的描述，从个人视角讨论全球化议题，特别是拯救古树生态危机的行动策略问题，反思积极分子的策略缺陷，因为其参与感以及公平正义的“敏感性”，所以很有感染力，达到了传播行动主义的境界。这种对生态主义积极分子的批判，在主流媒体上倒可以见到，所以，可以说另类媒体和主流媒体在这种主题上对积极分子的批判有重合之处。本研究早就发现，主流媒体《纽约时报》对反全球化议题报道中，版面最多和引用最多的就是积极分子话语，特别是在对积极分子行为的批判中。

总的来看，这三篇发表于“西雅图之战”时期的杂文，一篇以胜利者的姿态宣布积极分子关停了 WTO 会谈，批评抗议群体中劳联负责人以及克林顿政府的虚伪；第二篇以运动参与者的姿态揭露警察暴力，凸显积极分子的“街头英雄”形象；第三篇与环保议题有关，属于积极分子内部的同行批评，讨论积极分子的抗议策略。因此，这三篇新闻政治评论也可以作为理解繁复的全球化议题的一个楔子，来揭示抗议运动中积极分子的态度和立场，实现《反击》“揭秘自 1993 年起”的传播行动主义。也许这正是作为“DIY”和公民媒体风格的《反击》能从 1993 年一直发展至今的原因，因为这种讲述，这样的批判视角、鼓动的风格，仿佛重新编码的语言，对主流媒体新自由主义话语的普遍维护完全反转过来，构成了一套完整的反新自由主义的话语体系。

第三节 IMC[1] 是一场独立的新社会运动

一、媒介行动主义是一种新社会运动

“社会运动”这一术语有各种定义，经常难以归类，而且，由于其“非建制”（unconstitutional）的特性，它本身也不接受那些生硬的理论化企图。对于法国著名社会学家阿兰·图海纳来说，社会运动一词几乎等同于大规模的社会变革，而对其他现代社会运动社会学和政治学家来说，国家级别的大灾难比如大革命等运动是某些专业的特殊分支，不在他们分析的范围之内，特别是对于新社会运动（New Social Movements，简称 NSM）学派来说，只有某些社会运动才是他们分析的焦点，比如环保主义、女性主义，或者男女同性恋的身份诉求问题。这些社会学家对“第三世界”的社会现象，比如 20 世纪发生在南非内部与外部的反种族隔离运动，鲜有提及。[2]

美国著名社会运动研究学者西德尼·塔罗认为，从本质上看，“社会运动就是那些拥有共同目标的团结的人们在和那些当权者、精英和敌人互动时发出的集体挑战”[3]。而意大利欧洲大学学院政治社会学教授黛拉·波塔和迪亚尼[4]认为，社会运动是“基于共享的信仰和团结，通过频繁利用不同形式的抗议，对冲突性的议题进行动员的非正式网络”。以研究网络社会崛起而知名的西班牙裔美国学者曼纽尔·卡斯特（Manuel Castell）[5]则认为，社会运动之所以产生，是因为有一部分人对既有的社会制度或价值观产生不满或认为不足，所以起而宣称另一套制度或价值观的正当性。在欧洲知名社会学家大卫·斯诺、萨拉·苏尔（Sarah A. Soule）和汉斯皮特·克里西（Hanspeter Kriesi）2004 年共同编写的《布莱克威尔社会运动指南》一书中，这几位作者给社会运动下了一个便于操作、富有弹性的定义，认为社会运动是：“有一定程度的组织和连续性的，外在于体制或组织渠道的，为挑战或者保卫外在权威的集体行动。在某个群体、组织、社会、文化或者世界的秩序里，不管这种外在的权威是基于体制的还是基于文

---

[1] 独立媒体中心 , The Independent Media Center, 简称 IMC.

[2] DOWNING J. Social movement theories and alternative media: an evaluation and critique [J]. communication, culture& critique, 2008, 1: 40–50；LOADER D B. Social movements and new media [J]. Sociology compass, 2008, 2(6):1920–1933.

[3] TARROW S. Power in movement: collective action, social movements and politics [M]. Cambridge: Cambridge University Press, 1994: 3–4.

[4] DELLA PORTA D, M DIANI. Social movements: an introduction [M]. Oxford: Blackwell, 1999.

[5] FUCHS C. Some reflections on Manuel Castells’ book networks of outrage and hope: social movements in the internet age [J]. Triple c, 2012, 10(2): 775–797.

化的，这些集体行动都是其中的一部分。”[1]

可以看出，塔罗的定义强调的是运动参与者的行动（挑战）；而黛拉·波塔的定义强调是运动组织的结构（网络）。在传播学界，卡斯特的定义侧重价值、规范的一面；大卫·斯诺等人的概念优势在于，和那些把社会运动与“政体”、政府联系起来的定义中，这种概念更灵活，可以扩展分析和计算社会运动的范围。从这点来看，不论是使得共产主义在20世纪90年代初在世界范围内受挫的东欧民主运动，还是2003年世界范围内反对英美对伊拉克开战的反战运动，以及那些本地的“邻避”（NIMBY）运动，抑或是一些文化性质的，比如由天主教堂中的牧师发起的反对性骚扰丑闻的运动，这些对“体制、组织或者文化权威或系统性的权威”进行挑战的运动，都可以包括进来。[2]因此，虽然运动的定义较多，说法不同，各有强调，但一般来讲，这些研究一般都是围绕三个或三个以上的轴心来进行的：第一个是“集体或者联合行动的导向”，第二个是“基于改革目标和诉求的导向”，第三个是“一些体制外的或者非体制性的集体行动，有一定的组织程度，有一定时空连续性”。[3]

另外一种比较普遍的看法是，现代社会发生的运动有新旧之分，所谓的旧社会运动，主要指“二战”前争取选举权的运动、工人运动、社会主义、共产主义运动。旧社会运动的主要构成元素主要有四种，第一是“怨愤”，这种怨愤来自不同阶级之间的经济剥削和政治压迫、帝国主义内部世界的竞争；第二是“意识形态”，比如历史唯物主义、阶级斗争哲学、种族中心论；第三个元素是“行动”，比如革命、种族灭绝、帝国主义战争；第四个元素是“组织”，比如法西斯政党或其他集权主义的组织形式，这些组织形式是科层式的、中央集权架构的。这四个元素在新社会运动中分别转变为：“新型怨愤”“新型意识形态”“新型行动”和“新型组织形式”。

新旧社会运动在主要目标、策略、社会基础与支持者方面有差别。新社会运动包括西方20世纪70年代以来在西方社会出现的和平运动、学生运动、抗议运动、反种族运动、第三世界反对经济帝国主义的斗争、女权运动、生态运动等。[4]

作为与另类媒体实践最相关的“媒介行动主义”（media activism），是当代传播行动主义中媒介积极分子最容易采取的自我赋权的媒介活动。按照维基百科的说法，“媒介行动主义是一种利用媒介和传播技术来从事社会运动的传播行为，是一种试图改变有关媒体行为和传播政策的社会运动形式；也是西方20世纪60年代以来兴起的女权、

[1] SNOW D A, SOULE S A, KRIESI H. Mapping the terrain [M]//D A SNOW, S A SOULE, H KRIESI. The blackwell companion to social movements. New Jersey: Blackwell Publishing, 2004: 1–16.

[2] LOADER D B. Social movements and new media [J]. Sociology compass, 2008, 2(6):1920–1933.

[3] SNOW D A, SOULE S A, KRIESI H. Mapping the Terrain [M]//D A SNOW, S A SOULE, H KRIESI. The blackwell companion to social movements. New Jersey: Blackwell Publishing, 2004: 1–16.

[4] 刘颖 . 新社会运动理论视角下的反全球化运动 [M]. 上海 : 复旦大学出版社 , 2013: 37–41.

环保、反核等‘新社会运动’的形式之一”[1]。

按照这种说法，媒介行动主义就是一种新型的社会运动。因为，第一，它有共同的“新型怨愤”——对主流媒体等媒介霸权的不满。新型怨愤，主要是随着高度工业化社会里怨恨的发展而产生的新的抗议潜力。

第二，它有“新型意识形态”——“不要恨媒介，要成为媒介”。新型意识形态则包含了人权/人道/生态伦理/女权主义/后唯物主义。这种新型意识形态认为，政治、经济、文化、社会不平等在世界各个地方都存在，比如媒介所有权、社会对信息和意义的分配与生存，都反映着世界各国各方面的不平等，只要这种不平等存在，就会有媒介积极分子去挑战它；但社会变革不会自动发生，只有媒介加上组织才有可能。[2] 因此，挑战霸权话语体系，人们不应该单纯地反感媒介，而是应该更好地利用媒介，或成为反对霸权意识形态的媒介本身。

第三，“新型行动”。媒介行动主义有很多种形式的行动，最明显的就是建立另类媒体的行动，反全球化运动中独立媒体的建立就是一种典型的行动，其他媒介行动则可以包含马东尼和崔瑞[3] 所说的各种媒介实践，对媒介技术的使用、改造；也可以是克里斯·阿顿（Chris Atton）所说的一系列的媒介项目和行动：包括激进的行动，街头抗议、街头表演、发传单、喊话等直接行动；也可以是各种改良式的话语建构，比如建立线上论坛或线下论坛，召开针对性会议、出版、建立另类媒体等。哈克特所说的民主传播运动与媒介行动主义则是重叠的关系，都是新社会运动。

第四，“新型的组织形式”。新型组织形式是建立在社区多元认同感基础之上的分权式的组织，是由相同思想的人组成的松散网络。这一点和另类媒体媒介行动主义也是有关联的，即唐宁等人所说的“水平网络”或者横向性网络。媒介行动主义者是反对科层制的，所以有人把另类媒体称为独立媒体、自治性媒体；而另类媒体实践中另类新闻业中的“自然报道”“积极见证”“反知识产权”“业余的”新闻生产，都与新型组织形式相关，因为这些报道方式打破了职业新闻生产中读者与受众的藩篱。

卡斯特曾说过，“社会运动在社会层面上有可能是保守的，也有可能是革命的，也可能两者都是，或两者皆非”[4]。他认为社会的演化并没有一个预先决定的方向，唯一的历史感是我们所感知的历史。从分析的角度来看，没有一个所谓“好的”或者“坏的”社会运动，只要知道“这些运动大都是社会的一些症候，都对社会结构造成冲击，而

---

[1] 韩鸿．全球传播与公民媒介监督——从“反 CNN”网站看当代中国的赛博行动主义 [J]. 郑州大学学报（哲学社会科学版）, 2009, 42 (1) : 172–176.

[2] COYER K, DOWMUT T, FOUNTAIN A. The alternative media handbook [M]. London: Rutledge, 2007: 11.

[3] MATTONI A.& TRERÉ E. Media practices, mediation processes, and mediatization in the study of social movements[J]. Communication theory, 2014(24): 252–271.

[4] CASTELLS M. The power of identity [M]. New Jersey: Blackwell Publishers Ltd, 1997.

这些冲击的程度及结果有待研究加以掌握就可以”。本书选定的研究对象——“反全球化运动”，涉及跨时空、跨国界甚至跨种族的、基于一种共同目的和诉求的多种集体行动，综合了社会运动的多个理论层面和议题面向，因此本书适合运用一种富有弹性的社会运动的定义来解读我们要研究的问题。前面提到的斯诺、苏尔和克里西（2004）有关社会运动定义中的三个轴心说正好满足这个要求。

二、IMC 是一种媒介行动主义

媒介行动主义者主张，在一个媒介全面渗透的社会中，媒介本身就可以成为变革社会的一种力量。媒介行动主义者通过创建自己的媒介、提高公民的媒介素养，把媒介作为维护公民权益和社会倡导的工具。美国学者居里・卡菲曼（Julia Coffman，2003）[1]根据目标或结果的不同，将行动主义的传播类型划分为两种：第一种类型主要在于促进个人行为改变；第二种类型主要在于促进公众集体意愿的改变，比如机构的政策与公众态度行为的改变（为家庭抚育小孩提供支持、职业教育、公共健康保险等政策）。前者旨在减少导致社会问题的个人行为（吸烟、吸毒、酒驾、家暴），后者旨在动员公众、决策者对政策的支持或者改变。更多的行动领域则是处于个人行为和政策变革的两个端点之间（见图 5.2）。

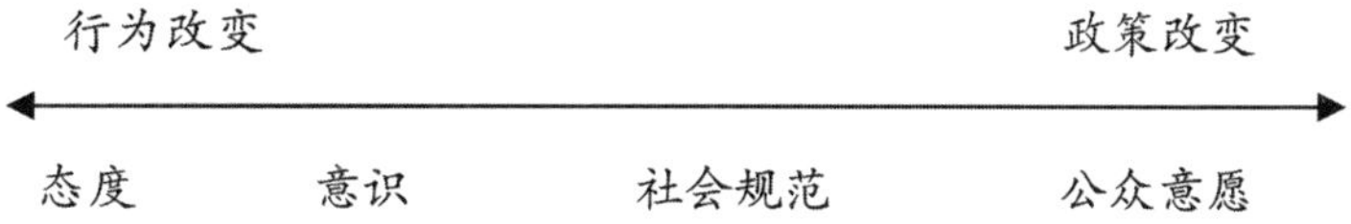

图 5.2　媒介行动主义结构图

在具体行动方式上，媒介行动主义也可作用于两个层面：一个层面是草根层面，通过松散协作或者横向链接的传播、集会游行、分发传单或人际传播网络来推广社会公正、环境保护等观念。另一个层面是，成立非政府组织并以其为基地来组织公民集体行动，直接与媒体、政府、司法打交道来直接影响其行为。从微观的层面来讲，媒介行动主义可以与主流媒介工作者合作，可以为边缘化群体创办媒体，进行培训；从中观层面来讲，则是关注媒介政策的制定及其实质，从公共利益的角度动员大众介入干预管制程序；从宏观层面来讲，则是表现媒介公共运动的发展轨迹和宏观的政治潮流，特别是发现社会运动之间的整体联系。[2]

[1]　COFFMAN J. Lessons in evaluating communications campaigns: five case studies [EB/OL]. [2016-01-31]. Http://www.mediaevaluationproject.org/ HFRP2.pdf.

[2]　哈克特，K. 凯偌尔 . 媒介重构：公共传播的民主化运动 [M]. 李异平，李波，译 . 广州：暨南大学出版社，2011: 104.

在独立媒体中心的中心网站上，它对自己的介绍如下：

独立媒体中心（IMC）是一个由集体来运作的媒介发布网络，该网络致力于创建一个能激进、准确、热情讲述真相的媒体。尽管公司媒体扭曲，不愿意报道那些为了解放人性的人们而做出的努力，出于对那些继续为美好未来而奋斗的人们的爱，以及他们带来的灵感，我们会为他们而奋斗！

1999年，为了给西雅图WTO抗议运动提供草根视角的报道，多个独立的媒体组织和积极分子共同建立了独立媒体中心（www.indymedia.org）。中心通过自己的网站，为记者提供即时报道、照片、声像脚本，充当信息转换中心。利用收集来的脚本，西雅图独立媒体中心（seattle.indymedia.org）制作了五个续集的纪录片，每天上传到卫星，向美国各地分发，送达公众可以登录的站点。

中心生产了自己的报纸，通过互联网向西雅图各地和其他城市发送，同时还制作了成百上千的录像片段，通过西雅图一个微型的互联网广播站的网络和X录像室，24小时不间断地向外转发，该网址利用了民主的公开发布系统，吸引了每天超过两百万的点击率，美国在线、雅虎、CNN、BBC在线以及其他数个网站都对此进行了专题报道。通过这一去中心化的、自治的网络，一年之后，成百上千的媒介积极分子，在伦敦、墨西哥城、布拉格，以及加拿大、比利时、法国、意大利的城市和此后各洲更多的地方，建立了本地独立的媒体中心，将来还会有更多。

从独立媒体中心的自我介绍，读者可以看出，IMC是“为挑战主流媒体对抗议报道的不公”而集体创建并独立运行的另类媒体；它基于“民主、公开发布”的新闻原则，利用当时新的互联网技术、草根的视角以及民间“主动见证”的方法来制作新闻。这种新的另类新闻业的方式和传播行动主义引起了西方诸多主流媒体的注意，其成功的生产模式也很快散播到世界各地。另外，其建立者和志愿者都是心怀“人类福祉”、精通新信息传播技术的积极分子，因而，很清楚，IMC就是为反全球化运动而产生的，作为社会运动媒体策略之一的“替代性”媒体。“反全球化运动与另类媒体的存在并非始于西雅图运动，但西雅图运动的发生，却在世界范围内呈现了两者的互动契机”[1]，可以说，IMC的成立和发展过程正好代表了另类媒体与反全球化运动互动关系的发展趋势和最终命运。

[1] 罗慧. 传播公地的重建：西方另类媒体与传播民主化 [M]. 北京：社会科学文献出版社，2012: 163.

2012 年，Znet 的积极分子、作家迈克·曾（Mickey Z）[1] 在西雅图之战 13 周年后撰文评价该运动，并把其传统成果和当时的占领华尔街运动相比，他认为西雅图抗议运动虽远非完美，但至少它做到了以下几点：第一，关闭开幕式；第二，阻止克林顿总统在 WTO 代表会议上发表讲话；第三，使那些商业新闻实际上不得不提到警察的粗暴，这也是迫使会议闭幕式取消的原因之一。积极分子作家强克·曼森（Chunk Munson）也在 Infoshop 网站上归纳了西雅图运动所取得的成就，包括：①独立媒体的国际网络的发展；②直接行动、冲突性抗议的回归；③把 WTO、世界银行、金融货币组织等国际组织置于密切监督之下；④把互联网建设为对积极分子最有价值的传播工具。后者的评价当中，第①条和第④条实际上都提到了“西雅图之战”中独立媒体 IMC 的作用，突出了媒介运动的跨国发展以及互联网的媒介化效果。不过，罗马的建立非一日之功，独立媒体中心的成立和发展及最终建成得益于以下几个政治契机。

第四节　积极分子的媒介实践与西雅图 IMC 的媒介化

一、“群众”的智慧

全球互联时代的到来，为独立媒体运动提供了新的技术支持。特别是 1994 年墨西哥恰帕斯（Chiapas）原住民地区的自治运动中对互联网的激进使用，开启了“互联网作为另类媒介的先河”，另外，由反全球化运动积极分子早先建立的 Znet 学院也为独立媒体中心的建立起了铺垫作用。墨西哥原住民斗争运动使用互联网的传播策略，也为独立媒体 IMC 建立起了一个平等对话的榜样；而 Znet、CounterMedia[2] 等另类媒体实验室，在提倡新马克思主义、反对资本主义的压迫、提高媒介素养、培养媒介积极分子方面，不仅给独立媒体的建立和发展提供了操作的意识形态基础，还提供了人才资源，比如西雅图独立中心（IMC Seattle）的技术支持者：杰夫·伯恩斯坦（Jeff Pearlstein）、杰恩 ·桑德（Jay Sand）等人，1996 年之际，他们就是知名另类杂志 Zmagzine 的忠实读者。而另外两位为 IMC 提供核心技术支持的马修·雅各布（Mansur Jacobi）、曼修·阿力森（Matthew Arnison）也是有着丰富媒体经验的人。雅各布来自

[1] MICKEY Z, Roots of occupy: the battle in Seattle, 1999[EB/OL]. [2016-01-05]. https://zcomm.org/znetarticle/roots-of-occupy-the-battle-in-seattle-1999-by-mickey-z/.

[2] WOLFSON T. Digital rebellion: the birth of the cyber left [M]. Urbana, Chicago, and Springfield: University of Illinois Press, 2014: 51-56.

澳大利亚，参与过澳大利亚当地“社区积极分子科技组织”的技术支持等工作。后来，他通过在科罗拉多州做研究生调研的机会，参加了在得克萨斯州奥斯汀的草根媒体会议，从而得知了为“自由发言电视”（Free Speech TV）工作的雅各布的消息，两人成为朋友，一起为独立中心创建了一个新型的软件码。[1] 总之，这些志愿者怀抱理想，为了“更好的明天”而工作。他们之间的通力合作，也是IMC成功运转的基础之一。

1999年10月，距离世贸第三届部长会议还不到两个月的时间里，反全球化运动积极分子就开始策划反WTO会议的游行。鉴于之前主流媒体对抗议运动的“无视和不实”报道，西雅图的媒介行动主义分子聚集到一起进行讨论，其中来自澳大利亚的青年人伯恩斯坦担任了技术指导，而曾帮助建立过的“直接行动网”（Direct Action Network）[2] 和反制媒体（Counter Media）等工作坊的好友桑德也表示支持。他们很快在抗议活动中心找到了一个工作室，筹到了一笔资金，购买了一些媒介工作室的设备，并同时和美国各地的独立媒体组织联系，就成立IMC的具体事宜和他们进行讨论。在紧张的筹备之后，在WTO会议开始的前三天，独立媒体中心IMC投入使用。

11月29日，WTO会议开幕式前一天的晚上，阿力森和雅各布输入了独立媒体运动的第一条信息：“欢迎来到IMC，现在抵抗已经进入全球模式！”接下来的一天，11月30日上午，WTO会议还未开始，5万人左右的、由反全球化积极分子组成的队伍，清晨就开始在会议中心外围集结，会议代表被阻止入场，而西雅图警方则使用催泪瓦斯、橡胶子弹甚至棍棒驱赶民众，示威人群把自己的手臂用镀锌管连在一起做人墙，或是锁到柱子上，拒绝离开。由于抗议者和警察争夺街道的控制权，西雅图一片混乱，当时的警民冲突还波及周围的居民，有记者被当作抗议分子而挨打，几百人被捕。当事情进一步升级之后，警察和市长失去了对城市的控制，而WTO许多会议代表无法进入会场，致使后来开幕式被迫取消，西雅图市长当晚还宣布了宵禁。

此次西雅图事件使得WTO提案进入世人的聚光灯下，克林顿总统则不得不放松全球自由贸易议程。在会议开展的5天内，各国贸易部长并没有达成一揽子协定，会议“无果”而终。总之，因为此次暴乱，正如“直接行动网”领袖所预测的，全球贸易规则没能写入千禧年会议之中。之后，积极分子和组织者宣布他们获得胜利，而大多数人则相信这次西雅图之战在抵抗新自由主义全球化系列抗议事件中起到了分水岭的作用）[3]，自此，一种不成文的抗议模式出现了，那就是，与经济问题有关的国际会议

[1] WOLFSON T. Digital rebellion: the birth of the cyber left [M]. Urbana, Chicago, and Springfield: University of Illinois Press, 2014: 82.

[2] WOLFSON T. Digital rebellion: the birth of the cyber left [M]. Urbana, Chicago, and Springfield: University of Illinois Press, 2014 : 82.

[3] ENGLER M. Is “taking it to the streets” worth the bruises, tear gas and arrests? [EB/OL]. (2008-09-28). http://www.AlterNet.org/story/99880/is_%27taking_it_to_the_streets%27_worth_the_bruises%2C_tear_gas_and_arrests.

在哪里召开，哪里就有反全球化积极分子举行的抗议围绕。而且，他们似乎特别喜欢用西雅图的抗议模式，并在各自的抗议区建立了自己本地的独立媒体。[1]

二、传播策略与抵抗网络

当代以研究左派赛博行动主义而著称、自身也是积极分子的托德·沃尔夫森（Tod Wolfson）就在自己的博士论文中[2]，从空间的、战略的和组织的变化三个层面论证了“独立媒体就是社会运动的新阶段”的观点。因为，正是西雅图独立媒体的出色表现为人们打开了一个观察全球和本地不断以新的方式交织在一起的窗口。2012年，沃尔夫森在当代社会运动的研究中，再次论述了独立媒体是一场社会运动的思想。他认为：“独立媒体可以理解为一个正在成长着的，在建设社会正义工作中，利用另类的、参与性媒介的运动。”在这篇文章里，与其2009年的博士论文一致的是，他依然聚焦在独立媒体的社会运动组织上，而且只使用该术语来描述这个组织。[3]

在2009年的博士论文里，沃尔夫森简要描述了3个相互增强的特征，这些特征是独立媒体和全球社会正义运动的特点。①策略——利用新技术和其他策略来绑定一个鲜明的、多样性的跨国社会运动；②结构——去中心化的网络；③治理——本地、国家和全球性对直接参与民主的应用。这些特点中没有一个特点是全新的，但组合到一起，就构成了一个新的抗争逻辑。

由于新社会运动具有两个共同的特征，第一个便是去中心化的主体和去中心化的行动者，比如土著运动、女性主义、生态主义和劳工运动。第二个共同点，特别是反全球化运动与这些自主运动所共有的相同点，就是对当代积累模式的抵抗，因为目前还“没有其他形式的压迫曾成功地把整个地球编织成一个整体的、协作的、相互依存的体制过”。而独立媒体的记者快速、灵活地使用新信息和传播技术的事实可以很好地解释这种论断。其中，IMC业余记者利用便捷、快速的ICTs，跨域空间、规模和边界，连接本地、国家和全体层面的抗争和运动，沃尔夫森把这种使用传播工具，跨越空间和主题来连接人们和组织的实践，称作“抗争的转换器”[4]。这样，独立媒体中心炼成了一个三维的统一体：第一，通过本地空间连接了不同的运动，把它们整合到一起建立了一个更强大的当地运

[1] WOLFSON T. Digital rebellion: the birth of the cyber left [M]. Urbana, Chicago, and Springfield: University of Illinois Press, 2014: 88.

[2] WOLFSON T. Cyber left: indymedia and the making of twenty-first century struggle [D]. University of Pennsylvania, 2009.

[3] WOLFSON T. From the zapatistas to indymedia: dialectics and orthodoxy in contemporary social movements [J]. Communication, culture & critique, 2012(5): 149-170, 2009: 166.

[4] WOLFSON T. Cyber ieft: indymedia and the making of twenty-first century struggle [D]. University of Pennsylvania, 2009: 8.

动；第二，跨越一些特定主题的空间，比如劳工、移民等；第三，既跨越了不同的主题，也跨越了不同的空间来打造一个全球社会公正的运动。

这种跨空间和主题建立联系的“传播实践”可以找到一个很好的样板，比如，2006 年洛杉矶夺取“南部中心农场”的运动就是如此。当有人把警察和农民对峙的新闻第一次发到洛杉矶独立媒体中心网站后，由于该事件带有国家层面的意义，该故事被独立媒体美国总部的集体编辑看过后发到了美国的独立媒体中心，成了独立媒体美国分部的重要新闻。而且，后来又被独立媒体中心全球总部的集体编辑读到，他们也认为这个新闻故事具有全球性意义，因而，这个帖子又成了 IMC 全球总部的特写报道。在这个故事继续发酵成一个国家层面的故事后，它先后被 100 多个国家，不同的独立媒体中心转载。这样来看，该新闻从本地到国家，然后再到全球分配链，再回归其他国家。在这种发酵的效果中，“南部中心农民”组织的支持链从三个互相联系的等级被构建起来。首先，它从本地/城市层级播发，把洛杉矶本地区的人们联系和动员起来（据报道，当时有 100 多人汇聚到农场来支持农民与警察的对峙）。其次，它基于某个议题建立起了共同的网络，该网络把使用土地和财产权而争斗的群体都联系起来，比如，南部中心农民组织和美国农民组织、萨帕塔组织被联系在一起，这些联系能提供语言和策略上的支持。最后，它取得了更广泛的跨国积极分子网络的支持，建立了一个关注“南部中心农民”组织的积极分子运动，使得当地为该农场募集资金，并获得了本地抗议的支持。总的来讲，这个过程与“回旋器效益”[1] 有相似之处。

在 WTO 会议召开期间，布鲁塞尔分部的组织者下载西雅图独立媒体中心的日报《盲点》，并且每日在布鲁塞尔街头分发 8,000 张，对于那些没有互联网的布鲁塞尔民众，不失为一个良好的补偿。同样，有记载显示，在古巴，哈瓦那电视台的制作人会下载独立媒体中心声像部小组上传的音像制品，然后在电视台对古巴人民播出，没有互联网的古巴人民不用跨国也可以知道美国发生的故事，这种综合使用不同媒介、最大化地发送消息的原则，在独立媒体中已然常态化。

独立媒体网站拥有三个层面的抗争策略，能用传播技术绑定不同地域、不同空间、不同主题的运动来打造全球层面的反全球化运动，独立媒体的组织原则实际和卡帕斯民族解放运动为基础的“团结原则”是相同的。由于独立媒体运动是跨越全球的、去中心化的网络，不像政党或者工会，没有一个连贯的结构或者权威，因而“它需要一个强大的技术基础设施来分享大量的信息”，这个传播基础设施形成了西雅图抗议运动的框架。在西雅图抗议开始之后，600 多个不同党的邮件组从全球、地区、国家和本地层面来运转，传播得以发生，积极分子通过邮件组行使编辑、组织和财政决策。这

[1] MARGARET K, KATHRYN S. Activists beyond borders: advocacy networks in international politics [M]. Ithaca: Cornell University Press, 1998.

些邮件组是建立社会联系和分享信息的首要空间，伴随着这些拜占庭式的邮件组网络，独立媒体的成员利用聊天室和维基页面开会，深化社会关系，同时存储和归档。

从具体层面上，独立媒体中心就是一个包含了本地 / 城市化、国家的、区域的、全球新的集体的跨国网络。2009 年之前，独立媒体中心有 230 个本地分部。美国有 60 个积极活动的分部，主要的大城市都有。同时，在加拿大有另外 12 个分部，波多黎各 1 个、墨西哥有 7 个。在中美洲和南美洲，总共有 44 个独立媒体中心分部，分布在阿根廷、巴西、玻利维亚、哥伦比亚、智利、委内瑞拉、乌拉圭、厄瓜多尔、秘鲁。在非洲总共有 6 个分部，分别位于肯尼亚、尼加拉瓜、南非、喀麦隆、摩洛哥、加那利群岛，还有在西撒哈拉沙漠建立第 7 个独立媒体分部的计划。在欧洲，几乎每个国家都有独立媒体分部，共计 75 个。在亚洲有 12 个，分别位于缅甸、印度尼西亚、土耳其、韩国、菲律宾、印度、黎巴嫩、以色列和巴勒斯坦。最后，在澳大利亚和新西兰有 9 个主要位于城区中心地带的独立媒体，比如在珀斯、悉尼、墨尔本、布里斯班、达尔文以及阿德莱德。

除以上区域性的独立媒体外，还有基于许多民族国家的独立媒体，一个全球性的网站，以及作为全球性集体的主机，这个主机作为网络的轴心，代表着网络的核心。作为一个多级的、有着覆盖不同地理界限单元的集体组织，独立媒体中心有一种整理过程，在有的国家，比如美国、墨西哥和巴西，当地的工作人员会把他们的新闻打包至国家层面的工作人员，而在英国，则由国家层面的工作人员把他们的消息整理给全球层面的工作人员。在新闻方面，这种整理过程可以由前面讨论过的“南部中心农民”的报道来做样板——报道从本地移送到国家层面，再从国家层面移送到全球层面。这种整理新闻的过程把跨国网络的不对称效果带到了前台。这种过程是一种即时性打包的、开放的，在本地、国家和全球员工之间的互动过程。

从独立媒体的微观政治层面来看，特别是从其单个网站和团队的规制方面，独立媒体作为一场追求民主传播的运动，还有一些弱点。比如，某些个体的独立媒体职工内部还存在各种形式的压迫，比如性别歧视、知识和技术的操控等，这些形式已经在职工内部引起冲突，限制了独立媒体的民主热情。[1]

三、抗争逻辑：独立、民主、团结

从独立媒体的媒介实践运动历史来看，可以发现，西雅图独立媒体中心作为西雅图抗议专属的媒体，在独立媒体的话语建构中，处处体现出参与式传播的激进民主气质，明显的是，所有独立媒体网站相连的独立媒体文件中，反复出现的主题便是激进参与

[1] PICKERILL J. Autonomy online: indymedia and practices of alterglobalisation [J]. Environment and planning a, 2007(39): 2668–2684.

式民主、媒介民主化、反对商业权力。以下简要介绍其抗争逻辑。

第一，反商业的独立姿态。媒介民主和反商业权力在主页上的任务宣言中就得到了昭示：“独立媒体是一个由独立媒体机构和成百上千个记者构成的集体，它为西雅图和世界提供草根的、非资本的、非商业的报道。”独立媒体反商业法团的立场是由一个稀有的、限制内容的规定显示出来的，这个限制就是，任何情况下都不能上传“广告和企业推销”。通过媒介产品而获得的社区赋权，是一个非常强势的主题，比如，在“回答与提问”（FAQ）的页面上，它宣告独立媒体是“立志于使用媒介生产和分配来作为推动社会和经济公平的工具”。在问题回答页面的其他地方，独立媒体的积极分子宣称独立媒体“鼓励人们变成媒介，通过给网站上传他们自己的文章、分析和信息”。在“什么是独立媒体”一栏中，它被定义为，“为创造一个激进、准确、热情地讲述真理方式的、民主的媒介集散地”。

同时，独立媒体不受商业资本的侵蚀，保持独立的姿态。在建立之初，独立媒体的独立与高效便获得了主流媒体的青睐（见前一章诺曼·所罗门 1999 年 12 月 9 日《主流媒体痛哭悔恨的文章》）。独立媒体网站受到欢迎的另外一个因素是因为它拒绝广告，作为一个独立的、全新的实体，和媒介消费者没有任何的关系和事前的认同。在第一周的试运营期间，关于独立媒体中心的消息大多通过口口相传来把消息传达至抗议者和观察者，而独立媒体之所以吸引公司媒体，正是由于一大批主流媒体记者参观了独立媒体中心，访谈了不同的独立媒体积极分子。独立媒体早期的成功，也正是与它有关的消息登载在了《纽约时报》《连线杂志》《华盛顿邮报》和《基督教箴言报》以及 CNN 之上。

第二，参与式传播中的媒介民主与赋权。首先，独立媒体是反抗主流话语的空间，其网站结合了媒介民主运动与媒介赋权的思想。当网站打开之后，社区记者可以秒传和抗议有关的报道，在封锁现场给某人打电话做报道的时间，或者上传警察和抗议者冲突照片的时间，与通过互联网将这个消息传递至广大受众所花费的时间几乎是一样的。在当时的社会语境下，这种对话信息以快速和透明的方式生产并分发，是独立媒体哲学基础的标志之一。因此，网站在当时自动变成了一个媒介论坛，为积极分子和公民记者给公开发表新闻系统上传信息提供了新的空间。由于当时出色的组织，试验阶段的独立媒体网站，在建成后一周内收到了超过 1,500 万的点击量，远远超过了 CNN 在同期的收视率。业余记者上传了无数的帖子和身临其境的描述，这为抗议事件提供了丰富和深刻的多角度理解，同时，媒体中心这种提供即时性消息的能力使得抗议者能够快速、集体应对西雅图警察。这种场景因而实现了“群众的智慧”一说[1]，参与式传播也因此兴起。

---

[1] SUROWIECKI J. Wisdom of the crowds [M]. New York: First Anchor Books, 2005.

其次，多种传播策略的结合，打造了网络式的传播结构，保证了消息最大、最快地传送。独立媒体中心网站是西雅图独立媒体中心的中流砥柱，而它的记者也创造了一系列的媒介形态。比如，录像组的成员做了五部新闻报道片，一天一部，聚焦抗议的不同侧面以及 WTO 宽泛的策略，而且，十多个独立媒体记者每天手持摄像机守在现场，这些摄影师在独立媒体中心的一个分会场中心待命，方便知会抗议、冲突和其他事件，以保持消息灵通。在最后一天，所有抓拍的录像都会被送到编辑组，这些编辑则会整夜对长达数小时的脚本进行编辑，编辑成 30 分钟的片段以供第二天早上播出。这种录像制作的过程是劳累且激动人心的。在之前提到过几次的“自由发言电视”（左派另类媒体）的帮助下，录像组日常的新闻播报被上传到全国各地的卫星和广播电台。在图片、声音和印刷组里，其组织流程也是如此，领袖出现之后，开发出一套适合特定传播媒介特性的工作流程，就这样，和日常的录像新闻拍摄制作一样，西雅图公民记者生产出成百上千的文章和报道，无数小时的广播电台节目，以及一份日报——《盲点》（*The Blindspot*），这份报纸在西雅图市区各个地方分发，且每天以 PDF 文件形式上传至网站，声像部小组则制作每日节目，在中心网站流动播出。

当然，在当时的情境下，数字鸿沟是确实存在的，独立媒体中心的媒介积极分子也充分考虑到这一点，努力开发了多样化的传播平台来解决近用权的问题。为弥补数字鸿沟带来的影响，技术人员伯恩斯坦提出了一个“高配低，旧配新”的策略，实际上，这是一种综合考虑不同媒体使用的问题，比如开放网站更多的分配技巧：首先，独立媒体把所有可以转换的媒介产品，比如音频、视频图片，都转换格式上传到网站，使得只要有互联网接入的地方，就可以下载到想要的有关抗议的信息，这个网站就充当了多媒体的网站、社区广播、有线电视等，现在看来这些技术好像很普通，但 1999 年前就能做到如此，并不普通。伯恩斯坦本人也坦承：“找出不同点在哪里很重要，在世界上，在民族国家层面上，到处都有节点，而那些有网络近用权的人确实能拥有越来越大的影响。”[1]

第三，团结原则。除了一个强有力的技术基础设施和话语建构之外，对于一个连贯的全球网络来讲，另外非常重要的手段便是一个“共同的信条”，这个信条弥补了等级制度结构的缺乏。在印第安媒体的个案中，有一个处于中心地位的宪章叫作《团结原则》，该原则是在 2001 年三藩市会议期间发展起来的。原来的《团结原则》是一个非常复杂的文件，提出了一本厚厚的纲要，最终被采纳的原则拥有 10 个宽泛的要点，比如“所有独立媒体中心都认为，信息的公开交换和公开路径是建立一个更自由、更

---

[1] WOLFSON T. Digital rebellion: the birth of the cyber left [M]. Urbana, Chicago, and Springfield: University of Illinois Press, 2014.

公正的社会的前提”[1]。但这带来了一个问题：许多当代的运动其组织都非常脆弱，没有任何主权性权力，因为这些运动排斥任何一种形式的集权。在独立媒体中，这种脆弱的网络结构迫使运动把去中心化的原则置于民主的原则之上，不允许积极的决策，因而使独立媒体有了一个不可克服的缺陷。

和其他实体性的另类媒体相比，比如“现在就要民主”“另类网”等有着类似专业新闻生产流程的另类媒体相比，独立媒体却因强调公开参与和平等对话陷入争议而无能为力。比如，在互联网这种开放源码和公开出版的技术语境下，有些现实问题就出现了，一些想要破坏反全球化运动和独立媒介中心的人或组织就会发布负面评论和信息，甚至发动黑客攻击，有志愿者就提出对公众发布的新闻和回复进行审查，但有人就反对，认为一旦设置把关人，独立媒体中心便会失去其公开、民主、平等、透明的参与式传播的气质。同样，托德·沃尔夫森也发现了独立媒体存在的问题，他认为独立媒体所体现的激进传播以及围绕该媒体实践的左派数字积极分子，只是一些中产阶级的、懂行的白人发起的媒体行动主义，难以与本地社团联结，不能和本地社团建立强有力的关系[2]，从而难以形成对大众、对主流意识形态强有力的挑战。[3]

当然，资金短缺问题一直是所有独立媒体遇到的共同问题，有的媒体中心因为缺乏资金，没有供参与者办公、会面的实体中心，因而无法保证所有参与者都能加入面对面的会议等决策范围，少数人决策的缺陷就不可避免。接受基金资助，就难以摆脱受资本势力监视和操控的嫌疑，而不接受，就只有对内部志愿者进行自我“剥削”，其他类似“技术的暴政”“意识形态的暴政”以及“结构的暴政”[4]等问题也让独立媒体难免受到内外的批评。总之，我们认识到了社会运动与另类媒体的关系，证明西雅图独立媒体中心实践的不仅是一场媒介行动主义，还是21世纪知名的新社会运动——反全球化运动的组成部分，是对运动行动层面的构建，也是一种媒体积极分子重新编码的“语言”，其“自由的精神”是整个运动的精髓。

---

[1] WOLFSON T. Cyber left: indymedia and the making of twenty-first century struggle [D]. University of Pennsylvania, 2009: 12-13.

[2] WOLFSON T. Digital rebellion: the birth of the cyber left [M]. Urbana, Chicago, and Springfield: University of Illinois Press, 2014: 78.

[3] WOLFSON T. Digital rebellion: the birth of the cyber left [M]. Urbana, Chicago, and Springfield: University of Illinois Press, 2014: 23-24.

[4] PICARD V W. Assessing the radical democracy of indymedia: discursive, technical, and institutional constructions [J]. Critical Studies in Media Communication, 2006(23): 19-38.

第六章
现在：美国当代另类媒体实践

本书前几章对不同另类媒体的文本进行了具体分析，从内容上呈现了“批判”媒体、“社群和公民”媒体对反全球化运动的媒介表征、新闻主体和话语建构策略，涉及另类媒体生产者（另类媒体记者 / 积极分子意见领袖）及其文本内容的研究。我们发现，另类媒体生产者的意识形态决定了其生产内容的态度和立场，发现了另类媒体使用者 / 生产者身份的同一性，大多另类媒体人员既是另类媒体的创建者和主要使用者，也是为某种运动奔走呼号的积极分子。文本的超级结构、特定语义都一致呈现了积极分子追求“正义”、反对公司资本主义和体制性霸权的行动主义立场。可以说，另类媒体从文本层面上建立起了一套完全不同于主流媒体的话语体系，在抵抗逻辑与网络等组织层面对主流媒体语言进行了重新编码。但总的来讲，我们对当今另类媒体行动层面上的媒体实践依然知之甚少，对美国另类媒体在积极分子这一政治圈层之外的使用与扩散，其传播效果以及其具体受众知之甚少，因此本章里，我们走到田野，近距离感受书本之外的、鲜活的美国另类媒体，充分领略其西雅图独立媒体中心灿烂的遗产——“自由的精神”。

本章第一部分把“哥村”另类媒体作为当代美国“社群和公民”型、批判型、“DIY”型另类媒体在田野的范本，了解它们的生存状态，感知美国当代另类媒体的媒介实践与精神气质。另外，我们还要针对另类媒体受众展开探索性研究，除开积极分子和混合受众之外，讨论美国普通民众——那些“边缘中的边缘人”对另类媒体的使用与感知，从而推测美国当代另类媒体在积极分子这一政治圈层之外的使用与扩散，推断其传播效果和媒介化情况。

第一节　另类媒体的“田野”

一、哥村：一个典型的中西部大学城

在网络上，在各种书籍和档案中，看过不少关于另类媒体的讨论和研究，但现实中西方另类媒体却难得一见。2016 年 7 月初，笔者申请到一笔国家留学基金，特地空降美国中西部地区的哥伦比亚市（哥村），在此度过了半年，考察积极分子现实的媒介实践及另类媒体的中介化过程，观察这些另类媒体是否有如马东尼和崔瑞[1]所说的对周边机构社区、体制和人事的“媒介化”效果。

---

[1] MATTONI A, TRERE E. Media practices, mediation processes, and mediatization in the study of social movements [J]. Communication theory, 2014(24): 252–271.

哥村地处美国中西部的腹地，几乎处于全国的中心，距离中西部最大城市芝加哥有 7 个小时的车程，距离周边的城市有两个小时左右的车程。它东边的大城市圣路易斯（Saint Louis）是该州最大的都会区，西部的大城市是横跨堪萨斯州和密苏里州的堪萨斯城（Kansas City）。其中，圣路易斯高耸在密苏里河边的银色大拱门就是为纪念著名的西进运动而建立的，此地被誉为通往美国西部的大门。哥村距离密苏里州的首府杰斐逊市（Jefferson City）只有 30 分钟不到的车程。1839 年，由美国前总统托马斯·杰斐逊建立的密西西比河西岸的第一所公立大学密苏里大学主校区就坐落于此，哥村机场、学校、路口以及各种公共场馆都以金黄和黑色相间的老虎图案为标志，据说哥村建立之前，周围到处是荒原和树木，老虎漫步其间，所以市民为纪念过去而取之为象征，寓意生龙活虎与不屈的精神。（见图 6.1）

图 6.1　哥村风貌图

作为密苏里大学教育管理行政中心，哥村是一个名副其实的大学城，人口 10万左右，教育、医疗和保险是其支柱产业，居民的受教育程度普遍较高，据说一半以上的人都是硕士学历及以上，这也许是该市和密苏里大学其他校区所在地——堪萨斯、圣路易斯倾向自由主义的原因。2016 年美国总统大选期间，密苏里州整个州都是保守党的阵营，但哥村、圣路易斯、堪萨斯三个地方（城市与大学人口较多）却支持民主党，大部分人把选票都投给了希拉里。相对于保持了美国浓郁风情的中西部其他区域，哥村人的媒介素养普遍较高，也许这要得益于该校区有一所号称全美最好的新闻学院 / 世界第一所新闻学院的建立，该学院毕业生具有全国新闻专业最高的就业率，高达 83%，其“密苏里办法”在实业方面闻名遐迩；另外，或许宗教也是其中原因之一。小小的哥村市区只有一条贯穿东西、车程约 15 分钟的大街，但小镇上各种教堂建筑却多达 150 多所，最常见的有浸礼会、长老会、基督教教会、国际社区教会、东正教教会、韩国人教会教堂等，连清真寺都有，可谓教派林立。这些教会人员在热情推广自己的信仰时，除了积极学习第二、第三外语之外，他们对各种媒介也可谓运用自如：除了在教会场地、家庭和各种公共用地，比如广场、旅游胜地、派对里宣扬讨论之外，还会在线运用各种社交软件，写博客、发推特、使用脸书等，包括使用中国的微信等。

二、社区广播 KBIA[1]——“社群”型另类媒体

相对于哥村的大众传媒，小小的市镇里就有诸多的另类媒体。但人们对另类媒体的定义和看法却大相径庭。笔者所居住的房子属于一位“二战”老兵遗孀的，由她的两位白人女儿打理，两位女儿年龄在 60 岁左右，都是 20 世纪 70 年代中期的大学毕业生，因为长年以房屋出租为业，两人每天早上 10 点左右到楼下办公室，下午 6 点左右离开，风雨无阻，所以两人都称自己是重度媒介依赖患者，在办公室、在汽车里，在周末的时间，除了与各国租客沟通之外，她们打交道最多的就是电台节目和手机。她们特别不喜欢每日播报时政信息的脱口秀节目，认为这些节目太夸张，唯恐天下不乱。[2] 在她们看来，另类媒体就是她们并不怎么使用的电台，比如哥村的新闻媒体社区广播 KBIA。

KBIA（FM 91.3）是哥村最大的公共电台，是国家公共广播电台（NPR）在哥村的转播电台，旗下有 NPR 派来的驻地记者，专门负责收集地方重大新闻，并负责制作专题节目，比如周边地区少数族裔妇女生存状态调查的节目。该电台由密苏里大学新闻学院副教授麦克·丹（Mike Dunn）担任台长和总经理，而该电台台长最重要的任务就是负责管理电台的 19 名工作人员以及 20 多名实习生的工作，“使他们每个人都觉得自己很重要，都受到应有的尊重”[3]。丹同时负责筹集电台运作的经费，这使得他除了

[1] KBIA 的字母 K 目前有几种说法：(1) 据说 1912 年国际通信大会上讨论广播电报代号时，美国分到了 W、K、N 和 A 用来代表其国家的广电信号。其中 N、A 为军用，K 和 W 用作商业用途。其中密西西比河以东地区的广播站以 W 开头，而密西西比河以西地区的广播站则以 K 为首字母。这种说法其实是存有疑问的，因为有的广播站在此规则应用之前早就投入运营，它们也并未因此而被要求改名。但 KBIA 和 KOPN 作为密苏里大学（全美第一所密西西比河西岸的公立大学，成立于 1839 年）附近的社区广播，地理位置属于典型的密西西比河以西。(2) 第二种说法是用了 C 的谐音，但也与地理位置有关，KBIA 成立于 1972 年 5 月，它就是密苏里大学所在地区名 Columbia 发音的缩写。即 K(C)olumbia=Kbia=KBIA. 该广播电台取“哥村”英文地名 (Columbia) 的首字母和结尾三个字母，组合起来就是 KBIA, 意思是本地哥村人的广播电台，体现了为本地老百姓服务的节目宗旨。

[2] 根据笔者与她们在哥村某地产办公室的多次谈话整理而成。

[3] 在三次采访该教授的时间里，他都说是在帮朋友打理葬礼有关的事情，因为这是一个非常好的劝服他人向电台捐助的机会。

上半年授课之外，其他时间要么在电台值班，要么“就在教会或葬礼上说服人们向电台捐赠他们的遗产”。

KBIA 成立了一个由密苏里新闻学院教职员工作为专门供稿人的固定节目——“新闻评论”（Views of the News），这个节目注重时政批评，经常挑战政府及大公司财团保守话语体系，比如对白宫政府拒绝《纽约时报》等媒体记者进入白宫新闻发布会，特朗普总统点名批评 *NYT*、ABC、NBCNews、CNN[1] 等话题进行了跟进式评论。但同时，他们又特别注重为当地社区服务，KBIA 有很多专题节目立足于服务当地的重大议题，除了“密苏里环境”“健康与财富”丰收“走进密苏里”“十字路口的密苏里”“腹地密苏里”之外，还有类似“受忽视的和服务不到位的”的一档节目，节目在很长一段时间内专门报道密苏里西南部的乡村与移民话题，关注该地区的医疗落后、就业岗位稀少，以及索马里、叙利亚等移民在密苏里的生活安置问题等大议题。小的议题则包括哥村的天气预报、哥村的财政预算、地区机场出行状态等。（见图 6.2、图 6.3）

图 6.2　KBIA 电台办公司入口展览台

图 6.3　KBIA 播音室之一

另外，KBIA 台长虽然不承认自己的电台是另类媒体，却对自己媒体为哥村社区服务的定位感到非常自豪，他认为哥村 10 万居民中，有 4 万成年人都会收听自己的节目，因此电台不但转播“现在就要民主”（DN！），还把 NPR 下设的另类媒体政治节目“通盘考虑”（All Things Considered）[2] 作为自己的固定栏目之一，而这两个媒体，从积极分子的“策略诠释”[3] 方面来讲，实际都属于“改良”性质的、对“权力说真话”的另类媒体。

[1]　参见：Trump calls news media the “enemy of the American People” | KBIA [EB/OL]. [2015-08-10]. http://kbia.org/post/views-preview-trump-calls-news-media-enemy-american-people.

[2]　ATKINSON J. Alternative media and politics of resistance: a communicative perspective [M]. Bern: Peter Lang, 2010: 84.

[3]　RAUCH J. Activists as interpretative communities: rituals of consumption and interaction in an alternative meida and audience[J]. Media, culture& society, 2007(29): 994-1013.

三、学生媒体《全球记者》（*Global Journalist*）——“DIY”型另类媒体

尤其能体现另类媒体精神的是附属于 KBIA 电台的《全球记者》的电视节目，这个节目实际上是由杰森·麦克卢尔（Jason Mclure ）主持，杰森曾经为《布鲁姆新闻》（*Bloomberg News*）和《新闻周刊》工作，是一位国际通讯员，后来成了母校的一位讲师，加入了密苏里新闻学院的“全球项目”，负责教授本院的学生和国际留学生新闻制作课程。因此，《全球记者》，既是一个学院负责制下的教学产品，也是学生上课讨论、学习、实习并制作节目的媒介实践基地，该节目专门报道主流媒体不太报道的国际新闻，同时介绍“报道这些新闻的新闻人”“讲述为什么这些国际新闻非常重要的原因”。（见图 6.4、图 6.5）

图 6.4 《全球记者》杂志样刊

图 6.5 学生在讨论下一次的节目制作

在美国居民普遍对国际新闻、时事政治较为冷漠的语境下，《全球记者》培养的是学生对国际新闻的敏感，除了动手能力之外，注重的是一种新闻的理想情怀，这也许是每次上课之前杰森都会带来一份测验题让每位成员当堂考试并评阅的原因。小测验试卷有 10 个题目，主要是判断和选择题，外加 1 到 2 个额外的加试题。都是关于新近发生的、国际新闻中容易被人忽视的细节性测试。比如，2016 年 9 月 28 日小测试中一个比较简单的考题：“世界卫生组织此周发布的研究发现，92% 的人们呼吸着被归类为不健康的空气，这引发了每年 300 万人的死亡，请问占该类死亡率三分之二的地区是世界上的哪个地方？”A. 东南亚 / 西太平洋地区；B. 斯堪的纳维亚地区；C. 东非；D. 中美洲。这种考试，让每位来上课的学生对世界上的时事新闻都不敢怠慢，为此，笔者每周大部分空闲时间不得不待在图书馆包括架前不断地读 *NYT*、*WP*、*WSJ* 报上的国际新闻；对密苏里州其他类似省报的《圣路易斯先驱报》（*St Louis Dispatch*）、《堪萨斯星报》（*Kansas*

Star）也开始关注起来。当然，笔者发现这些报纸的同质化现象很普遍，比如希拉里和特朗普辩论时期，大小报纸的头版都是两人拿着话筒对阵的画面（有网友立刻把他们的照片制作成两人“深情对唱”卡拉 OK 的图像，是当今比较常见的文化恶搞现象。）

选修了杰森课程的人会被分成小组，一般是 3 到 4 个人一组，有人负责写稿，有人负责采访，有人负责录制，每个小组一学期要完成 3 到 4 篇完整的采访，并在课堂上讨论其负责项目的可行性。课堂每周有一次视频节目上传至 You Tube 和密苏里中部公共广播电台 KBIA。笔者在哥村的半年中，该节目学生采访报道了“埃塞俄比亚叛军总司令批评美国支持当局政府”“中东也门的地下战争”“巴基斯坦女记者被家族处以荣誉谋杀”（“honor killing”指的是家族里的父亲或兄弟以女子不洁为由处死女子）、“甘比亚记者逃脱当局追查”“爱尔兰禁止堕胎使得被强暴的女性逃亡英国”等事件。其中，“中东的地下战争”被《纽约时报》在不久后以同样的视角在国际版头条报道，作为导师的杰森非常高兴，在课堂上以此鼓励学生。但杰森矢口否认自己的节目是另类新闻业。当笔者问为什么他不认为自己的媒体是另类媒体时，杰森回答说那些积极分子制作的、非商业性的、草根性质的媒体才是真正的另类媒体，而《全球记者》不以营利为目标，对自己的目标受众也没什么研究，节目接受学院经费支持，不用为生存而发愁，而他本人是教师并非积极分子。

但据笔者看来，之所以 KBIA 或者《全球新闻》负责人都否认自己创办的媒体是另类的，是因为他们所从事的媒体工作还不会存在大多数另类媒体所遭遇的囧境，尤其是其生存发展的困境，他们是把自己的“邻居”KOPN 放在心里比较的：KOPN 就坐落在离他们办公室不到 500 米远的商业中心。KOPN 的办公室虽然地处哥村最为繁华的地段，但与周边干净、整洁的市政厅、明亮现代的银行办公区相比，太过破旧寒酸，而且 KOPN 的负责人大卫·欧文（Davia Owen）与两位温文尔雅的学院派人士相比，不修边幅，时而激动兴奋、时而忧郁沉闷，颇具颓废与愤青的积极分子气质。也难怪两位负责人丹和杰森会不约而同地明确且多次提醒笔者 KOPN 就是另类媒体的事实：一直以来，大卫本人都在为筹集捐款维持 KOPN 的日常运行想办法，所以 KOPN 还处在为生存而挣扎的尴尬状态。

四、社区广播 KOPN[1]——“批判”型另类媒体

如果说KBIA 或《全球记者》是否属于另类媒体有争议的话，哥村的 KOPN（89.5FM），

[1] KOPN 也是成立于 1971 年 9 月左右，由一群有理想主义色彩的人士发动建立的，他们建立该电台的目的是为歌村人提供一个替代性的公共电台。K 可以说是遵照了密西西比河以西地区所有广电的首字母为 K 的传统，也可以说是和 KBIA 一样代表了哥村 C 发音为 K 的习俗。而 OPN 则是 OPEN 的缩写，意思是对哥村社区所有人都敞开大门，欢迎使用的意思。

KBIA 的竞争对手之一，就是典型的另类媒体了。该电台从资金来源、组织管理、内容生产、新闻源等方面都颇有特定的另类气质。该电台成立于 1973 年 3 月，专注于“保存”哥村的社区、历史、多元文化而存在。它依靠受众订阅和捐赠获取资金支持，除了电台管理员、电台事务助理、技术支持以及外事联络员等 4 名固定在电台工作的人员接受报酬之外，其他内容生产全都依靠志愿者完成。

该电台明确宣称自己是非商业性的、由听众支持的社区电台，其目标是致力于教育、丰富社区成员生活，特别是“为那些在商业或非商业媒体领域得不到话语呈现的人们服务，拒绝受任何商业、政治和宗教利益的限制”。该电台宣称：①鼓励社区各个方面的参与；②为个人在电台制作节目提供培训，为个人提供获取接入电台节目的途径；③提供多元的观点和音乐节目；④培育民主和社会正义；⑤为重要话题提供讨论的中立立场；⑥为电台 KOPN 制作的节目或得到的资料保存档案。（见图 6.6、图 6.7）

图 6.6 能源联盟中心的学生积极分子利用课余时间开会、行动

图 6.7 KOPN 网站页面示例

在培育社会民主与正义方面，除了上面的常规话题之外，2016 年 12 月初，电台在北达科他州反对油管铺设的公众抗议事件中，为鼓励哥村市民对该议题的关注，特意请来北达科他州的印第安居民、抗议领袖 X，密苏里大学环境学院的教授 Y、能源行动联盟中心的学生成员 C、M 一起到电台录制节目。该台的负责人大卫·欧文从石化燃料对环境的污染，说到北达科他州美国原居民的抗议运动，他激情澎湃地表示要到现场去支援抗议者（2016 年寒假之际他邀请的能源联盟组织的成员、学生 C 和 M 去了北达科他州支援当地抗议）。这个抗议据说已经开始了好几个月，除了“立岩苏族”原居民（The Standing Rock Sioux Reservation）之外，来自美国、加拿大等多地的环保组织也有多人、多次赶赴当地参加支援，抗议者与警察发生了多次冲突。而该新闻在抗议初期便由 DN！主持人艾米·古德曼亲自奔赴北达科他州进行了现场报道，记录了原居民被油管铺设公司施工局安保人员放“恶犬”撕咬的画面（2016 年 8 月 4 号）。后来更多的独立媒体加入了报道的行列，记录了抗议和环保人士与警察对峙，警察在冬天喷洒辣椒水、使用高压水枪、催泪弹驱赶抗议人群，警察与抗议人群互相指责对方纵火烧毁车辆以及警察大批量逮捕抗议人士……总之，KOPN 是哥村公民网络行动组织网络的一个重要节点。

KOPN 除了制作并播放来自学院师生、社区里退休居民志愿者的节目之外，还与当地的独立媒体“乌合之众”（Ragtag）电影院维持着良好的关系，“乌合之众”不仅每周为 KOPN 节目提供额外的场地作为公共论坛，自己也作为独立的电影放映、艺术演出场地而存在。

五、独立影院“乌合之众”——“公民”型另类媒体

“乌合之众”源于 1997 年，因哥村的几个艺术青年对电影的热爱而创办。其口号是：“努力遵从、倡导独立电影，以艺术的方式来激活并丰富哥村、密苏里中部的市民生活。”其第一个目标是把电影当作艺术形式来参与，为美国独立电影与国际电影提供一个播放的渠道，推动世界与本地文化品位的融合；第二个目标就是要促进媒介素养、媒介教育和新思想。“乌合之众”的创办者认为：电影是当代艺术的主要形式之一，拥有变革人们心智的力量，观众应该拥有电影的选择权；在一个所有的事情都可以呈现在屏幕上的年代，媒介素养对现代生活的健康具有关键作用。“乌合之众”就是要努力“打开对话的火花”，并在某些时刻激发智力的新导向。

“乌合之众”主要向社区民众播放独立电影、艺术片、纪录片，后来几经搬迁，从最初的只有一个放映室、一个卫生间的小众影院，到 2018 年为止，发展为上演了 1,000 多部新发行的独立电影并拥有几个独立放映室、咖啡馆、多个洗手间、餐厅的公共领域，并找到了 Hittville 作为电影院新址。该地位于哥村区中心偏东的长老会教堂旁边，离密

苏里大学学生宿舍 Manor House 几百米之遥，离新闻学院、图书馆、艺术学院、学生中心等地都非常近，所以该影院的会员大多是密苏里大学的国际留学生、密苏里大学各个科系的教职工及家属，周边的市民也不少。

在笔者空降哥村的半年时间里，“乌合之众”作为一个非营利型的小众电影院，每周三、周四以及周末中午都播放同一部最新制作的独立电影，并采取会员制，会员收费 5 美元，非会员收费 9 美元，有时免费。笔者去看过几次，第一次是 2016 年 10 月初，播放的是一部韩国小众电影《自由之丘》，电影播前有放映社的人在台前讲话，介绍自己对电影的理解。电影放完后组织者再次上台，发起讨论，有本土观众积极回答，后面的人士大声响应，周围的观影者或欢笑或点头。据说每次播映前都会有和电影相关的评论员或者制作人、演员等人现身说法。第二次是 2016 年 11 月 21 日，播放的是《马友友的丝绸之路乐团，让陌生人走到一起》《陌生人的音乐》，因为是周末且免费赠票，大部分观众都以家庭为单位。在观看过程中，家长给小孩子买饮料、零食。还有的观众是情侣，或是一个人，或是朋友或同学。大家都很安静，观看前有本地艺术社团的表演、小提琴独奏、小提琴三重奏，还有大提琴和小提琴合奏，为的是让观者感受电影中马友友等人的音乐主题，现场优美的音乐令人迷醉，让台下独在异乡的异客颇感安慰。看完电影，有组织者模样的人提议为当地青少年艺术社团捐钱，无论多少，人们便在出门的时候往纸盒子里投美元，笔者看了前面几个人，有的是中年男性，也有两个独来独往的 60 岁左右的妇女，投的都是 20 美元。

当然，还有一次观影经历非常令人难忘。那就是美国大选计票的那天晚上 7 点左右（2016 年 11 月 8 日），笔者在图书馆碰到一位美国邻居（白人学者），碰到了自然就要谈投票的事情。据说美国人认为把票投给谁是隐私，所以一直没好意思开口问他支持谁，后来朋友说带你去一个免费的地方看选举计票去，笔者很开心地就去了，结果发现就是在“乌合之众”。到达时电影院已经要满座了，组织者号召支持民主党希拉里的在一个放映厅，支持共和党特朗普的在另外一个放映厅，我坐的厅放映的是 CNN 的现场直播，朋友依旧很有信心地说到晚上 10 点应该就有结果，8 点多钟的时候显示的票数是特朗普领先，朋友很有信心地说还有几个州没出结果，应该是希拉里有优势的。确实，当显示有些州是希拉里领先时，电影院一片欢呼，直到 10 点左右，还是特朗普领先，朋友一直不停地摇头，说他坐不下去了，笔者也紧张得不行，感觉不妙（作为一个外行，只看过特朗普和希拉里对决的辩论，当时觉得希拉里比特朗普要成熟、老练得多，潜意识里希望出现一位女总统，并没在意满嘴跑火车的特朗普）。现场观众也有呼喊支持特朗普的女观众，当她一个人在那里呼喊为特朗普加油时，偶尔有几个讥讽的口哨声回击，大部分人还在那里喝饮料，做有奖竞猜，主持人不停地插话，在笔者来看，实在闹腾，所以悻悻打道回府。

第二天早上起来去学校，很多老师拒绝上课，说是要“疗伤”，有些学生还止不住地哭泣，气氛压抑，不接受现实的人很多，用白人房东姐妹之一的安妮（Ann）的话来讲，“美国这次真的麻烦了，从未如此分裂过”。确实，现实生活中的分歧传闻很多：比如有家长投特朗普，而大学生孩子投票给希拉里，因为政见不同导致父子互相不理睬；有亲属因为政见不同、投票不同，心生嫌隙。《纽约时报》就曾刊登“准儿媳不许婆家亲戚参加婚礼，因为婆家亲戚支持了特朗普”之类的软新闻，一时间，大部分有自由主义倾向的主流媒体大有捶胸顿足、悔恨、哀怨不已的情绪蔓延。（见图 6.8、图 6.9）

图 6.8　“乌合之众”外景及大厅

图 6.9　2016 年 11 月初“乌合之众”在大选之夜组织哥村居民免费收看新闻

回想起来，Ragtag 电影院有自嘲的含义——“乌合之众”便是有些反讽、满不在乎的艺术气质，然而，它致力于提升社区公众的文化品位，鼓励连贯东西，追求国际和本地的融合，同时又主张独立思考，注重个人心灵的成长，实在就是一个服务社区的公共领域，这种“贵族式”的精神培育使得 Ragtag 显得卓尔不凡，因此，它是一种真正意义上的另类媒体。后来2017年前后播放的艺术电影也证明了这一点:《爱乐之城》（*La La Land*）、《海边的曼彻斯特》（*Manchester by the Sea*）、《杰克》（*Jackie*）、《狮子》（*The Lion*）、《女猎鹰人》（*The Eagle Huntress*）……这些影片成了奥斯卡奖艺术片的热门选项。

除最大的商业报纸《激流》（*Tribune*）和最大的学院报《密苏里》（*Missouri*）之外，哥村的另类媒体还有很多，比如学生办的报纸《食人兽》（*Maneater*）等，据说Magazine.com 网站每周有 3 万个独立访客，当然还有各种学生运动团体的传单、讲座、论坛等，都可以看作另类媒体。哥村最大的本地电视台 KOMU TV-8 也是由密苏里新闻学院教工主办的，由于该电视台具有商业性质，在此不予讨论。总之，这一章节提到的哥村另类媒体，虽然组织形态、管理方式或生存方式有一定差异，但它们依然有如第五章、第六章里提到的 AlterNet、DN!、*Counterpunch*、 IMC 一样，从不同层面一起构成了一个批判“新自由主义话语霸权”的民间网络，生产出不同于主流媒体价值的“另类的世界观”，提供了一个超越资本主义制度缺陷的“激进想象”。

第二节　另类媒体的使用与感知——线上调查

前面一节我们讨论了美国“在野”的另类媒体的生存状态及其媒介实践，现在我们来看另类媒体服务和想要服务的对象——另类媒体受众——的情况。现有研究中涉及的另类媒体受众主要有两种，一种是积极分子，一种是“混合”（Hybrid）受众，混合性的受众是指既使用另类媒体也使用主流媒体的人。

一、积极分子：偏好互联网

2015 年，两位来自得克萨斯州的学者，一位是得克萨斯州奥斯汀大学（University of Texas at Austin）新闻学院的萨默尔·哈尔陆（Summer Harlow）；另一位是德州大学艾灵顿校区传播系（The University of Texas at Arlington）的达斯汀·哈尔普（Dustin Harp）。他们在网络上对来自美国和以西班牙语为母语的拉美国家积极分子另类媒体的使用情况展开了调查。

在研究之初，萨默尔和达斯汀拟定了 200 名积极分子名单，拉美和美国各 100 名。对网络上积极分子的新闻账号以及积极分子报道搜索后，他们确定了采访的部分名单，加上阅读 2004 年出版的《美国社会运动百科》中记录的曾参与过 16 个社会运动中的积极分子名单，外加网络上 20 个积极分子网站、邮件组、博客和线上社群记录，之后两位作者给不同地区 200 名积极分子发送邮件，邀请他们参加基于网络的线上调查。

作者的研究问题有三个：第一，积极分子经常从哪里获取新闻？第二，在社会运动中，积极分子认为哪种形式的媒体更重要？（这些媒体有：印刷类、社群广播、电视、在线另类媒体以及社交媒体。）第三，这些积极分子如何看待主流媒体在民主与社会正义中的角色？

最后作者得到了79位拉美积极分子的回应，67位美国积极分子的回应。作者发现，不同地区的积极分子都表示了对主流媒体的不信任，都表示他们主要通过互联网获取新闻，电子邮件是他们引用最频繁的新闻源，而电视则是他们最少获取新闻的媒体。两类积极分子都表示：尽管互联网有数字鸿沟和公司偏向的弱点，但线上社交媒体和线上新闻网站依然是他们频繁获取新闻的地方，而且拉美积极分子能克服数字鸿沟的问题，不仅能有规律地上网，还能利用互联网来消费新闻，因此，两类积极分子都对互联网持乐观态度。另外，拉美积极分子比美国积极分子更为频繁地使用收音机或者电视来获取新闻。这表明，电子媒体在拉美地区的主导地位，一部分原因可能与拉美的文盲率较高、拉美首都大城市之外发行报纸的比例不高有关；另一部分原因可能是积极分子要更多地使用社区广播来确保那些技术并不太熟练的大众不会因为消费和产品生产过程而被排除在外。

对于印刷媒体，两个地区的积极分子都只有大约半数的回复表明，印刷媒体在目前的社会运动中发挥着重要作用。作者认为这个结果是令人意外的，因为很多研究人员，比如阿顿、唐宁等人早就发现另类媒体和社会运动的关系是相互依存的[1]，因此这个结果可能意味着积极分子对传统形式的另类媒体感到失望，另外，这也有可能和积极分子更多地使用电子邮件、社交媒体或新闻网站获取新闻和信息有关，所以传统的印刷媒体正在失去它们的受众。当然，80%的拉美积极分子和刚好超过半数的美国积极分子都表示，他们相信印刷另类媒体在行动主义中应该发挥重要的作用，这表明，在拥有悠久使用另类媒体历史传统的拉美地区，由于拉美精英控制的媒体和政治、商业主所拥有的媒体长期联盟，拉美积极分子依然认为印刷类的另类媒体在将来会发挥重要作用。

相对而言，拉美的积极分子比美国积极分子更多地认为，社区广播在目前行动主义中发挥了更大的作用。考虑到拉美人民受教育水平较低，加之拉美地区民族和语言多种多样，散居各地，交通不便，报纸不易流通，社区广播在整个地区的媒介生态系统中发挥着关键性作用，因此，拉美积极分子受访者在调查回复中表示了对广播的忠诚是作者意料之中的。在美国，社区广播的角色则更为安静。“美国新闻业骑士中心”（The Knight Center for Journalism in the Americas，2012）曾经透露：美国联邦电信委员

[1] HARLOW S, HARP D. Comparing news and information use among activists in the United States and Latin America [J]. Communication, society, 2013, 4: 25–51.

会（FCC）每年压制下来未办理的短波 FM 广播申请高达 6,500 项；美国近 10 年来都不曾颁发城市社群广播执照了。

在电视上，很少有积极分子表示电视在现有行动主义里发挥了重要作用，这表明，电视波段是积极分子的禁区，因为积极分子几乎不可能利用电视来制造、控制并散播他们的信息，但拉美积极分子中高达 3/4 的受访者、美国将近一半的受访者表示，电视应该在行动主义中发挥重要作用。这个结果表明，电视在拉美和美国两个地区里都是占主导地位的媒体。这意味着，如果积极分子想要和广大公众有所接触，而非向“已经皈依的教徒传教”，那么电视将是非常有用的工具。

在互联网和社会运动关系问题上，拉美和美国积极分子中大约 3/4 的受访者都表示，互联网在目前的行动主义以及将来的行动主义中，发挥并将继续发挥重要的作用。这意味着，人们相信，网络代表了一种廉价、方便的方式来替代主流媒体，不需要再费尽周折地去出版另类媒体报纸、发行广播节目或者举办电视秀。至于主流媒体，两个地区的积极分子受访者都认为主流媒体 / 公司媒体对民主和社会正义有害，而另类媒体则是专治那些受精英和商业控制的公司媒体的“药”。另外，虽然脸书和 YouTube 是寡头公司的产物，但积极分子依然把互联网看作对于他们的另类观点来说最为开放、最为自由的空间。这表明：积极分子越来越倾向于把在线社交网站看作一个新的另类公共领域，不仅适合发布另类的消息，也适合用来动员各类行动主义。

二、“混合”受众：重内容而非形式

之前我们讨论过，另类媒体的定义是一个含糊的词汇，很多媒体生产者都排斥他人把自己的媒体定义为“另类媒体”，尽管其财政结构和决策过程与主流媒体大相径庭。[1] 这种情况随着数字技术的快速发展，越发使得“另类媒体之所以另类”的环境消失了，因为数字网络业已颠覆了所谓的“消息近用的等级秩序”，另类媒体引以为豪的为积极分子“赋权”的功能开始受到挑战，一位政治积极分子曾和媒体生产者说过：“在一个任何人都可以从任何一个新闻媒体中找到任何一个报告或文章的时代里，再去把我们自我边缘化为‘另类’就没有意义了。”[2]

美国纽约大学新闻与传播系的珍妮福 · 洛奇（Jennifer Rauch）针对媒体不断融合的情境，对研究界缺乏对另类媒体受众的针对性研究这一社会现象产生了兴趣。她从受众群体的角度来考察另类媒体的概念，提出了三个研究问题：第一，在另类媒体受

[1] ALBERT M. What makes alternative media alternative? toward a federation of alternative media activists and supporters — FAMAS.[EB/OL] (2007-09-20). http://www.zmag.org/ZMag/articles/albertoct97.

[2] HAMILTON J F. Democratic communication: formations, projections, possibilities [M]. Lanham: Lexington Books, 2008: 94.

众眼中，什么样的媒体是另类的？第二，这些另类媒体受众使用最为频繁的另类媒体有哪些？第三，这些另类媒体使用者最看重的另类媒体属性是什么？

珍妮福调查的对象是美国知名另类媒体《国家》和《人事》（*Human Events*）的读者。在前一章，我们介绍过，《国家》杂志是典型的左派另类媒体，1865 年由废奴主义积极分子建立，是美国最老牌的每周发布的杂志，其主要撰稿者包含了以娜奥米·克莱恩和亚历山大·科克伯恩爵士（Alexander Cockburn）为代表的左派名士；而《人事》则是美国的"右派圣经"[1]，是受到保守党知名人物安·库尔特（Ann Coulter）和原总统罗纳德 ·里根称赞的另类媒体。因此，这两种杂志的读者对主流媒体和另类媒体有着多种不同的观点，可以在网络上进行分享。由于纸质的调查回应率"很低"，珍妮福把"我们为什么需要另类媒体"的问卷又同时发布在《国际》杂志网站的博客空间，最终收到了样本量为 224 人的受访者的回复。

珍妮福发现，这些接受调查的另类媒体使用者实际上是"混合受众"（hybrid audience），因为他们既使用另类媒体，也是主流媒体受众。从表 6.1 来看，当问到他们的另类媒体使用频率时，81.3% 的受众回答他们经常使用另类媒体，只有 52.2% 的人回答他们经常使用主流媒体；有时候使用另类媒体的人占 97.8%，有时候使用主流媒体的人则是 78.5%。当问到他们每日使用某一类媒体所花费的时间时，有 65.5% 的受访者表示他们使用另类媒体会超过一小时；而使用主流媒体超过一小时的受众只有 36.1%，所以，从以上调查结果来看，这些受访者使用另类媒体时间比主流媒体长。（见表 6.1）

表 6.1 每个混合受众使用媒体的频率

媒体类型	经常使用	有时候使用	每天超过 1 小时
另类媒体	81.3%	97.8%	65.5%
主流媒体	52.2%	78.5%	36.1%

针对受众心目中的另类媒体（与专家和学者所定义的另类媒体是不同的），珍妮福在问卷开始就设计了一个开放性的问题，要求受访者写出他们"喜欢的另类媒体来源"，结果显示了受众的碎片化：只有 5 个媒体有超过 10% 的受访者提过到，这些媒体分别是《国家》（21.8%）、《赫芬顿邮报》（21.3%）、《福克斯新闻》（*Fox News*）（18.8%）、"现在就要民主！"（13.4%）和《克斯日报》（10.4%）；而作者在调查表中提到的几百个知名媒体中，"独立媒体中心"、《石板》、"同一个梦"

[1] RAUCH J. Exploring the alternative –mainstream dialectic: what "alternative media" means to a hybrid audience [J]. Communication, culture & critique, 2015, 8: 124–143.

（Common Dreams）、雅虎、《沙龙》、BBC、《广告克星》、包括推特等，仅有不到 4% 的受访者提到了它们，《纽约时报》和《村声》也只被提及一次。（见表 6.2）

表 6.2 混合受众喜爱的“另类”媒体

新闻源	占比（%）
《国家》	21.8
《赫芬顿邮报》	21.3
《福克斯新闻》	18.8
“现在就要民主！”	13.4
《克斯日报》（*Daily Kos*）（博客）	10.4
《谈话要点备忘录》（*Talking Points Memo*）（博客）	8.4
另类网	6.9
“国家公共广播电台”	6.9
格伦·贝克秀（电视秀）	5.9
脸书	5.9
拉什·林堡（Rush Limbaugh）秀（美国收音机脱口秀）	5.4
德拉吉报告	4.4
《人事》	4.4
《母亲琼斯》	4.4
《公开争执》（*Altercation*）（博客）	4.0
“每日秀”	4.0
《政客》（*Politico*）	4.0
《进步》	4.0

在后来珍妮福要求受访者列举他们使用最为频繁的另类媒体名字时，他们曾提到的最喜欢的另类媒体，比如：另类网、脸书等媒体再也没有出现在数据当中，结果排名前 10 的依次是《日报》（*Daily Newspaper*）（43.4%）、“国家公共广播电台”（31.4%）、《赫芬顿邮报》（30.7%）、《国家》（28.6%）、《福克斯新闻》（22.1%）、“公共广播电台服务”（Public Broadcasting Service，PBS，21.0%）、“微软全国广播公司”（20.0%）、《新闻周刊》（18.9%）、“现在就要民主！”（18.7%），“谈话要点备忘录”（16.8%）。排名前 10 的媒体中，公共或非商业性的广播有三个：“国家公共广播电台”“公共广播

电台服务”“现在就要民主！”而商业性的公司媒体如《福克斯新闻》、“微软全国广播公司”也被受众列入了另类媒体名单。

混合受众列举的“每日秀”、《福克斯新闻》和《赫芬顿邮报》、脸书都是大型的、等级制度严格、以广告作为财经支持、以盈利为目的的大公司媒体。这些特点离我们传统中的另类媒体特征相差太远，根本不能算作另类媒体，但在这些受众眼里，内容可以弥补组织形式的不足，比如“每日秀”，其内容的“反抗性”特点使得观众认为它就是典型的另类媒体。“每日秀”的内容经常为质疑公司媒体、极力讽刺那些自我欣赏的商业报道，对“客观”嗤之以鼻；而《福克斯新闻》因为其同情保守价值观的立场被部分受众评定为“另类”而非“主流”媒体。据 2009 年皮尤调查数据显示，有不少于 38% 的美国民众通过社交网络来获取新闻。[1]

总之，经过研究，珍妮福发现，这些另类媒体使用者虽然批评公司媒体的商业属性，但他们仍然把这些主流媒体当作另类媒体来使用，认为这些主流媒体是“另类的”。洛奇发现，这些另类媒体使用者更看重内容而非形式，因此，她认为把“主流与另类”二元对立的特征拿来分析媒体融合环境下的混合受众依然有效。

三、普通美国民众：疏离、保守

前面两节讨论了作为积极分子的另类媒体使用者以及作为混合受众的另类媒体使用者的情况；我们了解到拉美、美国的积极分子偏向于把在线的社交网站作为获取另类新闻的端口，冷落了传统意义上的印刷型另类媒体新闻，而“混合受众”则偏爱媒体内容的“另类”，忽略了专家、学者所定义的、具有严格意义上的另类媒体的非商业、横向管理、集体决策等“另类”属性。那些普通的美国民众，特别是那些不是积极分子的人并不怎么关注新闻，他们只专注自身的日常生活，他们如何看待另类媒体？另类媒体能在他们面前发挥其“公平正义利器”的社会功能，避免作为少数反对型意见领袖的扩音器，消除“向已经皈依的教徒传教”的尴尬吗？

笔者考虑到这个问题，在少数的访谈之外，利用美国的调查网站发出了 100 份问卷，针对哥村的居民开展了一项小型的线上调查。调查的问题都是从前人研究文献中反复阅读、总结提炼出来的基本问题，为了避免意见的同质化和精英化倾向，本书没有选择在大学某课堂后当堂发纸质问卷，而是采用了在专业的调查问卷上创建一个网络链接，发免费问卷的方式，这个网络链接放在几位美国朋友的脸书上并代请呼吁美国本土居民自愿填写，另外还向一部分已知的“积极分子”发电子邮件请求接受访问。最终电子邮件

[1] RAUCH J. Exploring the alternative –mainstream dialectic: what “alternative media” means to a hybrid audience [J]. Communication, culture & critique, 2015, 8: 124–143, 137.

的回复率极低，只有3名美国居民、2名国际教会的牧师、1名大学国际办公室行政人员，共计6人积极填写并回复。其他回复均为脸书使用者，共收到48份回复，虽然受众样本较小，但就受访者的人口特征、年龄、工作、教育水平和住址来看，基本能够达到研究者对美国普通居民对“另类媒体”的使用与感知的研究目标。

（一）受访者的人口统计特征

从性别来看，女性受访者共计33位，男性15位。从年龄结构来看，最大值68（岁），最小值18（岁），平均年龄39岁（M=39）。从现在居住地点来看：俄克拉荷马州6位，密歇根州4位，得克萨斯州2位，北达科他州、俄勒冈州、阿肯色州、俄亥俄州、佐治亚州、伊利诺伊州、纽约州、印第安纳州分别各1位，共计14个地区，其他34位受访者来自密苏里州各地。从居住地名来看，大部分受访者都是中西部居民。

受访者“所受最高教育水平”填写情况：本科学位20人（41.67%）、博士学位及以上7人（14.6%）、硕士学位17人（35.4%）、高中水平2人（4.2%），还有1位回复是8年级（初二）（2.1%），另有1位信息缺失。所以从教育水平来看91.67%的受访者都是本科学历及以上。

受访者现有职业填写情况：在家6人、学生4人（2名大学生、1名硕士、1名博士生）、（校园）牧师4个、大学行政/教学辅助人员4人。其他22人工作分别是护工2人、研究人员2人、数量分析师2人、制作经理1人、工程师1人、退休教师1人、食品销售工1人、服务技术师1人、小商户1人、治疗骑术教练与治疗师共计2人、公益协调财物会计1人、燃油运输工1人、投资经理1人、物流人员1人。其余信息缺失。所以从工作情况来看，蓝领、白领、学生、家庭主妇占多数，富裕有产者几乎为零，属于比较“边缘化”的美国普通居民。

（二）美国普通民众对另类媒体的认知与使用

第一个问题：“请问您每天大概花多长时间从以下类型媒体获取新闻？”

从表6.3可以看出，受访者大多没有定时定点收看新闻的习惯，有58.33%的受访者回答每天使用主流媒体获取新闻的时间少于15分钟；每天使用社交媒体获取新闻少于15分钟的人数比例是43.75%；而每天使用其他媒体获取新闻少于15钟的人数比例更是高达60.42%；每天使用主流媒体获取新闻超过1小时以上的只有4.17%。使用社交媒体获取新闻的人数比例相对于使用主流媒体和其他媒体的人数比例要高。这表明，虽然普通媒体民众对新闻“冷漠”，但相对主流媒体和社交媒体以外的其他媒体，社交媒体依然是普通民众获取新闻最为频繁的媒体类型，这种媒介使用习惯与数字时代是相符的。

表 6.3 普通民众获取新闻的渠道以及每天花费的时间

媒体类型	少于 15 分钟		15 到 30 分钟		多于 30 分钟但少于 1 小时		1 小时以上		总计	
	人数	占比	人数	占比	人数	占比	人数	占比	人数	占比
主流媒体（比如大型报刊、电视电台节目及其网站）	28	58.33%	13	27.08%	5	10.42%	2	4.17%	48	100%
社交媒体（比如脸书、推特等）	21	43.75%	9	18.75%	12	25.00%	6	12.50%	48	100%
主流媒体和社交媒体之外的其他媒体	29	60.42%	8	16.67%	8	16.67%	3	6.25%	48	100%

第二个问题：“另类媒体是一个用来指代一系列媒体形态和实践的术语，它包含了激进媒体、独立媒体、草根自治媒体、社群和公民媒体以及参与型媒体，通常被定义为专门提供针对主流媒体中议题和事件发表反对性观点，以倡导社会、政治和经济正义为目的的媒体；在多大程度上您同意这种‘定义’？”请受众选择之后，后面还附加一个开放性的问题：“您从哪里获悉另类媒体的说法的？请明示：（ ）。”

从回答情况来看，受访者中大多数都表示同意“作者”给出的定义，对另类媒体形态和实践的多样性表示认可，也认同另类媒体是专门发表与主流媒体言论相反立场的话语空间。强烈同意的人只有4.17%，持否定态度的则共计37.5%（29.17%+8.33%=37.5%）（见表6.4）。第二个问题后面附加的问题获得了31人回复及评论。

表 6.4 普通民众对另类媒体学术定义的认知情况

强烈同意	同意	不同意也不反对	不同意	强烈反对	总计
4.17%（2）	58.33%（28）	29.17%（14）	8.33%（4）	0.00%（0）	100%（48）

* 括号中为具体人数。

有11位（35.0%）回答是从朋友或家人还有“别人嘴里”接触到“另类媒体”的，有8位（25.8%）表示从脸书、推特客等社交媒体获知，有5位回答“既从朋友也从脸书那里获知过另类媒体”（16.1%），其他则回答从书上、公共广播电台、新闻、杂志上获知，还有1位回答说从未听说过。另外有3位的回答比较有个性，一位受访者说：“如果一个媒体只考虑反对主流媒体的意见，那说明这种媒体本身可信度就是有问题的，很多事情的答案并不是那么明显的；如果它声称自己是追求正义和公平的，我会检查它的各种消息源，证明它并不是为了所谓的社会变革而一时兴起。”另外一位受访者留言说：“社会正义不再含有它的本意了，而是开始意味着激进甚至暴力的意识形态了，所以我不太确定你在这个定义里使用社会正义的意思是什么。”还有位受众留言说：“我是通过广播以及社交媒体比如脸书得知另类媒体的，我所收听的另类媒体来源包括西恩·汉尼尼提（Sean Hannity）、拉什·林堡秀以及马克·列文（Mark Levin）。”

所以，从评论来判断普通美国民众接触另类媒体的渠道时，我们发现，人际传播中的口口相传依然是“另类媒体”得以扩散的最重要的方式，网络和社交媒体则是位列第二的传播方式。这说明，在网络时代，普通民众接触另类媒体的方式中，除了传统的人际网络之外，数字技术是最为重要的一个因素，这显示了人们对互联网的依赖，也可以推断，未来另类媒体的发展依然会与技术发展有关。而从三名受访者的特别留言来看，美国普通民众中依然有比较有批判意识的、媒介素养很高的少数群体存在。

这三位留言的受访者中，一位是懂得查证各种消息源来检查媒体新闻可信度的受众；一位是对“社会正义”一词敏感的严谨受众；一位则是喜欢收听保守政治新闻节目的受众。第三位受众提到，主持人西恩·汉尼尼提是《福克斯新闻》和“第一广播”的主持人、知名政治脱口秀主持人，“他在特朗普当选期间非常支持特朗普，给予特朗普的播出时间最多，而且随时回击那些攻击特朗普的人”。拉什·林堡则是更为资深的保守派政治评论员，以他名字命名的广播脱口秀节目深受欢迎，是美国收听率最高的脱口秀节目之一，至少有1,325万受众每天会收听至少5分钟他的节目。拉什本人也是美国媒体业界内收入最高的人之一，据说在2008年到2016年的合同中，他的收入是40亿美金，而福布斯2017年公布的结果是他的年收入达到了8.4亿美金。他在自己畅销书中、自己的节目中经常批评美国媒体的自由主义偏向。马克·列文是律师、作家出身，也是《福克斯新闻》等保守媒体阵营人士，以他命名的广播脱口秀更是偏向保守派。他不但是特朗普的支持者，还是美国自由主义人士的批评者，被描述为“右翼人士、保守人士、挺特朗普者”（前面美国学者珍妮福在研究中也提到西恩、拉什等人的节目，被“混合受众”选为自己喜爱的另类媒体。）

因此，从留言来看，可以初步判断，中西部普通美国民众大体上是偏保守的，朋友圈是他们获知“另类媒体”的第一消息源，其次是互联网。同时，他们当中不乏具有批判意识的、媒介素养较高的受众。

第三个问题：“下面哪一个曾是或者会是‘促使你使用’另类媒体的理由？请选择所有适合你的选项。”

从回复来看，美国普通民众最为认同的是另类媒体“能提供主流商业媒体难以接触到的新闻或观点”（50.00%）；其次是“它鼓励不同于主流媒体的新闻生产方式，比如，‘自然报道’和‘积极见证’”（45.83%）。所以可以推断，美国民众对于新鲜的、不同于主流媒体的观点和新的生产方式较为认同。这显示了民众在获取新闻时的“内容”取向。看来，尽管技术不断变化发展，“内容为王”的影响依旧最为重要。（见表 6.5）

表 6.5　可能会促使美国普通民众“使用”另类媒体的因素

选项	回应
1. 它能够便捷地提供人们在美国主流公司媒体中难以接触到的视 / 观点	50.00%
2. 它致力于为边缘人物或边缘声音建立认同，形成社群	35.42%
3. 它擅长提供一些激发人们参与行动的信息	29.17%
4. 它鼓励不同于主流媒体的新闻生产方式，比如，“自然报道”和“积极见证”	45.83%
5. 其他理由（请明示）	10.42%

另外，回复其他可能会影响受众使用另类媒体的理由时，有五个人认真书写了他们的意见。

第一位（2017–10–09 8:15 PM）回复说：“既然太多主流媒体都有意识形态偏向，而且在那些最重要的新闻媒体中（比如 MSNBC，CNN，CBS，ABC，*NYT*，*WP*），客观新闻变成了第二位甚至第三位的事情，那么用另类的消息源来超越意识形态去直达事件本身是非常关键的，然而，就像我们每个人都有偏向一样，即使另类的消息源也会不可避免地带有偏向，这点是我们必须要认识到的。”这个评论表明他对主流媒体和另类媒体都带有批判意识，会非常注意态度的平衡，不会轻易相信主流商业媒体的新闻，但也会谨慎并质疑另类媒体。

第二位（2017–10–08 5:06 AM）回复说：“如今在美国，越来越多的人醉心于编造不准确的故事，胜过醉心于真理。而且看起来，那些管理媒体权力的爪子已经延伸到了社交媒体或另类媒体，越来越多的人开始大声叫喊，但这并不能反映出新闻的真实性。”这位受访者同样对主流媒体谎言深恶痛绝，但他依然不可能被轻易影响去使用另类媒体。

第三位（2017–10–06 12:17 PM）回复说：“如果他们能列出来源，而不仅仅是从原来的出处复制粘贴。”这位受访者的意思是说，如果另类媒体能确保其新闻来源的可信度，而非抄袭他人的观点或思想，他就可能会去使用另类媒体。这里可以感知到受访者对另类媒体的批判与质疑的立场。

第四位（2017-10-06 11:14 AM ）回复说：“我使用另类媒体是因为没几个传统媒体来源值得信任。我看过他们精心编造过多个完整的故事。不诚实的媒体使我们的政府处于危险的境地。”从回复来看，这位受访者是另类媒体使用者，他对主流媒体谎言非常反感，因此他转而使用另类媒体，这表明另类媒体存在的一个重要理由，也表明主流与另类（媒体）这种二元对立的思想依然具有理论意义。

第五位（2017-10-02 11:04 PM ）回复说：“我不用另类媒体。”这位受访者的意思可能是：“我就是不使用另类媒体，你列出的四个选项无效，所以我选择了‘其他’。”也可能是：“我从未使用过另类媒体，因此我无法对你的选项做出判断。”

因此，综上，可以推测，这五位留言者都是具有批判意识的受众，对主流媒体和另类媒体大多抱有排斥或者保守的态度。

第四个问题：“下面哪一个曾是或者会是影响你‘不’使用另类媒体的理由？请选择所有适合你的选项。”

从回复来看，美国普通民众（85.42%）最为看重的依然是“内容”，可以推断：如果内容太过意见化，不够客观，将是另类媒体失去受众，受冷遇的最大原因。（见表6.6）

表 6.6　可能会促使美国普通民众“不”使用另类媒体的因素

选项	回应
1. 它们规模太小，因此无法成就大事	8.33%
2. 它们数量太多却没有几个能得到大众的关注	14.58%
3. 它们经常管理不善，缺乏资金，因此没有几个能维持长久	16.67%
4. 它们的内容偏向太过，过于意见化	85.42%
5. 其他（请注明 ）	8.33%

这个题目中，有四位受众选择“其他”项并留言：第一位（2017-10-13 8:48 PM）回复说：“没有时间再读。”这位受访者认为“时间”是一个重要的因素，所以，除了表6.6中所列的四个“客观”存在的缺陷外，另类媒体之外的原因，也就是阅听人个人的因素是另类媒体失去受众的原因。

第二位（2017-10-09 8:15 PM）回复说：“有些另类媒体新闻可能会提供我认同的观点，但它有时候也会使用不合理的攻击或者对他人进行批评，这些都是无助于真相的，真相是，我们作为读者应该追求什么，作为记者应该促进什么。”这位回复者的意思是说另类媒体内容、组织规模、管理方式、生存状态等因素都不重要，重要的是作为阅听人的“人”本身。这个回复和第一个回复其实是一个意思。

第三位（2017-10-07 12:00 AM）回复说：“它们有时候太过激进了。”这位的回复其实印证了第四个选项，说明另类媒体如果使用过于激进的内容、意见、态度，他有可能会远离另类媒体。

第四位（2017-10-04 3:26 AM）回复说："不太确定。"

总之，这几位留言都表明少数受众对另类媒体持"怀疑"的态度。

第五个问题："对于重要的经济和政治信息，你最依赖的媒体是哪些？"

从回复可以推断，尽管主流媒体有各种偏向，受众在不断流失和分化，但对于重大的政治经济新闻来说，美国民众依然最信赖主流媒体。另类媒体和社交媒体只是替代性的、少数人的选项。还有几位留言表明了他们的"另类态度"。第一位（2017-10-08 5:06 AM）留言说：为了弄清楚真相，他/她会选择多种新闻来源。第二位（2017-10-06 10:48 AM）留言说：他/她直接在网络上看新闻（但没有具体说明在哪种网站上看，是主流媒体的网站还是其他网站？但这种回答显示了他/她对网络的依赖）。第三位（2017-10-06 3:42 AM），我们发现她是一位大学的教学辅助人员，她的留言非常极端："我会折中或者淡化从同事那里来的消息，我不相信新闻中的任何东西，太难分辨什么是真什么是假了，我宁愿不接触那些疯狂的东西。"第四位（2017-10-05 11:50 PM）则留言说："找一个和主流媒体完全相反的偏见媒体来平衡一下。"这位受访者的意思是他/她不会使用主流媒体来获取重大新闻。可以看出，这四位选择"其他"类的受访者多是对媒体持"怀疑"态度的美国民众，他们甄别消息的媒介素养更高于普通民众。（见表 6.7）

表 6.7　美国普通民众获取重要新闻时最依赖的媒体

选项	回复
1. 主流媒体	66.67%
2. 社交媒体	10.42%
3. 另类媒体（非主流的、非营利的新闻媒体）	14.58%
4. 其他（请注明）	8.33%

第六个问题："下面的另类媒体（组织）在某种程度上都与反全球化运动（另类全球化运动）有过关系，你最熟悉的是哪一个？"

从回复结果来看，美国另类媒体受众是相当碎片化的，"现在就要民主！"是调查名单中知名度最高的，但受访者中对它具有一定认知度的人也只有 1/3 左右，另类网的认知率刚好超过 10%，对于《反击》只有 2.08% 的人表示有所认知。这也正常，因为《反击》作为左派另类媒体之一，虽然成立已久，但作为发行规模小的季刊，非积极分子的普通人对其知之甚少也可以理解。但独立媒体一直是 21 世纪之交作为"教科书"一般的存在，只要是积极分子或是媒介、新闻界的人士，几乎没有不知晓的，但在这里它只有 2.08% 的认知度。（见表 6.8）

表 6.8 美国普通民众对与反全球化运动相关的另类媒体的认知情况

选项	回复
独立媒体	2.08%
另类网	10.42%
“现在就要民主！”	33.33%
《反击》	2.08%
其他（请注明）	52.08%

这表明：第一，受访者确实是美国普通居民，对政治事件以及为政治新闻服务的另类媒体认知率低。

第二，独立媒体已经退出了大多数人的政治生活，作为 1999 年年底伊始，后来世界各地相继兴起，鼎盛时期多达 200 多家的“独立媒体”，因为时过境迁，其功能和社会意义已经不再显著。

第三，从受访者的年龄结构来看，其平均年龄为 39 岁，距离反全球化运动的分水岭事件西雅图抗议（1999 年 11 月底—12 月初）将近 18 年，说明这些受访者当时大多为 22 岁左右的年轻人，没有参与过反全球化运动，因此对附属于运动的独立媒体没有任何感知。

第四，我们发现，52.08% 的受访者选择了“其他”类，这说明至少 50% 的受众对笔者所列的另类媒体名单不熟悉。从选择“其他”类受访者的具体文字回复来看，其中有 92% 的表示从未听说过这些另类媒体及其组织，只有两位（8%）给出了具体的他 / 她所认知的“另类媒体”。一位受访者（2017-10-06 2:43 AM）认为：“国家公共广播电台”（NPR）是报道过反全球化运动的另类媒体。另一位受访者（2017-10-06 12:17 PM）回复说：他熟悉的另类媒体有三个，一是名叫“飞利浦 · 德福拉寇”的年轻人举办的 YouTube 时事节目评论；二是一个不知名的网络节目，但“内容太长，所以他没读”；三是一个名叫“本 · 夏普瑞欧”的保守派时事评论节目 [Philip defranco, tl:dr（Teal deer），Ben Shapiro]。经确认，前面回答 NPR 的是哥村最大的社区公共广播电台 KBIA 的制作经理，是本书调查中唯一的一名新闻业界人士，“资深”副教授。从回答来看，他认为 NPR，他的顶头上司组织是与反全球化运动相关的“另类媒体”，这表明当时笔者采访他时，他否认自己的电台是另类媒体有些言不由衷。

回答“他熟悉的另类媒体有三个”的是一位来自北达科他州的燃油运输工人（男），他点名的三个另类媒体，都是和他年龄相当的年轻白人男性在网络上开办的个人网络时政评论，其中“飞利浦 · 德福拉寇”节目秀，在网络上点击率很高，其自 2016 年 4 月以来开办的周末时政讽刺节目到 2018 年 3 月为止，累计观看次数达 20 亿，订阅者超过 600 万人。这说明新生代美国年轻人对网络技术的依赖，也可以推测，未来另类媒体的希望依然与发达的媒介技术相关，其希望在于符合潮流的互联网。

第七个问题："对于抗议和社会运动等议题，请基于'准确'给以下不同媒体评分，数字 1 意味着'最准确'，数字 2 意味着'一般'，数字 3 意味着'最不准确'。"请标记数字。

从回复来看，美国普通民众中有一半的人依然相信，和社交媒体、非商业性质且支持运动的另类媒体相比，主流媒体在报道抗议运动议题时是"最准确的"；而且也有一半的美国普通民众认为，和主流媒体以及支持运动的另类媒体相比，社交媒体在报道抗议运动议题时是"最不准确的"。对"另类媒体"持"最准确"评价的占 31.25%，也就是说，1/3 的人认为另类媒体可以做到准确报道和抗议运动相关的议题。所以三种类型媒体在一起比较，美国普通民众依然较为相信主流媒体，最不信任的是社交媒体的报道，对另类媒体的态度相对中立（可忽视）。（见表 6.9）

表 6.9　美国普通民众对不同类型媒体报道抗议运动的"准确"程度评价

媒体类型	1="最准确"	2="一般"	3="最不准确"
主流媒体	50.00%	25.00%	25.00%
另类媒体（非主流、非营利、支持积极分子的）	31.25%	43.75%	25.00%
社交媒体（脸书、推特等）	18.75%	31.25%	50.00%

第八个问题："对于抗议和社会运动等议题，请基于'可靠'给以下不同媒体评分，数字 1 意味着'最可靠'，数字 2 意味着'一般'；数字 3 意味着'最不可靠'。"

从受访者回复来看，第八个问题和第七个问题的结果相差不大，在报道运动和抗议议题时，在"可靠性"方面，相比较而言，美国普通民众依然认为"主流媒体"的"可靠性"要高于支持积极分子的另类媒体，比社交媒体的相关报道要"可靠"，认同社交媒体可靠性的只有 20.83%，而认为"社交媒体"最不可靠的人数达到 50%。和前面几个问题中显示的"相对于其他媒体，人们较为依赖'社交媒体'的结论"相比似乎自相矛盾，这是否可以认为：美国普通民众虽然使用社交媒体相对频繁，但他们对严肃的政治、经济等重大新闻的获取，依然以主流媒体为主；在社会抗议运动议题方面，普通民众依然认为"主流媒体"最为准确、可靠，而社交媒体则正好相反。另外，尽管笔者在设计调查问卷时，强调了这些另类媒体是非商业营利型的、支持抗议运动的非主流媒体，但民众依然对"其"抱有中立甚至保守的态度（47.92%），所以，可以说，在政治、经济或者抗议运动等重大议题方面，美国普通民众依然偏向"传统智慧"，比较看重主流媒体的"权威"。（见表 6.10）

表 6.10　美国普通民众对不同类型媒体报道抗议运动的“可靠性”程度评价

媒体类型	1=“最可靠”	2=“一般”	3=“最不可靠”
主流媒体	43.75%	22.92%	33.33%
另类媒体（非主流的、非营利的、支持积极分子的）	35.42%	47.92%	16.67%
社交媒体（脸书、推特等）	20.83%	29.17%	50.00%

第九个问题，也是本次调查最后一题：“对于社会运动和抗议等议题，请基于‘公平’给以下不同媒体评分，数字 1 意味着‘最公平’，数字 2 意味着‘一般’，数字 3 意味着‘最不公平’。”

从受访者回复来看，前面第七个和第八个问题中美国民众依然偏向“主流媒体”，认为主流媒体在报道社会运动和抗议方面的议题时，要比另类媒体准确、可靠；最不准确、最不可靠的是“社交媒体”。但在这里，当涉及“公平”这一态度非常明显的问题，受访者的回答开始发生转向，态度分化，认为“另类媒体”对抗议运动报道“最公平”的比率变成了最高（43.75%），但未过半；依然有 1/3 的民众认为“主流媒体”“最公平”。人们对“社交媒体”的“公平”程度变成了中立居多。这种意见的分化显示，普通民众虽然对政治新闻“冷漠”，但他们仍然保有对问题的独立判断、不容易受外界信息干扰的媒介素养。（见表 6.11）

表 6.11　美国普通民众对不同类型媒体报道抗议运动的“公平”程度评价

媒体类型	1=“最公平”	2= “一般	3=“最不公平”
主流媒体	33.33%	27.08%	39.58%
另类媒体（非主流的、非营利的、支持积极分子的）	43.75%	27.08%	29.17%
社交媒体（脸书、推特等）	22.92%	45.83%	31.25%

第三节　另类媒体发展现状：访谈结果报告

一、另类媒体研究者：转向与建议

在哥村的半年中，本人除了去“认识”美国田野中的“另类媒体”之外，还努力去认识一些“另类媒体人”，陆续采访了好几位与另类媒体生产者有关的人，加之“反全球化运动”至写作时已过去 15 年之久，因此并未找到“西雅图抗议”的直接当事人，想采访 DN！ 主持人艾米·古德曼也因为对方已成为美国社会的“网红”（和她约见喝咖啡，一次 200 美元），所以困难重重只好作罢；后来终于联系到了《另类媒体的政治抵抗：传播学的路径》（*Political Resistance of the Alternative Media: A Communicative Approach*，2010）的作者嘉锡华·阿肯森（Joshua Atkinson），写了多封邮件，对方因为在学术休假没有回复，最后电话留言多次，终于在电子邮件里得到对方的简单回复。阿肯森给笔者推荐了当今另类媒研究的几本参考书，并且说他已经不再研究另类媒体了，而是转向城市空间结构研究，比如关注铁锈地带、底特律城市的废弃地带改造升级的问题。

嘉锡华推荐了唐宁的《激进媒体：反叛传播与社会运动》（1982、2001）、阿顿的《另类媒体》（2001）、《另类新闻业：新闻业研究与关键文本》（2008）、《挑战新闻：另类与社群媒体新闻业》（2011）、《另类和积极分子新媒体》（2011）、《加拿大另类媒体》（2012）、《另类新闻业、另类的声音》（2013），可惜这些书籍笔者 2014 年就在武汉大学和北京图书馆复印并阅读过，在本书的导论和文献综述里也有提及（所以这里不再标注英文原文），这些另类媒体书籍的推荐虽然意义不大，但多次失败的采访暴露出一个跨文化“传播”的策略问题。

笔者认为：采访大多数美国人时候一定要表明自己在美国，而且要用美国大学的邮箱或者电话号码，如果用国内的邮箱，比如 163.com 就很难收到回复。笔者之前在国内多次利用国内邮箱采访失败的原因是，对方邮箱有特定过滤设置，如果非美国本土邮箱，对方会自动将我国国内发送的邮件归入垃圾类进入垃圾邮箱，因此邮箱主人在没有看或根本不知晓的情况下把它当作可疑邮件自动删除或清理。另外，嘉锡华是美国白人，研究过对反全球化运动一部分行动，并以研究另类媒体传播的博士论文在美国绿宝林大学（Bowleing Green State Uni）媒介与传播系找到正式教职，对一个来自中国的“nobdoy”，他是不愿意接受采访的，可能担心语言障碍或其他“安全”原因。但苦于笔者在美国本土接二连三的电子邮件和电话轰炸，他勉为其难地向笔者推荐了几本他认为很重要的读物，并没有回答自己是如何开始研究另类媒体的，也没有回答其他问题，比如，您是否认为另类媒体是“实现”“民主传播”的利器之类的（“傻”）问题。针对笔者后来的追问：“您为何不再研究另类媒体而转向城市空间传播？”他也没有再回复，考虑到他已经离开“另类媒体”领域，也非积极分子，而笔者也因访学到期，无法再继续使用密苏里大学的邮箱，所以再也未有任何联系。

二、另类媒体发展三要素：内容、资源、科技

但总的来说，有的采访比较成功、对方愿意合作。本书在这里总结了一位哥伦比

亚大学电影系毕业生的采访记录，受访者 Nia 在维亚康姆（Viacom）集团工作过 8 年，后来自己出来"单干"，她的观点可以投射出当代美国年轻一代对另类媒体的使用与感知。

Q1：能描述一下你是如何投入另类媒体工作去的吗？你在其中的角色是什么，负责做什么工作？

A1：我曾经在纽约一个大型媒体和娱乐综合企业工作过 8 年。该公司拥有电视网络、几个网站以及电影录制室。我所从事的项目与社会效果、市场、人才、内容和事件策划相关。我的工作首先是协助监督我们电视网络所有的支持社会发展的项目。这些项目一般有四种：健康与幸福、教育、绿色环保以及公民权。我们的每一个电视网络都需要开发一个让受众真实感最强的节目。这些项目都是准备成为拥有市场份额的节目，在美国各地以及世界各地我们的受众能感受到、体验到，而且与"公共言论发布"（PSA）运动相连，其内容应该是我们认为对他们最为重要的、可以教育他们对这些重要议题有所认知才制作出来的。

后来我们逐渐了解到，对于那些为了以运动的形式来扩大他们对我们受众影响的非商业型事物来说，这是一个机遇，可以帮助潜在的消费者对他们的品牌有更多积极的认知，因为越来越多的公司和组织加入我们投身于这种工作，我的工作重心就开始转移到帮助人们建立和实施这些项目了。

在大型媒体公司里经常会发生的事情就是，当商业的首要任务发生了变化、领导层发生了变化时，继续诚实地做原先工作的能力也发生了变化。认识到我原来的公司的趋势，我决定转变并开始建立一个允许我为媒体、娱乐公司以及品牌做咨询的公司，这种公司有我自己喜欢做的工作，能够讲述自己的故事。这让我有更多的自由和机遇来集中在"内容"上，这一直是我从电影学院毕业后的梦想。我参加了一个为总统候选人伯尼·桑德斯（Bernie Sanders）策划总统竞选的项目，当时有一个热门的话题就是我们如何做一个更有针对性的、更具体、更能击中要害的媒体，以及如何帮助伯尼更好地讲好自己的故事。因为他没有得到其他总统候选人同样多的上屏幕和媒体的时间 [为伯尼·桑德斯投票而努力（Vote Together Campaign for Bernie Sanders），www.viacommunity.com]。

当竞选进行到后面，伯尼最终未能获得提名，虽然很多进步媒体都认为他应该得到提名。之后，同样是那些为他工作的一群人聚到一起，继续深化上面的话题，我们想找出一个办法，这个办法不一定要在主流媒体里实现。总之，有很多类似的交谈，主要是关于交叉领域的议题，很多议题都是互相包含、重叠在一起的。我们越来越感到这种交谈变得有意思起来，特别是不同叙事里的张力（有意思），（它）与传统脱口秀新闻中正反两方对立意见的那种张力是不同的。

我们不想要那种完全二元对立的互相反对的观点，我们想要听到实质性的、大方向一致的，只是达到同样目标的方法不一样的那种群体间的谈话。于是我们开始试着制作我们想要看到的那种节目，将一些音乐和喜剧元素加入每个片段中，采用那种传统的深夜脱口秀节目的形式。我是“我的人们”（Mypeoples.tv）节目的制片人，实际上就我一个人负责每星期的节目发布。我们在洛杉矶做了一个季度6集的节目，接下来在费城的民主党大会（Democratic National Convention）追加了4集，是联合“权力的真相”（Truth To Power）一起做的，“权力的真相”是一个有关社会正义艺术和内容发布机构（truthtopower.rockthevote.com）。

Q2：你认为另类媒体是如何影响媒体界的？

A2：我认为，我们有新的、有创意的方式来分发内容，而且我们制作的产品质量得到了很大的提升。作为新科技发展的结果之一，特别是智能手机的出现，多种故事和意见得以分享，这为不同网络和不同屏幕竞相争夺人们的注意力创造了条件。因此，虽然另类媒体的媒介场域有所改变，但要有新的发现还是非常不容易，你得确保好内容可以被更多的人看到才行，传统（主流）媒体和电视屏幕依然统治着大部分的传统电视受众，而那些支持这些节目的广告资本依然统治着传统的媒体。

所以我认为另类媒体已经迫使传统媒体不得不在它们生产的内容或者它们讲述的故事方面冒更多风险，甚至那些有能力讲好故事的人也不得不冒险，但总的来说，我认为，由于广告产业才是电视产业的支持者，所以广告业总是会不得不在他们买卖广告时，经历一些重大的改革，从而真正影响网络电视。

在货币对政治运动的影响方面，也是如此，如果你跟着钱走，你会发现，你看到的故事和形象通常是那些有钱人在掌控着。我们节目目前最想做的，就是找到合适的品牌和公司，那种能支持我们讲述真理的使命，支持那些以进步之名做出有意义的干扰，支持那些对权力说真话的人，支持那些为努力把生活过成它原本样子的人。

Q3：当你想到那些你在另类媒体界认识的人时，你认为他们参与另类媒体工作的关键原因是什么，能列举一些他们参与另类媒体的方式吗？

A3：我认为很多人被迫离开是因为我们所做的内容被太多广告资本施加了影响。缺乏真正的创意性的言论自由，对内容创造者来说是真正的挑战，而且，由于公司变得越来越有权力，不能讲出全部真话，同时还不得不因为商业或政治的原因而妥协，导致人们不得不寻求不同的方法来合作、来创造。因为，另类媒体经常是在没有什么资源的情况下制作的，还有些时候是根本就没有资源的。为了确保能做出内容并把内容带到受众面前，很多另类媒体团队的人最后不得不超越自己的能力和经历，不得不一人身兼数职。

从以上3个问题的回答情况来看，Nia有在纽约专业大型电视节目中担任制作的背景，曾在这个领域工作8年，其间一直负责一些公益节目，比如健康、教育、绿色环保、公民权等，后来在和他人合作为独立党人、参议员伯尼·桑德斯策划竞选节目时，从队友的交流中得到启发，之后她开始制作自己想要的节目。她认为传统的电视节目由于有巨大的广告财政支持，依然统治着媒体业界，统治着媒体的话语权。另类媒体可以影响业界的依然是创意性的“内容”，科技的发展也让另类媒体更好地分享自己的故事，但要另类媒体改变媒体界依然是很有挑战的，目前人们看到的故事和意向依然是“有钱人”把控的。而很多人离开主流媒体转向另类媒体的原因大多是因为“不能讲真话”，在主流媒体，有理想的专业内容制作者无法自由地讲述“有创意”的内容，主流媒体的太多内容都是受商业广告影响的。此外，由于资源缺乏，另类媒体的困境不仅在于内容讲述的方式，其制作人的工作也处于超载负荷的状态，这种结论和我们之前看到的哥村另类媒体，特别是KOPN的状态是一致的，和另类媒体研究者得出的结论也是一致的。

三、另类媒体人：运动应该面向社区与民生

在询问Nia对另类媒体的看法时，笔者最后还问了她对“反全球化运动”的看法，Nia的简短回答也非常有代表性，因此本书也做了记录：

Q4：你了解另类全球化运动吗（这种运动也叫反全球化运动 / 全球正义运动 / 运动中的运动，几乎从20世纪90年代延续到2010年之后）。如果知道的话，能否列举一些你觉得对运动有关键作用的人物。或者谈一下你所知道与该运动相关的、有意义的公共舆论？

A4：我对这个运动只有非常基本的了解。但我理解背后的情感。我第一想说的是，（运动的）命名是非常令人摸不着北的，因为通常来讲，运动中很多温和派并不相信无政府主义或者类似其他什么主义的，但他们同样对商业、政府把自身利益置于人民和公益之上这种事情是持强烈批评的。我相信很多人不是“反对全球化主义”的，而是在寻求一些更好的策略和政策使我们可以因此获得更广泛、更具有包涵性的人权、经济平等，以及达成与世界公民相关的目标。

其实还是要说，我并不怎么了解这个运动，但我能说我注意到了两个趋势。一个是更传统的、占领华尔街的运动以及它的所激发的一些分支性的运动，我认为占领华尔街是一个是非常有力的宣言，就如每次抗议运动一样，当人们在街上抛头露面只为了提出他们的问题的时候，这种宣言就是很有力量的。但是我认为这种运动

> 由于没有具体的、成体系的需求和可以行得通的策略，对运动的发展和持续来说这是最大的挑战。另外，我认为我注意到的另外一个趋势是：运动应该多聚焦在社区、集体工作和责任方面，分享资源、种植并分享食物，采纳更多集体的，能鼓励人们自力更生的社会主义者的生活方式策略。这和那些从城里搬到乡间去居住的人是相关的，虽然那种进城或者出城的移民现象会周期性地出现，其背后的宏大原因是超出我的观察力的。

从 Nia 的回答来看，她强调自己对运动并不是很了解，由于离“西雅图抗议”的时代很远，她对运动不是很了解应该是正常的，相对于哥村居民十问九不知的情况，她已经非常不错了，这可能与她所学习的专业有关系，也可能与她在纽约工作多年有关。据本人经验来看，大城市的运动往往要比中西部小镇多得多，另外，她认为自己了解运动背后人们的情感，这种“同理心”与她的教育、工作和性别状况也应该是有关系的。在谈运动时，她列举了作为西雅图抗议“后代”的华尔街运动，肯定了运动的合理性，她认为当人们没有办法，唯有以“身体”作为曝光的工具，上街游行示威来表达自己的诉求，这种运动是很有力量的，但同时指出，这些运动由于缺乏成套的目标和有效的策略，难以持续。

另外，Nia 首先还指出了该运动的组织成分，她认为这个运动的命名是负面的、不准确的，这正是很多积极分子和学者的态度，特别是运动中的改良派，因为他们提出的口号就是“另一个世界是可能的！”，他们认为自己不是要反对全球化，而是认为美国引导的资本主义全球化的方式带来了太多的负面问题，他们想要一个替代性的、更好的世界而已。Nia 认识到，运动中除了无政府主义者或其他主义之外，大多数是比较温和的、独立的积极分子，他们寻求的是与现有的资本统治的全球化不一样的全球化，所以这个命名是有问题的，暗示这个命名是有“以偏概全”的嫌疑。

最后，Nia 给出了一些建议，认为运动应该更具体化，面向社区、关注民生、重视小农经济、鼓励人们自力更生、扶持那些搬离城市去往乡村生活的移民。这与前面几章讨论的另类媒体人反对商业资本主义（“商品化所有事物”），反对污名化运动的态度很相似。

第七章
结论与讨论

本研究源于一种学术的好奇心：另类媒体是否能像研究者所希望的，成为挑战“民主赤字”的传播公地？是否真的如拉美著名的活动家阿凡索·达伽荣所希望的——“发展另类媒体是唯一可以对付媒体全球化趋势及其影响的机会了”？由于符号和再现问题在理解当代社会政治权力的过程中越来越重要，本书赞成批判学派把另类媒体定义为“社会运动的媒体策略之一，也是一种符号反抗手段”的观点。对作为资本主义新自由主义话语还未能收编的美国另类媒体，本书对其功能和社会传播意义进行了研究，研究从三个层次来展开：第一，另类媒体有哪些特征和类型？与反全球化运动相关的另类媒体有哪些？第二，这些另类媒体是如何发声的？它如何呈现和构建出反全球化社会运动话语？第三，另类媒体的媒介实践和媒介化情况如何？

第一节　超越资本主义的激进想象：另类媒体的话语构建

针对另类媒体的特征和类型，本书在第二章第三节里进行了系统阐述，一般来讲，“激进的内容”“强烈的审美形式”“充分利用可得的、尖端技术进行创新与扩散的生产”“另类的分配手段，反知识产权的气质”“去职业化的社会功能”都可以是“另类媒体”的特征，其类型则涵盖了“DIY”“社群和公民”“批判”“自治和激进”等类型；其核心价值观可以是“自我赋权”“社群赋权”“经济正义”和“集体自治”的；其意识形态基础可以是左派自由主义、马克思主义、反资本主义以及无政府主义的。

总之，本书研究的另类媒体是与反全球化运动，特别是与西雅图抗议时代吻合的网络型、“左倾”的另类媒体，比如1996年开始发行的自助型另类媒体《反击》（*Counterpunch*，季刊），1998年开始运行的号称全美最大的另类新闻放送部的“另类网”（AlterNet，新闻网站），自1996年帕西菲卡无线广播后建成的“现在就要民主”（DN!，广播电视），以及1999年年底为配合西雅图抗议运动而专门成立的西雅图“独立媒体中心”（IMC，运动专题网站）。这些另类媒体，虽然其媒体形态和新闻生产的形式有所差异，但其“战略式传播”的立场是一致的：它们都反对企业和机构特权，反对美国政府的好战政策；其报道的议题也大致类似，“揭秘”“反战”“环保”是其共同的主题类型。其拒绝广告以保持经济独立的“自由”精神，以及其反新自由主义话语的“批判”态度，都是其之所以“另类”的根源。

这些另类媒体如何发声？如何构建一套完全不同于主流媒体的话语体系？本书选择了被研究者当作鼓动（倡导）新闻典范的AlterNet，从媒介呈现和话语表达两个维度来考察它对“反全球化运动的报道”。这种考察以主流新闻媒体代表《纽约时报》1999年到2014年对反全球化运动的报道为参照系，以班纳特等前辈采用的媒介“近用”“确认”“回应”以及梵·迪克的媒体话语“意识形态”为理论和方法支撑。另外，本书除了纵向考察作为批判型另类媒体的 AlterNet 之外，还横向比较了 DN！、*Counterpunch*、IMC 等其他类型的另类媒体对作为反全球化运动主要标志的“西雅图抗议”的构建，这种纵向与横向的比较充分考虑到了马东尼和崔瑞（2014）对社会运动与媒体互动框架中“时间”“行动者”“行动”“媒介实践”“中介化过程”以及“媒介化”等因素。

经过与《纽约时报》（*NYT*）对比，我们发现，AlterNet 对反全球化运动的媒介呈现、话语建构体现了其“鼓动”新闻和其去职业化的“业余”新闻气质，实现了其建构一种完全不同于新自由主义的话语体系的目标。而 DN！*Counterpunch*、IMC 等另类媒体因为其持有批判立场的积极分子撰稿者，其批判的文本内容以及其横向的网络结构、去中心化的管理、参与式传播的组织过程，产生出了一种“超越资本主义”主流话语的另类世界观，生发了一种超越“那些狭隘的精英话语”的“激进想象”，从而在一定程度上推动社会运动的发展，这是另类媒体的希望所在。但是，其另类的精神气质，使得它依然难以被普通民众接受，难以摆脱对主流媒体的依附，难以克服其议题过于政治化、意识形态单一化、受众窄化、资源紧张的尴尬，这正是另类媒体的困难所在。

一、另类的表达：对主流新闻业的挑战

具体来看，本书第三章重点对 AlterNet 对反全球化运动的媒介呈现做了图绘式的量化研究：以主流媒体 *NYT* 为参照系，从报道量与运动发展的时间趋势、报道视角、版面结构 / 栏目设置、报道议题类型、话语引用主体类型、不同积极分子话语主体类型，对全球化批评者 / 支持者的态度倾向，以及文本结构框架、功能框架等通用框架的使用等方面对 AlterNet 进行了全景式的内容分析。

总的来看，*NYT* 做到了形式上的“客观”与平衡，其报道的主题虽然偏重于“全球化论争”“既定秩序”“行动主义”等重大政治问题，但对“商业”“文化”等类型的议题也有提及，议题结构和版面设置是丰富多元的。从媒介“近用”来看，自由主义建制派和积极分子话语引用的频次大致相当，对积极分子的话语引用量甚至超过来对所有全球化支持者的话语引用量。在积极分子话语引用中，*NYT* 首先倾向于“确认”积极分子意见领袖——反精英，即那些有着一定政治、社会经济资本的积极分子领袖或积极分子组织负责人；其次是偏向于引用大型 NGO 的积极分子。在框架使用方面，*NYT* 的“主题”与“片段”式文本框架使用比例相等；较少使用“批判 / 揭秘”框架；没有使用预后框架，这说明 *NYT* 比较注重新闻的商业卖点，保持了对事件“超然”（detachment）态度。

而 AlterNet 与 *NYT* 相比，具有明显的“鼓动新闻”倾向，采用了一种明确的“非客观”的新闻立场；积极分子记者报道、主动见证、自然报道、UGC 等“业余”新闻实践色

彩明显。[1]′

其版面设置以“新闻和政治”为主，缺乏商业、经济、文化等面向的栏目。在议题方面，偏向积极分子的“行动主义”。在话语引用方面，以“积极分子”为主，消息源结构单一。在媒介“确认”方面，除了注重积极分子充当“意见大佬”/领袖型/组织负责人等话语主体之外，也重视“另类媒体”型积极分子的话语引用，这些另类媒体记者经常以“专家”的口吻来解释其“参与的”新闻。而对其同样持批判全球化立场的“工会/劳联”等类型积极分子，另类媒体对其确认度偏低，但另类媒体给予了“第三世界”积极分子一定的“确认”。在文本结构框架方面，AlterNet 尤其显示出“非客观”报道的倾向，大量使用了“片段性”报道而非“主题性”报道框架；偏向于频繁使用“冲突”框架；在直接陈述“观点类”报道中，偏向于使用“诊断框架”，而且还偏向于使用次级的批判/揭秘框架和“预后”框架，对事件“依附”的态度非常明显，鼓动、教育、揭露、批判的意味强烈。.

突出的例子在对待全球化支持者/批评者的截然不同的态度上，在对“全球化支持者/自由贸易体制派”态度研究中（见表 3.8），主流媒体和另类媒体对“全球化支持者/自由贸易体制派”的立场差异非常显著（$X^2=64.950$ $df=3$ $p=0.000<0.001$）。主流媒体 *NYT* 持“中立”态度的报道比例最高（56.8%），“负面/消极”的态度占所有报道的 1/3 左右（35.1%），持正面/积极的比例最低（8.1%），AlterNet 则出现了压倒性的现象，对其负面报道高达全部报道的 91.5%，持中立态度的报道只有 6.2%，正面报道为零（0.0%）。同样，在对“积极分子/全球化批评者”态度研究中，*NYT* 和 AlterNet 对“积极分子/全球化批评者”态度差异也同样非常显著（$X^2=66.395$ $df=3$ $p=0.000<0.001$）。*NYT* 保持“中立”态度与“负面/不满”态度比率相同（41.5%），对其抱有“积极/满意”态度的报道占有效报道中的 17.1%。相对于 *NYT* 的“暧昧”，AlterNet 对“积极分子”话语主体的态度则“一目了然”，呈现绝对的正面，满意率达 83.6%；保持中立态度的占 9.0%，只有极少数负面报道（5.7%），保持了作为“积极分子”增效器的功能。

因此，从另类媒体对运动的媒介呈现来看，我们看到的是“主观”新闻对“客观”新闻的挑战，为什么会出现这种情况？实际上是另类媒体新闻生产的目的决定了以上差异：作为支持积极分子话语的扩音器，另类媒体报道的目标就是要挑战主流媒体的“媒介霸权”。在另类媒体积极分子看来，主流媒体承诺的“中立/客观”的立场，“是阻止记者鼓励人们参与政治行动，把参与式民主和公众割裂开来”的行为[2]，不利于发动公众进行讨论和辩论，而另类媒体的特色是以社会改革和政治参与为主要目的，所

[1] DOWNING J, HAMILTON J. Alternative journalism: journalism studies: key texts [M]. Sage, 2008: 59.

[2] FORDE S. Challenging the news: the journalism of alternative and community media [M]. Palgrave Macmillan, 2011: 6.

以另类媒体的新闻生产首先是要提供对主流新闻实践的“批判”，提供一系列反主流媒体的实践和结构。[1] 这包括：以积极分子志愿者代替专业的记者，以积极分子的“自然报道”代替主流新闻的“客观报道”，以积极分子鲜明的立场代替记者“不偏不倚”的态度，以意识形态明显的“政治”新闻代替商业媒体的“娱乐”新闻；以主动的积极分子媒介生产者代替被动的受众，以拒绝商业广告的形式保持独立的姿态，以去中心化的集体决策、个人自治的方式代替主流新闻生产中等级分明的垂直管理。

这种对主流新闻的挑战，产生了一种研究者所称的“另类新闻业”（Alternative journalism）[2]，这种另类新闻业通过其话语实践，检查“真理、现实、客观性、专家、权威和可信度的概念”，因此这种新闻在某种程度上是一种多元的、混杂的，有时候甚至无法用专业新闻业的评估框架来辨识。对此，英国的另类媒体研究专家阿顿认为，另类媒体的新闻业可以看作对主流新闻“职业化和机构化”实践的激进挑战，这种新闻业偏向采用“倡导和反对的实践”来代替主流新闻“客观”的意识形态。

二、另类的世界观：对新自由主义的批判

本书第四章第二节以批判话语分析为路径，从意识形态构成来分析 *NYT* 反全球化运动报道中暗含的新自由主义意识形态图式。具体来看，保罗·克鲁格曼的 3 篇《推理》作品：2000 年 3 月 22 日在周三的社论版文章——《推理：天然杀手》、2001 年 4 月 22 日的《推理：心与脑》、2001 年 5 月 23 日的《推理：我的漂亮大房子》，还有 2000 年 7 月 8 日安东尼·刘易斯的《在家犹如在国外：亲爱的拉尔夫》以及 2001 年 4 月 24 日弗里德曼的《外事：抗议到底为了谁？》，这些社论都含有类似的整体组织结构，在论证或叙述上存在相同的“格式”/“图式”，其图式是三角形的，话语主体涉及代表了华盛顿体制的 WTO 机构、发展中国家、积极分子等三方。

NYT 中社论所包含的某些“特定语义”和“形式”结构，基本都是 *NYT* 专栏作家把“积极分子”/反全球化分子当作有别于“我们”的“外群体”进行建构的话语分析，总的来讲，不论是利用隐喻、对比、设问、夸张、讽刺等修辞的形式结构，还是利用“负面话题”“情态动词”“虚假预设”“言外之意”等特定语义结构，*NYT* 对积极分子群体的意识形态属性都进行了如出一辙的定义。可以说积极分子群体就是 *NYT* 反全球化运动报道中的“他们”，是一个各方面都被负面化了的外群体：其抗议活动犹如“美国派”一样常见，其身份是自由贸易体制的“天然杀手”，是偏执的“贸易保护主义者”

---

[1] DOWNING J, FORD H, GIG T V, et al L. Radical media: rebellious communication and social movements [M]. Thousand Oaks, CA: Sage, 2001.

[2] DOWNING J, HAMILTON J. Alternative journalism: journalism studies: key texts [M]. Sage, 2008: 135.

和极右翼的“保守主义者”，是“使穷人更穷的联盟”，是“无心无脑”的抗议者群体。其目的“不是为了第三世界国家的贫困问题，也不是为了第三世界工人的低收入和悲惨境遇而奔走呼吁，而是为了自身更高的工资和更好的工作”；其群体的同盟者是反转基因食品的政治积极分子、“前”全球化时代乡村田园的歌颂者、有钱有闲的西方朋友、粗心大意的“观察者”、白人面孔占多数的“西雅图式”的抗议者。

而弗里德曼 2003 年 6 月 1 日的社论《万物之理》则与另类媒体报道风格中两级化的意识形态方阵相似，弗里德曼利用了典型的二元对立的心理模式来解释“反美主义”的历史渊源。其中，内群体的“我们”是美国，而“美国之外的整个世界”“其他所有人”则是外群体的“他们”。弗里德曼在《万物之理》中强调“自由贸易 / 全球化”这一基本原理，是“我们”和“美国之外其余的世界”发生冲突的根源。“我们”在资本主义自由贸易体制下，军事、政治、经济、科技在20世纪90年代超越了其他所有国家，“我们如此强大，影响到了其他所有人的生活”，埋下了招致“围攻”的理由，但由于“全球经济一体化”这一基本原理的强大影响力，任何体系内国家都不可能用武力“围攻”“我们”而不受伤害。可以说，《万物之理》就是一篇替弗里德曼宣扬“自由主义教条”的报道。

可以看出，主流媒体为新自由主义“站台”，对积极分子的贬损是多方位的，以 *NYT* 为参照，分析另类媒体的态度和立场，我们发现专门挑战主流媒体“谎言”，以积极分子 / 抗议者为新闻主体的另类媒体，其意识形态图式更为简洁、直观，构建出了一幅完全不同于主流媒体的话语体系，挑战了主流媒体的新自由主义意识形态。

在没有主流媒体“客观”“平衡”或“中立”等原则的“束缚”后，在另类媒体中，“积极分子”就是“我们”，是“英雄”，是争取和平、反抗血汗工厂、追求正义的进步青年，是反对公司法团的“学者”…… 是鲜活的、积极正面的面孔。与之相比，“他们”这一外群体在另类媒体报道中，绝大部分是以“负面”形象示人的，其面孔通常是“模糊”或者“缺失”的。模糊的时候是“他们”通常以抽象的名词集体存在着，比如“华盛顿体制派”“公司资本主义”“血汗工厂”“主流媒体”等；缺失的时候是另类媒体根本不报道“他们”，不给予“他们”足够的媒体“确认”。AlterNet 有关反全球化运动报道中，大多都含有意识形态鲜明的积极分子话语及各种策略，其主要目的是表达运动的各种诉求和政治观点，为积极分子话语赋予合法性 / 正当性。其态度一般也只有两种，要么反对、要么赞同，对“我们”是赞同的，对“他们”是反对的。其报道的原则是“强调我们好的地方 / 他们坏的地方”。

从前文中表 4.4 来看，另类媒体 4 种类别的“活动”主要是为“积极分子”正名，为其构建“合法性”身份并统一认同，这些活动报道一般由特定的形式结构来完成。首先，可以从其版面结构以及其转发的同行另类媒体报道的数量多少辨识出来（见表 4.5）。其次，从报道标题、导语中辨识出来。这些新闻报道标题、导语和主流媒体的语言因为立场和态度的不同，仿佛“重新编码的语言”，意识形态迥异于主流媒体（表 4.6）。再次，这些不同还可从报道的新闻主体以及报道主题上辨识出来，另类媒体中涉及的人物与主流媒体中新闻主体的身份差异非常明显（表 4.7、表 4.8）。一方面，另类媒体偏向报道“边缘”人物和“边缘”话题，偏向补漏主流媒体所忽视的人物和议题；另一方面，这些边缘人物大都是主流媒体不愿意或不屑于提到的“异议”人士或积极分子 / “抗议者”、青年学生、草根。主题大多为“不容于”主流媒体的，“挑战”既定秩序的政治“抵抗”内容。最后，从消息源可以看出（表 4.9、表 4.10、表 4.11），另类媒体中话语引用比例最高的是“领袖型”积极分子的访谈、讲话以及积极分子负责人的来稿，再就是“另类媒体 / 人”。因此，这些积极分子都可以视为运动的首要定义者，他们在报道中透露出来的意见、态度、立场（反 WTO、反战、反商业与体制特权、反主流媒体霸权）就是另类媒体意识形态图式的主要部分。

另类媒体的语义结构也有别于主流媒体，另类媒体反对新自由主义的立场充分影响了另类媒体的修辞策略，另类媒体除了以“我们”的立场为价值和规范，为“我们”进行“鼓动”报道之外，还通过对“他们”贬抑报道体现出来（表 4.8）。也就是说对“我们”意识形态的强化还须通过对“他们”的“价值和规范”“目标”以及“他们”的“资源”的语焉不详体现出来。对“我们”活动的正当、合法和必要性的强调，除了大量报道各类积极分子的“行动主义”之外，还须通过强化“他们”“活动”的“非法”“非正义”体现出来。

本书第五章前二节比较分析了 DN！、*Counterpunch* 等另类媒体对反全球化运动的媒介表征及其话语建构。与 AlterNet 相比，从报道标题和报道内容来看，DN！语言风格口语化，作为强调视觉和现场感受的电视、广播新闻播报，DN! 与 AlterNet 注重文字阅读的深度性有一定的差异，但其标题和内容投射出的态度和立场与 AlterNet 是相似的——反对 WTO、支持抗议者、反对政府官僚体制、反对警察暴力。其消息源是基本重合的，都注重积极分子的话语引用；议题所采用的视角也是相同的，注重从积极分子的角度来解读西雅图之战的根本原因，注重批判 WTO 及其机构代理人，表扬并支持积极分子的行动主义。对于反对 WTO 的态度，DN！甚至比 AlterNet 更为直接明了。总之，另类媒体的“团结”“反战、反商业、反体制性霸权”等一系列反对新自由主义的意识形态非常浓烈，组合起来，直接否定了主流媒体话语中所含的新自由主义体系。

三、另类的媒介实践：希望与困难

本书在第五章后两节重点厘清“自治型 / 激进型”另类媒体——西雅图 IMC 如何从行动实践上来建构反全球化运动，其建构的“语境”如何，其后果为何。本章认为，

“自治型 / 激进型”另类媒体就是一场独立的行动主义，其成立的语境有政治、历史和技术三个层面，分别是国际政治的变动、全球化运动的兴起、主流媒体的偏向以及网络媒体技术的发展和“群众的智慧”。这些因素结合在一起，为西雅图 IMC 的产生和发展提供了契机，而西雅图 IMC 反过来，因为其“反商业”、去中心的“参与式传播”产生了一种回旋器效应，为美国其他另类媒体在民间的使用和发展留下了“灿烂”的精神遗产。

第六章梳理了美国田野——“哥村”的一些另类媒体，见证了另类媒体主要服务于本地社区，为本地公民提供维系共同文化身份的纽带，发展另类新闻业的能力以及其支持公民行动的立场。其中，作为独立影院的 Ragtag 在“批判和分析主流媒体作品”“倡导和主流媒体不一样的价值观”方面，表现突出；而作为社区公共广播的 KBIA，作为公民媒体的 KOPN，在“推广某种政治观点”“鼓励人们参与市民生活”“推进行动主义，动员人们参与”等方面几乎竭尽全力；作为“DIY”媒体样板的《全球新闻记者》则在“拒绝广告、非利润驱动”“允许边缘人物发出他们的声音和意见”“与我所认同的群体和网络更多地相连”等方面表现突出。虽然这些媒体的组织形态和生存状态不尽相同，但它们都保有拉美积极分子达伽荣所指的“自由的精神”，呼应着人们所指的西雅图 IMC 的“精神遗产”。

总之，以上精神遗产所指的“独立、自由，为公民赋权”的社会角色，正是另媒体保持“另类”特色的根源，也为少数话语提供了“挑战”和“抵抗”主流话语的动力和希望，澳大利亚学者福特认为，另类媒体的一系列实践，保持了媒体的多元性存在，对于“健康的媒介民主”非常重要。她曾把另类媒体新闻业和主流媒体新闻业类比为商店，其中主流媒体新闻业是一种“一站式，全能型的、全国连锁的沃尔玛超市”新闻 [1]，而另类媒体则是某个小镇角落里的不起眼的本地“小商店”式的新闻，这种小商店的存在其实比大型超市存在的历史要早得多，对某一社区的个人来讲也方便、实用得多，另类媒体的历史和功能也正是如此。不难发现，不论是美国废奴时期创办至今的杂志《国家》，还是自网络时代开始便存在至今的 AlterNet，它们对公民思想的激发、对公民行动的鼓励、对政治和社会议题的重视、对商业的批判、对主流话语的挑战，都是另类“意识形态”的体现，是其存在的根本。

另类媒体，其另类之处还不仅仅在于其“独立、自由、为公民赋权”内容和意识形态，正是要保持这些“另类”的特点，它的困境也因此注定了，如果一味扩展，采纳商业的生产形式，它便成了“沃尔玛超市”般的主流新闻业，而如果一直另类，它便注定是“街角旮旯”某个难得一见的“小杂货店”。这种困难和希望，本书用曾访谈过的对象 Nia 的另类媒介实践的经验来诠释。Nia 有在纽约专业大型电视节目制作的背景，

[1] FORDE S. Challenging the news: the journalism of alternative and community media [M]. Palgrave Macmillan, 2011: xii.

曾在“维亚康姆”集团工作过8年，其间一直负责一些公益节目，比如健康、教育、绿色环保、公民权等。后来在和他人合作为独立党人、参议员伯尼·桑德斯策划竞选节目时，从队友的交流中得到启示，她开始制作自己想要的节目。她认为传统的电视节目由于有巨大的广告财政支持，依然统治着媒体话语权，而另类媒体可以影响业界的依然是创意性的“内容”。另外，科技的发展也可以让另类媒体更好地分享自己的故事，但“指望”另类媒体改变传媒界依然是很有挑战的，因为大众看到的大多数故事和意象依然由“有钱人”把控着。虽然有人因为“不能向权力说真话”而转向另类媒体，但另类媒体困难依然存在，其资源的匮乏、工作人员的超负荷运转和自我剥削令人担忧，这种结论和我们之前看到的哥村另类媒体KOPN的状态是一致的，和前辈，比如唐宁1984年、2001年的研究得出的结论也是一致的。

第二节　反全球化运动、逆全球化现象与另类媒体研究

全球化与反全球化一直都是相伴相生的，因此，理解全球化对理解反全球化有重要的意义。然而，全球化对不同的人有着不同的意义。重商的人认为“全球化”意味着贸易、商业和货币的“自由世界”；对政治学者和政治家来讲，全球化意味着“国家边界”的消失以及国家的主权遭受来自跨国机构的挑战；而对普通大众来说，全球化意味着他们有可能吃着同样的食物，穿着同样的服装，看同样的电影或电视节目。正如世界社会论坛（WSF）提出的口号“另一个世界是可能的！”，反全球化抗议并不意味着反对全球化本身，而是反对新自由主义的全球化方式以及其产生的不良后果，不然这些反对者（积极分子）也不会利用全球化的传播手段，比如利用互联网来创造一个全球性的抵抗网络（世界各地IMC的纷纷成立）；这也是本书第二章第三节总结反全球化抗议的其他称谓的原因；不论是之前提到的“反新自由主义”“反公司”“反资本主义”“民主全球化”或者改良派的积极分子所提到的“全球正义运动”，都没有传统的“反全球化运动”在全球的知名度，因此，虽然反球化运动的称谓被积极分子所诟病，本书依然以反全球化运动为标签加以讨论。

本书在导论里即提到，2008美国金融次贷危机之后，世界就进入了一种“新病态”的发展模式，美国领导的新自由主义经济全球化的治理模式遭遇巨变，地缘政治冲突加剧，欧美等老牌资本主义国家的贸易保护主义、民粹主义抬头。特别是2016年以来，各类黑天鹅事件频发，英国脱欧、特朗普上台、叙利亚战火纷飞。“美国优先！使美国重新伟大！”变成了特朗普实施右翼保守主义、单边主义的最好借口。一时间，人们纷纷惊呼逆全球化时代的不期而至，到本书临近尾声之际，美国政府及其西方同盟已公开实施各种逆全球化政策，对中国展开各种贸易战，对俄罗斯等国进行政治、军

事围堵。显然，在21世纪之当下，以美国政府为代表的建制派的一系列“反全球化”行为表明，反全球化已然成为西方政府新保守主义的一种“主流”话语。积极分子的反全球化诉求与美国现政府的反全球化政策之间有无关联？为此，随互联网崛起而兴起的美国另类媒体对反全球化运动的建构及其影响，就成了国际传播研究中迫切需要关注的重大现实问题。因此，我们有必要再次谈一谈反全球化运动的内涵与实质，谈一谈特朗普与反全球化运动以及与其逆全球化行为的联系，为当今时代政治、经济局势的理解提供比较之义。

一、反全球化运动因何而反？

前面第二章第三节提到过，对于反全球化运动，印度裔美国经济学家加戈葛迪西·巴格蒂瓦（Jagdish Bahagwati）曾写过一篇名为《反全球化：为何？》的文章，他从自由派的角度为全球化的扩展辩护，批评反全球化运动人士夸大全球化的危险，认为如今的全球化与往日的全球化根本不能同日而语：“南部发展中国家在抓住机会转向全球化时，一些北方发达国家的经济学家、政治家对国际经济一体化却反对和干扰之。”在他看来非常具有讽刺意义。[1]在这篇文章里，巴格蒂瓦把反全球化思想总结为三大类：第一种是反对资本主义；第二种则是反对公司的态度；第三种则是一些反全球化的意识形态和智力源头，比如反对移民问题的右派、共产主义及其对市场的限制、反美主义等。本书根据AlterNet等另类媒体的报道以及其他政治经济学领域的文献，整理了最为常见的四种观点。

（一）反对国际金融机构以及跨国公司

反全球化运动的支持者认为，20世纪晚期，那些以统治精英为特征的势力试图为了自身的利益，不断驾驭世界市场的扩张，对于以“布雷登森林”（Bretton Woods）体制、国家、跨国公司结合起来的主导势力对全球的占领过程，人们把它称为全球化或者“自上而下”的全球化。与之相对的，各种挑战这些霸权势力影响的社会运动出现了，这些运动组合起来就是“反全球化”，是“自下而上的全球化”[2]。

反全球化运动的积极分子认为，诸如IMF、WTO之类的国际性和全球性的金融机构，破坏了本地的决策能力，那些利用这类机构来支持他们的公司和财政利益的企业，因此能施展一些个人和小商业无法获取的特权。这些特权包括：①自由出入边境；②

[1] BHAGWATI J. Anti-globalization: why? [J]. Journal of policy modeling, 2004, 26: 439-463, 442-449.

[2] KORZENIEWICZ R P, SMITH W C. Protest and collaboration: transnational civil society networks and the politics of summitry and free trade in the Americas [C]. International Congress of the Latin American Studies Association, 2001: 4-6.

攫取所要的自然资源；③利用广泛的人力资源。因此，反全球化运动的目标就是要解除那些寡头企业的合法地位、消除自由市场以及 WB、IMF、WTO 等机构实施的经济私有化激进措施。[1]

积极分子尤其反对的是那些国际机构所带来的各种权力滥用，他们反对的一些常见的、具体的对象包括 WB、IMF、WTO、“经济合作与发展组织”（OECD），以及一些自由贸易的协定，比如“北美自由贸易协定”（NAFTA）、“美洲自由贸易区域协定”（FTAA）、“跨太平洋自由贸易协定”（TPPA）、“多边投资协定”（MAI）和“商业服务贸易总协定”（GATS）。鉴于穷国和富国之间的经济鸿沟，运动的追随者认为，自由贸易没有采取任何措施保护环境、照顾工人的健康和福利状况，只是加强了工业化国家的权力，南北差距不断拉大。抱有这种看法的运动支持者对这种极化的过程论争说，新自由主义经济政策已经使得富国占尽发展中国家的优势，使得他们对穷国的剥削进一步扩大，全球的贫富差距不断加剧。[2]

2004 年，联合国的粮食问题特别调查员、瑞士教授让·齐格勒（Jean Ziegler）在他的《经济、社会、文化诸权利暨食物的权利》报告中写道：“发展中国家里，成千上万的农民衣食无着，北方国家中的小农也同样在遭受苦难。”他总结说，“在 WTO 体制下，基于国与国之间本身的不平等关系由来已久，目前全球性的不平等正在被 WTO 之类的组织所加深而非改善”[3]。鉴于这种 WTO 内部发达国家与不发达国家之间在全球贸易方面的不平等，尤其是发达国家针对不发达国家所实施的农业保护措施，反全球化运动的积极分子指出：那些发达国家对农业出口采取大额的补贴，使他们的农产品在国际市场上更具有吸引力，正是发展中国家农业不断衰退的主要原因。

（二）反对新自由主义

20 世纪 90 年代末期，当“经济合作与发展组织”通过其“多边投资协定”提出开放跨国投资和贸易限制的措施时，由于“多边投资协定”预先被暴露在公众视野之中，面对来自国内和国际公民社会代表的激烈的抗议，1998 年 9 月该协定被废除，此时，通过互联网，人们反对新自由主义教条的运动开始广泛呈现出来。由于新自由主义教条主张无限制的自由贸易，减少公共部门的管控，认为这些措施对于穷国和富国中的弱势群体都可以带来好处。而反全球化的倡导者则要求保护自然环境、保护人权不受伤害，保有民主的机构体制，因为在他们看来，除非给自由化附加一些强制性的标准，不然，自然环境、人权、民主体制都有可能被全球化所威胁。

---

[1] STIGLITZ J E. Globalism’s discontents [J]. The American prospect, 2002, 13(1): 1–14.

[2] O BYRNE D J, HENSBY A. Theorizing global studies [M]. London: Palgrave Macmillan, 2011: 57.

[3] 详见：Anti–globalization movement – Wikipedia, https://en.wikipedia.org/wiki/Anti–globalization_movement.

我们在2009年"现在就要民主"（DN！）为西雅图抗议十周年纪念报道制作过程中，DN！特派记者到瑞士采访WTO总干事帕斯卡·拉米的对话中，看到了这种所谓机密文件被曝光在公众视野当中的可能性，也可以看到DN！特派记者克雷格作为积极分子"专家"的立场和态度，他对WTO总干事尽力嘲讽，认为他所说的金融衍生品是糊弄老百姓的花哨术语；提到地球不是平的，历史没有终结；提到美国和欧盟对第三世界国家的愚弄一直都在。尤其是克雷格所提到的WTO国际公约不过是"第二十二条军规"的观点非常有代表性，体现了积极分子、全球化批评者、抗议支持者对"新自由主义"模式的抵抗与怀疑。

（三）反对战争

纵向来看，到2002年为止，1999年中期开始的反对新自由主义及其跨国机构的抗议已经经历了从发生到发展到高潮的周期性阶段，由于国际时局的演变，反全球化运动的很多部门开始大力反对即将发生的"入侵伊拉克战争"，在2003年2月15日，1,100万左右的抗议者参与了反对西方发达国家政府发动伊拉克战争的运动。由于一些国家，比如西班牙、意大利、波兰和英国等，其政治领袖不顾大多数人的意愿，支持伊拉克战争。反全球化运动的激进分子非常担忧民主制度的正常运行，他们批评道，这就是代议制民主的缺陷。

在2002年到2004年间，伊拉克战争变成了另类全球化积极分子主要关心的事件。在这段时间的运动中，几位反帝主义思想家比如乔姆斯基，如同他们在20世纪70年代一样，获得了大众的欢迎。2002年世界论坛中的一个小组会议中提出来的一个观念，"军事全球化是实施新自由主义全球化的唯一手段"[1]。战争不过是"新自由主义全球化的最终阶段"的思想，在积极分子当中非常流行。这些全球性的另类全球化运动努力反对战争，运用了他们对付国家机构的那些策略和战术，正如他们以前反对华盛顿共识那样，积极分子试图打破美国政府、媒体和大多数人的共识，努力把关于战争的决定置入全民辩论的状态中，但面对宗教激进分子和战争贩子（布什是积极分子所指的头号战争贩子，可以参考AlterNet2005年的报道[2]），积极分子认为伊拉克战争作为一种风险管理策略具有非理性的主张一直没有引起大的反响，直到2006年年底，在2003年强烈反对战争的动员之后几个年头之后，才有了回音，世界社会论坛（WSF）也逐渐被联合国所接受，取得了合法性地位。[3]这些积极分子的思想轨迹及其议题变化可以在AlterNet 2000年至

[1] PLEYERS G. Alter-globalization: becoming actors in the global age [M]. Polity Press, 2010: 9.

[2] SOLNIT D. Shelter under the anti-war umbrella [N/OL]. (2005-02-17), https://www.AlterNet.org/story/21298/shelter_under_the_anti-war_umbrella.

[3] 刘颖 . 新社会运动理论视角下的反全球化运动 [M]. 上海 : 复旦大学出版社 , 2013: 214.

2014 年的报道记录中得到清晰的印证，当然，结合《纽约时报》、DN！等媒体从不同角度、不同立场的报道来看，也可以得到更清晰的证明（可以比对附录二和附录三）。

（四）反资本主义、反美主义及其他

“反资本主义”和“反美国主义”是两个非常复杂却不断纠缠运动致使运动分裂的议题。我们曾在第二章第三节的第三部分提到过，反全球化积极分子思想家，施乐会创建者杜康·格林与他人合作写过一篇《全球化及其不满》的著名文章，刊登在 2002 年的《国际事务》期刊上。他当时将反全球化运动中不同成分的积极分子进行了分类，认为在“另类派”积极分子当中，反资本主义的思想非常浓厚，在“统治派”中也略微占了点比重，“改良派”则认为和市场打交道可以产生一定的效果，愿意接受其他派别的怀疑并和公司、企业一起工作。而反美国主义则是一种在统治派和另类派中占有优势地位的思想，而这种思想使得运动在“9·11”事件之后非常麻烦。[1]

在本书的第五章最后一部分，提到了 AlterNet 2003 年 2 月 19 日转发的来自反精英之一的诺曼·所罗门的文章《全球化及其不满者》，以及另一位反精英汤姆·海登 2003 年 9 月 14 日《坎昆文件：抗议者庆祝帝国的失败》，也表达了同样的反资本主义、反美主义的思想。所罗门在他的《全球化及其不满者》中直接指出全球化有两种，一种是华盛顿体制精英所赞成的“全球化”，是“金钱所驱动的全球化”，是“公司全球化”，而另外一种全球化则是“反对类似 NAFTA 和 WTO 等全球超级结构的人”所发起的“运动的全球化”，是一种为了“劳工权利、经济正义、环境保护而团结起来的全球化”。所罗门严厉批评了美国的“公司资本主义和美国军事主义的互联性角色”，认为“一心想着战争的布什政府和那些在国会当中占多数的能人们”是“干涉主义”的热情支持者。

可以注意到，所罗门在《全球化及其不满者》里提到的现象——“媒体把这些积极分子呈现为国际主义的敌人，（把他们呈现为）妄图固化国际界限，加深孤立主义，阻止世界互动交流的国际主义敌人”——到了当下，这种被加置于反全球化积极分子身上的负面定位已经完全反转，反而被特朗普及其幕僚所极力倡导。特朗普执政以来，颁布“禁穆令”，出台各种限制移民政策，派军队到墨西哥督阵修墙，废除奥巴马时代的 TPP 协议以及全民医疗计划，严禁海外设厂，发动对中国的 301 贸易调查，对中国产品增加关税等一系列反全球化行为，已成为美国的政治常态，逆全球化现象有增无减，而我们发现，美国不少另类媒体早就分析了特朗普利用“反全球化积极分子的假面”登上美国政坛的“黑幕”，当然，还有对特朗普如何实施国际经济政策的推理。

---

[1] GREEN D, GRIFFITH M. Globalization and its discontent [J]. International affairs, 2002, 78(1): 49–68, 55–57.

二、“对权力说真话”：另类媒体对逆全球化建制派的批评与揭露

2017 年 5 月 8 日，AlterNet 转发了同行媒体“共同的梦”4 月 21 日的一篇文章《特朗普经济学：新保守主义、新自由主义与反全球化“把戏”的结合》（Trumponomics: Neocon Neoliberalism Camouflaged with Anti-Globalization Circus），除 AlterNet 和“共同的梦”外，很多另类媒体都先后转载了该文章，比如一致行动网（Concerted Action）等。AlterNet 的报道在开头的导语中即指出：“反全球化分子、民族主义者唐纳德·特朗普，正在上演一出‘诱饵上钩调包法’来兜售他的经济政策。”特朗普及其单边主义政策被认为是掀起当今逆全球化高潮的原因之一，而且特朗普是当下所谓的“新编反全球化叙事”的创造者，这种新编反全球化叙事就是把美式全球化带给美国的负面影响归结到“外国人和移民”的身上，认为正是“外国人和非法移民”造成了美国经济的下滑，抢夺了美国工人家庭的“饭碗”，特朗普及其幕僚就是当今的逆全球化建制派代表人物。

这篇被各个另类媒体相继转载的文章作者托马斯·培里（Thomas Palley），是一位政治积极分子，其履历表明，他也是一位美国文化精英，1976 年从牛津大学取得艺术本科学位、后来相继在耶鲁大学获得国际关系硕士学位、经济学博士学位，曾担任过“中美经济与安全评估委员会”首席经济学家。他的作品涉及了宏观经济学理论及政策、国际金融与贸易、经济发展、劳动市场，而其方法则为后凯恩斯主义，其代表作《后凯恩斯经济学：债务、分配与宏观经济》（*Post Keynesian Economics: Debt, Distribution, and the Macro Economy*, Macmillan Press, 1996），《从金融危机到停滞：共同繁荣的毁灭与经济学的功能》（*From Financial Crisis to Stagnation: The Destruction of Shared Prosperity and the Role of Economics*, Cambridge University Press, 2012, ）可以说彰显了他的经济主张。培里目前为“新美国基金会”（New America Foundation）施瓦兹经济发展研究员（Schwartz Economic Growth Fellow）。而“新美国基金会”是美国知名的公益智囊团，专门聚焦一系列公共政策议题，包括技术、国家安全、政治改革以及经济问题，在美国华盛顿地区、纽约、加利福尼亚州、芝加哥以及印第安纳波利都设有专门办公室。托马斯·培里自己也是一位政治积极分子，创立了“民主党经济学和开放社会项目”（Economics for Democratic & Open Societies Project），拥有自己的网络空间（www.thomaspalley.com），担任过美国劳工产业联合会公共政策的助理主任。

在文章里，培里认为特朗普政治上取得成功的关键原因之一是其伪装为支持工人，摆出一副反全球化的姿态。另外，特朗普表达了在大多数美国选民中都吃得开的新保守单边主义倾向，他的新保守单边主义不是一种一次性的、短暂的政治越轨事件，相反，这种新保守单边主义反映了美国政体内在固有的、持久的特征，这对于国际关系秩序有着深远的意义，而这恰恰是一些西欧政府至今可能还未曾领会的问题。

总的来看，培里的文章从三个部分分析了特朗普取得政权及其“全球治理”的策略：首先，特朗普发表种族主义式的民族主义言论，许诺为美国中下层阶级改善经济，从而获取了国内极端分子的投票得以上台。另外，特朗普编造“美国经济恶化责任在外国人和移民”的新全球化叙事，表面对新自由主义政策大肆批判，实则变本加厉推行与其真实身份和利益相符的新自由主义霸权。同时，特朗普在军事上实行全球扩张，继续其美国例外论的单边主义，从而获取了美国两党体制派的默许和支持。培里认为，特朗普新国际经济政策中的“新保守主义带有美国政体特色，是非常稳固的、持久的美国霸权特征”，并非特朗普口无遮拦的“闲谈”，因此，理解特朗普的反全球化伪装，理解其维护“美国制造的全球化”（Globalization made in USA）立场，对于理解和推测未来其国际经济政策非常重要。培里还在文章开头和结尾之处重申，有些外国政府，特别是西欧某些国家，需要仔细“消化”这个问题。

写到这里，想到特朗普上台之后的一切“疯狂”言行，特别是其“推特治国”的媒体策略，再对比主流媒体《纽约时报》以及各种另类媒体对“反全球化运动”的报道差异，我们发现，日益全球化、一体化的国际舞台上的经济、政治议题实际上都是围绕“美式全球化”及其效果所产生的问题的争议。另外，从《纽约时报》1999年年底对反全球化议题的报道，特别是涉及西雅图抗议的几篇报道（可参看附录二），以及另类媒体DN！对西雅图抗议的实事报道，我们知道美国劳工产业联合会与WTO、克林顿政府以及民主党的复杂关系，所以，最后我们可以说，托马斯·培里作为一位有劳工产业联合会背景的经济学家、政治积极分子、NGO创建者、另类媒体使用者、撰稿者，算得上当今美国政坛中有代表性的“反精英”，他对特朗普政治手段的分析是中肯的，但他对特朗普近乎“揭秘”式的批判，比如他直言不讳地宣称特朗普“是个花言巧语的骗子”，只能在各类另类媒体上广泛转载，无法被主流媒体比如《纽约时报》《华尔街日报》等大报采纳，更难以被更多公众所熟知，但这种“对权力说真话”的观点类文章，依然有机会在网络空间里传播，从而在普通民众中传播，进而产生出一种“超越资本主义的激进想象”，这种想象揭露了新自由主义和新保守主义的“融合”，延续了另类媒体的“批判”和“反对”主流话语霸权的独立精神。

对于《纽约时报》专栏作家弗里德曼所指的那些远在“美国世界之外的其他人”，以及那些关心国际时局，为中美贸易战、为叙利亚战争、为俄罗斯乌克兰冲突而揪心而揪心的人们，培里的文章依然不失为当下一盏看清美国总统及其华盛顿幕僚政治手腕的明灯。因此，尽管美国另类媒体的生存依然尴尬，困难重重，但其建构一套完全不同于主流媒体话语体系的能力依然存在，其作为反对新自由主义、批判新自由主义话语传播公地的可能性依然存在。

三、研究价值及未来方向

总的来看，本书研究的价值体现在两个方面：

第一，理论价值：（1）本书把另类媒体和社会运动一同作为资本主义体制下积极争取“社会变革与公平正义”的非制度性力量，注重美国公共领域之间的“比较与对话”，探究另类媒体、主流媒体、社会运动三者之间的动态关系。在这种新视角下，它们之间话语权的争夺、力量的重叠将更立体、更清晰，比以往研究单纯探讨主流媒体对社会运动报道的“刻板印象”更具建设性。（2）本书立足于新媒体语境，结合互联网政治、社会运动和国际新闻领域的最新研究成果，关注美国反全球化运动不同时间周期的新特点，挖掘美国反全球化运动话语主体的另类媒体实践及其影响，在国际传播研究领域中发出了“中国”声音。

第二，应用价值：（1）考察为抵制美国主流媒体“谎言”而成立的“另类媒体”，特别是新媒体语境下的另类媒体在构建“反”全球化运动过程中，如何与作为“首要公共领域机构的大众传媒”抢夺话语权这一复杂的国际传播问题，可以更好地理解当今国际语境中“逆”全球化话语的历史根源及其现实变数，为我国建构“联结中外、沟通世界”的全球传播目标提供积极的策略支持。（2）本书从新媒体语境下新闻社会学和话语传播的路径来理解运动中不同话语体系的冲突与构建，这种注重“保卫全球化”与“批评 / 反全球化”言说（者）的研究，不仅能从新的维度还原反全球化运动的内涵与实质，还能总结美国建制派与积极分子关于“全球治理”争议中正反两方面的经验，有望为我国构建积极的“对外传播”话语体系提供路径参照。

之前我们讨论过，另类媒体的定义和“民主”一样，是个含糊的词汇，很多媒体生产者都排斥他人把自己的媒体标签为“另类媒体”，尽管他们的财政结构和决策过程与主流媒体大相径庭。[1] 他们更愿意把这种另类媒体看作“独立媒体”，这种情况，随着数字技术的快速发展，“另类媒体之所以另类”的语境开始消失，因为数字网络业已颠覆了所谓的“消息近用的等级秩序”，另类媒体引以为豪的为积极分子“赋权”的功能开始受到挑战，一位政治积极分子和媒体生产者曾说过：“在一个任何人都可以从任一个新闻媒体找到任何一个报告或文章的时代里，再去把我们自我边缘化为‘另类’就没有意义了。”[2]

2015 年，美国纽约大学新闻与传播系的珍妮福 · 洛奇针对不同媒体不断融合情境，对研究界缺乏对另类媒体受众的专门研究这一现象产生了兴趣，她从受众群体的角度

[1] ALBERT M. What makes alternative media alternative? [EB/OL]. [2018-05-18]. 1997. http:// zcommunication.org/content/607.

[2] HAMILTON J F. Democratic communication: formations, projections, possibilities [M]. Lanham: Lexington Books, 2008. 94.

来考察另类媒体的概念，提出了三个研究问题：第一，在另类媒体受众眼中，什么样的媒体是另类的？第二，这些另类媒体受众使用最为频繁的另类媒体有哪些？第三，这些另类媒体使用者最看重的另类媒体属性是什么？

也是2015年，两位来自得克萨斯州的学者，一位是得克萨斯州奥斯汀大学（University of Texas at Austin）新闻学院的萨默尔·哈尔陆（Summer Harlow），一位是得克萨斯州大学艾灵顿校区传播系（The University of Texas at Arlington）的达斯汀·哈尔普（Dustin Harp）。他们在网络上对美国和以西班牙语为母语的拉美国家积极分子另类媒体使用情况展开了调查。之后两位作者给不同地区200名的积极分子发送邮件，邀请他们参加基于网络的线上调查。作者的研究问题有三个：第一，积极分子经常从哪里获取新闻？第二，在社会运动中，积极分子认为哪种形式的媒体（印刷类、社群广播、电视、在线另类媒体以及社交媒体）更重要？第三，积极分子如何看待主流媒体在民主与社会正义中的角色？

以上两位于2015年发表的研究成果属于近来另类媒体研究中难得一见的，针对受众的经验研究，其提出来的问题也是本书想要进一步研究的问题。由于本书重点描述另类媒体对社会运动的媒介呈现和话语构建能力，是针对另类媒体的社会功能和传播意义产生疑问后所做的探究性研究，但实际上，另类媒体实证研究领域中，受众研究依然缺乏。珍妮福·洛奇和萨默尔·哈尔陆所提的几个问题，一是针对拉美和美国积极分子受众所做的线上调查；二是针对美国另类媒体和主流媒体混合受众所做的线上调查，缺乏对美国普通民众，特别是那些“边缘中的边缘人”，那些对新闻和政治普遍冷漠的群体受众的研究。因此，对另类媒体的使用与感知的线上调查，推测美国另类媒体在积极分子这一政治圈层之外的使用与扩散，推断在技术融合、新闻融合、管理融合的历史语境下，另类媒体的传播效果和媒介化情况，而非另类媒体如何发声，是本书需要加强的地方，未来的另类媒体研究，除了一如既往地重视文本“内容”之外，应该更多转向其文本的“接受”研究，以及其影响等效果研究。

参考文献

一、中文著作类

1. 卜卫，张琪．消除家庭暴力与媒介倡导：研究、见证与实践 [M]. 北京：中国社会科学出版社，2011.
2. 冯仕政．西方社会运动理论研究 [M]. 北京：中国人民大学出版社，2013.
3. 罗慧．传播公地的重建：西方另类媒体与传播民主化 [M]. 北京：社会科学文献出版社，2012.
4. 刘颖．新社会运动理论视角下的反全球化运动 [M]. 上海：复旦大学出版社，2013.
5. 王辉耀，苗绿．全球化 VS 逆全球化：政府与企业的挑战与机遇 [M]. 北京：东方出版社，2017.
6. 翁秀琪．新闻与社会真实建构——大众媒体的官方消息源与社会运动的三角关系 [M]. 台北：三民书局，1997.
7. 约瑟夫・E. 斯蒂格利茨．让全球化造福全球 [M]. 北京：中国人民大学出版社，2017.
8. 杨悦．美国社会运动的政治过程 [M]. 北京：社会科学文献出版社，2014.
9. 赵鼎新．社会与政治运动讲义 (第二版)[M]. 北京：社会科学文献出版社，2012.
10. 周翔．传播内容分析研究与应用 [M]. 重庆：重庆大学出版社，2014.
11. 唐任伍．涡流：反全球化运动的理论与实践 [M]. 北京：经济管理出版社，2020.

二、译著类

12. 蒂利．社会运动：1968—2004[M]. 胡卫钧，译．上海：上海世纪出版集团，2004.
13. 赫尔德，麦克格鲁．全球化与反全球化 [M]. 陈志刚，译．北京：社会科文献出版社，2004.
14. 哈克特，凯偌尔．媒介重构：公共传播的民主化运动 [M]. 李异平，李波，译．广州：暨南大学出版社，2011.
15. 班尼特．美国媒体的权力．去西化媒介研究 [M]. 卡伦，朴明珍，编．卢家银，等译．北京：清华大学出版社，2011.
16. 泰勒，威利斯．媒介研究：文本、机构与受众 [M]. 黄靖，黄佩，译．北京：北京大学出版社，2003.
17. 舒德森．新闻社会学 [M]. 徐桂权，译．北京：华夏出版社，2010.
18. 舒德森．为什么民主需要不可爱的新闻界 [M]. 贺文发，译．北京：华夏出版社，2010.
19. 吉特林．新左派运动的媒介镜像 [M]. 张锐，译．北京：华夏出版社，2007.
20. 迪克．话语研究多学科导论 [M]. 周翔，译．重庆：重庆大学出版社，2015.
21. 塔罗，等．社会运动论 [M]. 张等文，张兆政，译．吉林：吉林人民出版社，2011.
22. 梅罗维茨．消失的地域：电子媒介对社会行为的影响 [M]. 肖志军，译．北京：清华大学出版社，2002.

三、中文期刊论文

24. 郭镇之．逆全球化背景下的跨文化传播：困境与对策．对外传播 [J]. 2020(8): 4－6.
25. 韩鸿．全球传播与公民媒介监督——从“反 CNN”网站看当代中国的赛博行动主义 [J]. 郑州：郑州大学学报（哲学社会科学版），2009，42（1）：172−176.
26. 李异平．试论美国另类媒介．国际新闻界 [J]. 2010(1):102.
27. 罗慧．挑战主流商业媒体的另类声音——从纸老虎电视的运作看美国另类电视的传播理念与实践 [J]. 新闻记者，2010(5):62.
28. 夏倩芳，景义新．社会转型与工人群体的媒介表达——《工人日报》1979—2008 年工人议题报道之分析 [J]. 新闻与传播评论，2008(1):174−182.
29. 尹连根，刘晓燕．姿态性融合：中国报业转型的实证研究 [J]. 新闻与传播研究，2013(2): 99−112.

四、外文著作类

30.ALBERT M. What makes alternative media alternative? [M]. Z magazine, 1997.
31.ATKINSON J. Alternative media and politics of resistance: A communicative perspective [M]. Peter Lang, 2010.
32.ATTON C. Alternative media[M]. Thousand Oaks: Sage Publications, 2002.
33.ATTON C. Alternative media [M]//J DOWNING. Encyclopedia of social movement. Thousand Oaks: Sage Publication, 2011.
34.ATTON C. An alternative internet: radical media, politics and creativity [M]. Edinburgh:

Edinburgh University Press, 2004.
35.ATTON C. Separate, supplementary or seamless? alternative news and professional journalism [M]//C PETERS, M BROERSMA. Rethinking Journalism: trust and participation in a transformed news landscape. London, New York: Rutledge, 2013: 131—143.
36.BAGDIKIAN B. The media monopoly [M]. Boston: Beacon Press, 2000.
37.BAILEY O, CAMMAERTS B, CARPTENTIER N. Understanding alternative media [M]. McGraw—Hill: Open University Press, 2008.
38.BOB C. The marketing of rebellion: insurgents, media, and international activism [M]. Cambridge, England: Cambridge University Press, 2005.
39.BRAUCHLER B, POSTILL J. Theorizing media and practice [M]. Oxford, New York: Berghahn, 2010.
40.CASTELLS M. The power of identity [M]. Blackwell Publishers Ltd, 1997.
41.COFFMAN J. Lessons in evaluating communications campaigns: five case studies [C]. Harvard Family Research Project, 2003.
42.COULDRY N, CURRAN J. Contesting media power: alternative media in a networked world [M]. Lanham, Boulder, New York, Toronto, Oxford: Rowman, Littlefield Publishers, INC, 2003.
43.COYER K, DOWMUT T, FOUNTAIN A. The alternative media handbook [M]. London：Routledge, 2007.
44.CURRAN J, SEATON J. Power without responsibility: the press, broadcasting and new media in Britain [M]. London: Routledge, 2003.
45.CURREN G. 21st century dissent: anarchism, anti—globalization and environmentalism [M]. Palgrave & Macmillan, 2006.
46.DAGRON G A. The long and wading road of alternative media [M]// D H DOWNING, D MCQUAIL, P SCHLESINGER, et.al. The Sage handbook of media studies[M]. Thousand Oaks: Sage, 2004: 41—65.
47.DELLA PORTA D, M DIANI. Social movements: an introduction [M]. Oxford: Blackwell, 1999.
48.DELLA PORTA D. The global justice movement: cross—national and transnational perspectives [M]. New York: Paradigm, 2006.
49.DOBSON H. Japan and the G7/8: 1975—2002 [M]. London：Routledge, 2004.
50.DOWNING J, FORD H, GIG T V, et al. Radical media: rebellious communication and social movements [M]. Thousand Oaks: Sage, 2001.
51.DOWNING J, HAMILTON J. Alternative journalism: journalism studies: key texts [M].

Sage, 2008.
52.DOWNING J. Radical media: The political experience of alternative communication [M]. Boston: South End Press, 1984.
53.DOWNING J. Radical media: rebellious communication and social movements [M]. Thousand Oaks: Sage Publications, 2001.
54.DOWNING J. The independent media center movement and the anarchist social tradition [M]// COULDRY N, CURRAN J. Contesting media power. London: Rowman, Littlefield, 2003: 243–250.
55.FERANNDEZ A L. Policing dissent: social control and the anti–globalization movement [M]. Rutgers University Press, 2008.
56.FORDE S. Challenging the news: the journalism of alternative and community media [M]. Palgrave Macmillan, 2011.
57.FREEMAN J. The politics of women's liberation [M]. New York: Longman, 1975.
58.FRIEDMAN T. The Lexus and the olive tree [M]. Farrar, Straus and Giroux, 1999.
59.FUCHS C. Foundations of critical media and information studies [M]. New York: Routledge, 2011.
60.GAMSON W. Bystanders, public opinion and the media [M]//D SNOW, S A SOULE, H KRIESI. The Blackwell companion to social movements. Malden, MA: Blackwell Publishing, 2004: 242 - 261.
61.GANS H. Deciding what's news [M]. New York: Vintage Books, 1980.
62.GAUTNEY H. Protest and organization in the alternative globalization era: NGOs, social movements, and political parties [M]. London：Palgrave Macmillan, 2010.
63.GITLIN T. The whole world is watching: mass media in the making and unmaking of the new left [M]. Berkeley: University of California Press, 1980.
64.HACKETT R A, ZHAO YUEZHI. Sustaining democracy? journalism and the politics of objectivity [M]. Toronto: Garamond, 1998.
65.HALLIN D C. Neoliberalism, social movements and change. [M]//Hesmondhalgh D,Toynbee J I. the Media and Social Theory. [M]. London: Routledge, 2008.
66.HALLIN D. The uncensored war [M]. New York: Oxford University Press, 1986.
67.HAMILTON J F. Democratic communication: formations, projections, possibilities [M]. Lanham: Lexington Books, 2008.
68.HARCUP T. Alternative journalism, alternative voice [M]. New York and London: Routledge, 2014.
69.HARCUP T. Alternative journalism, alternative voices [M]. New York and London：

Routledge, 2013.
70.HARVEY D. A brief history of neoliberalism [M]. Oxford: University Press, 2005.
71.HARVEY D. The enigma of capital: and the crises of capitalism [M]. London: Profile, 2010.
72.HEBDIGE D. Subculture: the meaning of style [M]. London: Zed Books, 1979.
73.HEPP A. Cultures of mediatization [M]. Cambridge: Polity, 2013.
74.IYENGAR S. Is anyone responsible? how television and frames political issues [M]. Chicago: University of Chicago Press, 1991.
75.JURIS J S. Networking futures: the movements against corporate globalization [M]. Durham: Duke University Press, 2008.
76.KAVADA A. Internet cultures and protest movements: the cultural links between strategy, organizing and online communication [M]//B CAMMAERTS, A MATTONI, P MCCURDY. Mediation and protest movements. Bristol: Intellect, 2013: 75 - 94.
77.KENIX L J. Alternative and mainstream media: the converging spectrum [M]. London &New York: Bloomsbury Academic, 2011.
78.KENIX L J. Commercialism and the deconstruction of alternative and mainstream media [M]//A CHRIS. The routledege companion to alternative and community media. Oxford, New York: Routledge, 2015: 66−76.
79.KIDD D. Become the media: the global IMC network [M]//A OPAL, D. POMPPER. Representing resistance: media, civil disobedience and the global Representing resistance: media, civil disobedience and the global justice movement. Westport: Praeger, 2003: 224−240.
80.KLEIN N. Windows and fences [M]. New York: Picador, 2002.
81.KOOPMANS R. Protest in time and space: the evolution of waves of contention [M]// D SNOW S A SOULE, H KRIESI. The blackwell companion to social movements. Malden: Blackwell Publishing, 2004: 19−46.
82.KRIESI H. Political context and opportunity [M]//D SNOW S A SOULE, H. KRIESI. The blackwell companion to social movements. Malden: Blackwell Publishing, 2004: 69−90.
83.LADD M J. Why Americans hate the media and how it matters [M]. Princeton and Oxford: Princeton University Press, 2012.
84.LANGLOIS A, DUBBOIS F. Autonomous media: activating resistance and dissent [M]. Montreal: Cumulus Press, 2005.
85.LIEVROUW L. Alternative and activist new media [M]. Cambridge: Polity, 2011.
86.MARGARET K, KATHRYN S. Activists beyond borders: advocacy networks in

international politics [M]. Ithaca: Cornell University Press, 1998.

87.MCCHESBEY R W. The problem of the media: U.S. communication politics in the twenty–first century [M]. New York: Monthly Review Press, 2004.

88.MCLEOD D M, HERTOG J K. Social change and the mass media's role in the regulation of protest group [M]//D DEMERS, K VISWANATH. Mass Media, Social Control and Social Change. A Macrosocial Perspective. Ames, IO: Iowa State University Press, 1999: 305–330.

89.METERS T. A movement of movements: Is another world really possible? [M]. London, New York: Verso, 2004.

90.MONTERDE A, POSTILL J. Mobile ensembles: The uses of mobile phones for social protest by Spain's indignados [M]//G GOGGIN, L HJORYH. The Routledge companion to mobile media. London, England: Routledge, 2013.

91.MUELLER M, PAGE C. Reinventing media activism: Public interest advocacy in the making of U. S. Communication – Information Policy, 1960—2002 [M]. Social Science Electronic Publishing, 2004. [2016–01–31]. Http: //www. ccent.syr.edu.

92.O BYRNE D J, HENSBY A. Theorizing Global Studies [M]. London：Palgrave Macmillan, 2011.

93.OPEL A, POMPPER D. Representing resistance: Media, civil disobedience, and the global justice movement [M]. Westport: Connecticut Praeger, 2003.

94.PADOVANI C. Activists' communication in a post–disaster zone: Cross–media strategies for protest mobilization in L'Aquila, Italy [M]//B CAMMAERTS, A MATTONI, P MCCURDY. Mediation and protest movements. Bristol, England: Intellect, 2013: 179 - 204.

95.PECK A. Uncovering the sixties: the life and times of the underground press [M]. New York: Pantheon, 1985.

96.PITMAN T. Latin American cyberprotest: Before and after the Zapatistas [M]//C TAYLOR, T PITMAN. Latin American cyberculture and cyberliterature. Liverpool, England: Liverpool University Press, 2007: 86 - 111.

97.PLEYERS G. Alter–Globalization: Becoming Actors in the global age [M]. Cambridge: Polity Press, 2010.

98.POSTILL J. Introduction: Theorizing media and practice [M]//B BRAUCHLER, J POSTILL. Theorizing media and practice. Oxford; New York: Berghahn, 2010.

99.RODRIGUEZ C. Fissure in the mediascape: an international study of citizen's media [M]. Cresskill: Hampton Press, 2001.

100.ROGGEBAND C, KLANDERMANS B. Introduction [M]//C ROGGEBAND, B. KLANDERMANS. Handbook of social movements across disciplines. New York: Springer,

2007: 1 - 13.
101.ROHLINGER D, KAIL B, TAYLOR M, CONN S. Outside the mainstream: Social movement organization media coverage in mainstream and partisan news outlets [M]//Media, Movements, and Political Change, 2012, 33: 51−80. (2015−03−09).
102.ROHLINGER, et al. Outside the mainstream: social movement organization media coverage in mainstream and partisan news outlets [EB/OL]. [2015−07−25]. http://dx.doi.org/10.1108/S0163−786X(2012)0000033006.
103.Royal commission on thepress: Periodicals and the alternative press [M]. London: HMSO, 1977.
104.RUCHT D. The quadruple "a" . Media strategies of protest movements since the 1960s [M]//WAN V DE DONK, et al. Cyberprotest: new media, citizens and social movements. London, New York: Routledge, 2004: 25−46.
105.SCALMER S. Mediated nonviolence as a global force: An historical perspective [M]// B CAMMAERS A MATTONI P, MCCURDY. Mediation and protest movements. Bristol: Intellect, 2013: 115 - 132.
106.SCHEER C, SCHEER R, CHAUDHRY L. The five biggest lies bush told us about Iraq [M]. Akashic Books: Seven Stories Press, 2003.
107.SCHLESINGER P, TUMBER H. Reporting crime: the media politics of criminal justice [M]. Oxford: Clarendon Press, 1994.
108.SCOTT J C. Weapons of the weak: everyday forms of peasant resistance [M]. New Haven: Yale University Press, 1985.
109.SHEOIN M T, YEATS N. Policing anti−globalization protests: patterns and variations in state responses [M]//S DASGUPTA, J N PIETERSE. Politics of globalization. London: Sage, 2009: 197−241.
110.SNOW D A. Framing processes, ideology and discursive fields [M]//D SNOW, S A SOULE, H KRIESI. The blackwell companion to social movements. Malden: Blackwell Publishing, 2004: 380−412.
111.SNOW D A, SOULE S A, KRIESI H. Mapping the Terrain [M]//D A SNOW, S A SOULE, H KRIESI. The blackwell companion to social movements. Blackwell Publishing, 2004: 1−16.
112.SOBIERAJ S. Soundbitten: the perils of media−centered political activism [M]. New York: New York University Press, 2011.
113.STUART A. News culture [M]. Buckingham: Open University Press, 1999.
114.SUROWIECKI J. Wisdom of the crowds [M]. New York: First Anchor Books, 2005.

115.TARROW S. Power in movement: collective action, social movements and politics [M]. Cambridge: Cambridge University Press, 1994.
116.VELTMERRYER H. New perspective on globalization and anti-globalization: prosepect for a new world order? [M]. Hampshire and Burlington: Ashgate Publising Limited, 2008.
117.VLIEGENTHART R, WALGRAVE S. The interdependency of mass media and social movements [M]//SEMETKO H, SCAMMEL M. The sage handbook of political communication. London: Sage Publications, 2012: 387-398.
118.WOLFSON T. Cyber Left: indymedia and the making of twenty-first century struggle [D]. University of Pennsylvania, 2009.
119.WOLFSON T. Digital rebellion: the birth of the cyber left [M]. Urbana, Chicago, and Springfield: University of Illinois Press, 2014.

五、外文期刊类

120.AMENTA, et al. All the movements fit to print: who, what, when, where, and why SMO families appeared in the New York Times in the twentieth century [J]. American sociological review, 2009, 74: 636-656.
121.ANDERSSON L. There is no alternative: the critical potential of alternative media for challenging neoliberal discourse [J]. Triple c, 2012, 10(2):762-764.
122.ANDREWS T K, CAREN N. Making the news: movement organizations, media attention, and the public agenda [J]. American sociological review, 2010, 75(6): 841 - 866.
123.ATKINSON J. Toward an understanding about complexities of alternative media: Portrayal of power in alternative media [J]. Qualitative research reports in communication, 2005, 6(1): 77-84.
124.ATTON C, WICKENDEN. Sourcing routines and representation in alternative journalism: a case study approach [J]. Journalism Studies, 2005, 6 (3): 347-359.
125.ATTON C. What is “alternative journalism?” [J]. Journalism: theory, practice and criticism, 2003, 4(3): 267-272.
126.BENNETT W L. et al. Managing the public sphere: Journalistic construction of the great globalization debate [J]. Journal of communication, 2004, 54(3): 437-455.
127.BENNETT W L, SEGERBERG A. The logic of connective action: digital media and the personalization of contentious politics [J]. Information, communication, society 2012, 15(5): 739-768.
128.BENNETT W L, PICKARD V, IOZZI D, et al. Managing the public sphere: journalistic

construction of the great globalization debate [J]. Journal of communication, 2004, 54(3): 437 - 455.

129.BENNETT L. Toward a theory of press-state relations [J]. Journal of communication, 1990, 2(40):103-125.

130.BHAGWATI J. Anti-globalization: why? [J]. Journal of policy modeling, 2004, 26: 439-463.

131.BOYKOFF J. Framing dissent: mass-media coverage of the global justice movement [J]. New political science, 2006, 28(2): 201-228.

132.BOYLE M P, SCHMIERBACH M. Media use and protest: the role of mainstream and alternative media use in predicting traditional and protest participation [J]. Communication quartely, 2009, 57(1): 1-77.

133.CAMMAERTS B. Protest logics and the mediation opportunity structure [J]. European journal of communication, 2012, 27(2):117—134.

134.CHAKRAVARTTY P, SCHILLER D. Neoliberal newspeak and digital capitalism in crisis [J]. International journal of communication, 2010, 4: 670-692.

135.CISEL M. Media framing: a comparative content analysis on mainstream and alternative news coverage of occupy Wall Street [J]. The elon journal of undergraduate research in communication, 2012, 3(1): 67-77.

136.COULDRY N, HEPP A. Conceptualizing mediatization: contexts, traditions, arguments [J]. Communication theory, 2013, 23: 191—202.

137.DOUAI A. The police and populace: Canadian media's visual framing of the G20 Toronto summit [J]. Canadian journal of communication, 2014, 39: 175-192.

138.DOWNING J. Social movement theories and alternative media: an evaluation and critique [J]. Communication, culture& critique, 2008, 1: 40-50.

139.ENTEMAN R. Framing U.S. coverage of international news: contrasts in narratives of the KAL and Iran Air incident [J]. Journal of communication, 1991, 41: 6-25.

140.ENTERMAN R. Framing: towards clarification of a fractured paradigm [J]. Journal of communication 1993, 43: 51-58.

141.FRASER N. Rethinking the public sphere: a contribution to the critique of actually existing democracy [J]. Social text, 1990, 25(26): 56-80.

142.FUCHS C. Some theoretical foundations of critical media studies: reflections on Karl Marx and the media [J]. International journal of communication, 2009, 3: 369-402.

143.FUCHS C. Some reflections on Manuel Castells' book networks of outrage and hope: social movements in the internet Age [J]. Triple c, 2012, 10(2): 775 - 797.

144.FUCHS c, et al. Capitalist crisis, communication and culture: Introduction to the special issue [J]. Triple c, 2010, 2(8): 193−204.

145.GAMSON W A, WOLFSFELD G. Movements and media as interacting systems [J]. Annuals of the academy of political and social science, 1993, 5(28): 114 - 125.

146.GAMSON W A, MODIGLIANI A. Media discourse and public opinion on nuclear power: a constructionist approach [J]. American journal of sociology, 1989, 95(1): 1−37.

147.GAMSON W A, et al. Media images and the social construction of reality [J]. Annual review of sociology, 1992, 18: 373−393.

148.GANZ M. Resources and resourcefulness: Strategic capacity in the unionization of California agriculture, 1959 - 1966 [J]. American journal of sociology, 2000, 105(4): 1003 - 1062.

149.GAWOR L. Globalization and its alternatives: antiglobalism, alterglobalism and the idea of sustainable development [J]. Sustainable development, 2008, 16: 126−134.

150.GERBAUDO P, TRERE E. In search of the “we” of social media activism: introduction to the special issue on social media and protest identities [J]. Information, communication & society, 2015, 18(8): 865 - 871.

151.GERBAUDO P. From cyber−autonomism to cyber−populism: an ideological history of digital activism [J]. Triple c, 2017, 15(2): 478−491.

152.GRAEBER D. The new anarchists [J]. New left review, 2002, 13: 16−71.

153.GRANTHAM B, MILLER T. The end of neoliberalism [J]. Popular communication, 2010, 8(3): 174−177.

154.GREEN D, GRIFFITH M. Globalization and its discontent [J]. International affairs, 2002, 78(1): 49−68.

155.GROSHEK J, HAN Y. Negotiated hegemony and reconstructed boundaries in alternative media coverage of globalization [J]. International journal of communication 2011, 5: 1523−1544.

156.HASS T. Alternative media, public journalism and the pursuit of democratization [J]. Journalism studies, 2004, 5: 115−121.

157.HAMILTON J F. Alternative media: conceptual difficulties, critical possibilities [J]. Journal of communication inquiry, 2000, 24(4): 357 - 378.

158.HANSPETER R, DUYVENDAK J, GIUGNI M. New social movement in Western Europe: a comparative analysis [J]. Contemporary sociology, 1995, 26(3): 508−510.

159.HARCUP T. “The unspoken—said.” The journalism of alternative media [J]. Journalism, 2003, 4(3): 356 - 376.

160.HARCUP T. I am doing this to change the world: journalism in alternative and mainstream media [J]. Journalism studies, 2005, 6 (3): 361–374.

161.HARLOW S, HARP D. Comparing news and information use among activists in the United States and Latin America [J]. Communication, society, 2013, 4: 25–51.

162.HEPP A, HJARVARD S, LUNDBY K. Mediatization: empirical perspectives [J]. Communications, 2010, 35: 223–228.

163.HJARVARD S. The mediatization of society: a theory of the media as agents of social and cultural change [J]. Nordicom review, 2008, 29(2): 105–134.

164.JAKOB N G E. No alternatives? the relationship between perceived media dependency, use of alternative information sources, and general trust in mass media [J]. International journal of communication, 2010, 4: 589–606.

165.JEPPESEN S. Understanding alternative media power: mapping content &practice to theory, ideology and political action [J]. Democratic communication, 2016, 27: 54–77.

166.JR BARBER R E, DUNN R A, MARSHALL S. Alternative vs. traditional news: a content analysis of news coverage of the 10th anniversary of Sept, 11 [J]. American communication journal, 2013, 15(4): 1–18.

167.JURIS J S. The new digital media and activist networking within anti–corporate globalization movements [J]. Annals of the American academy of political and social science, 2005, 597: 189–208.

168.KAIBIN XU. Framing occupy wall street: a content analysis of the New York Times and USA Today [J]. International journal of communication, 2013, 7: 2412–2432.

169.KUTZ FLAMENBAUM R, STAGGENBORG S, DUNCAN B. Media framing of the Pittsburgh G–20 protests [J]. Media, movements, and political change, 2012, 33: 109–135.

170.LEE J. How alternative and alternative for what? reconceptualizing alternative media in the global age [J]. International communication association, 2007, 23(5): 1–27.

171.LOADER D B. Social movements and new media [J]. Sociology Compass, 2008, 2(6):1920 - 1933.

172.MARTIN–BARBERO J. A Latin American perspective on communication/cultural mediation [J]. Global media and communication, 2006, 2(3): 279—297.

173.MATHES R, PFETSCH B. The role of the alternative press in the agenda–building process: spillover effects and media opinion leadership [J]. European journal of communication, 1991, 6(1): 33–62.

174.MATTONI A, TRERE E. Media practices, mediation processes, and mediatization in the study of social movements [J]. Communication theory, 2014, 24: 252–271.

175.MCCHESNEY R. The problem of journalism: a political economic contribution to an explanation of the crisis in contemporary US journalism [J]. Journalism studies, 2003, 4 (3): 299−329.

176.MCFARLANE T, HAY I. The battle for Seattle: protest and popular geopolitics in the Australian newspaper [J]. Political geography, 2003, 22: 211−233.

177.MILIONI D L. Probing the online counterpublic sphere: the case of indymedia athens [J]. Media, culture and society, 2009, 31: 409−431.

178.OLORUNNISOLA A, MARTIN B. Influences of media on social movements: problematizing hyperbolic, inferences about impacts [J]. Telematics and informatics, 2013, (30): 275—288.

179.PICARD V W. Assessing the radical democracy of indymedia: discursive, technical, and institutional constructions [J]. Critical studies in media communication, 2006, 23: 19−38.

180.PICARD V W. United yet autonomous: indymedia and the struggle to sustain a radical democratic network [J]. Media, culture and soceity, 2006, 28(3): 315−336.

181.PICKERILL J. Autonomy online: indymedia and practices of alterglobalisation [J]. Environment and planning A, 2007, 39: 2668−2684.

182.PLATON D, DIANI M. Indymedia journalism. a radical way of making, selecting, and sharing news? [J]. Journalism, 2003, 4(3): 336−355.

183.RAUCH J. Exploring the alternative −mainstream dialectic: what “alternative media” means to a hybrid audience [J]. Communication, culture & critique, 2015, 8: 124−143.

184.RAUCH J. Are there still alternatives? relationship between alternative meeting and mainstream in a converged environment [J]. Sociology compass, 2016, 10(9): 756−754.

185.RECKWITZ A. Toward a theory of social practices: a development in culturist theorizing [J]. European journal of social theory, 2002, 5: 243−263.

186.ROBIE D. How “alternative” media can again be mainstream [J]. Pacific journalism review, 2012, 18(2): 199−202.

187.ROBERTSON R. Globalization or glocalization? [J]. The journal of international communication, 2012, 18(2): 191−208.

188.RODRIGUEZ C, FERRON B, SHAMAS K. Four challenges in the field of alternative, radical and citizens’ media research [J]. Media, culture, society, 2014, 36(2): 152−166.

189.ROHLINGER D A. Friends and foes: media, politics, and tactics in the Abortion War [J]. Social problems, 2006, 53(4): 537 - 561.

190.SCOTT D K, CHANSLOR M, DIXON J. FAIR and the PBS NewsHour: assessing diversity and elitism in news sourcing [J]. Communication quarterly, 2014, 58 (3): 319−340.

191.SMITH J, et al. From protest to agenda building: description bias in media coverage of protest events in Washington, D.C [J]. Social forces, 2001, 79(4): 1397−1423.
192.STARR A, ADAMS J. Anti−globalization: the global fight for local autonomy [J]. New political science, 2003, 25 (1): 19−42.
193.STIGLITZ J E. Globalism's discontents [J]. The American prospect, 2002, 13(1): 1−14.
194.SWINNEN J F M, AMSTER R. Summits, riots and media attention: the political economy of information on trade and globalization [J]. World economy, 2006, 29 (5): 637−654.
195.TRERE E. Social movements as information ecologies: exploring the coevolution of multiple internet technologies for activism [J]. International journal of communication, 2012, 6: 2359 - 2377.
196.TSFATI Y, PERI Y. Mainstream media skepticism and exposure to sectorial and extranational news media: the case of Israel [J]. Mass communication & society, 2016, 9(2): 165 - 187.
197.VAN ALEST P, WALGRAVE. New media, new movement? the role of the internet in shaping the "anti−globalization" movement [J]. Information, communication& society, 2002, 5(4): 465−493.
198.WILLES R, RICARD D. How does paper coverage of collective action vary? protest by indigenous people in Canada [J]. The social science journal, 2007, 44: 231−251.
199.WOLFSON T. From the Zapatistas to Indymedia: dialectics and orthodoxy in contemporary social movements [J]. Communication, culture & critique, 2012, 5: 149 - 170, 2009.
200.WOUTERS R. Reporting demonstrations: on episodic and thematic coverage of protest events in Belgian Television News [J]. Political communication, 2015, 32: 475−496.

外文会议类

201.KAVADA A. The "alter−globalization movement" and the internet: a case study of communication networks and collective action. [C]. Corton Colloquium 2006− Cultural Conflicts, Social Movements and New Rights: A European Challenge, 2006−10−20. Cortona: Workshop: Social Movements, Media and Communication, 2006.
202.KORZENIEWICZ R P, SMITH W C. Protest and collaboration: transnational civil society networks and the politics of summitry and free trade in the Americas [C]. Washington, D.C: XXIII International Congress of the Latin American Studies Association, 2001.

203.VAN DEN BULCK H, BEDOYAN I. The movement against neo liberal globalization and the media: Friends or enemies? a case study[C]. 54th Annual ICA Conference Communication in the Public Interest. 2004-05-01.

外文电子资源

204.ANOMYNOUS. End the movement against corporate globalization? [EB/OL]. (2011-09-20). http://www.alternet.org/speakeasy/2011/09/20/did-911-end-the-movement-against-corporate-globalization.

205.AGENCE FRANCE PRESSE. “Black bloc” anarchist violence mars Brazil unrest [EB/OL]. (2013-10-15). http://www.alternet.org/progressive-wire/black-bloc-anarchist-violence-mars-Brazil-unrest.

206.BERKSHIRE J. In time of war, hope triumphs in porto alegre [EB/OL]. (2003-01-29). http://www.Alternet.org/story/15063/in_time_of_war%2C_hope_triumphs_in_porto_alegre.

207.BLUMENTHAL M. Israel’s right-wing govt: knew abducted teens were already dead as it whipped up racist frenzy [EB/OL]. (2014-07-08). http://www.alternet.org/world/netanyahu-government-knew-teens-were-dead-it-whipped-racist-frenzy.

208.BOLTON A, NEEDHAM V. Is fast-track trade promotion authority for the TPP Dead? [EB/OL]. (2014-01-30). http://www.alternet.org/activism/fast-track-trade-promotion-authority-tpp-dead.

209.BRUNO K. After Carlo Giuliani, peaceful protests must continue [EB/OL]. (2001-07-24). http://www.alternet.org/story/11231/after_carlo_giuliani%2C_peaceful_protests_must_continue.

210.CORN D. Loyal opposition: movement with no name [EB/OL]. (2007-09-10). http://www.alternet.org/story/9082/loyal_opposition%3A_movement_with_no_name.

211.CORN D. Loyal opposition: shadowing the republicrats [EB/OL]. (2000-06-22). https://www.alternet.org/story/9348/loyal_opposition%3A_shadowing_the_republicrats.

212.DESJARDINS J. Building on energy from massive protest movement, quebec steelworkers take on Rio Tinto [EB/OL]. (2012-03-27). https://www.alternet.org/story/155612/building_on_energy_from_massive_protest_movement%2C_quebec_steelworkers_take_on_rio_tinto.

213.DOUGHERTY C. Anti-globalization activists change the debate.[EB/OL]. (2002-02-27). http://www.alternet.org/story/12517/anti-globalization_activists_change_the_debate.

214.EARL J, ROHLINGER D A. Introduction in media, movements, and political change

[EB/OL]. [2015-07-25]. http://dx.doi.org/10.1108/S0163-786X (2012)0000033004.
215.EIDELSON J. Labor and progressive groups join occupy wall street in solidarity March [EB/OL]. (2011-10-11). https://www.Alternet.org/story/152619/labor_and_progressive_groups_join_occupy_wall_street_in_solidarity_march.
216.ENGLER M. Is "taking it to the streets" worth the bruises, tear gas and arrests? [EB/OL]. (2008-09-28). http://www.alternet.org/story/99880/is_%27taking_it_to_the_streets%27_worth_the_bruises%2C_tear_gas_and_arrests.
217.FLOWERS M, ZEESE K. Believe it! resistance to corporate power and warmongering is growing all around us [EB/OL]. (2013-09-20). http://www.Alternet.org/activism/believe-it-resistance-corporate-power-and-warmongering-growing-all-around-us.
218.GRAEBER D. The myth of protest violence [EB/OL]. (2004-08-26). http://www.Alternet.org/story/19676/the_myth_of_protest_violence.
219.GYEMANT R. Is the left ready for the State of Palestine? [EB/OL]. (2001-10-21). https://www.alternet.org/story/11771/is_the_left_ready_for_the_state_of_palestine.
220.HARRIS S. Activists plan upcoming WEF [EB/OL]. (2002-01-20). http://www.Alternet.org/story/12261/activists_plan_upcoming_wef_prote.
221.HAYDEN T. Talking back to the global establishment [EB/OL]. (2004-01-24). https://www.Alternet.org/story/17593/talking_back_to_the_global_establishment.
222.HAYDEN T. Miami vice [EB/OL]. (2003-11-19). https://www.alternet.org/story/17234/miami_vice.
223.HAYDEN T. Cancun files: the seattle beat goes on [EB/OL]. (2003-09-09). https://www.alternet.org/story/16752/cancun_files%3A_the_seattle_beat_goes_on.
224.HAYDEN T. Talking back to the global establishment [EB/OL]. (2004-01-17). https://www.Alternet.org/story/17593/talking_back_to_the_global_establishment.
225.HELLERSTEIN E. Protests in chile: riot police clash with demonstrators protesting spending cuts [EB/OL]. (2011-08-11). https://www.alternet.org/newsandviews/article/648407/protests_in_chile%3A_riot_police_clash_with_demonstrators_protesting_spending_cuts.
226.HOLLAND J. Setting the trade debate [EB/OL]. (2005-12-11). http://www.alternet.org/story/29416/setting_the_trade_debate.
227.HOLLAND J. Readers write: Hong Kong WTO edition [EB/OL]. (2005-12-21). https://www.alternet.org/story/29944/readers_write%3A_hong_kong_wto_edition.
228.HUTCHINSON O E. After hussein, what Will Bush do for an encore? [EB/OL]. (2002-09-25). http://www.alternet.org/story/14181/after_hussein%2C_what_will_bush_do_for_an_

encore.
229.JAFFE S. As occupy Wall Street has changed protest dynamics, vibrant groups like united students against sweatshops are back in the forefront [EB/OL]. (2012-01-14). http://www.alternet.org/story/153743/as_occupy_wall_street_has_changed_protest_dynamics%2C_vibrant_groups_like_united_students_against_sweatshops_are_back_in_the_forefront.
230.KHIMM S. Not down with the lockdown: youth speak out against superJail [EB/OL]. (2001-07-30). http://www.alternet.org/story/11256/not_down_with_the_lockdown%3A_youth_speak_out_against_superjail.
231.KING L M. MLK: Why i cannot be silent [EB/OL]. (2009-01-28). https://www.alternet.org/story/120762/mlk%3A_why_i_cannot_be_silent.
232.KLEIN N. Sharon's best weapon [EB/OL]. (2002-03-01). http://www.alternet.org/story/13004/sharon%27s_best_weapon.
233.NEWITZ A. I'm a terrorist now [EB/OL]. (2001-10-28). http://www.alternet.org/story/11818/i%27m_a_terrorist_now.
234.NILLES B. Coal execs taken to task on capitol hill [EB/OL]. (2010-04-14). http://www.alternet.org/speakeasy2010/04/14/coal-execs-taken-to-task-on-capitol-hill.
235.PARRIS G. We all have new battles to fight [EB/OL]. (2001-09-11). https://www.Alternet.org/story/11492/after_9-11%2C_we_all_have_new_battles_to_fight.
236.ROSENBEG, P. Historic switcheroo: anti-globalists used to be left wingers; now it is Donald Trump. [EB/OL]. (2016-11-12) https://www.alternet.org/2016/12/battle-seattle-donald-trump-remember-when-anti-globalists-were-left-wing-radicals/.
237.ROSENBLUM J. The battle in seattle, 15 years on: how an unsung hero kept the movements united [EB/OL]. (2014-12-04). https://www.alternet.org/labor/battle-seattle-15-years-how-unsung-hero-kept-movements-united.
238.SMITH P. Student drug reform movement gathers steam [EB/OL]. (2000-12-18). https://www.Alternet.org/story/10233/student_drug_reform_movement_gathers_steam.
239.SOLOMON N. "Globalization" and its malcontents [EB/OL]. (2003-02-29). http://www.Alternet.org/story/15219/%22globalization%22_and_its_malcontents.
240.SOLOMON N. Media wallowing in grief after wto summit [EB/OL]. (2000-04-25). https://www.alternet.org/story/708/solomon%3A_media_wallowing_in_grief_after_wto_summit.
241.SOLOMON. Nearing global summit, WTO on high media ground [EB/OL]. (2000-04-25). http://www.Alternet.org/story/823/solomon%3A_nearing_global_summit%2C_wto_on_high_media.

242.STRAUS T. Jubilee 2000: the movement America missed [EB/OL]. (2001−03−05). http://www.alternet.org/story/1058/jubilee_2000%3A_the_movement_america_missed.
243.SUTHERLIN L. What you need to know about a worldwide corporate power grab of enormous proportions [EB/OL]. (2012−09−11). http://www.alternet.org/environment/what−you−need−know−about−worldwide−corporate−power−grab−enormous−proportions
244.WALLJASPER J. Saving the world from itself [EB/OL]. (2000−04−25). http://www.Alternet.org/story/8165/saving_the_world_from_itself.
245.WELCH M. Nader draws 10,000 in Seattle [EB/OL]. (2000−09−24). http://www.Alternet.org/story/9826/nader_draws_10%2C000_in_seattle.

外文报刊

246.ANDERSON T. The anti−globalization movement changes its tune.
Pacific News Service [N/OL]. (2002−02−14). http://www.alternet.org/story/12423/the_anti−globalization_movement_changes_its_tune.
247.CHIRISTAIN N. Police brace for protests in windsor and detroit [N/OL].
New York Times, Foreign Desk. (2000−06−04)[2015−08−29]. http://web.lexis−nexis.com
248.COHEN P. Free−market mischief in hot spots of disaster [N/OL]. New York Times, the Arts/Cultural Desk. (2007−09−10). http://web.lexis−nexis.com .
249.DREZNER W D. Globalization without Riots [N/OL]. New York Times. (2004−04−18)[2015−08−19]. http: // web.lexis−nexis.com.
250.FRANCIS D R. IMF and World Bank 50th birthday bash: critics crash party [N]. The Christian Science Monitor. (1994−10−03).
251.FRIEDMAN T. Foreign affairs； protesting for whom? [N/OL]. New York Times. (2001−04−24). http: // web.lexis−nexis.com.
252.FRIES J. Anarchy has an image problem; in the face of new york police, taste for conflict wavers [N/OL]. New York Times. (2002−01−28)[2015−08−19]. http: // web.lexis−nexis.com.
253.GREENHOUSE S. Candidate for teamsters presidency has eye on an upset [N/OL]. The New York Times. (2001−07−01)[2015−08−19]. http://web.lexis−nexis.com.
254.GREENHOUSE S. Fighting back against wretched wages [N/OL].
New York Times (2013−07−28)[2015−08−19]. http://web.lexis−nexis.com.
255.GREENHOUSE S. Trade pacts must safeguard workers, union chief says [N/OL]. The New York Times. (1999−11−20)[2015−08−19]. http://web.lexis−nexis.com.

256.HITCHENS C. Where aquarius went [N/OL]. New York Times. (2004-09-19)[2015-08-19]. http://web.lexis-nexis.com.
257.HUSCHAMP H. A happy, scary new day for design [N/OL]. New York Times. (2000-10-12)[2015-08-19]. http://web.lexis-nexis.com.
258.KAHN J. Globalization unifies its many stripped Foes [N/OL]. New York Times. (2000-04-15)[2015-08-19]. http://web.lexis-nexis.com.
259.KAHN J. Fewer strings attached: the world's bankers try giving money, not lessons [N/OL]. New York Times. (2000-10-01)[2015-08-19]. http://web.lexis-nexis.com.
260.KAKUTANI M. An idea paul wolfowitz and kofi annan can agree on [N/OL]. New York Times. (2005-03-29)[2015-08-19]. http://web.lexis-nexis.com.
261.KIFNER J, SANGER D E. Financial minister meet as protests clog Washington [N/OL]. The New York Times. (2000-04-17)[2015-08-19]. http://web.lexis-nexis.com.
262.KIFNER J. Police move against trade demonstrators [N/OL]. New York Times. (2000-04-16)[2015-08-19]. http://web.lexis-nexis.com.
263.KIM SEVERSON. Gathering to celebrate food made at the old, slow way [N/OL]. New York Times. (2006-11-01)[2015-08-19]. http://web.lexis-nexis.com .
264.KRUGMAN P. Reckonings: my beautiful mansionette [N/OL]. New York Times. (2001-03-23)[2015-08-19]. http://web.lexis-nexis.com.
265.MCCOY SUZANNE J. A corporate believer's turnabout [N/OL]. New York Times. (2001-11-25)[2015-08-19]. http://web.lexis-nexis.com.
266.NICHOLAS P F. Anthony lewis, pulitzer winner and crimson mentor, dies at 85 [N]. Harvard Crimson, 2013-03-26.
267.NOAM CHOMSKY. The croatian feral tribune[N/OL]. ZNET. (2007-03-07). http://zcomm.org/author/noamchomsky/.
268.PEARLSTEIN S. Trade theory collides with angry reality [N/OL]. Washington Post. (1999-12-03). http:// web.lexis-nexis.com.
269.ROTHSEIN E. Those who were inspired to hate the modern world [N/OL]. New York Times. (2004-07-10)[2015-08-19]. http://web.lexis-nexis.com.
270.SANGER D. Biggest obstacle to selling trade pact: sovereignty [N/OL]. New York Times. (2001-04-23)[2015-08-19]. http://web.lexis-nexis.com.
271.SEVERSON K. Gathering to celebrate food made the old, slow way [N/OL]. New York Times. (2006-11-01)[2015-08-19]. http://web.lexis-nexis.com.
272.SHARKEY J. Skywriting, collective disappearance and other ways to up the revolution [N/OL]. New York Times. (1999-12-05)[2015-08-19]. http://web.lexis-nexis.com.

273.SMITH D. It's the end of the world as we know it and he feels fine [N/OL]. The New York Times. (2014–04–20)[2015–08–19]. http://web.lexis–nexis.com.

274.SMITH C. Fighting over gold in the iand of Dracula [N/OL]. New York Times. (2007–01–03)[2015–08–19]. http: // web.lexis–nexis.com.

275.THOMAS FRIEDMAN. A theory of everything [N/OL]. New York Times. (2003–06–01)[2015–08–19]. http://web.lexis–nexis.com.

276.VERHOVEK S, GREENHOUSE S. National guard is called to quell trade–talk protests [N/OL]. New York Times. (1991–12–01)[2015–08–19]. http://web.lexis–nexis.com.

277.WAYNE L. For trade protesters, slower, sadder songs [N/OL]. New York Times. (2001–08–28). http://web.lexis–nexis.com.

278.WONG E. Summit in New York: the protesters, a quiet forum at town hall opposes the east river forum [N/OL]. New York Times. (2000–09–06)[2015–08–19]. http://web.lexis–nexis.com.

附　录

一、量化内容分析编码表

二、《纽约时报》反全球化运动报道清单（1999—2014）

三、AlterNet 反全球化运动报道清单（1999—2014）

四、半结构式访谈提纲及访谈人员名单

后　记

本书试图以局外人的眼光来探究美国的三种非建制性力量——美国另类媒体、主流媒体和社会运动——之间的互动关系。虽然美国另类媒体对“反”全球化的语言治理和传播行动是本书关注的焦点，但它离不开美国主流媒体和反全球化运动的对比和衬托。自千禧年以来的15年里，在互联网技术腾飞、经济全球化狂飙突进却又遭遇逆全球化时代涡流这一历史横截面里，这三者看似相对独立、各有偏向，但也不乏你进我退、相互依附的关系。实际上，它们都是美国制度的产物，是其修补和改良的手段。这三者之间围绕“全球化论争”之间的静态叙事和动态博弈，都暗含了超越资本主义激进想象的逻辑和陷阱，填补了美国作为全球霸权国家的制度缺陷，增强了其体制弹性。

山中一日，人间千年，我们所处的21世纪前15年，在人类长河里也许只是昙花一现，但对身处历史洪流的当代中国人，对心怀中华民族伟大复兴和新时代梦想的中国人，这不应是一个沉默藏拙的年代，而应是一个可以发出中国声音，努力讲好全球故事的时代！

这本书改编自我的博士毕业论文，回想起来，仍不免唏嘘。自2014年开题，2015年收集资料到2016年出国调研，再到2017年扎根材料，断断续续写初稿，到2018年3月冲刺成稿，之后蒙尘几年，直到2021年6月有朋友推荐至出版社，它才有机会接触公众的视线！这是我人生中的第一部书，是让我患上深度“中西语言文化分裂症”却又治愈我的一部书！它让我从相对主观的语言感悟、封闭的个体内省，转向了对宏观的社会结构、群体话语与集体行动的观察；也让我从现象到意义、从生存到生活、从小我到大我，实现了质的升华！

这本书的诞生，要感谢太多的人，追根溯源，首先要感谢我攻博期间的导师和武汉大学新闻与传播学院2011级的博士同学们。特别感谢师妹李静帮我修改编码、清洗数据；感谢密西根大学的人类学博士DAWN BATTS帮我设计问卷，介绍受访者，和我讨论议题，还送我昂贵的原版参考书；感谢国家留学基金委的资助！感谢密苏里大学新闻学院的MIKE DUNN教授、MASON、SARA等朋友对我做田野调查时的帮助，感谢教育部三位素昧平生的盲审专家给我高分和好评，尤其感谢当时在深圳大学工作的吴予敏教授和华中科技大学刘洁教授的肯定和勉励！我知道，成长离不开敲打和质疑，但对曾深陷自我怀疑和自我否定泥潭的后辈来说，这两位老师的胸怀若谷和人格魅力犹如我走过迷茫黑夜的启明星！

其次，我要感谢自己，本书有很多粗糙、不成熟的地方，但刘教授的评价我记忆犹新："至少这是一篇很诚恳的博士论文。"是的，记得当时为避免"满纸荒唐言"，我的确废寝忘食，边工作变读书，或囫囵吞枣或细嚼慢咽，前前后后查阅了几近百万字的英文资料……我的确得感谢自己，感谢自己曾因单纯的学术好奇，不远万里跑到墨西哥的热带丛林去窥探萨帕塔电子起义的踪迹；又跑到纽约去找寻华尔街运动积极分子安营扎寨的祖科蒂公园；还跑到华盛顿的国会山庄去参观美国激进时代"食品安全法"诞生的历史展览……

还要感谢我的家人：我的父亲是个沉默寡言、不善言辞的人，但他对几个子女的爱是如此的深厚，怎么夸耀都不算过分……特别要感谢我的姐妹、爱人和儿子。你们是我人生道路上最真实、最自然的体验，是一本写满人性至美至善、常读常新的课外书！

人间正道是沧桑，在这本书准备出版的同时，时值疫情，发生了太多故事，身边有人早已离开，但大多数人都那么坚强，那么认真，坚守着、奋斗着！为此我要特别感谢暨南大学晏青教授、武汉纺织大学李相朋教授、中国传媒大学出版社张莉莉编辑等人，没有你们的帮助，就没有这本"专著"的面世，向你们致敬！

因篇幅限制，有几个附录以二维码的形式放在书中，读者可以扫码参阅。还有，此书难免颇多疏漏，但我依然希冀它能为我国国际传播"联通中外"的目标做点注释，希望它能为我国的全球传播和公共外交事业提供些许的叙事线索（narrative cues）。还有，如果能为遇到它的读者贡献哪怕一点点启发，也会成为我内心的动力和记忆里美丽的风景！

请大家多多批评指正，谢谢你们，感恩遇见！

赵伟

于十堰市竹山县潘口乡魏沟村帮扶工作队

2022-07-29

图书在版编目（CIP）数据

超越资本主义的激进想象：美国另类媒体对“反”全球化运动的构建研究 / 赵伟著. -- 北京：中国传媒大学出版社, 2022.9
ISBN 978-7-5657-3224-9
（“全球传播与中国话语”青年论丛 / 郭可, 李智主编）

Ⅰ. ①超… Ⅱ. ①赵… Ⅲ. ①全球化－研究－美国 Ⅳ. ①D871.2

中国版本图书馆CIP数据核字(2022)第112102号

“全球传播与中国话语”青年论丛
超越资本主义的激进想象：美国另类媒体对“反”全球化运动的构建研究
CHAOYUE ZIBENZHUYI DE JIJIN XIANGXIANG：MEIGUO LINGLEI MEITI DUI “FAN” QUANQIUHUA YUNDONG DE GOUJIAN YANJIU

著　　者　赵　伟
策划编辑　张莉莉
责任编辑　张莉莉
封面设计　六合方圆
责任印制　李志鹏

出版发行　中国传媒大学出版社
社　　址　北京市朝阳区定福庄东街1号　　邮　　编　100024
电　　话　86-10-65450532　65450528　　传　　真　65779405
网　　址　http://cucp.cuc.edu.cn
经　　销　全国新华书店

印　　刷　唐山玺诚印务有限公司
开　　本　787mm × 1092mm　1/16
印　　张　18
字　　数　350千字
版　　次　2022年9月第1版
印　　次　2022年9月第1次印刷

书　　号　ISBN 978-7-5657-3224-9 / D · 3224　　定　　价　88.00元

本社法律顾问：北京嘉润律师事务所　郭建平